〈優生〉・〈優境〉と社会政策

人口問題の日本的展開

杉田菜穂 著
Sugita Naho

法律文化社

はしがき

　出生率の低下と平均寿命の伸長、それにともなう少子高齢化が進行するなかで、人口現象は政策論議にさまざまな形で制約を及ぼしている。日本についていえば、高齢化は1970年の高齢化率が7％に到達したことが「高齢化社会の到来」、少子化は1989年の出生率が1966年の丙午の合計特殊出生率（＝1.58）を下回ったという衝撃が「1.57ショック」と報道されたことで少子化や高齢化が行政課題として定着をみた。人口減少社会に転じた昨今に至っては、人口現象が社会保障財政や雇用、介護、医療、子育てといった政策論議に与える影響の程度はいよいよ高まりをみせている。

　時代によって直面する問題は違えども、ある時点の人口現象とそれに対する価値判断が社会政策の学説および政策制度史に深く関わっている。そのような観点から日本の社会政策の史的特質を描き出そうとする本書は、前著『人口・家族・生命と社会政策—日本の経験—』（2010年）の続編であり、「日本における人口問題と社会政策」をテーマとする研究論文集である。前著と同じく、食糧や失業問題との関わりで過剰人口が問題として認識されていた時代まで遡って「人口問題と社会政策」という視点から日本社会政策史を描き出すことに努めた。

　その日本社会政策史を語るに際して外すことができないのが、大河内一男の社会政策論である。1930年代に台頭し、影響力を増していった大河内理論（社会政策＝労働問題研究という把握）が支配的な状況は1970年代に至るまで続いた。その労働問題研究へと収斂をみる日本社会政策論は、その起源まで遡れば社会政策論と人口問題研究が交錯するところに形成、展開をみた。前者はドイツ歴史学派に由来し、労働問題への対処を中心的課題とする。後者はマルサスの『人口論』との対峙を起点に、貧困をはじめとする生活問題への対処を追究する。これら2つの系譜は、社会政策の両輪をなす形で複雑に絡み合いながら展開してきたのである。

それが学説史的に解体をみるのは、社会政策学会が思想的混乱により休会に陥った1920年代半ばのことであった。それから間もない1926年に生起するのが、高田保馬と河上肇の論戦にはじまる大正・昭和初期人口論争である。この論争を起点とする「マルサスかマルクスか」の学説論争は社会政策の研究対象を労働問題へと収斂させるきっかけをなし、学説論争が終息してのちに台頭する大河内理論はその傾向を決定的なものとした。他方で、この過剰人口問題をめぐるマルサス対マルクスの対立＝人口の〈量〉をめぐる議論と並行して人口の〈質〉をめぐる議論も生じていた。

　その人口の〈質〉という観点こそが、本来の社会政策＝労働政策＋生活政策における生活政策の形成、発展に重要な意味をもったと考えられる。人口政策立案構想や都市、農村などの地域レベルで体現した社会事業などに代表されるように、生活政策の系譜を描き出すにおいて鍵となるのが「優生」「優境」という概念である。本書のタイトルにもなっているこれらの概念は、理念として機能することで人口の〈質〉をめぐる議論および政策などの実践を推し進める動力となった。

　優生と優境、いいかえれば生と環境の改善への希求によって特徴づけられる生活政策の成立期へと向かう筆者の関心が、広く社会政策の専門家に限らない読者にも受け入れられることを願っている。

　　　2013年6月

　　　　　　　　　　　　　　　　　　　　　　　　　　　　著者しるす

目　次

はしがき

序　章　課題と方法 …………………………………………………… 1
   1　課題提起　1
   2　構成と内容　5

第Ⅰ部
優生・優境思想と社会政策

第1章　優境概念の展開　▶池田林儀を中心に ……………………… 13
   1　はじめに　13
   2　優境学をめぐるアメリカと日本　15
   3　池田の優生運動Ⅰ　19
   4　池田の優生運動Ⅱ　22
   5　むすびにかえて　28

第2章　社会衛生学の形成　▶暉峻義等を中心に ……………………… 31
   1　はじめに　31
   2　大正・昭和初期人口論争における暉峻　33
   3　人口論、社会衛生論から社会衛生学へ　36
   4　社会衛生学の体系化　40
   5　社会衛生論から産業衛生論へ　46
   6　むすびにかえて　50

第3章　少年教護法にみる優生思想　▶富士川游を中心に ……… 54
   1　はじめに　54

2　少年教護法の形成と富士川　56
　　3　『異常児童調査』（1927年）と『異常児童性格研究』（1930年）　60
　　4　〈医学〉系人口論とは　67

補論 1　エレン・リチャーズの優境思想と日本 ……………… 72
　　1　はじめに　72
　　2　リチャーズの『優境学』　75
　　3　日本社会政策史研究への示唆　78
　　4　むすびにかえて　82

第Ⅱ部
人口問題からみた社会政策論史

第 4 章　人口政策論の軌跡 ▶戦前から戦後へ ……………………… 87
　　1　はじめに　87
　　2　戦前から1960年代　88
　　3　1970年代以降　98
　　4　むすびにかえて　109

第 5 章　社会政策から人口政策へ ▶永井亨を中心に ……………… 116
　　1　はじめに　116
　　2　社会科学同人会　120
　　3　1920年代後半の永井亨　131
　　4　むすびにかえて　138

第 6 章　出生促進から家族計画へ ▶北岡壽逸を中心に ……… 142
　　1　はじめに　142
　　2　北岡の社会政策論──『社会政策概論』（1942年）　146

3　北岡の人口政策論(戦中)──『人口政策』(1943年)ほか　150
　　4　北岡の人口論(戦後)──『人口問題と人口政策』(1948年)　162
　　5　むすびにかえて　164

補論2　女性問題論と社会政策 …………………………………… 169
　　1　はじめに　169
　　2　大正・昭和初期人口論争に至るまで　171
　　3　大正・昭和初期人口論争を経て　175
　　4　むすびにかえて　180

第Ⅲ部　社会政策論の日本的特質

第7章　社会政策本質論争再考　▶戦前から戦後へ ……………… 185
　　1　はじめに　185
　　2　社会政策における政治と経済　187
　　3　社会政策における人口問題　193
　　4　社会政策における理論と実践　198
　　5　むすびにかえて　203

第8章　農繁期託児所と社会政策　▶1930年代の一断面 ………… 206
　　1　はじめに　206
　　2　農繁期託児所の普及　207
　　3　農繁期託児所の位置づけ（Ⅰ）　215
　　4　農繁期託児所の位置づけ（Ⅱ）　221
　　5　むすびにかえて　226

第9章　戦時社会政策と社会事業
　　　　▶大河内一男・海野幸徳・沼佐隆次 …………………………… 229
　　1　はじめに　229
　　2　大河内の厚生論　231
　　3　社会政策と社会事業──大河内・海野・沼佐　237
　　4　むすびにかえて　244

補論3　前著『人口・家族・生命と社会政策』への書評に応える …………………………………………………… 248
　　1　はじめに　248
　　2　家族政策史の観点から　249
　　3　方法論の再検討　251
　　4　生命の〈質〉から生活の〈質〉へ　258
　　5　課題と展望　263

終　章　社会科学のなかの社会政策と人口問題 ………… 267

附論：書評
藤田菜々子著『ミュルダールの経済学─福祉国家から福祉世界へ─』　271
山崎聡著『ピグーの倫理思想と厚生経済学─福祉・正義・優生学─』　281
室田保夫著『近代日本の光と影─慈善・博愛・社会事業をよむ─』　285
片岡優子著『原胤昭の研究─生涯と事業─』　293

　引用・参考文献　299
　あとがき　309
　初出一覧　311
　関連年表　312
　索　引(事項・人名)　315

序章
課題と方法

1　課題提起

　多産多死から少産少死に至る人口転換、その結果としての人口の少子高齢化や核家族化、都市化などの人口変動は直接的に、また間接的にさまざまな社会問題をもたらす。その相互関係を考察するにおいて原点におかれるべきがマルサスの『人口論』(1798年、谷口吉彦による1923年、高野岩三郎と大内兵衛による1924年の日本語訳など) であることに異論はないだろう。しばしば「近代人口論の祖」と称されるマルサスの人口論は、もともと当時のユートピア思想家に対して過剰人口が社会に及ぼす影響を知らしめることを目的に (初版は匿名で) 発表され、1826年の第6版まで改訂を重ねた。
　そのマルサスが提示した過剰人口の命題を覆す、人口変動と社会問題というテーマのパラダイム転換をもたらしたのが、西欧先進諸国で先行した出生率の低下である。19世紀末から20世紀初めにかけて生起したそれは、経済学理論における人口と資源のバランスという観点から適度人口論や最適成長論への展開を生み出すとともに、人口政策における過剰人口問題としての食糧問題、失業問題から過少人口問題としての女性や児童家庭を対象とする福祉問題へのシフトを促した。その後者の文脈からもたらされたのが家族政策の概念である。起源としての家族政策は、今日私たちが当然のように享受している人々の産む・産まないの選択をめぐる意思決定の自由、その保障が不十分なままで成立をみた。
　それを特徴づけるのが、時代思潮としての優生思想に由来する人口の〈質〉をめぐる議論＝イデオロギーである。優生学はゴールトン (イギリス) によってもたらされ、遺伝的患者らを対象に産児制限・隔離・断種を行うことで人種

の優生を保とうとする優生政策だけでなく、優境学に対応する優境政策をも刺激した。環境改善に関わるさまざまな主義・主張、実践を理念的に支えることになる優境学が誕生するアメリカはまた、優生政策を法的に規定する断種法が最初に制定された地（インディアナ州、1907年）でもあり、その制定が全米に及んだ1920年代に至っては優生学の中心がイギリスからアメリカに移っていた。この時代思潮としての優生学および優境学は、学者やジャーナリストらによって日本にも持ち込まれた。

ところで、人口問題をめぐる議論を刺激するさまざまな人口現象は、生まれて死んでゆくという過程を辿る人々が意思決定の積み重ねによって作り上げる日常生活の集合体である。生きているものに優劣をつけることにもつながる人口現象の管理による支配の形態を、M. フーコーは生政治（Bio-politics）と名づけた。優生学という知はまさに、そのフーコーがいう「外的」に制定される政策制度だけではなく「倫理」という形で人々の「内的」な意識にまで浸透するだけの影響力をもつことになった。出生率の低下という人口現象が際立たせた政策対象としての人口の〈質〉に対応する優生運動は、上からの政策論議だけでなく、下からの社会運動としても体現したのである。あるいは、優生学という知を媒介とする政策対象としての出生現象の発見が人口現象に影響を与えうる学問としての医学や生物学、社会学、心理学などの発展を刺激し、人口政策という名のもとにそれらを有機的に結びつける契機をもたらすことになった。

このように、優生学という知が人口問題研究の対象を人々の意思決定にまで拡大させるなどの影響力をもったといってよい。『人口・家族・生命と社会政策』と題した前著では、両大戦間期の西欧先進諸国における家族政策概念の登場に対応する日本での、学説・政策における史的事実の発掘に取り組んだ。また、〈女性政策＋児童政策＋優生政策〉としての家族政策という視点も提起した。それを前提とする本書『〈優生〉・〈優境〉と社会政策』では、前著を包み込む形で人口問題と社会政策をめぐる日本的系譜の全体像により迫ることに努める。例えば、前著では戦前における社会政策論の主流としての経済学者に対置しうる社会学者の人口論をクローズアップしたが、本書ではそれに留まらない人口論の広がりを描き出すことになる。

人口をめぐるさまざまな議論の根拠となる数値は、人口動態統計（出生と死亡に関する統計は1872年から、結婚と離婚に関する統計は1880年から、死産に関する統計は1886年から毎年実施）や国勢調査（1920年から5年毎に実施）によって得られる。特にそれまでの帳簿による人口調査に比べてはるかに正確なものとなった国勢調査の開始は、政策対象としての人口現象を浮上させるに十分なインパクトをもったといってよい。それは死亡対策と出生対策として把握しうる人口の〈量〉をめぐる議論とは別に、優生思想に由来する人口の〈質〉をめぐる議論をもたらした。明治政府の時代の死亡対策としては、結核死亡率と乳児死亡率を下げるべく衛生行政の整備と医療施設の普及が重要課題として取り組まれたのに対して、当面高い出生率が維持されるだろうという見通しから、これといった出生対策は採られていない。そのような状況下にあって1910年代から本格的な普及をみる優生学は、社会問題をめぐる議論と関わりをもちながら社会政策の形成、展開に影響を及ぼすことになったのである。

　出生対策に消極的であった時代にもたらされた日本における優生学は、本来の優生学が目指すところの遺伝構造の改良に対抗する形でもたらされた優境学の概念も含みもつ環境改善主義として政策論議に影響を及ぼした。母性や児童を対象とする政策が次世代の国民＝人口の〈質〉に関わるものとして重要視されたことは前著で明らかにした。前著で扱ったのは優生学に対応する人口・家族・生命という政策領域＝優境政策をめぐる動向こそが、家族政策の原型ではないだろうかということであった。この問題意識は前著を引き継ぐものであり、本書ではそれをより深く掘り下げることで生活政策論の系譜として人口問題と社会政策というテーマをめぐる史的事実を描くことになる。

　そのような経緯もあって、以下では前著との関連、したがってまた前著との違いを意識しながら本書の全体像を見通すことにしよう。先にも触れたように、前著では人口問題と社会政策をめぐる学説的系譜として「先駆的少子化論」と呼びうる社会学者の人口論をクローズアップした。それに対して本書では、医学や生物学、心理学の専門家およびジャーナリストの人口論にも目を向けた。彼らの人口の〈質〉をめぐる議論は、前著で取り上げた社会学者の人口論同様、社会政策論史に位置づけられてこなかった。

それはなぜかということを追究すれば、日本の社会政策論史が経済学に偏重する形で描き出されてきたという問題に行きつく。戦前まで遡るならば、本来の日本社会政策論は社会政策論と人口問題研究が交錯するところに形成、発展をみた。前者はドイツ歴史学派に、そして後者はマルサスの『人口論』研究等に由来する。人口問題研究については、マルサスからマルクスの人口論へという経済学の系譜だけでなく、前著で、また本書で取り上げたさまざまな学問を根拠とする人口論が展開されているにもかかわらず、それらへの配慮を欠く形で社会政策論史が描き出されてきたといってよい。

そのことは、戦後生起する社会政策本質論争へと至る大河内理論の台頭とそれが影響力をもつ過程と深く関わっている。大正・昭和初期人口論争と呼ばれるマルサス対マルクスの学説論争は、社会政策をめぐる議論を経済学的な議論に収斂させた。その結果としてもたらされたのは、新たな潮流としての大河内理論の登場を演出する舞台である。それによって現実的な動向としての人口政策立案に向けた動きを支えた人口政策論者や社会学者らによる社会政策論は、社会政策論史から排除されることになる。前者は実際家として、後者は社会事業論という社会政策論とは異なる潮流を形成した論者としての扱いを受けることになった。

これらの論者が重視したのは、主に〈経済学〉系の論者が重視した労働に対置される生活の領域である。確かに経済学者も生活問題を議論したが、彼らの視野は労働問題との関わりで浮上する生活水準をめぐる議論に留まった。そこには環境改善主義との関わりで議論される生活問題は含まれない。その欠落は、戦後に至って際立つ学説史と実践史の乖離および社会政策と社会福祉の分離という不自然な姿をもたらすことになる。この、生活水準ではなく生活問題に関わる系譜＝生活政策論の掘り起こし作業は、本来の日本社会政策論史を描き出すにおいて欠かせない。

以上のように、前著ではそれを西欧先進諸国における家族政策の形成に対応しうる動向として論じたが、本書ではより広い視野で捉えるように努めた。また、その本書の課題である戦前まで遡って人口の〈質〉をめぐる議論に関わる優境政策の系譜を再構築する作業と戦後史は、どのように結びつけられるだろ

うか、ということも意識して執筆されている。

いずれにしても、本来の日本社会政策論史の重要な位置を占めるべき生活政策論の系譜を描き出すことが本書の課題である。

2　構成と内容

本書の序章と終章、および附論とあとがきを除いた部分、すなわち本論はそれぞれ3つの章と1つの補論からなる以下の第Ⅰ部から第Ⅲ部までで構成される。

第Ⅰ部　優生・優境思想と社会政策
　第1章　優境概念の展開―池田林儀を中心に―
　第2章　社会衛生学の形成―暉峻義等を中心に―
　第3章　少年教護法にみる優生思想―富士川游を中心に―
　補論1　エレン・リチャーズの優境思想と日本
第Ⅱ部　人口問題からみた社会政策論史
　第4章　人口政策論の軌跡―戦前から戦後へ―
　第5章　社会政策から人口政策へ―永井亨を中心に―
　第6章　出生促進から家族計画へ―北岡壽逸を中心に―
　補論2　女性問題論と社会政策
第Ⅲ部　社会政策論の日本的特質
　第7章　社会政策本質論争再考―戦前から戦後へ―
　第8章　農繁期託児所と社会政策―1930年代の一断面―
　第9章　戦時社会政策と社会事業―大河内一男・海野幸徳・沼佐隆次―
　補論3　前著『人口・家族・生命と社会政策』への書評に応える

「優生・優境思想と社会政策」と題する第Ⅰ部では、人口問題をめぐる議論の広がりを描き出す。具体的には、戦前日本における人口の〈量〉に対して〈質〉の問題を直視した専門家やジャーナリストの所説をクローズアップする。続く第Ⅱ部のテーマは、「人口問題からみた社会政策論史」である。戦前と戦後を貫く形で人口政策の立案に尽力した社会政策学者、永井亨と北岡壽逸

の議論を中心に焦点を当てる。それに対して「社会政策論の日本的特質」と題する第Ⅲ部では、社会政策の概念規定をめぐる問いと向き合うことになる。以下、各章の問題意識を提示しておこう。

　社会政策論の観点から優生・優境思想をクローズアップする第Ⅰ部の冒頭においた第１章では、池田林儀の活動を取り上げる。ジャーナリストから社会運動家に転身する池田は、1926年に優生思想の普及（＝優生運動）を目的とする日本優生運動協会を創設する。それに象徴される池田の活動は優境学の日本的受容を示すものとして意義深いのだが、これまでの先行研究は優生学史におけるその性格や社会事業としての意義が指摘されるに留まっている。心身ともに健康な人口を殖やすために環境改善の思想を社会に広めることを主眼とした池田の思想を軸に、戦前期に優境学から家政学へと展開をみるアメリカと、社会政策や家政学に関わる日本の動向との交錯点を確認する。戦前期まで遡るアメリカの優境学の日本的受容の一端を描き出すことが本章の課題である。

　続く第２章では、暉峻義等に焦点を当てる。戦時期へと時代の流れが急転回する1930年代の人口論は扱いが難しく、当時の人口論者の多くは民族主義への傾倒がみられた。暉峻もその例外ではないが、本章では社会政策論史の観点から暉峻を再評価することを試みた。1930年代を通じて社会衛生論から産業衛生論へとシフトする暉峻の思想（＝社会衛生学）を根底で貫く問題意識、その意義は日本社会政策論の史的特質の源流と結びついている。社会政策＝労働政策という概念規定とともに（本来の社会政策に含まれるべき）生活政策的な系譜としての社会事業や社会衛生といった概念が社会政策から切り離されていく過程と、暉峻の社会衛生論から産業衛生論への展開を関連づけるのが本章の議論である。

　第３章では、少年教護法の形成にその思想的基盤として大きな役割を果たしたと考えられる富士川游の思想を取り上げる。富士川は広島医学校卒業後、医者としての仕事だけでなく医学史や児童教育、宗教等の研究にも携わり、幅広い分野の業績を遺している。第１章の池田、第２章の暉峻にも増して富士川をめぐる先行研究も数多いが、その社会政策史への位置づけについては論じられてこなかった。環境改善に関わる系譜としての生活政策につながる人口の

〈質〉をめぐる当時の議論は、生理学や医学、心理学、社会学等の専門家がリードした。その一端として富士川の思想を取り上げることで、「人口問題と社会政策」というテーマに関わる思想史を再構築することが本章の課題である。

第Ⅰ部の末においた補論 1 では、優境学の提唱者として知られている Ellen H. Richards の *Euthenics, the Science of Controllable Environment: A Plea for Better Living Conditions as a First Step toward Higher Human Efficiency* の内容を紹介するとともに、日本社会政策論史に優境思想の影響を見出すことに努めた。

社会政策論史における人口問題、いいかえれば人口政策論について論じたのが第Ⅱ部である。第 4 章では日本における人口論の系譜について、戦前から戦後への展開を整理する。戦後史に関していえば1970年前後が 1 つの重要な転機となるが、それは「高齢化率」や「人口置換水準」といった人口指標によって表される日本での少子高齢化の出発点とほぼ一致している。1970年の日本は、高齢化社会の基準とされる高齢化率が 7 ％を超え、1970年代半ばには合計特殊出生率が定常的に人口置換水準（約2.1）を下回る。その意味で今日の少子高齢化問題を裏づける人口現象の起点としての1970年あたりを区切りとして、戦前から1960年代、1970年代以降の日本における人口論の展開を論じる。

そのなかでキーマンとして取り上げた永井亨について論及するのが第 5 章である。大正・昭和初期人口論争を起点とする人口政策立案に向けた動きをリードした永井の思想は、社会政策論史を描き出すにおいて重視されてこなかった。しかしながら、永井の社会政策的人口政策論をはじめとする「人口問題と社会政策」と名づけるべき系譜の存在は、戦前の社会政策学会が思想的混乱に陥って以降の社会政策論史を再構築するにおいてきわめて意義深い。それに対して、戦後の活動が見出せないために位置づけ作業の難しい人口論者・上田貞次郎（1940年に他界）との関わりなど、戦後に及んでも人口政策の立案に重要な役割を果たしていく永井を核とした戦前期の主要な人口論者の人的交流を明らかにするのが本章である。

第 6 章では、北岡壽逸をクローズアップする。北岡は永井と同時代を生きた

人口政策論者である。東京帝大から官僚を経て社会政策学者になる両者は、社会政策に対する見解や人口問題に対する取り組みに、経歴において共通点が多い。両者は戦前から社会政策と密接に関わるものとして人口政策を捉え、戦後には家族計画の普及に貢献した。北岡の議論もまた、「人口問題と社会政策」というテーマから社会政策史を見つめ直したときに輝きを放つ。本章では、戦中から戦後まもなくの北岡の人口問題への発言を取り上げた。家族手当をめぐる議論の先駆者、ないしは家族計画の普及を支えた人物として描き出されるに留まっていた北岡の思想を、社会政策論として再評価する。

続く「女性問題論と社会政策」と題する補論2では、母性保護論争と生存権の社会政策論争から大正・昭和初期の人口論争への流れに日本における人口問題と社会政策をめぐる学説的な系譜を見出した。さらに、それを家族政策形成の動向に結びつけて把握するのが本論の課題である。

第Ⅲ部では、日本社会政策論の史的特質について論じた。戦後、日本の社会政策は労働問題研究へと収斂する。その定着をもたらした大河内一男の社会政策論の相対化を試みるべく、第7章では高田保馬や永井亨、北岡壽逸の所説を通して、日本社会政策論史における社会政策本質論争を新しい視点から再考する。1949年の服部英太郎による大河内一男批判に始まって1950年代まで続いた社会政策本質論争の中心に位置した大河内理論は、社会政策を資本主義社会において労働力を保全または培養するために必要な政策であると規定した。本論争を経て日本の社会政策論は労働問題研究へと重点を移すことになるが、戦前まで遡る本来の日本社会政策論は広く労働＝生活過程を対象とする政策論であった。そのことを人口問題の視点から考察する。

第8章では、大河内理論が台頭し影響力をもっていく1930年代にみられた社会政策と社会事業という両概念を切り分ける傾向の矛盾を指摘する。その切り分けを促したともいえる〈農村〉社会政策の普及を象徴するひとつが、農繁期託児事業である。田植えや稲刈りといった農繁期に放置されがちな農村児童の保護を目的に設置されるそれは、常設託児所とは区別される。その性格づけをめぐる議論は、当時社会政策と社会事業の区別に際して用いられた「その対象が生産関係かそれ以外か、実施主体が公的かそれに限定しないか」といった線

引きの困難を浮き彫りにした。その意味で、戦前の託児事業をめぐる動向は社会政策論史を再構築するにおいても貴重な研究材料となる。

　第9章では、1930年代における大河内一男の生活問題をめぐる見解を明らかにしたうえで、それと対照的な存在として同時期に「社会事業」の理論化に熱心であった海野幸徳、社会行政から厚生行政へという政策史について「社会政策が社会事業を包み込む」ように展開したという見方を示した沼佐隆次の見解を取り上げる。社会政策の概念規定をめぐっては、戦前に「社会事業」、戦中には「厚生事業」、戦後に至っては「社会福祉」と呼ばれることになる領域の存在がある種の混乱をもたらしてきた。それについて戦時期の生活問題をめぐる大河内の見解とそれとは対照的な海野、沼佐の見解から、日本社会政策論史の特質に迫ろうとする。

　それに続く補論3は、前著での議論に対していただいた書評に応えるべく執筆した論考である。「人口問題と社会政策」をめぐる史的研究の可能性を、①人口問題に関わる政策領域の広がり、②福祉国家の国際比較における日本の位置づけをめぐる議論への寄与、③「人口現象と社会問題の関係性」や「人口政策と社会政策の概念規定をめぐる問い」につなげる点に求めた。いずれにしても各章はもともと個別に書かれた論考であり、独立性を残している。とはいえ、序章として提示した問題意識によってそのすべてが貫かれている。

　なお、末尾に附論をおいた。『人口・家族・生命と社会政策』刊行後の筆者は、社会福祉や経済思想の歴史研究との対話が不可欠であることを意識して研究に取り組んできた。その経過報告となるだろういくつかの書評を、本書に収録することにした。

* 本書での引用・論述に際しては、今日の人権の視点からみて不適切な用語・表現であっても、当時の思想・社会を少しでもありのまま描き出すためそのままの形で用いている。
* 巻末に関連年表をおいた。各章の論述の関連理解に役立てれば幸いである。

第Ⅰ部

優生・優境思想と社会政策

第1章
優境概念の展開
▶池田林儀を中心に

1　はじめに

　Euthenics（以下、優境学）は、Ellen H. Swallow Richards（1842-1911；以下、リチャーズ）によって構想された学問である。優境学は「アメリカ公衆衛生学の母」あるいは「家政学の母」と称されるリチャーズの研究人生の到達点であり、Eugenics（優生学）に対抗する概念としてのそれは遺伝に対して環境の重要性を強調する。[1]

　リチャーズは優境学を Science of Controllable Environment（環境改善の科学）として確立することを意図した。1910年に刊行された *Euthenics, the Science of Controllable Environment: A Plea for Better Living Conditions as a First Step toward Higher Human Efficiency* においては、「有能な人間を確保するという目的のため、意識的な努力を通じて生活環境を改善すること」と定義している［Richards 1912］。

　この、優生学に対抗するものとして提起された起源としての優境学は、人口問題をめぐる「遺伝か環境か」という問いを原点とし、元来家庭環境、社会環境、自然環境との対峙を視野に入れた学際的な学問体系であった。ところが、実際は時間の経過とともに対象としての家庭環境とその担い手としての女子教育と結びつく方へ傾斜していく。Home Economics（家政学）としての側面が前面に出され、家庭生活の管理を核とする家政学のあくまで原点として優境学が相対化されていったのである。戦後に体系化が図られる日本の家政学も、このアメリカ家政学の影響を強く受けて形成、展開してきた。

　その根底には、リチャーズの男女両性の役割理解がある。リチャーズは「男

性は環境の征服者、女性は環境のいたわり手」とそれぞれの特性を表現し、その相互関係が重要であると主張した。環境を観念的にみる男性の役割は開拓・洞察・克服にあり、環境を精神的に受けとめる女性は養育・啓発・改良の役割を担う。この考えが女子の特性を活かす教育を促す主張として優境学構想に組み込まれていたのである[2]。

そのことがアメリカにおける優境学が家政学へと分化していくプロセスを運命づけることに、ひいてはその影響を受けて戦後確立をみる日本の家政学をも方向づけることになるが、優境学がもたらしたものはそれだけではない。人口問題への対峙という文脈から生まれた優境学は戦前期の生活改善に向けたさまざまな動きを加速させたのである。日本では、すでに普及のみられた優生学に環境改善の意味が付加されることで「遺伝だけでなく環境も（優生学から優生学的生活へ）」という理念が普及し、福祉国家の形成や後に社会福祉や家政学として体系化が図られる環境改善に関わる幅広い実践活動を理念的に支えた。

以下で取り上げる池田林儀（いけだ・しげのり：1892-1966）の活動は、その好例である。ジャーナリストから社会運動家に転身する池田は、1926年に優生思想の普及（＝優生運動）を目的とする日本優生運動協会を創設する。それに象徴される池田の活動は優境学の日本的受容を示すものとして意義深いのだが、これまでの先行研究は優生学史におけるその性格が指摘されるに留まっている。

鈴木善次によれば、池田の優生運動の特徴は次の5点にある。「1．彼の優生学体系は主としてポペノーの考えに由来している。2．彼の優生学運動にはドイツの民族的運動が影響を与えている。3．彼の優生学運動は日本精神を高揚する1つの民族運動であった。4．彼の優生学運動に対して科学者を含めて一定の反応があり、優生学思想の普及に影響を与えた。5．池田の運動が示すように、昭和初期においては日本の優生学は科学の枠を出て、完全に1つの社会的運動へと変質した」［鈴木 1979：72］。一方、新井利佳は池田の優生運動を「実践的な優生学」として日本優生学史に位置づけ、そこに社会事業と優生思想の結びつきを見出している［新井 2008］。

さらに、藤野豊はいう。「それまで優生思想（優生学）は、一部の医学者・遺伝学者、あるいは廃娼運動家・産児調節運動家らの間で論議されており、日本

の帝国主義的発展を支える民族の生物学的な質の向上のため、当時、遺伝性とみなされていた病者・障害者に断種手術を施し、子孫を断つことの必要が叫ばれていた。池田は優生思想を一部の専門家の間だけではなく、広く国民の中にも普及させようと考え、こうした雑誌を刊行した。わたくしは、池田の運動を優生運動と呼ぶ」［藤野 1999：5］と。

　池田の優生運動、それを支える思想的背景にはドイツだけでなく、アメリカの民族的運動への関心があった[3]。そのことを手掛かりに、戦前期まで遡る優境学の日本的受容の一端を描き出すことが本章の課題である。まず、戦前期に優境学から家政学へと展開をみるアメリカと、戦後に至って体系化をみる日本の家政学の交錯点を確認する。そのうえで、環境改善をめぐる問いが優生学から優境学までも含みもつものとしての優生学、さらにはそれが生活に関わる学の体系化を促していく過程を体現するかのような池田の活動を明らかにする。

2　優境学をめぐるアメリカと日本

　家庭生活の管理を核とする家政学は優境学（環境改善の科学）から分化する。アメリカの家政学会は1994年にその名称をアメリカ家族・消費者科学学会（American Association of Family and Consumer Sciences）と名称を変更するが、1990年代の日本でも「家政学とは何か」という問いと関わってその起源に目が向けられるようになった。その影響は日本の家政学界にも及び、以来「家政学とは何か」という問いが活発に交わされるようになった。また、「1.57ショック」（1990年）を機にもたらされた少子化問題（＝人口問題）が浮上したこともそれを促したといえよう。

　その確立以来、日本にも多分な影響を与えてきたアメリカの家政学史は、19世紀まで遡る歴史を有している。優境学と連動して形成をみたそれは、人々の生活をとりまくさまざまな環境のなかの家庭環境を対象とするものとして、いわゆる家庭科に結びつく家政教育の方へ傾倒をみた。1899年に家政学の呼称がDomestic Science から Home Economics へと変更がなされたが、その1899年から10年間に及んで年に1度開催されたレイク・プラシッド会議（Lake Placid

Conferences；1899-1908年までの毎年、リチャーズと Melvil Dewey（1851-1931；図書館学者）によって催された家政学に関する会議）の発展的解消のもとに家政学会が誕生する。この動きと並行して本章の冒頭でも触れたリチャーズによる優境学の体系化がなされた[4]。

　このようなアメリカ的状況に比して、日本の家政学会が設立をみるのは1949年のことである。あるいは、大学制度に則す形で「家政学」の起点を1947年の家政学部の創設決定に認めるのが一般的である。それに至るまでの「家政学部設置基準」制定過程においては、学問としての「家政学とは何か」ということが検討された。図表1-1は戦後しばらくの間に刊行された『家政学原論』の諸著作であり、中原賢次の『家政学原論』（1948年）が著作としては第1号とされている［八幡 2006：9-29］。

図表1-1　家政学の定義と対象

書名・著者名	刊行年	出版社	家政学の定義	家政学の対象
家政学原論 中原賢次	1948	世界社	家政学とは家政を対象とする学問の知識を謂う。	家政学がその対象とするものは、家政という人類生活の最も基本的な家庭に於ける生の営みである。家政とは、人類生活の基本的形態たる家庭に於ける精神的、技術的営みを謂う。
家政学原論 松平友子	1954	高陵社	家政学は、家庭生活の本質・意義を究明し、現実の社会的、経済的、地域的、家庭的その他の諸条件と見合わせて、よりよく望ましい家庭生活を追究し、創造し、以てその構成員たる家族全員に対して、生活の三要素が適正に調和を保ちながら、日々の生活時間に盛り込まれ、それぞれの個性の発展と幸福とが最大限度に、且つ公平に増進することに役立つ知識および技術に関する学問である。	家政学の研究対象は家政であり、家政は強いていえば、家庭生活の運営されている状態もしくは運営の仕方である。

家政学原論 黒川喜太郎	1957	光生館	家政学は研究の範囲を家政生活に限定し、家政生活の向上発展を図る方法の研究にあると言えよう。	家政生活を広義の研究対象とする。概括的に言えば家政学の研究対象は、具体的な家庭生活や、その生活に含まれる各種の現象および事実を問題とする。
家政学原論 中原賢次	1961	日本女子大学通信教育部	家政学は、家政を対象とする学問である。	家政学の対象は家政である。家政とは、家庭(という集団生活)における人間の営みである。家政を定義すれば、人間の、家庭における精神的・身体的・技術的・社会的営みである。営みとは、人間が生きるための働きである。
新版　家政学原論 黒川喜太郎	1962	光生館	家政学はその研究の範囲を家政生活に限定し、家政生活の向上発展を図る方法を研究するのが目標であるといえよう。	概括的にいえば家政学の研究対象は、具体的な家庭生活や、その生活に含まれる各種の現象および事実を問題とする。
家政学原論 山本キク	1963	光生館	家政学は家庭生活を対象とし、人の自然性に基づいて、家庭生活ならびにその環境との関係を研究する。そして家庭生活が環境に、よりよく順応し適応するように文化的、社会的両面から研究して、個人および家族生活の改善と向上をはかる学問である。要約すれば家族の生命の維持発展をはかり、人類の幸福増進に貢献する学問である。	家庭生活。家庭生活の研究から、これに類する施設(学校や工場の寮など)や、家政学に緊密な関係のある職業分野に研究を延長し拡大する。

注：以下の八幡の時期区分に従って、第Ⅰ期＝「家政学原論」の先駆的著作をまとめた（家政学の定義・対象のいずれにも言及のあるものに限定）。
　　第Ⅰ期　1948-1963：「家政学原論」の先駆的著作
　　第Ⅱ期　1963-1970：「家政学原論」の展開
　　第Ⅲ期　1970-1984：「家政学原論」の標準化と家政学拡張への動き
　　第Ⅳ期　1984-　　　：ポスト『家政学将来構想1984』
出所：[八幡 2006：22-23]から筆者作成。

ここに取り上げた「家政学原論」の先駆的著作において、家政学の対象は家庭生活に限定されている。しかしながら、家政を家庭生活に関わるものに限定して捉えるのではなく、家庭外の生活も含めた社会生活（人間生活）として捉えようとする流れもあったことに注意が求められる。原田一は『家政学の根本問題—解説家政学原論—』（1961年）のなかで家政学の定義および対象をめぐる考え方について以下の6つに整理しているが、それに従うとD～Fと関わるものである。（科学としての性質を問題にしているBは別として）A、Cがその対象を家庭生活の内部に限定しているのに対して、D～Fは家庭外の生活をもその対象として捉えている。

A　家政学は学科目群ないし教科課程であるという考え方：よい主婦を養成するための教科課程につけた名称
B　家政学は総合科学であるという考え方：（教科課程としてではなく）学問として認めるが、その中に独立した科学がいくつかあって、家政学というのはその総和に名づけられたもの
C　家政学は家庭を管理する学問であるという考え方：個々の家庭でやっていることだけを研究の対象とする
D　家政学を「生活科学」または「生活学」と改めよという考え方：家庭外での生活も含めた人間の生活を研究対象とする
E　家政学を「優境学」であるとする考え方：環境の改善によって、人間のよい素質の発現を助長し、悪い素質の発現を抑制して、人間の幸福を増進しようという学問
F　家政学は消費の科学であるという考え方：人間の経済活動（生産・流通・分配・消費）の中で、消費についてよりよき消費の仕方を研究するもの

［原田 1966：22-25］

原田によってこのように整理される家政学の科学的な性格とその対象をめぐる議論（1＝家庭生活に限定されるA、Cか、2＝社会生活（人間生活）も含むD～F）には、それぞれ戦前まで遡る系譜があることに注目すべきである。1は「教育としての家政科」と「科学としての家政学」の理解をめぐる問い＝家政学前史として戦前から戦後へとそのまま引き継がれている。それに対して、2は戦後の系譜が見出しにくい。

しかしながら、人口問題への取り組みを起源とする優境学から家政学へと分

化する流れは、日本にも見出すことができる。というのは、1920年代には海野幸徳や建部豚吾といった社会学系の論者によって「優境」という言葉が用いられる。彼らをはじめとする人口の〈質〉をめぐる議論は、大正・昭和初期に生起する人口論争のなかで優生学の命題としての生命の〈質〉が人口の〈質〉、生活の〈質〉への拡大をもたらすことになる。それを介したというべき優境学は、環境改善の重要性を浮かび上がらせるとともに、家庭におけるその担い手としての女性の役割をクローズアップすることになるのである[常見 1969]。

3　池田の優生運動 I

このプロセスを体現するのが、ほかでもない池田林儀の優生運動である。池田は人口論争の最中である1926年に、『永遠の貧乏』(交友社) と『応用優生学と妊娠調節』(春陽堂)を刊行する。図表1-2は『永遠の貧乏』の収録論考一覧であり、(図表1-2中に)※を付した論考に優生運動を理念的に支える池田の思想が現れている。

まず、池田の人口問題観は以下の一文に凝縮されている。「人口調節の本義

図表1-2　『永遠の貧乏』の収録論考一覧

永遠の貧乏※	女性の危機※	性欲教育の問題※
女子への政治教育※	優生運動と恋愛と結婚※	愛国運動としての優生運動※
文化中毒	現実生活に対する反省の欠乏	米国革命後裔婦人協会※
生活の保障と職業の平等	不景気と貧乏	修繕医学と社会医学※
無反省なる女性※	社会医学から見た売薬税廃止※	貧民の法律相談所
貧乏国日本	民衆運動と無名禮讚	綱紀粛正と社会制裁力
農民党と労働党	師範教育改善の急務	花見と民風
不労階級の滅亡	民族教育と殖民	有色人種の抗議
無産政党の使命	労資協調の本義	飛行機と無線電信
ドイツの政情	ドイツ新大統領	労農政府と新経済政策
国際航空路と暹羅の将来	避暑気分の民衆化	誤れる我移民計画
芸術運動の合法化	愛国運動としての建国祭	英国炭業争議私見
白樺の色紙	生活文化の悲観楽観	興国策としての優生運動※
優生学と結婚※	積極的生存と日本民族	民族運動と民族教育
解放運動における国民の反省		

出所：[池田 1926a: 目次] から筆者作成。

は、質における数の問題であつて、頭数における数の問題ではない。質の劣つた頭数の増加は、貧乏をして永遠ならしめるものである」[池田 1926：36]。このような見方は性の問題を浮かび上がらせ、池田を優生思想の普及活動へと駆り立てたようである。

「人体を解剖すると、消化器と生殖器以外には、何ものもない。現代社会における二大問題はこの二大器官の一つを代表した形において現れてゐる。即ち、消化器を代表したるパンの問題の労働問題と、性の問題たる婦人問題とがそれである。」[池田 1926a：36] こう述べる池田は、性の問題＝婦人問題として次のようにいう。「婦人問題の因つて起つて来た原因には可成り深酷なものがあるにしても、その問題なり、運動なりが育まれてゐる経路および傾向において、憂ふべき一現象を発見する」[池田 1926a：37]。

池田によれば、フランス革命の時期に叫ばれた婦人の自由・解放は男子文明に対する反抗であり、そこに女性文明の創造への熱意がみられたものの、その底力たるべき女性の素養そのものが足らなかった。自らの身を養うことに急いだ新時代への目覚めの女性は、自己創造の糧を作ろうとはせずに、男子が創造した糧を取り入れたため、そこに変態性と矛盾性が現れた。

「アダムとイヴの昔から約束された性的分業が、権利の観念、自由の観念、平等の観念、そうしたものによつて、変に誤解されてしまつた。女性が以て主張したる、権利、自由平等などの基礎観念は、それは男子文明の産物であつた」[池田 1926a：38] とする池田にとって、従来の婦人運動は男性によってもたらされた諸運動を模倣したものに過ぎない。このような観点から「女性が男子の奴隷の境遇から脱出せんことが婦人運動の一つの主要題目であるならば、男子文明と対立する女性文明の創造をなさなければならない。それには、男子文明の糧を食はないことである。男子文明を真似ないことである。その性的衝動と性的本能性からしての、女性文明の創造に努力すべきである」[池田 1926a：39] と考えた。

当時の日本で広がりをみた婦人参政権運動については、以下のようにいう。「これまでに既に女子参政を高調する人士を見、これが運動に従事する婦人も可なり多くあるやうであるが、いづれも未だ理想家感情家の宣伝運動に外なら

ない」［池田 1926a：44］。池田によれば、それは運動者の罪ではなく、従来なされてきた政治教育と女子教育の欠陥にほかならない。政治教育については公益や公衆道徳といった美辞麗句を、女子教育については政治に関する解説すら与えずに良妻賢母や貞操といった言語を連ねるばかりであったという。

　女子に対する社会道徳の高調と社会制裁の権威の実現のための自覚を期待する池田は、エレン・ケイなどの母性教育論のなかに優生運動が見出せることに注目した。それを「婦人運動が本質的な母性への反省を伴って来た」と表現し、結婚をもって単なる「両性関係の幸福な結合」を目的とせず、「過去から未来につながる永続関係」を考慮に入れるようになったことは喜ばしいことであると考えた。

　優生運動者の結婚には、「現在の単なる情熱的恋愛観念」ばかりでなく「理想」が含まれている。このような婚姻や家庭生活に優生学的意味を導入する運動は当時のアメリカにおいて最も盛んであり、「同胞愛に徹底するのみならず、祖先崇拝に立帰つて過去現在未来を貫通せんとする徹底的な理想さへほの見えてゐる」［池田 1926a：63］。アメリカおよびアメリカ人の理想に学ぶところが多いと池田は考えた。この主張と以下の優生学解釈が、次節で明らかにする実践としての優生運動を理念的に支えている。

　「優生学には二つの方面がある。一つは既に現れた疾病を治療したり、まだ現れない間に、社会の設備その他を完全にして、未然にこれを防止することで、これを普通ユーテニックス（社会医学）といつてゐる。今一つは、人間の身体を強健にして疾病に対する抵抗力を増進すると同時に、疾病予防の社会的施設その他に対する精神的能力の増進を期するもので、これを狭義のユーゼニックス（狭義の優生学）といつてゐる。近来この二つを含めた『広義の優生学』（ユーゼニックス）に対する一般文明人の注意が喚起されて来たが、一面には社会医学と、優生学（狭義の）とを別々にして、その専門的方向に向つての興味も強くなり、かつは実際的にこれを応用せんとの努力までもほの見えて来てゐる」［池田 1926a：77］。

4 池田の優生運動 Ⅱ

　本節で取り上げる『応用優生学と妊娠調節』(図表1-3参照)には、池田の優生学をどのように実践するかが論じられている[7]。

　本書のタイトルにもなっている応用優生学について、池田はいう。「優生学の基礎となるものは遺伝であるが、応用優生学の取扱う根本問題は結婚そのものである。応用優生学とは何であるかといえば、一口にこれをゆうならば如何にして最もよき子女を生ますべきか、といふことを研究すると同時に、最もよき子女を生ませるように、社会人類にその方法を普及せしめることである」[池田 1926b: 204]。

　その応用優生学が当面の問題とするのは以下の10点であるとし、結婚の方法は人種や土地による体質その他の差異を考慮しなければならないとする見地から「同じ優生学であつても、日本においては日本人を対象とする独特の優生学が創始されなければならず、その応用方面においても独自の応用優生学が発達しなければならぬ」[池田 1926b: 205-206]という。

図表1-3 『応用優生学と妊娠調節』の目次

第1章	優生学とは何か
第2章	興国策としての優生運動
第3章	遺伝と結婚の成功不成功
第4章	遺伝と社会と教育
第5章	教育は凡人を天才化せず
第6章	精神的欠陥及び疾患の遺伝
第7章	心的才能の遺伝
第8章	犯罪及び過失の遺伝
第9章	マルサスの人口論とその疑問
第10章	新マルサス主義と産児制限
第11章	優生学上より見たる妊娠調節
第12章	優生学的な結婚生活
第13章	妊娠調節の方法
第14章	婦人は家に帰るべし
附　録	優生運動とは何か

出所：[池田 1926b: 目次] から筆者作成。

1　結婚年齢如何
2　早婚と晩婚の利害如何
3　夫婦の年齢の差異如何
4　如何なる人との結婚は避くべきか（配偶者の選択法）
5　不妊症について
6　妊娠調節の必要な場合
7　避妊と人工妊娠
8　妊娠調節の方法
9　恋愛生活と結婚生活の問題
10　胎教の問題

これらをⅠ：結婚の時期をめぐる問題（1～3）、Ⅱ：配偶者の選択の問題（4）、Ⅲ：不妊をめぐる問題（5）、Ⅳ：妊娠調節をめぐる問題（6～9）、Ⅴ：胎教をめぐる問題（10）に分けて、それぞれに関する池田の見解を明らかにしておこう。
　まず、Ⅰについてである。結婚適齢期は男子25歳前後、女子20歳前後であり、夫婦の年齢差は5、6歳が最も適当で男の方が女よりも年長であるべきとしている。これらから外れる早婚や晩婚、夫婦の年の差が甚だしい結婚は結婚生活を永続し、また子女を生むという点において難点が多い傾向にあるとしている。
　Ⅱをめぐっては、血統が正しく、悪い遺伝素質の伝わっていない健康な人を結婚相手に選ぶべきという。結婚相手を選ぶうえで注意すべき遺伝的性質として、結核、癩病、精神病（瘋癲）、精神虚弱、黴毒、癌、アルコール中毒、脳溢血、癲癇、聾唖、色盲、近視、白内障、黒内障、血友病、糖尿病、尿崩症、畸形、獨子、短命、を列挙している。
　Ⅲをめぐっては、統計的にみると日本では結婚数の2割2分から2割4分位の夫婦が子女を得ないで悲しんでいるとする。その原因は男子の方にあるものと女子の方にあるもの、また先天的なものと人工または病気によるものがあって、不妊症は専門医の診察が不可欠であるが、不妊を免れる日常の心得としては夫婦仲がよいこと、食生活への配慮が有効であるとしている。
　Ⅳをめぐっては、優生学上からみて妊娠調節の必要なケースである①不良遺伝を防止するため、②夫婦の健康を保護するため、③不妊者を妊娠させるためであるとしている。消極的な妊娠調節（産児制限）の絶対的方法としては制産手術、去勢、卵巣摘出、輸精管結紮、輸卵管裁除、某線応用、一時的方法としては房事の中止または膣外射出、薬品応用、器具の使用がある。積極的妊娠調節（不妊娠者を妊娠させる）には手術によるもの、薬療で成功するもの、あるいは人工妊娠術によってうまくいくものもあるが、いずれも医師と相談する必要があるとする。
　最後に、Ⅴをめぐって。科学的に胎教の意義は認められないものの、社会的、家庭的道義の尊重、人間の規律的生活、道徳的生活といった観点から優生

学上きわめて有意義なものであるとしている。

　結婚と結婚生活の改善を目的とする応用優生学の主張は、出生率の減少がやがて日本でも問題になるという予測と結びついて婦人の役割をめぐる議論にも及んでいる。「婦人が子供を生み、これを養育することは、その天賦の本能であり、社会学的にこれを見れば、其れが婦人の社会学的本分であるようにも思われる。しかし、文明生活をなし、相当教養ある婦人が子供を生むことをなるべく少なくする傾向のあることは、今日の文明婦人の通例であつて疑の余地がない」[池田 1926b：259-260]と。

　それがもたらす「婦人が人間としていかに生きるか」という問いに答えていう。「近代の婦人運動なるものが、その自覚なるものを喚起して、自由平等博愛の精神を高調し、権利義務の観念に目ざめ、一切の機会均等を要求するところ、まことにめざましいものがある。けれども静かに考えて見るのに、婦人の落ち着く先は極めて平凡な意味において、家庭に帰るのではあるまいか。また家庭に帰るのが自然であり、家庭に帰るのが婦人にとつて最も幸福なのであるまいか」[池田 1926b：262-263]。

　「婦人は永い間男子文明の中に育つて来た。男子文明が永い間勢力を得て来た結果として婦人が男子文明の下に男子の都合のいいようにしつけられて来たとゆう傾向は確かにあつた。けれども、婦人が家庭の中において子女を生み、これを育てることそのものが婦人を家庭に束縛し、婦人の自由を奪つたものといい得るか否かはなほ慎重なる考慮に値することではあるまいか」[池田 1926b：265-266]と。

　婦人の要求すべき自由平等解放というものは、婦人参政権運動にみられるような男子文明の模倣に失するものではなく、「婦人としての性的特質の下に女子文明を創造しなければならない」[池田 1926b：267]とする池田は、それが婦人としての性的本務を完うすべき自由平等でなければならないとして、「生命を不断に伝える」という人間生存の終局の目的に注意を喚起した。

　「男子なみの権利義務の観念に目ざめ、男子なみの労務に従事するようになつた婦人はその形においてすべて男子なみに進まんとするにいたつた。かくあれば婦人とゆうものは男子よりも一つ大なる負担即ち妊娠とゆうものを一つ多

図表1-4 「附録　優生運動とは何か」

　優生運動の目的は、この社会を構成している人間各自の素質をよりよくして、人類文化の向上発展を期するにある。それには、どうすればよいかといえば、「よい父母」「よい社会」「よい教育」！この三拍子をそろえることに努力することである。しからば、その努力なるものは、どんなことをすることであるか。優生運動が、当面実際の問題として所期するところは、
　1　健康を増進すること
　2　長生不老を期すること
　3　知識才能を発達せしめること
　4　優良者の出産率を増進せしめること
　5　劣弱者の出産率を減少せしめること
　6　右（上―引用者）の目的を達成せしめるために、社会の制度組織に改善を加え、教育を刷新すること
以上の目的を達せんとする運動が、優生運動そのものである。その方法としては、いろいろな手段方法があるので、決して単一なものではない。今これを項を分つて列記すると、
　1　基礎運動
　　優生学的思想の宣伝普及
　　優生学的記録の収集作成整理保存
　2　結婚
　　結婚にはよい父母を期待する。よい父母とはよい種子のことであり、よい遺伝のことである。よい遺伝を保存するには、よい結婚が必要である。よい結婚をするには、よい分別が大切である。よい分別は家系血統子孫疾病遺伝恋愛とゆうようなことについて、充分考慮する。恋愛至上主義などと称して、みすみす不自然な、危険な、不幸な結婚をしないのが、よい分別である。結婚とゆうことには、常に子孫とゆうことを考えの中に加えなければならぬ。
　　恋愛が熱烈深刻の余り、悪い遺伝素質があると知りつつ、結婚するような場合があるならば、自己のため、子孫のため、社会のため、その出産を制止するだけの好意をもつことも、よい分別の一つである。
　3　社会医学
　　社会衛生設備の完備
　　栄養食糧の指示調理法
　　白米病の撲滅
　　花柳病の撲滅
　　酒タバコ害の除去
　　売薬の合理的応用法の普及
　　伝染病の予防
　　民衆的スポーツの奨励
　4　教育
　　民族本位の教育（人間本位の教育）
　　素質本位の教育
　　落第の廃止
　5　優生学相談所
　　配偶者選択についての相談

妊娠調節生産手術についての相談
　　　婚姻に関する法律その他の相談
　　　医学上衛生上の社会設備に対する相談
　　　その他優生学一般事項
　6　無料相談所
　　　健康診断
　　　白米病その他一般社会病に対する診察または相談
　7　産院
　　　妊婦の保護
　　右（上─引用者）の如く列記し来れば、優生運動の方面の極めて多岐多端なるを発見するであろう。しかも、これを社会に、組織的に、統一的に行うにあらざれば、優生運動の目的を達することは極めて困難である。これを組織的に実行せんとするには、「日本優生運動協会」とゆうような、組織的な機関を設けてかからなければならない。その組織は大体左（下─引用者）の如く構成すべきであろう。
日本優生運動協会
　　　　本部（東京）
　　　　総務部
　　　　学務部（研究部・記録部）
　　　　宣伝部
　　　　相談部
　　　　社会部
　　　　教育部
　　　　診察部
　　　　産　院
　　　　足の会（遠足運動）
　　　　支部（全国地方）
　　優生運動は、決して結婚問題そのことばかりではない。この世に幸福をもたらすべく、全社会的に改善を試みようとする、大きな社会改良の運動である。人口問題も、労働問題も、婦人問題も、職業問題も、その他あらゆる社会問題の解決の先決要件として、日本民族は優生学的に覚醒して、この社会を素質のよき同胞によつて、諸多の問題を解決せしめんとの努力をなさなければならない。優生運動は、あらゆる社会問題解決のための、第一線の運動である。また、あらゆる社会問題の基底をなすものは、優生運動であるとゆうことが出来る。
　　アメリカにおいては、つとに優生学的に覚醒したる人士が、アメリカの将来を優生学的に指導せんことを怠らない。ルーズベルト以来、歴代の大統領は、常に国民に向かつて優生学的反省を促して止まない。また、法律の上にも、優生学的意味を加味したる条項を採用しつつある。独りアメリカばかりでなく、ヨーロッパ諸国においても優生学的に目覚めつつあること顕著なるものである。民族的自覚の下に展開された大戦後の新世界に活躍せんとすれば、すべからく優生学的社会改良の大勢力の下に民族的大発展を遂ぐべきである。われ等の掲げたる旗は小さくとも、本願は極めて大なるものがある。この意味において、大方諸彦の熱誠あるご後援を仰ぎたい。

注：途中、一部省略。「足の会」は、ワンダーフォーゲルのサークル。
出所：［池田 1926b：281-292］から筆者作成。

くもつことになつたのである。かくの如きはどう考えて見ても不自然のことであり、文明進化の過程における一つの変態的現象といわなければならない。本質的に見て婦人が負うている妊娠とゆう大なる負担に対して男子はどうしてもこれを養いいつくしむのが生物としての分業である。男子と女子とが協力一致して立派なる家庭を作り優良健全なる子女を養育するとゆうことが人間終局の目的であり、自然の本質的の目的でもある」［池田1926b：269-270］と。

　図表1-4は、池田の描く優生運動について解説されたものである。この優生運動として結実をみる池田の主張は、リチャーズによって優境学がもたらされ、それが家庭生活の管理を核とする家政学へと収斂していくこと、その普及に女性の役割がクローズアップされていったアメリカ的状況に呼応する。池田は1926年に日本優生運動協会を設立し、その機関誌として『優生運動』を発刊する。図表1-5はその『優生運動』の一例を示したものであり、啓蒙的な、また社会運動としての性格をもった池田の優生運動は優生問題＝結婚問題＝産

　　図表1-5　『優生運動』第2巻第2号（1927年1月1日）の収録論考一覧

（優生篇）	
優秀なる人間の供給／池田林儀	人間の粗製濫造を排す／尾崎行雄
土人娘の胎内よりする民族発展策／水島光一郎	国家優生の源泉は燃料問題／庵崎貞俊
産児制限に対する当局の態度／高田義一郎	
（修養編）	
よい人・強い人・偉い人／三輪田元道	国家興隆の道は小学教育から／一戸兵衛
（福利篇）	
遺伝とはどんなことか／川上理一	小児の病／岡本京太郎
疫痢の病理／川上漸	妊娠前後の心得／織田良一
幼児の育て方／副島安太郎	細菌学の話／小林健児
兎と医学研究／土屋均	貞操の話／山下博章
（団欒篇）	
教員と生徒の団欒／川村文子	記録保持者の体格／寺田瑛
指頭の力／三浦楽堂	

注：創刊号の本論は福利篇・国際知識・世論篇・優生篇・趣味篇で、第1巻第2号の本論は優生篇・国際知識・福利篇・趣味篇というように第2巻第3号まではジャンルごとに編集されている。それ以降のジャンル分けは見られない。『優生運動』は第1巻創刊号（1926年12月）から第5巻第1号（1930年1月）まで刊行された時点で、経済的な事情から廃刊に至った。口絵、漫画、読者の声等は省略。
出所：［池田1999：26-27］から筆者作成。

児と健全な子女の養育の問題を核とする生活改善運動であったとみなすことができる。

5　むすびにかえて

　池田は、日本優生運動協会の設立に際しての講演会で「優生学の期待するところ」として以下の7点を挙げ、「人口問題も、労働問題も、婦人問題も、職業問題も、その他あらゆる社会問題解決の先決条件として、日本民族は、優生学的に覚醒して、この社会を、素質のよき同胞を以て構成し、諸多の問題を解決せしめんとの努力をなさんとする」[藤野 1999：10]と述べた。

1　日本民族をして、将来すべての点において、世界の第一線に立たしめること
2　病人のない家庭、精神薄弱者のない家庭を作ること
3　健康を保つこと、即ち、保健法ばかり考へずに、一歩進めて健康を増進する方法を講ずること
4　長生不老は、現代科学でどの程度まで発現出来るかを究め、また、長生不老の道を講ずること
5　よい配偶者の選択につとめ、よき結婚をなすことにつとめること
6　よい体格とよい性質とを作ることに努力すること
7　住みよい社会を作り出すことに努力すること

　この優生運動は、戦前期における優境学の日本的受容の一形態として興味深いものがある。本章で明らかにしてきた池田の主張や日本優生運動協会を通じての活動は、生活の〈質〉の改善を対象とする政策領域の広がりや家庭生活の改善の担い手をめぐるジェンダーの問題を浮かび上がらせる。その環境改善に関わる幅広い実践活動を理念的に支える優境学をめぐる動向は、優生学史だけでなく家政学や社会政策の史的展開との関わりでも把握されなければならないはずである。

　さらにいえば、本章で焦点を当てた池田の優生運動はあくまで一例である。人口の〈量〉と〈質〉をめぐる論点が持ち上がった1920年代の人口論争を経

図表 1-6　戦前日本における優境学の展開

大正・昭和初期人口論争（1926-1933）
論点としての優生   ↓   生活改善をめぐる問い   ↓   生活をめぐる問いに端を発する政策論議や学問領域の展開
社会政策的   人口政策立案に向けた動き　　　社会事業学の体系化　　　　　家政学の体系化   　　　　　　　　　　　　　　　　　　　　　　　　　　　　　　など

注：社会政策的人口政策立案に向けた動きは、玉井金五・杉田菜穂「日本における〈経済学〉系社会政策論と〈社会学〉系社会政策論―戦前の軌跡―」『経済学雑誌』第109巻第3号、2008年、社会事業学の体系化については拙著『人口・家族・生命と社会政策―日本の経験―』法律文化社、2010年、で論じている。
出所：筆者作成。

て、優境学がもたらした「遺伝だけでなく環境も（優生学から優生学的生活へ）」の理念はいくつかの新たな潮流（＝生活をめぐる問いに端を発する政策論議や学問領域の展開）をもたらす（図表 1-6 参照）。当時の優生学（したがって、また優境学）定義の曖昧さのなかで、「遺伝だけでなく環境も（優生学から優生学的生活へ）」という環境改善の理念こそが優生学（したがって、また優境学）のもたらしたものであり、そこからさまざまな学問、政策、および社会運動の領域が広がることになったのである。

　これらの動向を貫く優境学の核にあるのは生活をめぐる問いである。優生学の命題としての生命の〈質〉が人口の〈質〉、生活の〈質〉へと広がるのを媒介する優境学によってもたらされたこの時期の出来事は、戦時期を経て戦後への連続性を見出すのが難しくなる。日本における家政学の体系化もまた、優境学からの連続性への配慮を欠く形でそのスタートラインは戦後におかれることになった。戦後史のなかで優境学がどのように扱われるかという問いについては、改めて論じることにしたい。

1）優境学は優生学に対抗するものとして提起されるが、実際の（優生学から）優境学の展開は生命の〈質〉＝「遺伝か環境か」「生まれか育ちか」の問いが人口の〈質〉、生活の〈質〉＝「遺伝も環境も」という問いへと広がりをみる過程と解釈されるべきである。
2）この点をめぐる先行研究に、Robert Clark, *ELLEN SWALLO: The Woman Who Founded Ecology*, Follet Publishing Company, 1973、などがある。また、近年住田和子によってリチャーズの著作集が刊行された。吉山青翔によって、リチャーズ評価の再検討も試みられている［吉山 2011］。
3）「復興独逸と繁栄亜米利加！」と唱える池田はいう。「独逸の復興の原因を究め、亜米利加の繁栄の因由を探るといふことは、今日、心ある人の非常なる興味と注意とを喚起しつつある問題である」［池田 1930：1］と。
4）アメリカ家政学史をめぐっては、今井光映に詳しい。例えば、今井光映『アメリカ家政学現代史Ⅰ―人間生態学～家族・消費者科学―』光生館、1995年、同『アメリカ家政学現代史Ⅱ―コンシューマリズム論～ホリズム論―』光生館、1995年、などがある。
5）常見育男は、江戸時代まで遡って日本における家政学の成立を論じている。そこでは、本章が注目する優境学から家政学への展開ではなく、家庭経営＝家事に関わる学としての家政学の展開について議論が展開されている。常見はいう。「昭和20年までは、『学問としての家政学』と『教育としての家政科』との区別の意味規定が厳格でなかったから、家政学そのものについての理論的理解は、きわめて稚拙であった」（同書1頁）と。家政学の原点としての優境学をめぐる問いは、この指摘に触れるものである。
6）池田の略歴は、次の通りである。東京外国語学校（現、東京外国語大学）卒業後、大日本雄弁会講談社へ就職。その後、報知新聞社に移って大隈重信の番記者を経てベルリン特派員に。一度は社会運動家に転じるものの、1933年には京城日報に招聘されて副社長に就任。1939年には報知新聞の編集局長に就任した。本章では、池田が社会事業家として活動した時期をクローズアップしている。
7）「本書は優生学を民衆化し、全国的に優生運動を醸成せんことを畢生の願望とし、その願望を果すための一助としてものしたものである。いたづらに専門にわたらず、どこまでも常識的に優生学を説くにつとめたつもりである」［池田 1926b：5］。はしがきでこう述べられるように、本書は一般市民に向けて書かれた啓蒙書である。
8）池田林儀『優生学的社会改造運動』学芸講演通信社、1926年。引用は、藤野豊「解説 池田林儀と『優生運動』」『優生運動 解説・総目次・索引』不二出版、1999年。

第2章
社会衛生学の形成
▶暉峻義等を中心に

1 はじめに

　暉峻義等（てるおか・ぎとう；1889-1966）は、日本における労働科学の創始者として知られている。暉峻に関するまとまった先行研究としては、三浦豊彦『暉峻義等―労働科学を創った男―』（1991年）や裴富吉『労働科学の歴史―暉峻義等の学問と思想―』（1997年）などがある。単著以外でも、暉峻義等博士追憶出版刊行会および労働科学研究所による編著や論文も発表されており、そのなかで産業衛生史や医学史上に残る人物として扱われている［暉峻義等博士追憶出版刊行会編 1967、労働科学研究所編 1971］。

　中山いづみによれば、暉峻は兵庫県高砂で生まれ、父親は寺の住職であった。鹿児島の第七高等学校卒業後東京帝国大学医学部に進学し、心理学を専門とする元良勇次郎や医学、生理学を専門とする大澤謙二（おおさわ・けんじ；1852-1927）、永井潜（ながい・ひそむ；1876-1957）、富士川游（ふじかわ・ゆう；1865-1940）等の授業を受講している。卒業後の暉峻はそのまま大学院に進み、永井潜のもとで生理学の研究に従事した。その傍ら、1916年には警視庁と内務省から調査を受託し、貧民街（本所（現在の墨田区））の調査にも取り組んでいる。その成果（『社会衛生学―社会衛生学上に於ける主要問題の論究―』（1927年）所収）が評価されたことで、暉峻は大原社会問題研究所に職を得ることになった［中山 2008：5］。

　このような初期の経歴に対して、これまでの先行研究は日本における労働科学の創始者としての意義をより高く評価している。あえていえばそれは、研究者としての暉峻の後半生の功績である。しかしながら、本章で主に取り上げる

『社会衛生学』(1935年)として纏められる暉峻の初期の問題関心こそは、「戦前日本における人口問題と社会政策」というテーマとその戦後への展開を追究するにおいて重要な意味をもつ。

戦時期へと時代の流れが急転回する1930年代の人口論は扱いが難しく、当時の人口論者の多くは民族主義への傾倒がみられた。暉峻もその例外ではなく、三浦は以下のように指摘している。社会衛生学を主題とする2冊の著作『社会衛生学—社会衛生学上に於ける主要問題の論究—』(1927年)と『社会衛生学』(1935年)を比較すると後者において民族衛生学的な色彩が強くなっており、「ことに後者では暉峻のもっとも重視したはずの労働者の生活と労働、そして疲労と健康の保護の問題に欠落のあるのは、時代のなかで揺れ動く、暉峻の思想の動揺を示すものである」[三浦 1991：181]と。

こうした把握に対して、本章ではむしろその過程にこそ注目する。具体的にいえば、人口論者としての側面に焦点を当てて社会衛生論から産業衛生論へとシフトする暉峻の思想(＝社会衛生学)を根底で貫く問題意識を明らかにすることになる。その意義は、日本社会政策論の史的展開との関わりにある。当時の時代思潮であった優生学は、社会学や医学、生物学と接しつつ人口問題をめぐる議論に〈質〉の観点をもたらした。1918年の米騒動を機に社会問題が噴出するが、優生学的な見解によってもたらされた優生―優境(先天―後天)の視点が、それと深く関わる児童をはじめとした社会政策の形成と展開に重要な意味をもつことになるのである。

人口問題をめぐる議論は大正・昭和初期人口論争(1926年)あたりから政治的に表面化し、それが人口政策立案に向けた動き(人口食糧問題調査会の設置(1927年)、財団法人人口問題研究会の設立(1933年))へとつながった。また、人口の〈質〉をめぐる議論との関わりで児童虐待防止法(1933年)や少年教護法(1933年)といった社会政策が体現している。暉峻が社会衛生学の体系化を図るのは、ちょうどその時期であった[1]。1930年代には日本社会政策論は大きな転機を迎え、社会政策＝労働政策という概念規定とともに(本来の社会政策に含まれるべき)生活政策的な系譜としての社会事業や社会衛生といった概念が社会政策から切り離されていく。

この時期における暉峻の社会衛生論から産業衛生論への展開は、この流れに沿う出来事としても興味深いものとなるのである。

2　大正・昭和初期人口論争における暉峻

　近代以降で、出生率の低下をめぐる議論が社会的に注目を集めるようになったのは1920年代半ばに生じた大正・昭和初期人口論争の時代である。

　1918年の米騒動、1920年の国勢調査などが人口論議を引き起こした。1926年に専門家の間で生起した学説論争が大正・昭和初期人口論争であり、その発端は高田保馬が「産めよ殖えよ」と題する論考（1926年）を発表したことである[2]。高田は、当時の人口問題を論じる基調であった過剰人口は何ら問題ではないとしたうえで、「真の問題は来るべき出生率の減少—人口増加の止むことをいかにして防止すべきかにある[3]」と主張した。それに対する異論をはじめ、本論争は多くの学者・専門家・ジャーナリスト等を巻き込みながら1930年代初めまで続くことになる。

　一方、1927年には人口問題の検討を進めるとともにその解決を図るべく、内閣に人口を主題とする最初の政府機関である人口食糧問題調査会が設置された。本会が発行した『人口問題に関する世論』（1928年）は1922年から1928年の間に刊行された人口問題に関する文献を調査・蒐集したものであり、そこには以下の人物が取り上げられている[4]。

浅田江村	浅見登郎	安部磯雄	有之英夫	池田林儀	石射猪太郎
石渡安躬	稲垣乙丙	井上　清	井上哲次郎	乾　精末	井上雅二
猪谷善一	上田貞次郎	植原悦二郎	浮田和民	内田嘉吉	益田　考
大西猪之助	大河平隆光	大工原銀太郎	大隈重信	奥むめお	小田内通敏
（六代目）尾上菊五郎	梶原仲治	神川彦松	神戸正雄	河上　肇
河口愛子	河田嗣郎	河野恒吉	気賀勘重	北澤新次郎	清澤　洌
小泉信三	小池四郎	後藤新平	小村欣一	財部静治	佐伯　矩
阪上貞信	坂西利八郎	桜澤如一	塩沢昌貞	清水文之輔	島崎一郎
下条康麿	末長一三	杉浦宗三郎	鈴木島吉	高野岩三郎	高田保馬
高橋亀吉	高畠素之	田川大吉郎	高柳松一郎	竹越興三郎	土方成美

津久井龍雄	堤　寛一	鶴見裕輔	暉峻義等	東郷　實	戸田貞三	
永井　亨	永井　潜	中島信虎	中野正剛	永井柳太郎	長尾半平	
永田　稠	長谷新一郎	中橋徳五郎	那須　皓	新渡戸稲造	布川静淵	
野田信夫	野津　務	長谷川如是閑	半澤玉城	平塚らいてう	副島義一	
藤山雷太	藤原銀次郎	二荒芳徳	堀江專一郎	堀口九萬一	正田貞一郎	
増田抱村	松岡照二	松岡正雄	松岡正男	松岡洋右	松下芳男	
松本蒸治	三輪田元道	宮川米次	南亮三郎	峰　整道	武藤山治	
村田熊三	室伏高信	守屋榮夫	宮島幹之助	矢内原忠雄	山川　均	
山崎直方	山下亀三郎	山田わか	山本宣治	山本美越乃	横井時敬	
横尾惣三郎	横田秀雄	吉村哲三	米田庄太郎	若槻禮次郎		
アルベール・トーマ		エス・トンプソン		C.M. ズーチ		ワーレン・タムソン
レイモンド・パール博士						（下線—筆者）

　調査対象となった7年間に、これらの論者から食糧や失業、貧困に関わる人口問題のほか、優生や産児調節、移植民をめぐる論点も提示された。ここに名前が刻まれているように、本章で取り上げる暉峻も大正・昭和初期人口論争の時期に人口問題論を展開した論者の1人であった。暉峻は当時社会的な関心が集まっていた産児調節をめぐって、その是非や適用範囲に関する自身の見解を以下のように述べた（『産児調節論』[5)]）。

　　外科的手術を外にしては最も確実な産児調節の方法はない。是非ともに産児調節を行ふ必要があるのならば、この最も適確なる方法によるがよい。併しこの方法は永久に増殖を阻止する方法である。故に精神病、癩病、酒精中毒者などと云ふ子孫従つて次の世代に濃厚な害悪を及ぼす可能性の比較的確実なるものには異論なくこれを適用すべきである。自然のままの増殖にまかせておいては国民の素質が悪染され、健全なる国民力の向上発展が阻止せられ、且つ社会的負担が増加すると云ふ理由のもとに、やがてはこれらの悪素質の増殖の永久的阻止の実行が法律的に企図せられるの時代が来るであらう。さうすることが社会進化を一層促進し得るの途である。
　　然るに結核、黴毒、栄養不良又は栄養不給—それらは貧困の原因であり得るし又貧困そのものに密接に関連している—等には前述のやうな永久的産児調節法を行ふ必要はない。活動性の結核が既に確実に非活動的になつたとしたら、或は黴毒が適当なる医療によつて駆除されたとしたら、子孫をあげてゆくには差支はない。故に活動性結核を有する人や黴毒を有する人は、一時的な調節の方法をとつて、子孫にまで累を及ぼさないやうに自己自らを行動することは、近代の医学や生物学の知見の指示すると

ころであり、またそれは新しき社会的義務であり社会的道徳である。

　栄養の不良、栄養の不給、これらは結核病と共に貧困を最もよく表徴してゐるものであるが、これに対して一時的或は永久的産児調節方法を適用すべきかどうか、それを何等かの科学的な規準によつて規定し実行することは至難に属するが（中略——引用者）尚ここに附加しておきたいのは、その適用の可否の判定は一に医師の人格と識見とに俟たねばならないと云ふことである。貧困の救済策としての産児調節は真に止むを得ざるの応急手段に過ぎない。即ち他のあらゆる努力と方策とが最早力及ばざるものであると云ふことになつた場合、初めて増殖の否定による救治策が試みられて然るべきであると思ふ。而してこれは純然たる医術の一方法として、医術の道徳に立脚し、医術の範囲内に於て行はるべきものであり、且つ医師はその適用によつて医師としての社会的使命を完うし、又これを満足するものであると云ふ自覚に立つときにのみその実行は許容せらるべきであろう。　　　　　　　　　　　［暉峻 1930：1-3］

　産児調節を行ふべき社会的条件は、大いに限局せらるべきである。［暉峻 1930：58］

　産児調節は個人、家族、社会、民族の健康保持と活力の増進のもとに行はれるのであるからして、そが常に医学及び医術の指揮に待つべきは論ずるまでもなく明白なる事項である。この意味よりして、余は産児調節の実行が、医術の診療室に於て、或は教養ある医師の指示のもとに於て、宣伝の形式によつてではなく、あくまでも親切なる忠言の形式によつて教へらるべき性質のものであると考ふる。　　［暉峻 1930：87］

　現在存在するところの民間産児調節相談所には教養に富める医師の協力が強制さるべきである。医学なきところ、医術なきところに産児調節は理性化せられ難い。若し又労働組合にして組合員個々の極端なる生活苦を産児調節によつて一時的に救済せんと意志するならば、同じく教養ある医師の協力を求むべきであらう。そして階級的向上のために、生の健全なる上昇のために、医学のあらゆる援助が要求せられねばならぬ。

　産児調節は、その適用のいかなる場合に於ても、個人、家族、社会民族の向上、或は健全なる生の上昇、即ちそれらの健康の保持と活力的存在及び消極的には不良なる『種』又は個人の除去のために行はれるのである。であるからして、そが常に生物学、医学、衛生学の指示を待つべきであることは云ふまでもないであらう。

　この意味からして、余は常に日本のあらゆる階級の人々、ことに社会政策又は政治に関する人達が、人間生活の生物学又は医学的科学についてもつと十分な考慮を費すべきことを要求するものである。又社会或は民族に於ける、生物的医学事実にもつと留意することを切望して止まない次第である。かくて生物学的方法による研究調査の結果、又はその結果から誘導せらるるところの生物学的原理原則が、凡ての重要なる社会政策、産業政策或は政治的手段方法の基礎となることを希ふものである。

　　　　　　　　　　　　　　　　　　　　　　　　　　　［暉峻 1930：131-132］

当時は産児調節運動や断種法の制定を促す優生運動が展開され、産児調節の是非、およびその適用範囲等に関する議論の立場も意見もさまざまであった。そのなかで暉峻の主張は、「次の世代に害悪を及ぼすことが確実なものには永久に増殖を阻止する方法を採るのがよい」が、「貧困と密接に関わる結核や栄養不良といったものには永久的な産児調節法を行う必要がない」。「これらのケースに対しては一時的な調節の方法をとって子孫への影響を防ぐべきである」として、その判別には生物学や医学の関与が不可欠であり、その実行および適用は医師による判断に基づくべきとしたところに特徴がある。

さらにこの生物学的原則は、「社会政策、産業政策、あるいは政治的手段の基礎となる」べきであるとも主張している。

3　人口論、社会衛生論から社会衛生学へ

『社会衛生学―社会衛生学上に於ける主要問題の論究―』（1927年）、『産児調節論』（1930年）として纏められた暉峻の人口の〈質〉の向上をめぐる主張は、その議論を洗練させる形で『社会衛生学』（1935年）へと展開する社会衛生論と『戦時体制と労働力涵養』（1938年）、『生産と労働』（1938年）、『人的資源研究』（1938年）、『産業と人間』（1940年）として刊行をみる産業衛生論を貫いている。

最終的に本章では〈社会衛生学＝生活行動の衛生＋労働の衛生〉として暉峻の業績を把握することになるが、研究対象の重点がどのように変遷したかという観点からみれば、図表2-1として示したようなおおよその時期区分が成り立つ。

ここで第1段階を人口論と社会衛生論によって特徴づけたが、前節で描き出した産児調節をめぐる議論＝人口論と生物学的原則から社会問題、政策を議論する社会衛生論は密接に結びついて展開する。それを物語るのが、1927年に刊行される『社会衛生学―社会衛生学上に於ける主要問題の論究―』である。本書は衛生学から社会衛生学へという理論展開の把握（第一編）と出生現象の考察（第二編）によって構成され、そこに暉峻の社会衛生学の原型をみることができる（図表2-2参照）。

図表2-1　暉峻の研究対象のシフト

```
第1段階：人口論、社会衛生論
　『社会衛生学―社会衛生学上に於ける主要問題の論究―』（1927年）
　『産児調節論』（1930年）
　　　　↓
第2段階：社会衛生論から社会衛生学の体系化へ
　『社会衛生学』（1935年）

第3段階：社会衛生論から産業衛生論へ（＝社会衛生学の完結）
　『戦時体制と労働力涵養』（1938年）
　『生産と労働』（1938年）
　『人的資源研究』（1938年）
　『産業と人間』（1940年）
```

出所：筆者作成。暉峻の主な単著による整理。

図表2-2　『社会衛生学―社会衛生学上に於ける主要問題の論究―』の目次

```
第一編　理論
　　第一章　近代衛生学の源流
　　第二章　衛生学の史的展開について
　　第三章　社会衛生学の概念
　　第四章　社会衛生学上に於ける目下の主要問題
　　第五章　民族衛生学に関する卑見
　　第六章　医術及び医業の社会化
第二編　調査・研究
　　第一章　乳児死亡の社会的原因に関する考察
　　第二章　わが邦出産率の社会生物学的観察
　　第三章　労働階級婦人の出産に関する調査報告
　　第四章　産児調節論批評
　　第五章　産児調節与論
　　第六章　貧困に関する社会衛生学的研究
```

出所：［暉峻 1927a：目次］から筆者作成。

本書のなかで暉峻は、社会衛生学を以下のように定義している。

　社会衛生学は生そのものの学であり、生ける人間、死滅することなく流転して一時も止むことなき活動社会体に関する学である。換言すれば、社会衛生学における学的研究の対象は、「生命の有機体的全体」であると云ふことが出来る。［暉峻 1927a：1］

「生の向上、生命の有機的全体の向上を結果しないものは私の欲せざるところである」［暉峻 1927a：2］とする暉峻は、「生ける衛生学へ」という念願のもと「生命の有機体的全体の向上又はその健康を増進する学としての衛生学」［暉峻 1927a：3］として社会衛生学の意義を唱え、「乳児死亡」「出生率の低下」といった出生現象と「労働階級婦人」「貧困」といった社会問題を関連づけ、これらのテーマに関わる学として社会衛生学を位置づける。

以下は本書の第二編、調査・研究で論じられた「乳児死亡」「出生率の低下」「労働階級婦人の出産」「貧困」に関する暉峻の見解（各章の結論的な記述）である。

「乳児死亡」…
　授乳の時期に於ける婦人、殊に益々増加せんとする家庭外労働婦人の授乳の可能性に対する保護、並に産業主義より受くる乳児の生命不安に対する保護は、目下の乳児死亡率低下の社会的努力の核心をなさねばならないと思ふ。　　［暉峻 1927a：177］

「出生率の低下」…
　わが民族は、最近に於けるわが邦の個人主義的乃資本主義的人生観の発達から、各々その社会生活の環境に相応じて、各自の生殖意志と増殖力との上に、何等かの方法によつて、ある制限を加へることを希ふやうになつて来たのである。そしてかかる民族の心理的傾向が、民族の増殖生活の上に作用して、ここに出生率減少の傾向を生み出したのである。　　［暉峻 1927a：237］

「労働階級婦人の出産」…
　労働階級婦人（ここでは、主として繊維工業に従事する婦人―引用者）から生まれ来たる子女が、その母の各年齢階級を通じて約五分の一乃至四分の一の割合に於て死亡しつつあるのであつて、（中略―引用者）所謂労働者の利福増進は、先づ何をさておいてもこの「生命の犠牲」に向かつて先づその一歩がなされなければならないことを主張する。産業界に於ける婦人並に幼児の保護のわが社会の現状は尚大いて遺憾なるものがあるのである。　　［暉峻 1927a：277-278］

「貧困」…
1　下級労働者階級の生活上の欠陥は主として衛生学上の問題にある。
1　貧乏の原因としては疾病が注目さるべき重大な条件である。故に何等か科学的な社会的施設によつて健康状態の向上を計るのが目下の急務である。
1　罹患率、死亡率が他の階級に比して高い。これは住居、職業、食物等生活上の要件に於て不適当な状態であるからである。特に幼児の死亡数、疾病の多きは実に驚く可き事実である。

1　幼児死亡の原因は、住居の不良および栄養不足と密接なる関係がある。労働者の住居の改善、栄養品支給、保育所等の施設は速やかに行ふ必要がある。
 1　栄養状態はさう大して悪くはない。併し発育期にある者は明らかに栄養不足に遭遇してゐる。
[暉峻 1927a：451-452]

　本書の内容について、暉峻は生物学的基礎の上に立つ「社会に対する新しい見解」と表現し、社会に対して「吾々のとるべき手段方法は、現在並に将来の社会を支配するこれらの生物学的原則を慎重に考慮することによつて更に一段と進められるであろう」［暉峻 1927a：3］と述べた。

　　私は本書に於てわが社会に対し、経済学的乃至は社会学的産業政策或は社会政策から、生物学的社会政策、産業政策に進むことの益々必要なるを力説するのである。新しい時代は経済的社会政策から生物学的社会政策への進化によつて現出されることを信ぜざるを得ないのである。ここにより高き文化への、更に新しき躍進があると思ふものである。
[暉峻 1927a：3-4]

　この主張は、優生学的社会政策を主張した海野幸徳（うんの・ゆきのり；1879-1955）をはじめとする当時の社会学（生物学）的な立場からの人口論と共通する部分が大きい。というのは、彼らの政策論もまた、優生学への傾倒を背に出生現象への着目から、環境の重要性の指摘へと発展するからである。それは具体的に、妊産婦や乳幼児の保護施策の必要、貧困問題への対処を促す主張として提示された。

　前節で触れたように、大正・昭和初期人口論争を起点として人口政策立案に向けた動きがもたらされた。それを戦前から戦後にかけてリードしたのは社会政策学者・永井亨（ながい・とおる；1878-1973）であるが、暉峻もまたそこに一定の役割を果たしている。1933年に設立される財団法人人口問題研究会では、倉敷労働科学研究所長・医学博士の肩書きで設立当初から評議員を務めており、当組織の機関誌である『人口問題』にも「人口の質的転化の過程に関する一考察」（第3巻第4号、1941年）と題する論考を寄せている。本会の活動は調査と研究であり、調査は人口現象に関する基礎調査と人口問題およびその対策

に関する調査、研究は将来の人口予測、国民所得の分配、移民、人口統制が主なテーマであった。

　当時の人口問題研究と人口政策立案は医学、社会学、経済学といったさまざまな学問的観点から精力的に進められ、その流れに暉峻も位置づけることができる。暉峻の社会衛生論もまた、大正・昭和初期人口論争から人口政策の立案に向けた動きのなかに人口の〈質〉という論点を組み込む役割を果たしたのである。以上、社会政策論史との関わりも含めて図表2-1で第1段階と表現した暉峻について論じてきた。

4　社会衛生学の体系化

　本節では、第2段階と表現した『社会衛生学』(1935年)を取り上げよう[7]。本書において暉峻は、『社会衛生学——社会衛生学上に於ける主要問題の論究——』(1927年)からさらに突き詰めて社会衛生学の体系化を試みる。以下は、本書の「序」であるが、議論を進めるうえで重要な記述なのでその全文を引用しておこう。

　　ここには2、3の重要な問題をとりあげるために、社会衛生学の成書のなかに常に説き及ばれてゐる爾他大小の問題を殆んど犠牲にして了つたのである。かかる大胆なる著述的企画が果たして適正であり得たか、またそれが成功を以て成し遂げられたかどうかは、ひたすらに先学の批判と叱正とに待たねばならない。
　　即ち余は本書に於て先づ社会衛生学の概念と方法を検討し、学の分野を明らかならしめることに努め、ついで人間生活に於ける最も普遍的な且つ本源的な二つの欲望、性と食との二つをとらへてこれを社会衛生学の俎上にのぼさうと意図したのである。即ち増殖現象としての人口問題と生存のための必須なる要請としての食料及び栄養の問題はそれである。ここではこの二つの生理学的な根本問題が、生体に於ける普遍的な事実としてではなく、社会的資料に基づいて社会現象として取扱はれてゐるのである。蓋し社会衛生学の特異なる立場と方法とは、この二つの問題に関連して最も適切に具現し得ると信じられるからであり、且つこれこそおそらくは、社会と国民との遠き将来にも及ぶ最大の関心事であつて、国民の健康に関する基本的な事項の多くをその中に包容し得るからである。
　　社会衛生学は街頭の学である。吾等はこの学の資料を生活行相の現実の中に求める。即ち人間の日常生活行動こそ、この学の対象である。従つて生活行動の衛生、国

民大衆の職業的活動—労働の衛生こそ、この学の主要部分である。人々はそれを労働衛生または産業衛生とよびならはしてゐる。
　余は本全書のために、近く稿を新たにして、これに説き及び、以て本書の欠如を補ふとともに、大衆の生活行動の現実の上に、国民の健康と、国民をして活力的存在たらしむるの理法を究め、いささか師友の恩愛と培育とに報いたいと思ふ。

[暉峻 1935：1-2]

　このなかで暉峻は、社会衛生学の内容に触れる。「人間の日常生活行動」がその対象であり、「大衆の生活行動の現実の上に、国民の健康と、国民をして活力的存在たらしめる理法を究め」たいという。また、その主要部分を構成するのは①生活行動の衛生と、②労働の衛生であるともいう。そして、本書では①生活行動の衛生のなかで、人間の普遍的かつ本源的な欲求としての性と食に関わるものに焦点を絞って論じており、社会衛生学の成書としては不完全なものであるとも述べる。
　序文に続く本書の構成は、以下の通りである。先の「序」のなかで「人間生活における最も普遍的、かつ本源的な二つの欲望」と表現されていた性と食との2つの欲望をめぐって、第二編、第四編が性の欲求、第三編が食の要求に関わる記述となっている。

　　緒　論　—健康に関しての個人、社会及び国家の任務について—
　　第一編　社会衛生学概論
　　第二編　人口問題—その社会生物学的考察—[8]
　　第三編　国民栄養問題
　　第四編　国民の資質構成と生存能力

　暉峻は、序文の終わりで「近々、稿新たに本書の欠如を補いたい」としているが、これ以降の彼の業績は先の分類でいう②労働の衛生、すなわち産業衛生論へと収斂していく。それが、今日の「日本における労働科学の創始者」という呼称につながっていくのだが、ここでは第2段階の暉峻の特徴である社会衛生学の体系化に直接関わる「緒論」および「第一編」に対象を絞って検討することにしよう。

吾々は過去及び現在の環境を有つてゐる。人類の生活は久遠の過去からの環境に対する絶え間なき順応と抗争との間に進められて来たのである。吾々はまた吾々自身に内在する強固なる遺伝的継承を有つ。この遺伝的継承はそれ自らの性質と力とに規定せられ、且つ現前の環境に対する順応と抗争によつて固定しつつ、変異しつつ、将来の人類に継承されてゆくのである。吾々は個人生活に於けると同様に社会生活に於いても亦、この二つの重要なる事実を見逃すことはできない。この事実に於いてこそ、個体の生活が生物学的に規制せられ、またこれに社会生活に於ける生物学的諸相の流転がつながつてゐる。　　　　　　　　　　　　　　　　　　　[暉峻 1935：1]

　これは、「健康に関しての個人、社会及び国家の任務について」と題する緒論の冒頭部分である。このような認識に基づけば、ある人物の身体的状況に体現されているものは、「父祖の遺伝的継承と、それに加へられたる環境事象の作用に対する、長年月に亘る順応と抗争の成果」[暉峻 1935：1]であり、それが同じ過程を辿つて次代の個人に継承されていくという。それは親族、縁者、職業社会、種族、民族といつた群族についてもいえることで、それぞれの群族には固有の遺伝的継承と環境に対する適応現象の存在が認められ、その上にそれぞれ固有の生活環境が特異な力として作用し続けるという。
　「ここに人間の社会生活に対する社会生物学的な観方の一重点が存在する」[暉峻 1935：2]として、社会衛生学の任務は、「吾々が現に眼のあたりに観、且つ現に吾々の有つてゐる健康状態の現実を見定め、次いではその現実から何が将来の人間社会に流れ出づるかを予知するにある」[暉峻 1935：2]と暉峻は考えた。

　繰り返される個々の人間の「種」の過程とその生活形相との変化の過程に於て、また千差萬別の個体の有機的なつながりの全体の性質とその変異と、それに働きかける環境の作用との過程に於て、個々の生活体は勿論のこと、国民と云ふ有機的なつながりの全体をして、一層高き生物学的価値に達せしめり法則と手段とを考究し、またそれを具現しようとするのである。これこそ社会的な科学—社会衛生学の重要なる任務である。即ち吾々の仕事は以上のやうな観点からの研究の成果として得られたる現実社会に関する資料からして、一層健康に於て充実した個人、社会、国民を作り上げるために役立つ法則を掴み出すことである。健康なる個人とそれからなる社会と国家こそ世に最も壮麗なる存在である。　　　　　　　　　　　　　[暉峻 1935：2-3]

こう述べる暉峻は、立派な健康状態を作り上げることこそが、人の人たる道であり道徳の基調であると考えた。それに則すれば「個人の資材としての遺伝的継承を一層充実し、更に立派なる資質としてこれを次代に伝へること」［暉峻 1935：3］が個人の任務となり、「個々の社会人、または国民に課せられてゐるこの第一義的な任務の充足の援け、それを擁護し、確保する」［暉峻 1935：4］のが社会と国家の義務となる。

「健康に関する配慮と実行こそ社会的利福と国民の繁栄との最大要件である」［暉峻 1935：4］。「発達する社会は、健康に於て発展を遂げ充実しゆく個人から成立する社会である」［暉峻 1935：4］。このような価値判断によって求められるのは、「個々の社会人の最高至重の任務たる心身能力の発達と資性の伸張とが確保される社会」［暉峻 1935：4］であった。このような理念と社会衛生学はどのように結びつくか。この点について、暉峻は以下のように述べる。

> 多くの利己的、主我的生活行動は非社会的であるが故に非倫理的である、社会的と云ふ言葉は利己的と云ふ言葉に対するものである。吾々が自己の健康を向上し、増進することは、吾々一個のみの幸福を目的とするのではない。それは同時に自己の属する家族、自己の属する社会、自己の属する国民、民族の向上発展のためでなくてはならぬ。ここに衛生の道徳的基礎があり、この基礎に於て、自己の健康に関しての個人の生活行動は、始めて社会的な国民的なものとなる。社会衛生学はこの倫理的基礎の上に、個人の健康を通じて社会と国民を問題とするものである。　［暉峻 1935：5-6］

もちろん、「社会衛生学も『学』である以上、他の自然科学的な諸科学と同様に、事物をありのままの相に於て観、それを了得することがそれを学び収める主な目的である」［暉峻 1935：6］。そのうえで社会科学である社会衛生学が自然科学と異なるのは、「ただ社会衛生学上に於ける事物が、主として『社会的情勢』（健康に関しての）に関連してゐること」［暉峻 1935：6］であるとして、その意義を以下のように説いた。

> 自己の有つてゐる先入主を出来るだけ斥け偶像を破壊し、以て歪められた主観を正し、正しく事物を観、それを識別し、ありのままの姿に於て事物を観ようと務める。かくてこそ所謂「社会的情勢」はありのままに了得することが出来るのである。かくして人間社会の進歩を促すことの出来る事実、またその進歩を阻むやうな事実につい

ての正しい知識と資料とが獲られる。そしてここに獲られたる過去並びに現在の社会的情勢に関する知識と資料からして、将来の社会的進歩発展に寄与する法則が見出される。　　　　　　　　　　　　　　　　　　　　　　　　　　　　　　［暉峻 1935：6］

　ここに提起される社会衛生学に対して、それまでの生活苦を核心とする社会問題の解決（＝社会の進化）は社会的情勢に関する客観的知識によることがなかったという。暉峻によれば、文化が未だ発達をみなかった時代には「半ば盲目的」「非理性的」な社会的本能または社会的衝動によってなされ、時として愛憐の至情から、あるいは宗教的信仰によってなされた。
　このような「過去に於ける吾々の社会的行動に関する見解と、現在並びに将来のそれとの間の重要なる相異は、要之、過去のそれは熱心であり至心であり得たが、半ば盲目的な非理性的なものであつたのであるが、現在並びに将来のそれは、社会的現実に対する精細なる科学的研究によつて獲られたる資料からの、社会に関する新しい認識を基礎とし、組織的に系統的行動するに存するのである」［暉峻 1935：7-8］と述べ、「繊細なる科学的研究による社会情勢の認識（中略―引用者）こそ社会的な科学―社会衛生学の任務である」［暉峻 1935：8］と説いた。
　社会衛生学をこのように定義し、その確立によってこそ国民の繁栄、社会の進歩が実現されるというのが、暉峻の社会衛生論であった。以下の主張は、それを語り尽くしている。

　　人がその心身の発達を、その属する社会及び国民の遺伝的水準或はそれを越えてまでも完成することは、個人生活に於ける最高の道徳的義務である。この義務が国民の多数の上に実現し、具体化されてこそ国民の繁栄、社会的進歩は予約され、促進される。現代社会生活に於ける諸情勢のもとに於ては、その義務の履行は凡そ至難なものである。けれども如何なる難関もそれを突破し尽してゆかねばならぬ。それは個人と社会と国民とに、課せられたる最も大切な課題である。この課題の実現を指導し、これを援けるのが科学の任務である。　　　　　　　　　　　　　　　　　［暉峻 1935：8-9］

　続く第一編では、当時の日本ではさほど普及がみられなかった社会衛生学について、その由来、概要を明らかにするとともに、その独立の学としての可能

性、さらにはその存立を支える補助科学について言及されている。

そこでまず取り上げられるのが社会医学である。当時の日本では、社会衛生と同じく社会医学という概念もまた、一部の専門家によって唱えられていた。それについていう。

> わが邦では社会医学と云ふ言葉がよく用ひられて来た。併し社会医学 Soziale Medizin といふ言葉と社会衛生学 Soziale Hygiene といふ言葉とは明らかに区別せねばならぬ。わが邦で普通に用ひられる社会医学といふ概念は寧ろ「個人的な医学」といふ意味に対する「社会的な医学」、或いは「社会化された医学」といふやうな意味を有つてゐる。故にそれは一種の通俗語である。　　　　　　　［暉峻 1935：10］

暉峻の整理に従うと、社会医学という言葉を初めて用いたのは細胞病理学の創始者 Rudolf Virchow（ウィルヒョウ；1821-1902）である。1848年に Salomon Neumann（ノイマン；1819-1908）と共に発行した雑誌 "Medizinische Reform" の創刊号に「医学的改新とは何を意味するか」と題する論考を載せ、その中に「医師は貧者の本然の弁護士である。社会問題の大部分は医師の裁判権内に帰する」［暉峻 1935：11］と論じたという。そして、この文脈に生じた社会医学という言葉が普及した背景について以下のように述べる。

> 彼（ウィルヒョウ―引用者）の言葉で明らかであるやうに、19世紀の半ばに於けるドイツの産業的社会組織の進展と共に諸種の社会問題が生起し、人はそれを如何に解決してゆくべきかに腐心し、所謂社会政策が盛んに提唱せられ、健康の問題についても最早やこれを個人の努力と責任にのみ、これを委ねて置くことが困難と観られ、1880年に至って遂にかの疾病金庫（わが健康保険法）の制度が実施され、健康保持または疾病治療の国家的社会的管理が法律的に実行せらることになつた。これを契機として医師と患者の関係、医師の社会的地位、職業の経済的事情、または医療組織などが正に一転化を来したのであるが、これと共に、医師対患者関係、医師対社会関係に於いて種々の面倒な法律上の問題や経済上の問題が起こり、医師の社会生活、経済生活は複雑化すると共に困難が増して来た。この事情に刺激され、否その事情からの必要に促されて発達したのがこの「社会医学」であつたのである。云はば、医師といふ職業に関連して当時の社会に起こつて来る問題を専門的に研究考察し、その解決に資しようといふのがその主要目的であつたのである。また、この中には、裁判上に於ける医学の実際的応用（裁判医学または法医学）なども含まれてゐたのである。これら

の事情からして今日「社会学」といへば医学及び医術の社会化または医療組織、救療制度といふやうな医師といふ職業に関する事項がその概念のもとに取り扱はれることになり、また社会生活の複雑化するにつれ次々に実施せられてゆく社会政策的法律、殊に社会保険法などと医師及び職業との関連事項を考究し、またそれらの事項に直接に原因する医師の社会的地位の問題や法律上に於ける医学の応用などが、この社会医学の概念の中に於いて取り扱はれることになつたのである。　　　［暉峻 1935：12］

　それに対して暉峻のいう社会衛生学は、社会医学とは明確に区別されるものだという。社会衛生学は社会医学よりずっと広い範囲において医学と社会を関係づけるもので、その学としての目的はあくまで「『生命の有機的全体』の向上進化を図る方法を考究する」［暉峻 1935：12］ことにあるとした。西欧社会でみられた社会衛生学とは何か、それは独立の学問として成り立ちうるのかといった議論を背に、暉峻は社会衛生学の体系化とその実践を日本にも確立しようと試みた。そのような手探りの状況で記された本編（社会衛生学概論）は、社会衛生学の方法を示して閉じられる。どのような経済的、社会的条件がある一定の社会群の健康状態を左右するかを見極めるためには従来の衛生学の方法および補助科学の援助が必要であるとして、統計学、生体測定法、伝染病学、経済学、物理学、化学、細菌学、生理学とのさらなる対話を課題とした。

5　社会衛生論から産業衛生論へ

　図表2-1でいう第3段階についてである。すなわち産業衛生論へとシフトするこの時期、『戦時体制と労働力涵養』(1938年)、『生産と労働』(1938年)、『人的資源研究』(1938年)、『産業と人間』(1940年)といった著作が立て続けに刊行される。戦時下へと時代の流れが急転回するなかで、暉峻の関心は産業衛生論へと展開をみる。

　この転向ともいえなくない産業衛生論の展開は、前節で取り上げた『社会衛生学』(1935年)との関わりでも把握されなければならない。というのは、本書で詳しく論じられた生活行動の衛生に対して「後に補いたい」としていた、労働の衛生論こそがここで展開されるのである。したがって、社会衛生論から展

開した産業衛生論は、暉峻の〈社会衛生学＝生活行動の衛生＋労働の衛生〉が一応の完結を迎える段階としても捉えられるのである。

　労働者、農民の健康を増進し、工場と農村の衛生状態を向上する労働の衛生は、第1段階、第2段階の延長上で暉峻の人口問題に対する強い関心に裏打ちされたものである。それを知る手掛かりとして、ここでは『戦時体制と労働力涵養』（1938年）と『人的資源研究』（同年）を取り上げよう。

　まず、1937年10月に開催された文部省主催労務者教育講演会の講演内容を纏めたものが『戦時体制と労働力涵養』である。そのなかで、当時の産業社会における労働力の不足とその解決策として「人口の数の問題から質の問題への転換」と「良質の生産と良質の人的要素による一層よい産業機構の建設」が唱えられる。その際、暉峻は当時に至るまでの人口問題の展開について以下のように振り返った。少し長くなるが、重要なので引用しておこう。

　　現在の様な高度の工業化が参りませんでした今から15年ばかり前の人々は、非常に心配しました。日本では土地の耕地の増大よりも、人口の殖える速度の方が大きいから、その内に日本人は食糧難に迫られるであらうと。この日本内地に出来る食糧で養ひ切れない人口は、之を殖民に移すか、或は産児制限に依つて人口増加を制限するか、どちらか選ばねばならない。この二つが不可能であるならば、商業或は工業を振興する事に依つて、日本の人口の維持力を高めて行くより外はないと考へられたのであります。大正の末期に於きまして、産児制限論が相当流布されました事は、諸君の記憶に残つて居る事と思ふのでありますが、その当時の人口問題は、やはり人口の数が、之を捌いて行きます食糧の生産の増加よりも大きく増大する。之を如何に取り扱つて行くかと云ふ事が今から十五、六年前に学界、政治、経済の廣い方面に亘つて日本人を支配した処の、思想の流れの一つであつたと考へられるのであります。その数の問題が農業を中心として発展して参つたのであります。而も当時、日本の商工業が今日の様に発達して居らない時代に於ては、農村の人口問題と云ふものは日本の人口問題であつたのであります。

　　その解決には数を何うするか、殖えて行く数を何するべきかと云ふ事に、人々が頭を悩ましたのであります。食糧も無ければ不可ない、又経済上から考へまして、富以上の―自分の収入以上で以て扶養しきれない家族が沢山居ります事は、成程現実の問題としては苦痛であつたに違ひないのであります。何故ならば、富或は経済は人間の能力に依つて作られる処の生産物にすぎないのであります。富も或は経済現象も挙げて、之人間の能力の顕在であると見る処に問題の重要さがあるのであります。その働きが経済的部面に表はれた時に、物は価値を生じ、そのねうちを増大するのでありま

す。富の経済現象は凡て人間の能力によるのであると云ふことを考へます時に、実は人間の数よりも人間の質の方が、より大なる問題であると思ふのであります。富は人間がその能力によつて知識を開発し、技術を創造する処に生ずる。即ち生産技術の変革が起こり、その変革を齎す事に依りまして大きな生産上の革新がなしとげられ、之に依つて富が増大して行くと云ふのが吾々の歴史であります。凡て我々の住んで居ります処の環境の改変も、その環境の改変に依り生活を高めて行く事も、挙げて人間の能力の働きにかかつて居ると考へられるのであります。即ち生活上のことはあげて人間の能力にかかつてゐる。これが実は質の問題であらうと思ふのであります。

　現在の時局に於ける従業員の不足の問題を、今申します様に、農業に於ける、或は工業に於けるそれぞれの発達の基をなす人間の能力と云ふ点から考へると、益々数の問題ではなくして質の問題であることがわかる。質の問題としてこの現象を摑んで行かねばならんと云ふ事が解るのであります。即ち質の問題として現在の労働者の不足を取扱ひます事こそ、この非常時局を乗り切つて行きます一つの大事な観点であらうと思ふのであります。　　　　　　　　　　　　　　　　　　　　　　　［暉峻 1938：6-8］

　数の問題から質の問題へ。労働力不足の問題も、労働者の能力＝人口の〈質〉の問題であるとする。労働力の拡充を人口問題として論じることで、社会衛生論から産業衛生論へと議論の重点が移り、そのことで戦時人口政策との関わりを深めていく。

　それがはっきり現れるのが、『戦時・準戦時経済講座』の１冊として刊行された『人的資源研究』である。乳児死亡や伝染病、精神薄弱者対策といった生活行動の衛生として暉峻がすでに論じていた衛生では足りず、国家の生産能力を保持するための保健政策や国民の教育、統治が必要であるという議論に及ぶ。

　　由来、今日迄のわが邦の人口問題は人口の数量の問題として、主として取り上げられて来たのである。併しそれでは既に焦点があはなくなつたのである。数よりも質である。国民に内在する能力の問題を人口に関する主要問題として考へる時代になつたのである。従来とても質の問題が全然等閑にされたのではない。乳児死亡であるとか、或は脚気伝染病、精神薄弱者、それは国民の生産的経済的活動としての職業分類の問題等の質の人口問題であつた。併しそれでは足りない。もつと国民生活の根本に還つて、その作業能力の現状並にその動向に迄検討の歩を進めねばならぬのである。一カ年に八十万づつ増加する人口をどうさばいて行くかと云ふこと、即ち増大する人口の自然増加の数をいかに処理してゆくかと云ふことを人々は重大な問題として考へ

てゐるが、この大なる人口増加の基底には、既に人口の出生率を減退せしめる原因が有力に醸されつつあることを見逃してはならない。増大する人口の内部には、既に人口減少の原因の一つとしての出生率の減少の傾向を見せてゐるのである。数の問題はここにも人口増加、否もつと根本的に妊孕能力と云ふ生物学的事実に当面せしめる。これは最早、数の問題ではなく、数の問題が質の問題に転化することを意味する。即ち一つには出生率を増加せしめた国民の生活条件から、出生率を減退せしめ妊孕力の正当な自然な発揚を委縮せしめ、内外の生活条件への転化の過程それ自身が質的な意味を持つてゐるのである。二つにはこの出生率の減退はやがて近い将来に於て、或は人々の自然増加を減少し、或は之を停止せしめるやうな事になるかも知れない。この情勢に対応して、よく国民生活の発展に適応し国家の生産能力を保持するためには、国民個々の心身の能力、作業能力の発達を更に一層に促進しその活用を高めその質を向上するより外に最良の方策はないからである。

　生産力の拡充はここに人口政策と相関連せしめられ、人口政策の問題として取り上げられねばならぬ。そしてそれは従来の「人口の数」の問題としての人口政策から、保健政策とそれに関連する国民の教育と陶治とによつて、全人口をして極めて活力的なる存在たらしめると云ふ目的をもつた「人口の質」の問題として検討されねばならない。
[暉峻 1938：11-13]

　『戦時体制と労働力涵養』（1938年）と『人的資源研究』（同年）は、戦時期に出版されたものである。ここに至って人口の〈質〉の解釈に変更が見られたこと、そこにいよいよ民族主義への傾倒が読み取れることを無視できるはずもない。しかしながら、この観点は遡って産児調節論＝人口論と社会衛生論から産業衛生論へと展開をみた暉峻の社会衛生学全体を貫いてきたものである。戦時政策と結びついてしまった社会衛生学＝人間の生活と労働についての科学と技術の体系化の動きは戦後継続されることはなく、1948年の公職追放指定（理由は、大政翼賛会との関わり）を受けて以降の暉峻の人生は三浦豊彦によって以下のように表現されている。

　　ある権力に密着したために、ほかの権力から追放される体験をもったことで、暉峻は戦後はある種の権力から、ある距離をおいて生きることを学んだ。もちろん被追放者のすべてが暉峻のように戦後を生きたわけではない。むしろ、暉峻のこうした生き方は珍しかったともいえる。そして労働科学研究所や日本産業衛生協会から退いたあとでは、健康社会建設協議会や研究の出発の一つでもあった海女の研究にかえって漁

業労働の研究に晩年をささげることになるのである。　　　　［三浦 1991：263］

6　むすびにかえて

　1930年代の人口論や社会政策論の扱いは非常に難しく、1920年代の人口の〈質〉をめぐる議論がもたらした生活政策の形成・展開の機運は学説史的にも政策史的にも戦時人口政策へと収斂していった。そうした流れのなかで、暉峻の人口の〈質〉をめぐる議論は産業衛生論として労働領域への展開をみた。その過程を踏まえて、ここに改めて社会政策論史における暉峻の意義を確認しておくことにしよう。

　暉峻が社会衛生学の体系化を図る過程は、当時の時代思潮であった優生学が社会学や医学、生物学と接しつつ人口問題をめぐる議論に〈質〉の観点がもたらされ、生活問題に意識が集まっていくという日本社会政策論の1つの転機と重なっている。この事実こそが、まさに社会政策論史における暉峻の位置である。人口問題をめぐる議論は大正・昭和初期人口論争（1926年）あたりから政治的に表面化して人口政策立案に向けた動きをもたらすことになったが、この動きとの関わりで把握されることで暉峻の初期の功績にも光が当たることになる。

　当時の人口の〈質〉への関心は、社会学者を中心とする社会政策論（＝〈社会学〉系社会政策論）の1つの特徴であり、彼らの議論は主に労働政策の領域で功績を残した〈経済学〉系社会政策論に対して主に生活政策の領域で成果を残した。この〈社会学〉系社会政策論と〈経済学〉系社会政策論の対比のなかで暉峻を把握しようとすれば、それは興味深い位置を占めることになる。〈医学〉の視点から人口の〈質〉を議論し、それを社会衛生論から産業衛生論へと展開したともいえる暉峻の議論は、主に〈社会学〉系と結びつく生活の領域から主に〈経済学〉系と結びつく労働の領域へと、1930年代を通じてその関心の重点をシフトさせていくのである（第3章、図表3-3を参照）。

　それを全体像として見れば、暉峻の社会衛生学は日本社会政策論史の特質と

も重なってくる。というのは、1920年代半ばに日本における〈労働政策＋生活政策〉としての本来の社会政策論は揺らぎをみる。思想的混乱に陥った後、1930年代に登場する大河内一男の社会政策論は社会政策＝労働政策とする概念規定をもたらした。それが戦後にかけて影響力を強めていったことでこの時期の生活政策論の系譜は影の存在となるが、暉峻の初期の議論もその1つというべきである。暉峻の社会衛生学を構成する〈生活行動の衛生＋労働の衛生〉が、労働＝生活過程を対象とする本来の社会政策論と対応していることもまた、再評価されなければならないのである。

いずれにせよ、暉峻の社会衛生学を貫く人口の〈質〉をめぐる議論こそは戦前日本における社会政策論の生活政策的系譜のアイデンティティを示している。戦前日本の社会政策論をみると社会政策に対して社会衛生、あるいは社会医学、社会事業といった概念が座りの悪いまま存在してきたが、本章で描き出した暉峻の人口問題に対する問題意識と社会衛生学の特質は、日本社会政策論の戦前から戦後へと至る系譜の一層の整理を要求しているというべきである。

〈参考資料〉暉峻義等の年譜（1940年まで）

1889年	兵庫県印南郡伊保村に生まれる。
1910年	東京帝国大学医学部入学。
1911年	結核発病、須磨療養所入院。
1913年	桜島有村の仮住職になる。
1914年	帰京、東大再入学。
1917年	東京帝国大学医学部卒業、生理学教室に入り永井潜の指導を受ける。
1918年	「労働者学校」講師となり、「生理学」を講じる。 内務省保健衛生調査会委員、警視庁嘱託となり、貧民窟の調査をはじめる。 ※社会衛生学への開眼。
1919年	大原社会問題研究所に社会医学研究部門の研究者として入所。
1921年	倉敷労働科学研究所の創立、所長就任。 欧米に留学（ベルリン大学に籍を置く）。
1923年	帰国。
1924年	医学博士の学位を授与される。
1925年	国際労働局産業医学会議日本代表委員になる。
1927年	海女の潜水の生理学的研究をはじめる。
1930年	農業労働調査をはじめる。
1937年	倉敷労働科学研究所が東京に移転。財団法人日本労働科学研究所となり、所長就任。 商工省生産管理委員会、臨時委員。

	企画庁、参与。
	資源局、専門委員。
1938年	社会局臨時軍事援護部、専門委員。
	日本青年館、理事。
	体育運動審議会、委員。
1939年	農林計画、委員。
	国民体力管理制度調査会、委員。
	企画委員会、特別委員。
	開拓科学研究所、所長。
	開拓委員会、特別委員。
	住宅対策委員会、委員。
	国民体力審議会、専門委員。
	臨時満洲開拓民審議会、臨時委員。
	軍事保護院、専門委員。
1940年	人口問題研究所、参与。

出所：[三浦 1991：293-296（年譜）］から筆者作成。

1）暉峻の社会衛生論は、大正・昭和初期人口論争の時期から発表される（暉峻義等『社会衛生学―社会衛生学上に於ける主要問題の論究―』吐鳳堂、1927年、同「社会衛生」長谷川良信編『社会政策体系 第7巻』大東出版、1927年、同『岩波全書43 社会衛生学』岩波書店、1935年）。

2）高田の少子化論は、マルサス対マルクスを軸に展開される学説論争として人口論争の整理を試みたときの起点である。1920年の国勢調査の結果を受けて次々に発表された人口問題論や世論の高まりも見逃すべきではない。

3）『経済往来』1926年8月号［高田 1927：90-94］。

4）人口食糧問題調査会編『人口問題に関する世論』、1928年。人名に続いて略歴、著書名又は雑誌名およびその年月日、題目、主張大要が記されている。

5）本書は、1926年に記された2つの論考を第一章・第二章という形でまとめたものである。なお、これらの論考は［暉峻 1927a］にも収められている。

6）この時点での社会衛生学は、あえて社会衛生論と呼ぶ。この時点では、西欧における衛生学の史的展開など、先行研究の紹介とそれを踏まえた議論に留まっている。それに対して、次節で紹介する『社会衛生学』（1935年）では〈社会衛生学＝生活行動の衛生＋労働の衛生〉とする暉峻なりの社会衛生学が提示される。これらを区別するために、本節では『社会衛生学―社会衛生学上に於ける主要問題の論究―』（1927年）における社会衛生学を社会衛生論と呼ぶことにした。

7）暉峻の社会衛生学の原点は、1921年の欧米留学にある。ベルリン大学に籍を置いた暉峻は、ドイツで社会衛生学独立の機運をつくったグロートヤーン（A.Grotjahn；1869-1931）から社会衛生学を学び、それを基に日本で社会衛生論を説いた［三浦 1991］。

8）第1段階の『産児調節論』との関わりでいえば、本編の主張はその繰り返しである。「産児調節は正に医術に於ける、疾病の予防と治療の一術式、となつたのである。医師

は、一時的または、永久的産児調節の方法を、ある一定の範囲に適用することによつて、医術の使命であるところの、個人の健康回復、疾病の予防、及び治療といふ具体的な効果を、その個人に対して挙げ得るのみならず、更に次の世代にまで、その効果を及ぼすことが出来るのである。更に医師は、この具体的な効果を通して、家族、社会、国民生活に対する、最も重要なる事項である『種』の工場と進化を促進し、以て社会進化に貢献することが出来るのである。そして医師は、かくの如き医師にとっては、本質的なる義務を満足し得る、確信を有ち得る場合に於てのみ、産児調節を実行し、これが普及を計り、以て産児調節の理性化の事業に参加すべきである」［暉峻 1935：182-183］と。

第3章
少年教護法にみる優生思想
▶富士川游を中心に

1　はじめに

　本章でクローズアップする少年教護法（1933年）は、現在の「児童自立支援施設」の系譜に連なる「少年教護院」の枠組みを定めた法律である。本法をめぐる先行研究には、刑事政策との関係性に焦点を当てる議論や社会政策史におけるその位置づけを究明しようとするものがある[1]。

　その前史としての感化法成立（1900年）の背景には、不良少年の増加という社会問題があった。それ以降、少年法成立（1922年）までの感化事業は、再犯の減少・犯罪の予防を主な目的に刑事政策と社会（児童保護）政策の両者と関わりをもつ形で展開してきた。その経緯からすれば、1922年に至るまでの感化法制は刑事政策に引きずられる形で推移したといえなくもなかった（図表3-1参照）[2]。

　それに対して、少年法の成立以降は社会政策の文脈で感化事業の発展がみられることになる。感化法の恩人と呼ばれた小河滋次郎（おがわ・しげじろう：1864-1925）が少年法の制定に際して「全体から言へば、感化法を改善して、少年を導くべきものであつて、司法の管轄として、刑事政策を以て之に臨み、

図表3-1　感化法から少年教護法へ

1880年	「刑法」公布
1900年	「感化法」公布
1907年	「改正刑法」公布
1908年	「感化法の一部を改正する法律」公布
1922年	「未成年者飲酒禁止法」公布
	「少年法」公布
	「矯正院法」公布
	「感化法中改正法律」公布
	「改正刑事訴訟法」公布
1933年	「少年教護法」公布

出所：［小林 2006：188-199（年表）］から筆者作成。

是は悪人の卵であるとも言ふべき、即悪人たる刻印を打つが如きは、彼等が将来働く手足を奪ふの結果となる。前途ある人間の将来世に出るの邪魔になるばかりである。是には温情を以て、彼等の前途を開いてやらねばならない。そして齊しく陛下の赤子に対する国家の有難い精神を以て臨む感化法によりたい」[三浦 1935：12]と述べたというエピソードがあるが、まさにそれを社会政策の文脈において実現する動きが生み出される。刑事政策（少年法）と社会政策（感化法）の境界がもたらされることで、あくまで社会政策的見地に立った感化事業をめぐる議論が展開されていくのである。

　感化事業の実践者による運動と両輪をなす形で、それを理念的に支えたのが1920年代に過熱する人口問題をめぐる議論である。高田保馬（たかた・やすま；1883-1972）の「産めよ殖えよ」（1926年）にはじまる大正・初期人口論争から人口食糧問題調査会の設置（1927年）、さらには財団法人人口問題研究会の設立（1933年）という人口政策立案に向けた動きのなかに、政策対象としての人口の〈質〉が浮上する。問題を抱える児童の保護という形でその向上につながる少年教護法と児童虐待防止法（いずれも、1933年）の成立は、戦前日本における「人口問題と社会政策」の系譜として把握できるのである。

　それに関わる「マルサスでもマルクスでもない」人口の〈質〉という観点を強調する人口論は、1920年代終わりから30年代初めにかけて（いいかえれば、戦時体制へと時代の流れが転向するまで）の戦前期における社会政策の形成に少なからず影響を与えた。当時の人口の〈質〉をめぐる議論には時代思潮としての優生学が影響を与えており、少年教護法の立案過程にも「優生」やそれに派生した「優境」に結びつく議論を見出すことができるのである。以上のことを踏まえて、本章では少年教護法の形成にその思想的基盤として大きな役割を果たしたと考えられる富士川游（ふじかわ・ゆう：1865-1940）の思想を取り上げたい。富士川は広島医学校卒業後、医者としての仕事だけでなく医学史や児童教育、宗教等の研究にも携わり、幅広い分野の業績を遺している。

　当時の人口の〈質〉をめぐる議論は、生理学や医学、心理学、社会学等の専門家がリードした。少年教護法の形成（感化法から少年教護法への展開）に関していえば、それを調査研究に基づく科学的な視点から後押ししたのは富士川を

はじめとする医学系の専門家であり、〈医学〉系人口論の系譜に位置づく富士川の思想を描き出すことは「人口問題と社会政策」というテーマに関わる思想史を再構築するにおいても実に示唆的であると考えられる。

2　少年教護法の形成と富士川

　少年教護法は議員立法（荒川五郎（立憲民政党）ほか66名により提出）として成立するが、その陰には各地の感化院長をはじめとする感化事業関係者の働きかけがあった（図表3-2参照）。

　感化法改正運動をリードしたのは日本感化教育会関西支部であり、そこから全国的組織に展開する「感化法改正期成同盟会」（1933年2月6日設立）が、1933年に実現をみる少年教護法案の通過を大きく支援したのである。そのことは、同会編『少年教護法制定顛末録』（1935年）の「刊行のことば」にも記されている。

　本書は以下の内容で構成され、感化法改正運動について記された第二章は3つの節、「感化法改正期成同盟会の結成」（第一節）、「少年教護法案に対する学者の声」（第二節）、「当事者及び有志家の活動」（第三節）と題する内容を含んでいる。

　第一章　感化事業の発達と社会事情の激変に伴ふ感化法改正の必要

図表3-2　少年教護法の審議経過

1932年	12月27日	少年教護法案、衆議院提出
1933年	1月28日	衆議院本会議上程、即日委員付託
	1月30日	委員会成立
自	2月1日～3月7日	委員会
		委員会7回開会の後、修正案可決
至	3月9日	衆議院本会議上程、即日可決
	3月10日	貴族院本会議上程、即日委員付託
自	3月20日～25日	委員会
		委員会4回開会の後、修正案可決
至	3月25日	貴族院本会議上程、即日可決の後、直に衆議院に回附
	3月25日	衆議院本会議上程、即日可決

出所：［感化法改正期成同盟会 1935：52］から筆者作成。

第二章　感化法改正運動
第三章　少年教護法案と議会の情勢
第四章　少年教護法実施に就て

実は、ここに富士川をはじめ「人口問題と社会政策」というテーマに関わる医学系人口論の系譜が浮かび上がってくる。本書の編者によれば、「今回（1932年12月27日―引用者）議会に提出された少年教護法案は、実際家の多年の経験に基づく要求を充分織込まれてゐるのであるが、尚之を教育学、心理学、医学、法律学等各種の科学の上から冷静に見直して見る必要があらうと云ふので、現時我国で此種少年問題に就て、極めて深き理解と学識を有せらるる権威ある学者の意見を聴いたのであつた」［感化法改正期成同盟会 1935：28］。ここに取り上げられているのは、以下の専門家（肩書は本書の記述に従った）らの見解である。

　医学博士　小関光尚
　医学博士　和田豊種（大阪帝国大学教授）
　心理学者　高島平三郎[3]
　法学博士　田島錦治（京都帝国大学名誉教授）
　文学博士　野上俊夫（京都帝国大学教授）
　文学博士　久保良英（広島文理科大学教授）
　医学博士・文学博士　富士川游
　医学博士　小南又一郎（京都帝国大学教授）
　文学博士　小西重直（京都帝国大学教授）
　医学博士　三田谷啓（三田谷治療教育院長）
　　　　　　宮本英脩（京都帝国大学教授）
　医学博士　三宅鉱一（東京帝国大学教授）
　文学博士　深作安文（東京帝国大学教授）
　理学博士　新城新蔵（前京都帝国大学総長）
　　　　　　城戸幡太郎（東京帝国大学講師）
　医学博士　樋口榮
　医学博士　杉田直樹（名古屋医科大学教授）

このなかで、感化院の収容児童を対象とする調査に取り組む（以下で詳しく取り上げる富士川は1918年から広島修養院の収容保護児童を対象に異常児童の調査研究に従事。三宅、杉田は1923年、全国感化院収容児童調査を委嘱される）など、より早くから感化・矯正事業に関わりを有してきたのが（掲載順に）富士川、三宅、

杉田である。行論の都合上、その三者に限って本書に表された「少年教護法案」に対する見解を提示しておこう。

富士川游
　世間で普通に不良少年と名づけてゐるところのものは、それを医術上より見れば知能及び感情のはたらきが尋常でないために常の人のように、社会的生活を営むことに甚著なる故障をあらはすものである。それ故にそれ等のものに対しては先づその精神作用の特性を明らかにして、相応の教養を施す事を第一必要とすることは言ふまでもない。殊に近時この種のものの精神作用につきては専門学者の研究が盛に行はれて、この本質も十分に明瞭になつたのであるから、この教養の方法も既に明らかに示されてゐる。
　しかるに我邦にありては、この種の異常児童に対する処置として、今から三十余年も前に感化法が制定せられて、僅に一、二の条項に事務上の訂正が加へられたるのみで、教養の法則につきては何等の革新が施されて居らぬ。それがために、実際の上に種々の弊害も認められ、又改正を必要とする緊要の事項も少なくないことが、この道の実際家から唱道せられたことも一再でなかつた。それがどういふ理由であるか、この儘の状態にて今日に及んだのである。
　しかし実際上の支障は遂に看過することが出来ぬやうになつた感化教育の実際に従事する数十氏の首唱にて感化法の改正が要求せられ、少年教護法案として帝国議会に提出せらるることになつたと聞いて、余は諸氏の唱道に賛し、又諸氏がこの唱道を貫徹することに努力せられることを見て、所謂異常児童教養事業のために、感謝の意を表する。殊に少年教護法案がその方法を一に教養の方面に向けたることとその未だ悪化せざるに先立ちてこれを適常に教養せらるることに努力せんとするが如きは、這般事業の上に於て、明らかに一歩を進めたることと称せなばならぬ。
　固より細目に渉りて議論の余地もあり、又実行の上から見て、この法案には訂正を要すべき点もあらう。更に進んで学術上から言へば現時の感化院は、すべて之を鑑定所とし更に数箇の一大教養所を国立とすべきことが適当であると考へられる。しかしながら、この如き理想案は別として現行の感化法の不備なる点を、訂正を要するべき事とを顧慮すれば一日も早く、これを修正して実際の効果を進めることが肝要である。余はこの点に於いて少年教護法案が帝国議会の採用するところとなり、それが速かに実施せらるる運びに至らむことを念願するものである。
　　　　　　　　　　　　　　　　　　　［感化法改正期成同盟会 1935：32-33］
三宅鉱一
　感化院施設を有効ならしむるには之れを合理的又合法的即ち科学的にすべきである。独逸邦に於て1900年に発布された之等特殊児童の取扱ひに関する法令の如きは実にその目的に叶へるものと考へらる。

余が本邦感化院に収容せられてゐる児童の精神状態が如何なるものであるかを検討せるは実に明治43年以来のことであるが、殊に大正12年内務省社会局の嘱託によって全国の主要感化院に就て調査したのはそのうち最も大規模なるものであつた。然して其結果によれば、当時収容者中には精神薄弱、変質、癲癇、などの異常児童の多数があり、之等児童を収容し教育するには先づ以て精神病学的根基によるべく、又その個性別には特に精神病学的の検査鑑別を必要とした。更に之等児童の為社会的行為を可成的早く発見し、同人の重大なる犯罪を未然に防ぎ、児童保護の真髄を徹底せしむべき事や、更に不良性格の烈しきものには、それに応ずべき特殊の収容所を要することをも痛感した。斯くの如き設備の無くして、感化院の効果を挙げむとするは木によつて魚を求むるの類である。
　本邦の現況に於て、果してその目的に叶へる「施設」があつたか否かを考ふると思ひ半に過ぐるものがある。殊に感化法は明治33年の制定であつて色々の点に於て不備の点があるやうである。
　殊に医学の側より見れば医院の規定はあれど事実上全国感化院に精神病学の知識のある医師は甚だ少ない。これは最も時代に後れた点である。之れ無くしてはこの種の事業が根本的に成功し得べき理由はない。
　翻つて今少年教護法案なるものを見るに、余の兼ねて必要と信ぜる少年鑑別の規定もあり、又この早期発見、予防の道も開かれ、更に退院後の保護にも及び従来の感化法に比して遥に進歩し、又科学的であり、合理的又合法的になつたものと思へる。即ち余は一日も早くその成立を精神病学者の立場として希望する。

[感化法改正期成同盟会 1935：34-35]

杉田直樹
　法案第4条及第5条中に少年鑑別所の設置を規定せられたるは何よりの進歩にて之により教育と医療と保護との適切なる分業に合理的処置の標準を立て得べく、従前の如く教育家が治療困難なる臆病者、精神病者を擁して、無駄骨を折られることも無くなり、又精神病院等に年少の変質者を漫然無為に過ごさしめて其の教養、指導の機を逸するが如き弊も矯め得られる事と思ふ。
　ただ鑑別所の鑑別に従ふ者は、是非教育者、心理学者、精神病学者並に刑事学者の各方面の専門学者にして実地経験を有し且社会福祉に対する熱烈なる理想を有するの士を包含せしめたく、啻に事務的に鑑別するのみでは不可と思ふ。
　尚入院の始めのみならず入院後年経し者或は退院の候補者等も此鑑別所で検査し其意見を問ひ得るやうに取計らはれたならば一層効果あることと考へる尚鑑別所所員の要請期間も考慮すべき事と考へる。[4]　　　　[感化法改正期成同盟会 1935：36-37]

　感化院の実情を知る医学者として「教養」の重要性、「鑑別」の意義を主張し、教育と医療と保護の適切な分業による「予防」の重要性を指摘する彼等の

議論に、人口の〈質〉をめぐる〈医学〉系人口論の系譜を見出すことができる。以下では富士川に絞って取り上げるが、それは彼が他の二者に対して感化法改正運動との関わりがより深いからである。次節で取り上げる『異常児童調査』（1927年）、『異常児童性格研究』（1930年）は、富士川が1918年から広島修養院の収容保護児童を対象に取り組んだ異常児童の調査研究の成果である。

少年教護法案の提出者である荒川がその成立に至る経過について以下のように述べるように、当時の広島修養院長・平原唯順は感化法改正運動を進めた中心人物の一人であった。その広島修養院の委嘱で実施された富士川による調査の結果は、科学的指針として当運動を支えることになったのである。

> 大正9年10月、少年法案が議会に提出さるるや、私は之が委員となり審議研究中、此等少年の感化矯正の事業が少年善導、社会浄化のため、極めて必要大切なるを一層痛感し爾来先づ感化法の改善を図りたいと、茲に思ひを寄せつつあつたところへ、全国感化事業者の中枢人物とも云ふべき熱心な武田、田中、池田、熊野の諸君が、平原広島感化院長に伴はれて、私の広島の宅を訪問せられ、感化法改正を切実に希望して居るに際し、先の少年法委員会の会議録にて、私等の審議問答の記事を読み、私を以て深く此の方面に理解あり同情ありて、私の外、此事業を托する人は無しと思ひ、之が儘力を懇請すべく来訪したとの事、そこで私は進んで快く此の困難の衝に当らんことを約した。
> 　　　　　　　　　　　　　　　　　　　　　　　　［感化法改正期成同盟会 1935：1］

3　『異常児童調査』(1927年)と『異常児童性格研究』(1930年)

先にも触れたように、富士川は1918年から広島修養院の収容保護児童を対象とする調査研究に取り組んだ。その成果を纏めたのが『異常児童調査』（1927年）と『異常児童性格研究』（1930年）であり、その意義について富士川は凡例で以下のように述べている。[5]

> 異常児童の保護教育は固より困難の事業に属し、実際我邦にありて、この種の教育はまだその緒についたばかりのことで、その成績は言ふことが出来ぬ程度である。この際に方りて第一に必要を感ずることは保護教育の科学的方針を立つることにあるが、それには異常児童の本質につき科学的調査を施すことである。
> 　　　　　　　　　　　　　　　　　　　　　　　　［広島修養院 1927：（序）3］

「緒についたばかりの異常児童の保護教育に科学的方針を立てること」が目的とされる本書は、異常児童を定義するところにはじまる。富士川によれば、「人格が内的及び外的に秩序を保つことが出来ず、思考、感情及び意志が障碍せられて、それによりその人の生活の遂行が、その人と、その人の周囲とに対して危害を致すもの」［広島修養院 1927：2］については「不良少年」「不良少女」というのが常であった。それは精神作用の実際についての判定に基づくものではなく、不良の行為をする少年又は少女というほどの意味であり、それに対して富士川の定義する異常児童とは、「精神の作用が一定の意味で尋常の範囲を脱したもの」［広島修養院 1927：2］を指すことになる。その上で、異常児童は以下の3種類に分けられるとし、その判別は精神検査（知能検査）によったという。

精神薄弱…「智力の発達の十分でないもの」［広島修養院 1927：5］
精神低格…「智力には著しき変常がなくして想像・感情及び意志の方面に、
　　　　　重性の異常をあらはすもの」［広島修養院 1927：15］
精神尋常…上二類に属しないもの

これらに区分される異常児童が「悪化をあらはすところの原因を科学的厳密の意味にて言ふとき」［広島修養院 1927：25］には以下の4種にほかならないという。

1　衝動生活の秩序が保たれず、又それを支配することが出来ぬこと。
2　思考および感情が秩序正しく発達して居らぬこと。若しくは秩序正しく発達して居つた思考及び感情が後に至りて疾病のために障碍せられたこと。
3　思考及び感情の一部のみが秩序を失つて居ること。
4　思考及び感情が割合に秩序正しく発達して居るにも拘らず、教養の欠如、生活習慣の欠如等、外的生活の形式のためにそれが障碍せられること。

　　　　　　　　　　　　　　　　　　　　　　　　　　　［広島修養院 1927：25-26］

その要因について、富士川はこれらの「悪化の原因をなすところの精神的素因（精神病的素因）は固より遺伝によりて、児童は生来に有するものであるが、この遺伝性の素因を有するものが、生長するに際して、その周囲の状態に適応するために種々の異常をあらはすもの」［広島修養院 1927：28］であるとする。[6]

富士川のいうところの「環境」は、単に社会的環境だけではなく遺伝によって相承された精神的素質の上に影響を及ぼす一切の事項を指し、原因である素因と作用する環境とが相まって精神の異常を表すとする見地から以下の項目に関する調査を試みている。

両親の不良性
児童出生の次序（第一子、第二子、…）
出生時の父母の年齢
父母の職業

不良行為の発端（浮浪、窃盗、家出、…）
入院前就学程度
精神的徴候（窃盗、詐欺、逃亡、遺尿、殺人、…）

私生か公生か
兄弟の数
異常児童の出産月
異常児童の外因（父母の死、家庭不和、虐待、悪友、…）
入院時の年齢
身体的徴候

その結果、以下のことが言えるという。

1　その行為が不良（反社会的）であるがために所謂不良少年及び少年犯罪者として取り扱はるるものは、科学上の意味にて言ふところの異常児童に属する。尋常の児童にして不良の行為をするものも絶無ではないが、しかしながらこれは甚だ僅少である。
2　科学上の意味にて言ふところの異常児童は人格の疾病に属するもので、その人格が内的及び外的に秩序を保つことが出来ず、思考、感情及び態度の変常をあらはして居るものである。
3　異常児童に二種を区別し、其一は智力の異常が著しきが故に精神薄弱と名づけ、其一は感情の異常が著しきが故に精神低格と名づける。精神薄弱のものには軽重の程度の差異がある。精神低格のものにもその性質の相違を示せる種類を存する。その本態を明かにするためには専門的の知識を要する。
4　異常児童をば専門的の研究するところの科学は異常児童学である。独逸のストリュムペル氏が創唱したる教育病理学はすなわち異常児童学である。しかしながらストリュムペル氏の教育病理学は心理学的・教育学的の方面からの研究を主としたので、十分に異常児童の本態を明かにするには適せざるところがあつた。
5　生物学的に考へるときは、異常児童の行為（犯罪）は、その人格の異常に基づくもので、それ故に全く異常児童の生活の表現であり、又その生活の内容である。精しく言へば、身体的・精神的の潜伏能力が、外界の影響によりて実現したのである。それ故に異常児童の本態を研究するには遺伝的及び獲得的の素因及び構成を主

第3章　少年教護法にみる優生思想　63

　　要とするべきもので、それを明かにするには生物学的の研究を必要とする。レンツ
　　氏の犯罪生物学の唱導の如きすなはちこれである。
　6　此の如き異常児童を保護するに方りて第一方法として施さるべきは教育である
　　が、現に異常児童に対して施さるるところの教育には保護教育と治療教育とがあ
　　る。両者共にその対象として異常児童を取扱ふのであるからこの方面より見れば医
　　学に属する、しかしながらその仕事の上から見れば教育及び訓練で、これは教育学
　　に属する。それ故に異常児童を教育するの任務に当るものはこの方面に関して医学
　　と教育学とに渉りての知識を有することを必要とするが故に、別に専門的にこれを
　　修得したるものをしてその任務に当らしめることを必要とする。
　7　専門の科学的知識なく、ただ経験にのみ依りて盲目的に教育を施すといふことは
　　不合理であるばかりでなく、時としては却て有害の結果を致すことがある。ただし
　　現今の実際の如く、種々の事情によりて、専門家をしてその任務に当らしめること
　　のできない場合には、専門家の指導に基づきて教育及びその他の保護的処置を施す
　　ことが第一必要であると信ずる。　　　　　　　　［広島修養院 1927：140-142］

次に、『異常児童性格研究』（1930年）を取り上げよう。「小引」で以下のよう
に述べられるように、本書は『異常児童調査』を補足する内容である。

　　余は大正7年以来広島修養院にありて異常児童の身体および精神の状態につきて医
　　学的・臨床的観察をなしその成績の一部をば既に『異常児童調査』として報告し
　　た。（昭和2年広島修養院刊行）その際、性格に関する研究は他日これを報告するこ
　　とを約して置いたが、今や感化法発布30年記念として、これを報告することを得た
　　のはまことに感謝に堪えぬところである。　　　　［広島修養院 1930：（序）1］

先の『異常児童調査』では知能の問題に絞った調査結果が示されたのに対し
て、本書では性格がその対象になっている。性格に関する調査研究の難しさと
その意義について、富士川はいう。

　　性格の観察は、これを知能の観察に比較して困難の度が更に甚だしいものである。
　　知能はある程度まで客観的方法にて、これを計測することが出来るけれども、性格は
　　感情及び意志すべての主観的の精神作用を問題とするのであるから、これを客観的に
　　計測することは極めて難事である。近時米国にては人格の計測を実施しやうとする学
　　者もあるが、余は今日の状態を以てしては此の如き客観的方法を性格の研究に応用し
　　たところで精確の成績は得られぬものと考へる。それ故に、余は此の如き客観的方法

を試みることなく、性格の特徴として認められるところの感情及び意志、行為の一々につきて、これを精細に観察することを務めた。(中略―引用者)性格の研究は異常児童の保護教育を施す上に重要な資料を提供するもので、その研究の必要なることは言ふまでもない。しかしながら、性格に対する科学的研究は目下、尚この事が緒につきたるまでにて、これからますます進んで研究することを必要とする。余がこの一小報告も其間にありて多少の貢献をなすことが出来るとすれば、実に望外の幸福である。
[広島修養院1930：(序) 1-2]

　以下、「概括的説明」として本書に提示された富士川の見解を明らかにしよう。まず、「性格」という概念について以下のように解説する。

　　我々人間が系統的に個人的の精神作用をなすのが人格と名づけられるので、その作用が全く内的及び外的の刺激によるものであるといふことは生物学的に認められたる事実である。さうして、内的及び外的の刺激に対して、人格が自己を保持するために努力するはたらきが、すなわち性格となつて現はるるものである。それ故に、性格と名づけられるものは、身体及び精神の上に一定の素質をもつて生まれたものが、その環境よりの影響に適応して、それによりて自己の保持をつとめるために、段々と造り上げるところの精神的形成物である。　　　　　　　　　　[広島修養院1930：101]

　続けていう。「既に精神的形成物として全く出来上りたる性格は、これを変更せしめることが容易ではない。因より全然先天性のものではないが、先天性の素質（素因）に相応して、獲得するところの性質であるから、幼若の頃に、それに対して適応の環境を選ぶことが出来たならば、自然の儘に遺棄せらるものよりも期待するところに近い性格が得られる筈である。強制的に一定の行為が命ぜられた場合に、遂にそれが習慣となりて、恰もそれが性格であるかの如くに見えることがある。しかしながら、此の如く、強制的に為さしめられたる行為が習慣的にあらはれるやうになつたときでも、その強制が止むときには、直ちにその行為も亦止むものである。それ故に、さういふものを性格と混同してはならぬ」[広島修養院1930：101-102]と。
　これについては、本調査で以下のような事例がみられたとしている。

　　精神低格に属する第一例（タ、マ、）は入院当時には他の児童に馬鹿にせられるの

を憤慨して、相手を殴打するのが目についた。従順ではあるが、一旦腹を立てると逆上したのである。しかるに、広島修養院に入りてより凡そ一箇年半の後に至りて、その様子がかはりて、あまりに憤怒することはなくなつた。　　　[広島修養院 1930：102]

第四例（ア、シ、）は、入院当時、猜疑心深く、恐怖の心強しと認められたれども、在院一年半の後に至りては、同一の観察者達から心配せず、ほとんど嫉妬せず、愚図して居るとみられるやうになつた。　　　[広島修養院 1930：102]

第七例（サ、ヨ）は入院当時、他の児童と妥協せず、すねる癖あり、他から嫌はれる、不平満々の態度を示すのであるが、在院一年半の後には、稍々喜悦、同輩との仲は普通であるやうになつた。　　　[広島修養院 1930：102]

精神薄弱のものの第一例（ミ、タ、）は入院当時には喧嘩、命令に従はざることが多かつたが、在院一年の後には憤怒し易からず、稍々従順なると認められるやうになつた。　　　[広島修養院 1930：103]

富士川はいう。「性格は、要するに、個人の体験と見るべきもので、それは全く外界と内界との交渉から成立するものである。それ故に性格は個々の人格の表現の一つで、(中略—引用者)個々の人格がその環境に対する態度の種類及び方法を成立せしめるものであることを認めねばならぬ。(中略—引用者)異常児童に於ける不良行為と性格との関係も亦、これと同様で、性格が不良であるから不良行為をなすのであるといふよりも、その不良行為も、不良の性格も、共にそのものが環境に対する適応のために、あらはれるものであるとするのが適当である」[広島修養院 1930：103-104]。

最後の節「附言—保護教育上重要の事項」においては、提言がなされている。

保護教育の対象とするところは言ふまでもなく、異常児童である。異常児童はその理性及び性格が社会的生活を営むに適合せぬために動もすれば社会の制度に背き、道徳の規律に背き、甚だしきは犯罪をなすものである。保護教育は此の如き異常児童を適当に導きて、その性格が存しながら、尚社会的生活をなすことが出来るやうに、教育的にこれを取扱ふべきである。　　　[広島修養院 1930：105-106]

このように考える富士川は、これまでの保護教育を以下のように批判する。「これまで行はれたる教育の実際は、知能を主として、その発展を図ることを目的とし、異常児童の精神を改革し、若しくはそれを感化することを企図した

のであるが、多少、異常児童の精神につきて科学上の研究をなしたものは、此の如き教育の方法が異常児童に対して効果をあらはすことの極めて少ないといふことを認めるであらう」[広島修養院 1930：106]。富士川によれば、「保護教育の目的とするところは、第一に異常児童をして社会的生活をなすに適合せしめやうとするのであるから、言ふまでもなく、その性格の発展に対して適当の処置を施すことを必要とする」[広島修養院 1930：106]。ただし、異常児童についてその性格形成につとめることは困難なこと、「性格の発達の方向に、いくらかの力を加へ得ることはありても、その根底に対してはどうすることも出来ぬものであるといふことを知らねばならぬ」[広島修養院 1930：107]という。それは、理性的に教育するということではなく、一定の方向に導くということ、具体的には「日常生活を規則正しくすること、時間を正しくし、秩序を守ることに習慣せしめること」[広島修養院 1930：107]で模範を示すことが重要であるという。また、さらに掘り下げていう。

「知能の薄弱なるものにありては清潔につきて訓練することを要する。禁止と訓戒とはなるべくこれを第二位に置き、不良の衝動は善良の衝動を興起せしめることによりてこれを除くべきである。若し不良の衝動に対して制止の力を加ふるときは却てそれを刺激してますますそれを強盛ならしめるものである。情緒の爆発を予防するためには言葉巧みでこれを他の方向に転じ、若しくは故意にそれを顧慮せぬやうにするのがよろしい。情緒既に爆発するときはそれを如何ともすることが出来ぬ。ただその人自身及びその周囲のものを保護するに止まるのみである。此の如く、個々の人々の感情及び情緒の発呈に対する処置は、それがその個人が環境に対する反応としてあらはれるものである、すなはち性格はその人の生活のために必要なるはたらきとして、環境の状態に相応して起こるものであるといふ事実を明らかにすることによりて適当の方法を誤ることのないやうにせねばならぬ。たとへば癇癪を起こすといふことも、虚言を吐くといふことも、若しくは仕事になまけるといふやうなことも、その身体及び精神の素質が異常であるものに取りては、その環境に適応して生活を維持するために必要なりとせられるものである。それ故に、此の如き性格の特徴に対して盲目的にこれを抑制しやうとすることは全くこの精神のはたらきを理解せ

ぬものであり、従ってその処置の結果は必ず不良のものであることは言ふまでもない」[広島修養院 1930：108] と。

4 〈医学〉系人口論とは

　荒川は、一般民衆を対象に1933年2月19日（東京）、3月12日（大阪）の2回（少年教護法案の審議期間中〔図表3-1参照〕）にわたって少年教護法についてのラジオ放送演説を行っている。そのなかで、改正したい主要点として以下の6つをあげている。

1　少年法との併立関係の尊重（少年の不良化の早期発見と早期教育とに力を致すこと）
2　最新の医学、心理学及び教育保護の思想に依拠した施設に関する規定の追加
3　感化院内の教育大綱の明示
4　院内保護のみならず、院外保護へも注意を払うこと
5　（感化教護施設の普及及充実を図るべく）私立又は市町村立の施設の承認及びそれに対する助成
6　（院長に小学校卒業修業の認定権を与えることで）収容児童に義務教育修了の途を開くこと

これらを盛り込んだ改正法案は、「少青年不良化の初期に於いて之が鑑別を為して十分適切なる感化教護を施し其の効果の最大ならんことを期待するもの」[感化法改正期成同盟会 1935：49] であり、「実務家の多年の経験に徴して其意見を求め又一面に於ては各方面の心理学者、医学者、教育学者などの意見を聴き又法律学者、行政学者の意見をも求め慎重に練りに練つた上、之が改正法案を提出に至つた」[感化法改正期成同盟会 1935：49] と述べている。続けて、いう。

　所謂治療の一ポンドよりも予防の一オンスでありまして此点が本法案の重点であります。是実に人道の上のみならず国家の治安上のより考へましても国の経済上より見ましても国家当面の重大事でありまして、感化保護の方法を改善して多数の不良化少青年をして其恩恵に浴せしむることは一般社会の不安を除き人生の幸福を獲得する所

以の道であります。以上の次第でありまして本法案は社会政策的見地より幼少年に適切なる教育保護を施さんとするものであります。

　惟ふに小国民に対する国民教育義務教育が大切なる以上は同じく小国民にして此普通の教育を受くる能はざる者の為に感化保護を与ふべきは固より当然のことで本来ならば教育の一方面として文部の為すべき重要なる仕事でありますが従来我国では内務行政の一として之を取扱はれて居りますから社会政策的見地と一般児童保護の観念とは感化施設の根底を為してゐるのでありますけれど、併しながら其仕事の中心は教育保護でありますから此児童教育と云ふ精神を骨子として現行感化法に幾多の改善を加へたのであります。　　　　　　　　　　　［感化法改正期成同盟会 1935：49］

　ここに述べられるように、少年教護法案は社会政策的見地から教育保護を施そうとするものであり、その教育保護をめぐって先に取り上げた6つの改正したい主要点のうち、富士川をはじめとする医学者の専門家の功績が大きいのは2、3に関することである。以下は、内務次官・丹羽七郎の解説（1934年10月10日のラジオ放送）から把握できる少年教護法として実現した改善点である。第三点の少年鑑別機関の設置こそは、前節で取り上げた富士川の議論をはじめとする医学者の調査研究成果によるものといってよい。

第一　道府県毎に少年教護員を選任して、少年の不良化防止と、不良児の早期発見に当らしむること。
第二　少年に対し保護処分をする前、必要に応じて、一時保護の方法を講じ得ることになつたこと。
第三　少年の科学的審査を行ふ為、少年鑑別機関を設くることを得る様になつたこと。
第四　保護方法の一つとして、少年教護委員の観察に付する処分を為し得る様になつたこと。
第五　退院者に対して尋常小学校の教科修了の学力認定を為し得る途を設けたこと。
第六　少年の保護処分に付せられたる事項の新聞掲載を禁止したること。
第七　市町村立及び私立の少年教護院に対しては一定の条件下に国庫補助の途を開き、租税等の公課免除を図つたこと。　　　［感化法改正期成同盟会 1935：251］

この点について、丹羽は以下のように説明している。

　鑑別といふのは、一口に申しますと、対象となるべき少年の個性を見分けることであります。人間の性格と言ふものは、遺伝と環境と訓練即ち教育とで囲む三角形を以て示し得ると申した学者でありますが、少年教護法の対象となります少年は、遺伝、

環境、訓練ともに好ましくないものが多く、身体的にも、精神的にも、知能的にも欠陥があるものが少なからずあります。しかも其の欠陥の程度、範囲が千差万別でありまして、同じ様な子供であり、同じやうな行為をしてゐましても、之を詳細に調べて見ますと、不良行為の要因、背景が亦千差万別であります。それでありますから、これらの少年をその個性に応じて合理的に取扱ひます為には、是非共少年の性能を見分けて、適当に分類することが必要であります。近頃は、普通児童の教育、取扱ひの場合でありましても、個性と申することを非常に尊重するやうになつて居ります。況や特殊な児童の場合に此の考へ方を度外視しますことは、少年教護の目的を達する上に少なからぬ障碍となるものであることは申す迄もありません。鑑別は、身体上、精神上、知能上、其の他環境、教育、遺伝等の方面から、専門家に依つて行はれるのでありますが、之が保護教育上、非常に必要な資料を提供することになるのであります。此の法律に基づきまして少年の訓育教化を行ひます施設が少年教護院、従来の感化院であります。感化院と申しますと、何か悪いことをした子供を懲らしめる為に収容する所でもある様に考へられる向もあるかも知れませんが、決して左様なものではないのであります。全国感化院と云ふ名称が少年教護院と改められましたのも、やはり斯様な誤解を招くことのない様にといふ趣旨なのであります。

[感化法改正期成同盟会 1935：253]

　富士川の、あるいは本章では詳しく取り上げなかった杉田、三宅らの感化院を対象とする調査研究は、異常児童の特性をいくつかの指標から描き出した。また、それを踏まえた彼等の見解は、保護教育における個性の重視、鑑別の必要性といったことを訴えるものであった。少年教護法は1933年に成立するが、その実現には感化院関係者の運動、およびそれに実地調査に基づく科学的な根拠を与えた医学者達の貢献が大きかったのである。

　少年教護法の形成には、当時の時代思潮である優生学の影響を見出すことができる。1920年代の専門家の言説や政策をめぐる議論のなかに多くみられる優生および優境という概念、遺伝に対して環境の重要性が社会政策の形成を促したことに注意を払わなければならない。人口の〈質〉の問題は政策対象としての児童や女性を浮かび上がらせ、1933年に成立する少年教護法と児童虐待防止法の成立もその流れで把握することができる。前者は不良少年の処遇における懲罰的から教育的への重点のシフトであり、後者では被虐待児童の処遇における親権の制限が規定された。

図表3-3　日本の人口論・人口政策の系譜

心理学系	医学（生理学）系	社会学（生物学）系	経済学系	
・高島平三郎 ・久保良英　ほか	・永井潜 ・暉峻義等 ・富士川游 ・三田谷啓　ほか	・米田庄太郎 ・海野幸徳 ・高田保馬 ・戸田貞三　ほか	・河上肇 ・福田徳三 ・永井亨 ・北岡壽逸　ほか	・上田貞次郎 ・高野岩三郎 ・矢内原忠雄

↓　　　↓　　　↓　　　↓

大正・昭和初期人口論争（1926年〜）
＝人口の〈量〉と人口の〈質〉をめぐる議論

出所：筆者作成。

　図表3-3に示した1920年代の大正・昭和初期人口論争において、さまざまな立場からの人口論が衝突した。本章で取り上げた富士川は、永井潜（ながい・ひそむ；1876-1957）や暉峻義等（てるおか・ぎとう；1889-1966）、三田谷啓（さんだや・ひらく；1881-1962）とともに〈医学〉系人口論として把握することができ、それらもまた程度に差はあれ優生学の影響を受けたものであった。「遺伝か環境か」という問いへの応答として永井は、1940年に成立する国民優生法の成立に力を尽くし、暉峻は社会衛生論から産業衛生論へと展開をみる主張によって衛生問題に取り組んだ。三田谷は、児童保護に関わる社会事業家として実践を中心に功績を残した。その〈医学〉系人口論は、同時代の社会学や心理学、生物学、経済学系の人口論と並列的に考えることができるのである。

1）佐々木光郎・藤原正範『戦前感化・教護実践史』春風社、2000年、杉山博昭「山口県立育成学校の理念について―少年教護法制定まで―」『中国四国社会福祉史研究』2003年、同「少年教護法の実施過程」『純心人文研究』第9号、2003年、田中亜紀子『近代日本の未成年者処遇制度―感化法が目指したもの―』大阪大学出版会、2005年、森田明『少年法の史的展開―〈鬼面仏心〉の法構造―』信山社、2005年、など。
2）1908年の改正では、懲治処分規定の廃止や未成年犯罪者に対する裁判手続きの重視が定められ、それまで不良行為を為した未成年者として、児童保護ならびに刑事政策の目的が混在した状態で両者の対象となっていた「未成年犯罪者」が犯罪者ではない「不良少年」と切り離されることで、「犯罪者」という側面が強調されることになった。
　1922年の改正では、感化法対象者のうち「未成年犯罪者」を刑事司法に組み込むことによって、いまだ十分に分化されていたとはいえなかった「未成年犯罪者」と「不良少年」が刑事政策と児童保護のそれぞれの対象者という形で分離され、ここに「未成年犯罪者」は司法省、「不良少年」は内務省という刑事政策と社会政策の間での分担が成立すること

になった。
3）高島平三郎（たかしま・へいざぶろう；1865-1946）や久保良英（くぼ・よしひで；1883-1942）はすでに筆者が取り上げてきた〈社会学〉系、またここで取り上げる〈医学〉系などに対置される〈心理学〉系人口論として位置づけられる（図表3-3参照）。
　　また、それぞれ立場は異なるものの、ここに取り上げられている富士川、三田谷、高島は児童問題への取り組みを通して親交があった。三田谷は親友の濱井照人の紹介で富士川の助手になり（1905年）、それが「啓の人生の歩みを決定づけた」とされる。また、富士川と高島は児童の精神および身体の状態を科学的に研究するという目的を共有し、1902年には日本児童研究会（1912年に日本児童学会に改称）を設立している［駒松2001：40］。
4）杉田直樹「附録第二　感化院収容児童に関する医学的調査」同『優生学と犯罪及精神病』雄山閣、1932年、のなかで杉田の見解がより詳しく述べられている。杉田は、後に大原社会問題研究所と合併される大原救済事業研究所（1919年設立）で児童問題研究に取り組んでいたとされる。ここに示された見解は、その経験も活かされていると考えられる（兼田麗子『大原孫三郎』中公新書、2012年）。
5）本調査に先だって、富士川は異常児童の学としての教育病理学に関する解説を行った『異常児童』太陽堂、1924年、を刊行している。
6）専門家によるさまざまな見解があることを認めたうえで、「遺伝と環境」をめぐる富士川なりの見方を以下のように示している。「素質の遺伝にも固より軽重の差異があるが、それに対して影響を致すところの環境の作用にも亦劇易の不同がある。素質が不良で、それに対して環境の作用が劇しくあらはれるときには精神の障碍は早期に且つ著しくあらはれる。それに対して環境の作用が易しくあらはれるときには精神の障碍のあらはれることも亦軽度である。此の如くにして原因たる素質と、作用する環境とは相俟ちて精神の異常をあらはすもので、単調に素質のみによることもなく、又単独に環境の作用のみによることもないと言はねばならぬ」［広島修養院1927：29］。

補論1
エレン・リチャーズの優境思想と日本

1 はじめに

　Ellen H. Richards（1842-1911；以下、リチャーズ）は、優境学（Euthenics）の提唱者として知られている。住田和子氏によって編まれた Collected Works of Ellen H. Swallow Richards（Edition Synapse, 2007；以下、リチャーズ著作集）は、彼女が遺した著作の復刻集成版である。

　リチャーズはマサチューセッツ工科大学最初の女子学生であり、「アメリカ公衆衛生学の母」あるいは「家政学の母」と称される。優境学は彼女の研究人生の到達点であり、優生学に対抗する概念としてのそれは遺伝に対して環境（改善）の重要性を強調するものであった。その優境学は、日本も含む諸外国にも普及して生活に関わる社会政策や社会運動を理念的に支えることになる。

　本著作集によって明らかになる総体としてのリチャーズの功績は、環境というテーマについて人間社会をも含む視野から取り組んだことに認められる。それはまさに、今日の学術的な動向における1つの流行ともいうべき学際研究である。行論の都合上ここでの内容紹介は Euthenics, the Science of Controllable Environment: A Plea for Better Living Conditions as a First Step toward Higher Human Efficiency に限定するが、それも含む著作集の全体構成を示すところからはじめよう。

　リチャーズ著作集は6冊（全5巻＋別冊）から成り、別冊（住田氏による「解説」）を除く第1巻から第5巻には単著13作と編著4作、個別論考6編が収められている[1]。それは具体的に、以下の通りである。

【第1巻】

First Lessons in Minerals, Boston: Press of Rockwell and Churchill, 1882, 32 pp.［1 st ed. 1880］

The Chemistry of Cooking and Cleaning, Boston: Whitcomb and Barrows, 1897, 166 pp.［1 st ed. 1882］

Food Materials and their Adulterations, Boston: Estes and Lauriat, 1886, 183 pp.

Home Sanitation: a Manual for Housekeepers, Boston: Ticknor and Co., 1887, 80 pp.［共編著］

"The Relation of College Women to Progress in Domestic Science", PACA Series II, No.27, 1890, 10 pp.［雑誌論文］

"Domestic Science, What it is and How to study it at Home", *The Outlook*, Vol. 55, No. 17, April 27, 1897, 3 pp.［雑誌論文］

【第2巻】

The Cost of Living as Modified by Sanitary Science, 2 nd enlarged ed., New York: John Wiley and Sons, 1901, 133 pp.［1 st ed. 1899］

Plain Words about Food: the Rumford Kitchen Leaflets, Boston: Press of Rockwell and Churchill, 1899, 186 pp.［編著］

Air, Water, and Food: From a Sanitary Standpoint, New York: John Wiley and Sons, 1900, 226 pp.［共編著］

【第3巻】

The Cost of Food: a Study in Dietaries, 3 rd ed., New York: John Wiley & Sons, 1917, 160 pp.［1 st ed. 1901］

The Dietary Computer, New York: John Wiley and Sons, 1902, 54pp.

The Art of Right Living, Boston: Whitcomb and Barrows, 1904, 50pp.

The First Lessons in Food and Diet, Boston: Whitcomb and Barrows, 1904, 56pp.

"Ten Years of The Lake Placid Conference on Home Economics ; Its History and Aim", *Tenth Lake Placid Conference on Home Economics*, 1908, 7 pp.

【第4巻】

The Cost of Shelter, New York: John Wiley and Sons, 1905, 142 pp.

Sanitation in Daily Life, Boston: Whitcomb & Barrows, 1907, 93 pp.

Laboratory Notes on Industrial Water Analysis; a Survey Course for Engineers, New York: John Wiley and Sons, 1908, 52 pp.

The Cost of Cleanness, New York: John Wiley and Sons, 1908, 114 pp.

"Influence of Industrial Arts and Science upon Rural and City Home Life", National Education Association, [Manual Training Department,] 1909, 4 pp.

【第5巻】

Euthenics, the Science of Controllable Environment: a Plea for Better Living Conditions as a First Step toward Higher Human Efficiency, 2 nd enlarged ed., Boston: Whitcomb & Barrows, 1912, 182 pp. [1 st ed. 1910]

Conservation by Sanitation: Air and Water Supply Disposal of Waste, New York: John Wiley and Sons, 1911, 317 pp.

"The Elevation of Applied Science to an Equal Rank with the So-Called Learned Professions", *Technology and Industrial Efficiency*, McGraw-Hill, 1911, 6 pp. [論文集からの抜粋]

"Social Significance of Home Economics Movement", *The Journal of Home Economics*, April 1911, 9 pp. [雑誌論文] 　　　　　（以上、計23冊）

　23のタイトルからその内容が窺えるように、これらの著作を通じてリチャーズが主張しているのは居・食・住に関わる応用科学としての衛生科学 (Sanitary Science)、家庭科学 (Home Economics ; Home Sanitation ; Domestic Science) およびその知識を普及するための教育の重要性である。それをひとつの学問として体系化しようと試みたのが、リチャーズの生前最後の著作となった *Euthenics, the Science of Controllable Environment: A Plea for Better Living Conditions as a First Step toward Higher Human Efficiency* (本集、第5巻所収；以下、『優境学』) である。

　次節では、当書で提唱された「優境学」の概念を明らかにしよう[2]。

2　リチャーズの『優境学』

　リチャーズによる優境学の定義は、「有能な人間を確保するという目的のため、意識的な努力を通じて生活環境を改善すること」である。それは当時の時代思潮であった優生学に対立する概念として提起された。リチャーズはいう。「優生学は遺伝を通して人類の改良を行う。優境学は環境を通して人類の改良を行う。優生学は未来の世代のための衛生学である。優境学は現代の世代のための衛生学である。優生学は注意深い調査を待たなければならない。優境学は時宜を得ている」と。優境学は「衛生科学」「教育」「科学と教育を生活に結びつけること」を通じて推進されるべきで、衛生科学によって健康と病気の予防に役立つ法則が導き出され、教育によってそれが知識として伝えられる。そしてそれを日常生活に応用するというプロセスである。

　リチャーズによれば、正しい生活は新鮮な食べ物と安全な水のある環境で生活できること、清潔で病気を引き起こすことのない環境、快適な場としての住み処、労働と休息と余暇の調和によって実現する。先取りして序の内容に言及してしまったが、本書『優境学』の構成（目次）は以下の通りである。

　序

Ⅰ. The opportunity for betterment is real and practical, not merely academic.

Ⅱ. Individual effort is needed to improve individual conditions. Home and habits of living, eating, etc. Good habits pay in economy of time and force.

Ⅲ. Community effort is needed to make better conditions for all, in streets and public places, for water and milk supply, hospitals, markets, housing problems, etc. Restraint for the sake of neighbors.

Ⅳ. Interchangeableness of these two forms of progressive effort. First one, then the other ahead.

Ⅴ. The child to be"raised"as he should be. Restraint for his good. Teaching good habits the chief duty of the family.

Ⅵ. The child to be educated in the light of sanitary science for girls. Applied science.The duty of the higher education. Research needed.
Ⅶ. Stimulative education for adults. Books, newspapers, lectures, working models, museums, moving pictures.
Ⅷ. Both child and adult to be protected from their own ignorance. Educative value of law and of fines for disobedience. Compulsory sanitation by municipal, state, and federal regulations. Instructive inspection.
Ⅸ. There is responsibility as well as opportunity. The housewife an important factor and an economic force in improving the national health and increasing the national wealth. （文法的に不正確な個所も原文通りとした）

　Ⅰ～Ⅸは各論的な内容である。Ⅰでは、生活習慣と疾病構造の関係について論じられる。リチャーズによれば、1882年以来肺結核や腸チフスといった伝染病の罹患率は大幅に減少したものの、心臓疾患をはじめとする個々人の不適切な生活習慣に由来する病気の罹患率は増加している。その対策として生物学的教訓（生活環境についての科学的知識）を広めるのは、市民の健康と幸福の増進に繋がる生活習慣を身につける機会になるという。
　Ⅱでは、環境と人間の能力との関係について論じられる。「環境は人間の性格、ものの見方、健康に対してどこまで責任があるのか、あるいは人間は環境因子のうち何を統御できるのか」という問いをめぐって、ある法則についてそれが日常生活に応用できることを示すのは専門家の役割であるが、それを取り入れる個人もそれが自分に影響を及ぼすこと、したがって自分が周囲の環境に注意を払わなければならないことを自覚しなければならないとしている。
　Ⅲでは、生物学的進化の本当の意義について論じられる。リチャーズによれば、それは人間もまた侵すことのできない法則に貫かれた有機的な自然の一部であるということである。したがって、何らかの疾病は人間が自然法則の何かを侵した結果である。それが何であるかを特定するのは専門家の仕事であるが、衛生状態の管理についてはある程度まで地域社会とそのルールに委ねざるをえないという。

Ⅳでは、個人と社会の関わりについて論じられる。社会の発達はジグザグに進む。個人が社会の前を進んでいたかと思うと、ある時は社会が個人を追い越す。社会は個人より格段に抜きんでることはできず、個人は社会のルールに牽引されて、あるいは先見性のある個人の先導によって前進するとしている。

Ⅴでは、児童家庭において重要なことについて論じられる。それは、悪い習慣、悪い食べ物、悪い空気、不潔、虐待といった子どもの発育の妨げになるものから子どもを遠ざけることである。それと併せて重要なのが正しい姿勢、清潔な作法、不潔に対する嫌悪感、大人になったときに有能な働き手となるのに役立つ習慣といった、よい習慣を身につけさせることであるという。

Ⅵでは、家庭教育と学校教育の関係を論じている。それらは互いに呼応しあうことが求められ、具体的には家庭は体験を得る場であり、学校はそれに光を当てて結晶化するための知識を得る場であるとしている。基本的な生活習慣は人生の初期に家庭で躾けられるべきだが、それがかなわないまま学校へ入ってくるならば、学校がそれを引き受けなければならないという。

Ⅶでは、教育拡張運動の意義を論じる。大学や学校教育が多忙な労働者にも利用されるようになり、かつては教育ある者のためにのみあった文化的な施設がすべての人の教育を引き受けるようになったこと、特殊技能や科学の学校もまた、講義、定期刊行物、案内所、特別展示などを通じて一般の人々にも積極的に学びの機会を提供するようになったことに大きな意義を見出している。

Ⅷでは、生活環境の管理をめぐる行政について論じられる。行政は、公共の福祉に目を配るために特別に選ばれた人によって担われるが、個人的な行為はその委任された権力によって制限されることになる。行政の一部門として環境を管理するということは民主主義においては比較的新しい思想であり、そこでは個人の権利を多少なりとも公共の福祉のために放棄しなければならないという。

Ⅸでは、家庭生活の管理について論じられる。住まいの管理、洗濯、掃除、料理といった日常生活への気配りには家族の福祉という目的があり、そこに生活管理に関するさまざまな技術の重要な意味を見出すことができる。家庭科学を大学教育に導入することを求める家政学運動は、家族や子どもたちの福祉の

向上を図ることにつながり、家庭とは本来有能な男女の養成の場であるということに立ちかえることになるとする。

　リチャーズは本書を通じて、何より生活管理の重要性を主張している。そのような観点から提唱された（優生学と対立する概念としての）優境学は、環境統御の科学として位置づけられる。リチャーズのいう生活環境は大きく分けて自然環境と対置しうる社会環境と家庭環境があり、その向上に寄与する教育の重要性が指摘された。住田氏が「解説」で言及しているように、本書では「ユーセニクスの実体とその基礎についての概説」「ユーセニクスの市民（子どもから大人まで）への普及方法」について論じられるとともに「ユーセニクスの普及における女性の役割・責任」の重要性を意識させる記述が含まれている。

　以上のことを踏まえて、次節ではリチャーズの優境学（ユーセニクス）と日本の関連について、社会政策の視点から論及してみたい。それは、住田氏が以下のように指摘するエコロジー運動とはまた異なる側面からリチャーズの功績を問う作業である。

　　リチャーズが生きていた頃、太平洋を隔てた日本にも、エコロジー運動の先駆者田中正造（1841-1913）がいた。正造は「真の文明は山を荒らさず、川を荒らさず人を殺さざるべし」（『田中正造全集・第13巻』）と、真の文明の在り方をエコロジカルに問い続け、近代日本で最初の大規模公害に対する反対運動に生涯を捧げた。共に「水」から生涯の仕事に入ったリチャーズと正造、両者の置かれていた状況の違いはあったが、常に自然や環境との関わりで、民衆のレヴェルから文明の在り方を問うたエコロジカルな生涯は、ルーツを同じくしていると感じないではいられない。因に、正造に続いて、日本では神社合祀令反対運動の南方熊楠（1867-1941）がいる。
　　　　　　　　　　　　　　　　　　　　　　　　　　　　　［住田 2007：10-11］

3　日本社会政策史研究への示唆

　「優境」概念の日本的起源。興味深いことにそれは、（リチャーズが優生学に対立する概念として提唱したのに対して）優生論者によって「優生学の解釈変更」「（生命の質から）生活の質の発見」という形でもたらされた。

具体的に、日本で優境思想が普及をみるのは1920年代のことである。例えば『日本人種改造論』(1910年) で知られる海野幸徳 (うんの・ゆきのり；1879-1955) は、1922年に発表した論考「優生学と社会事業」のなかで優境概念に言及している。それは、優生学と社会事業の関係を論じるとともに社会改良策として社会事業を位置づけるものである。

　そのなかで海野は、一般に考えられるさまざまな境遇に対処する社会事業を「境遇による社会事業」とすれば、他に「遺伝による社会事業」があるという論を展開した。優生学は一般に優境学の対象とされる境遇をも対象とするものであり、優生学は優生と優境という2つの概念を同時に包含するものであるという立場をとったのである。それはさらに、優生学的社会政策の主張へと展開し、社会の荒廃は、労働問題、婦人問題、優生問題という個々の社会問題に対して分断的見地から解決を促そうとしていることに由来するとした。こう考えた海野は、1924年に刊行された『輓近の社会事業』のなかで「境遇による社会事業」と「遺伝による社会事業」の統合による優生学的社会政策の実現を唱えるに至る。

　それに対して、社会運動家として優境学も含むものとしての優生学の普及に努めたのが池田林儀 (いけだ・しげのり；1892-1966) である。ジャーナリストから社会運動家に転じた池田は、1926年に「日本優生運動協会」を設立して独自の生活改善運動を展開した。「人口問題も、労働問題も、婦人問題も、職業問題も、その他あらゆる社会問題解決の先決条件として、日本民族は、優生学的に覚醒して、この社会を、素質のよき同胞を以て構成し、諸多の問題を解決せしめんとの努力をなさん」とする池田は、本運動によって家庭生活管理の重要性を浮かび上がらせた。

　戦前に普及をみた優境概念は、ここに例として取り上げた海野や池田にみられるように社会問題としての人口問題への関心を生活問題へと広げることにつながった。ここに、社会生活を対象とする社会政策と家庭生活を対象とする家政学の接点、あるいは社会政策における優境概念の意義を見出すことができるが、この動きは長くは続かなかった。1930年代を経て戦後に確立をみる日本の家政学は女子教育と結びつけて扱われていくことになる。社会政策について

も、社会政策＝労働政策という把握をした大河内理論が強い影響力をもち、生活管理の学としての家政学、社会政策の生活政策的な系譜は見えにくくなってしまった。

そうしたなかで、戦後間もない時期に研究者として歩み始めた松下英夫（まつした・ひでお；1923-2006）は、リチャーズの議論に注目するとともに生活管理の学として家政学を確立することを志した人物である。松下の議論はドイツの経営学や経済学、アメリカの家政学の系譜を背景に家庭生活と社会的制度の関係性を体系化しようと試みるユニークなものであり、『新家政学原論』(1968年)や『ホーム・エコノミックス思想の生成と発展』(1976年)として発表されている。

> わが国におけるホーム・エコノミックス研究は、近年、ようやく長かった雑学的技芸論の冬眠時代よりめざめ、ことに最近における「生活科学論議」を契機として、その本質が活発になりつつあることはのぞましい傾向である。
> しかし、まだその論議の焦点は、少数の研究者をのぞいてほとんど共通の問題意識からの発言ではなく、閉鎖的な主観的発想が多く、また数少ない著作におけるその歴史的考察もたんに文献資料の所在を模索するにとどまり、その生成・発展の母胎である古典的業績についての吟味はもとより、その学説の成立の基礎となるべき歴史的・社会的因果関係にまで追究し、十分に検討する段階に達していないといってよい。
> すなわち、いまや、われわれは、ホーム・エコノミックスの思想史的あるいは学説史的研究を緊要とする段階に直面しているのである。　　　　　　［松下 1976：3］

このように述べる松下の家政学定義は、当時の日本における家政学を専門とする他の論者と比べて異色のものであった。

「従来、家政学の定義としてそのほとんどがその目的に『家庭生活の幸福』あるいは『家庭生活の向上』ということをあげているが、この目的自身は誤りではないとしても、家庭生活の『幸福の増進』あるいは『向上、進歩』という定義づけは、他の科学、例えば医学にしろ、経済学にしろ、法律学にしろ、その他すべての科学にもいえることであって、これをもって家政学の根本的な本質と見ることはできない」［松下 1968：149-150］。「『家政学とは有限な人生における家族の生活周期に従って、生命の再生産のための家庭における生活力の循

環にもとづく生活の営みを対象とする科学である』となるだろう」[松下1968：151]。

家庭を生命再生産の場としてみることで、社会生活との関わりも含めた家庭生活が家政学の対象となっているのである。それは1990年代以降の少子化問題を背景とする家族政策の動向を想起させるが、松下は家政学の起源まで遡ってリチャーズの功績を評価するとともに、その影響を受けていた。優生学との対比を意識した優境学としての家政学＝生活管理の学を志したのである。

> Euthenics の思想史的特質は、優生学の遺伝的種族改良に対して、後天的な現在の人間環境による種族改良をめざしているので、その対象領域を有限な個人の能力にとどめず、共同社会との協同による実践を通じた健康と福祉の改善を企図していることである。
> [松下1976：16]

あくまで家政学のなかで松下がこう解説する優境概念は、生活問題への政策的対応という意味を含む点において社会政策の起源とも大いに接点をもつ。松下は、リチャーズの『ユーセニクス―制御可能な環境の科学―』を取り上げた1972年の論考で、その問題点を以下のように指摘する。長くなるが、重要なので引用しておこう。

> Richards,E.H. の "Euthenics" における弱点は、これら（個人的な生活環境と社会的な生活環境―引用者）の区分が「優生学」との対比においてのみ示されているため、「優境学」自身における目的対象は（中略―引用者）個人を中心として、家庭、共同社会（州、国家）に拡大する同心円的理解にとどまり、（中略―引用者）このままでは、この両者を結合し、日々循環するエネルギーの動態的な再生産過程が解明されず、意思主体は、不明確とならざるをえないのである。なぜなら、このような同心円的区分のみでは「家庭生活環境」と「社会生活環境」の２つの生活空間を貫く「人間エネルギー」は、物理的または生理的意味においてのみ理解されるにとどまり管理的意味における機能的なエネルギー（たとえば種族保存のための「生命力」、自己維持のための「生活力」）の相互循環過程を通じてのみ認識される生活時間の科学的本質はひき出し得ないからである。
> すなわち、（中略―引用者）これらのエネルギーは、家庭を通じて「生活力」として社会に投下されて、そこで、現在の生活資料の再生産を行い、再び家庭にもどり、「生命力」として再生産されて家族員の分労と合労にもとづく将来の生命個体の再生

産に向かい、再び家庭を通じて「生活力」として社会に投下されるという循環的構造をもっているのである。

このため「家庭」は、たんなる物理的空間ではなく、人間エネルギーの槓杆点として社会組織と家族を結合する「生活空間」を形成し、またそれゆえにこそ、生活時間の周期性の基点として設定されうるのである。

さらにまた、"Euthenics"そのものの体系内容の焦点が不明確であり、研究対象も衛生科学（公衆衛生学）的分類が主となり、「環境管理」における機能的な管理内容が明示されず、概して家庭外の環境問題の指摘にとどまっている。

それゆえ、他の隣接諸科学との関係（とくにホーム・エコノミックス）との接点の説明は、この学問の性格上 interdisciplinary approach（学際的アプローチ—引用者）をとるとしても、不十分といわざるをえないのである（中略—引用者）。

したがって、この両者（ホーム・エコノミックスと Euthenics—引用者）は具体的な個々の人間主体から出発して体系化される点においては同じであるが、ホーム・エコノミックスは、主として「家庭」を中核とする家族関係を通した将来の種族保存と自己維持を目的とするのに対し、Euthenics は家庭というよりはむしろ、社会資本、国家資本をも含めた「社会組織」に焦点をおいた生活環境における現在の自己維持（自己改善）を目的とするといえよう。[3] 　　　　　　　　　　　　　　　　　　　[松下 1976：198-203]

この主張は、家庭生活の管理を問題とする家政学と、主に社会生活を問題とする社会政策（この場合、生活政策）が、その起源において密接に結びついていることを示している。それが異端な説として扱われてきた背景には、戦後の家政学が女子教育と関連づけられることで家庭生活にその対象が限定され、他方では、社会政策＝労働政策という把握が支配的となることで生活政策への配慮に欠けてきたという生活問題への対処をめぐる日本的特質が横たわっている。

4　むすびにかえて

福祉国家（Welfare state）とは、完全雇用と社会保障政策によって全国民の最低生活の保障と物的福祉の増大とを図ることを目的とした国家体制である。社会保障政策に関していえば、それが市民権を得たのは『ベヴァリッジ報告』（1942年：イギリス社会保障の青写真）であるが、その存立を支えている生存権思想の歴史はさらに遡る。「出産権か生存権か」といった問いをもたらした貧困

や少子化をめぐる議論は、人口の質の向上を問題とする「人口問題と社会政策」の系譜として把握することができる。

19世紀終わりから20世紀初めに出生率の低下を経験した西欧先進諸国では、少子化への政策的対応が大きな課題となった。家族政策（Family Policy）の提唱者とされるミュルダール夫妻は、1930年代当時のスウェーデンが直面していた出生率の低下を「人口問題の危機」と表現し、予防的社会政策を構想した。それは、児童家庭を重視することで人口の質の向上に重きを置く社会政策を意味する。

それに対して、日本で出生率の低下が行政課題となったのは1990年代以降のことである。以来、「仕事と家庭の両立」、「ワーク・ライフ・バランス」といった言葉にも象徴されるように、家庭外の生活と家政主体の生活の有機的な結びつきに目を向けざるをえなくなっている。そうした時代の流れにも松下の家政学本質論研究の意義を見出すことができ、その松下が注目したのがまさにリチャーズの思想であった。

松下の議論は、社会政策学と家政学の接点を、また社会政策論における優境概念のもつ意味を史的に把握し直す契機をも提供してくれる。それらは、社会政策の生活政策的な系譜をめぐる問いであり、社会政策の概念規定とも深く関わってくる。というのも、少子化時代に至るまでの日本では人口の質をめぐる議論は貧困問題と結びつけられがちで、児童や女性を対象とする政策も要支援児童や貧困低所得者、母子家庭といった特定の対象に絞った福祉サービスの枠組みで把握されてきた。それは、家族政策ではなく児童福祉や母子福祉、家族福祉と呼ばれてきたものである。

それに対して、松下が到達した家政学は「生命の再生産（種族保存と自己維持を含む）のための家庭を中心とする生活力の循環にもとづく生活の営み」を対象とする科学である。この観点は、その根底において海野幸徳や優生運動を展開した池田林儀といった戦前期に優境概念を取り入れた専門家の議論と結びついており、戦前から戦後への人口の質、生活の質をめぐる議論の系譜上に把握できるのである。

松下が研究者への途を歩み出したのは、ちょうど近代家族モデルを標準家族

と呼び、夫（男性）が労働市場で賃金労働に、妻（女性）は家庭において家事労働に専念するというモデルが日本に定着した時期である。それはまた、中村常次郎とともに松下の師である大河内一男の社会政策論（社会政策＝労働政策と規定）の影響力が大きかった時期でもあった。これらのことは、松下の議論が家政学界内だけに留まることを運命づけてしまったといえよう。

以上で述べてきたことはあくまで社会政策を専攻する評者の研究関心からのものであるが、リチャーズ著作集は living（＝生存、生活）をめぐる問いをさまざまな視点から追究するうえで大変有益な研究資料である。優境学をめぐる問いこそは、ここに提示した社会政策史をはじめ科学史、教育史等の生活に関わるあらゆる学問分野を有機的に結びつける可能性をも秘めており、著作集という形でリチャーズの功績をまとめられた住田氏の成果に深い敬意を表したい。

1) 別冊の「解説」には、住田氏によるすべての資料に対する短評が収められている。読者はそれに目を通すことで、本著作集の全体像をつかむことができる。
2)「優境学」は本書によって体系的に論じられるが、住田氏によれば、この言葉がリチャーズによって用いられたのは遡って1904年の学会である。
3) 松下英夫「E. H. Richards の *Euthenics-the science of controllable environment* について―生活経営思想史における優境学の特質と課題―」『東海大学紀要　教養学部』3号、1972年。引用は、松下英夫『ホーム・エコノミックス思想の生成と発展』同文書院、1976年、198-203頁。
4) 松下によれば、家政学および生活経営理論構築の基盤は東京大学経済学部、経済学研究科在籍中に形成された。大河内からは「労働力の再生産」という視点から「国民経済学」と「家計（家政学）」の関係を、中村からは家政を根源経営とする H．ニックリッシュの「組織論」や H．シャックの「経済形態学」の知識を得たとしている（松下英夫「家政学本質論研究の回顧と発展への要望」『日本家政学会誌』45、1994年）。

第Ⅱ部
人口問題からみた社会政策論史

第4章
人口政策論の軌跡
▶戦前から戦後へ

1 はじめに

　本章で扱う人口論は、日本では近年急浮上したともいうべき「人口問題と社会政策」というテーマに関わるものである。「少子高齢化」や「人口減少」を背景に、ようやくその重要性が意識されるようになったとはいえ、人口問題と社会政策の関わりに注意が向けられるようになったのは、ここ十数年のことである。その契機をなしたのが1990年の「1.57ショック」であり、それ以降「少子化問題」が1つの行政課題となることで、社会政策の領域でも人口問題が活発に論じられるようになった。

　もちろん、今日に至るまで社会政策は、人口現象の量的・質的変化の影響を多分に受けながら展開してきた。図表4-1に示したように、核家族化や高齢化、晩婚化といった現象は、それぞれが家族問題や高齢者問題、女性問題と

図表4-1　戦後日本における人口課題の展開―社会政策との関わりで

時期区分	出生率	高齢化率	(象徴的な)人口現象	人口問題	「人口」対策の基調
Ⅰ： 1950年代	3.65	4.9		人口抑制問題	量 ＞ 質
Ⅱ： 1960年代	2	5.7	核家族化	家族問題	量 ＝ 質
Ⅲ： 1970年代	2.13	7.1	高齢化	高齢者問題・優生問題	量 ＜ 質
Ⅳ： 1980年代	1.75	9.1	晩婚化	女性問題	量 ＝ 質
Ⅴ： 1990年代	1.54	12	少子化	人口減少問題	量 ＞ 質

注：各時期区分における出生率・高齢化率は、それぞれ1950, 1960, 1970, 1980, 1990年のもので代表させた。
出所：筆者作成。

いった形で社会政策の動きに大きな関係を有してきているので、それらをあくまで政策・制度史的にみるならば、人口問題と社会政策の関わりを把握することは比較的容易である。それに対して、本テーマを学説史的に捉えようとしたとき、これまで必ずしもその把握が十分な形でなされてきたとはいえないことに気づかされる。

本章は、その学説史の観点から、戦後日本における人口論の系譜についての整理を試みるものである。戦後史に関していえば、1970年前後が1つの重要な転機となるが、それはほぼ「高齢化率」や「人口置換水準」といった人口指標によって表される日本での少子高齢化の出発点と一致している。ちなみに、1970年の日本は高齢化社会の基準とされる高齢化率が7％を超える。さらに、1970年代半ばには合計特殊出生率が定常的に人口置換水準（約2.1）を下回るという意味で、今日に至る少子化の起点とされているのである[1]。

以下ではこの1970年あたりを境に、つまり2節では戦前から1960年代、3節では1970年代以降に焦点を当てて、戦後日本における人口論の展開を論じよう。

2　戦前から1960年代

1960年代までの人口論を明らかにするには、戦前まで遡っての把握が不可欠である。それは、戦後の人口論が戦前からの連続性を保つ形で展開するからで、戦時人口政策を挟んで再浮上するともいうべき戦後の人口をめぐる論点は、おおよそ戦前期に出尽くしていたといってもよい。

近代以降、人口をめぐる議論が高まりをみせるのは1920年代のことで、それを象徴するのが大正・昭和初期人口論争であった。それは、過剰人口を憂う世論に対する高田保馬（たかた・やすま；1883-1972）の異論に端を発している。高田は「産めよ殖えよ」（1926年）と題する論考で「私から見れば、これ人口問題の対策いかんということは何らの問題でもない。真の問題は来るべき出生率の減少―人口増加の止むことをいかにして防止すべきかにある[2]」と述べ、問題としての過剰人口を真っ向から否定した。その社会的反響はきわめて大きく、そ

れに応じて多くの論者から人口論が発表された。この一大ブームは、人口問題をめぐる２つの流れをもたらすことになった。１つは「マルサスかマルクスか」を軸とする学説論争であり、もう１つが人口政策立案に向けた動きであった。[3)]

　前者は、結果として何ら建設的なものを生み出さないまま1933年頃に終息を迎える。それに対して、後者は戦後へと連なる人口政策立案への起点をなした。具体的にそれは、内閣に設置された人口食糧問題調査会（1927年）によって着手される。当調査会は、人口部と食糧部で構成され、それぞれで「人口問題に関する対策」と「食糧問題に関する対策」についての検討がなされた。「人口問題」と「食糧問題」という構図は、当時「過剰人口が食糧問題との関わりで議論されていた」ことを反映しているが、その後1930年代を通じて世界恐慌から戦時下へと人口問題をめぐる議論は激しい社会経済的、政治的状況のなかで著しい変化を遂げていった。つまり、失業問題から民族問題へというように急激な転換をみたのである。

　戦時期の人口論はイデオロギー的な側面が強く、今日からみてもそのインパクトは大きい。しかしながら、あくまで社会政策との関わりに焦点を当てたとき、むしろ注意が払われるべきは大正・昭和初期人口論争の起点である1920年代半ばから1930年代初めにかけての時期である。というのも、この間に「人口問題と社会政策」をテーマとする社会政策の新たな潮流が形成されたからである。それは、先に取り上げた人口食糧問題調査会（1927-30年）から1933年に設立された財団法人人口問題研究会（以下、人口問題研究会）の組織化という流れのなかで形成されていく。

　人口食糧問題調査会・人口部からは、その設置期間中に６つの答申および２つの決議が出されている。答申は人口問題対策としての社会政策の必要を唱えるもので、その後設立された人口問題研究会は、まさにそこで表面化した検討課題を引き受ける形で組織された。さらに、1938年には厚生省、その翌年には厚生省人口問題研究所（以下、人口問題研究所）が設立されていく。これらの組織化が戦時人口政策と深く関わっているのはよく知られるところだが、厚生省は「社会省設置に関する件」、人口問題研究所は「人口問題に関する常設調査

機関設置に関する件」として、いずれも先に触れた人口食糧問題調査会・人口部の決議による設置に対する働きかけがなされてきたものであった。

このように、戦前日本の人口問題研究は、それを担う機関として人口食糧問題調査会（1927-30年）を起点に、人口問題研究会（1933年）の設立から厚生省（1938年）、人口問題研究所（1939年）の設置へという形で展開した。こうした流れのなかで、社会政策の立場から人口問題研究の重要性を主張し、その発展に重要な役割を果たした人物こそが永井亨（ながい・とおる：1878-1973）である。永井は社会政策学者であり、人口問題研究に取り組む直前までは協調会の常務理事および中央職業紹介所の所長を務めていたが、人口食糧問題調査会・人口部の臨時委員に就任以降、1960年代に至るまで社会政策の立場から人口論をリードすることになった。

人口食糧問題調査会では肩書こそ臨時委員ではあるが、永井はその設置期間中に当調査会・人口部から出された先の6つの答申と2つの決議のすべてについて、その原案作成および検討のための小委員会に関わった唯一の人物であった。人口問題研究会では理事に就任するが、その設置はもちろん、人口問題研究の重要性を訴える立場から、先に触れた（結果的に厚生省として実現する）社会省および国立の人口問題研究所の設置の働きかけに関しても、とりわけ熱心に取り組んでいた。1920年代後半から戦時色を帯びてくるまでという短期間ではあるものの、この間に「人口問題と社会政策」という新しい流れが形づくられることになった。

図表4-2は、戦中から戦後への人口政策の立案に関わった組織である。その前提としての大正・昭和初期人口論争に至るまでの人口論は、主要な流れとして「医学的」「社会学（生物学）的」「経済学的」文脈として把握することができる。「医学的」とは精神医学や遺伝学、生理学的な視座からの人口論であり、「社会学（生物学）的」とは、「階級別出生率」をはじめとする社会学的な観点に基づくものである。大正・昭和初期人口論争を起点とする人口政策立案に向けた動きのなかで、これらが有機的に結びつくことになった（第3章、図表3-3も参照）。

その結果、人口食糧問題調査会の答申における「人口政策」は「優生」や

図表4-2　人口問題に関わる組織―戦中から戦後へ

戦中	厚生省（1938～） 人口問題研究所（1939～）
戦後	人口問題研究会（人口政策委員会、1946～） 「人口の収容力及び分布に関する部会」と「人口の資質及び統制に関する部会」 〔建議：新人口政策基本方針に関する建議〕 　1　産業の人口収容力に関する事項 　2　出生調節に関する事項 　3　死亡率低減に関する事項 　4　優生政策に関する事項

出所：筆者作成。

「母性保護」「児童保護」「社会衛生」「保健衛生」（優生・優境の理念）を含むものとして構想された。**図表4-3**は先に提示した当調査会・人口部から出された答申の1つ「人口統制に関する諸方策」であり、本答申は今後の人口統制の方針を示すものとしてとりわけ重要な意義が認められていた。そこに「数及び質の上に於て健全なる人口状態を実現する」（図表4-3下線部）ものと表現される人口政策は、〈量的〉人口政策と〈質的〉人口政策の統合によってもたらされるものであった。他の5つの答申とともに提示されたその「人口政策」は、社会政策（＝労働政策と生活政策）を包み込むもの、永井の言葉を借りるなら「社会政策的人口政策（対策）」と表現される大きな枠組みを有したというべきである。

その永井は、人口食糧問題調査会の委員在任中の1929年に公刊した『日本人口論』のなかで、「社会政策的人口政策（対策）」について以下のように説明している。

　　我国の今日にあつては遺憾ながら階級的結合乃至社会的統一が甚だ不完全である故に個人的努力も団結的協力もよく行われてゐない。然らば何を措いても社会階級の民主的協調と社会組織の民主的改革とを期するは今日の急務であらねばならぬ。私の<u>社会政策的人口対策</u>（下線―引用者）なるものはそこに基調を置いてゐる。（中略―引

図表 4-3 「人口統制に関する諸方策」（人口食糧問題調査会・人口部答申：1929年）

> 答申
> 人口問題に関する対策中人口統制に関し緊急実施の要ありと認むる諸方策に付左（下―引用者）の通り答申す。
> 人口統制に関する諸方策
> 人口の民勢的状態健全なる場合に在りても之に統制を加ふるに非ざれば国力の発展、産業の振興は其の万全を期するを得ず。之を我国人口の動態に徴するに死亡率甚だ高くして未だ其の低減の傾向を認むること能はず。而も出生率更に著しく高くして其の結果人口の自然増加の率は高率を示し所謂多産多死の畸形態に属す。此の状態は大都市に比し地方農村に於て甚しく、又一般に生活程度低き社会に於て然るを見る。殊に乳児幼少年及成年の死亡率高く為に国民の平均余命短く生産年齢期に於ける人口の割合他国に比し少く、就中青年女子の死亡率男子に比して高率を示すは誠に寒心に堪へざる所なり。上述の状態を改善して<u>数及質の上に於て健全なる人口状態を実現するは我国人口問題解決上一日を緩うするを得ざる最緊要のことに属す</u>（下線―引用者）。
> 以上の見地より人口対策上緊急実施を要すと認むるもの左の如し。
> 1　社会衛生の発達、国民保健の向上を図り、特に結核防止に努めること。
> 2　地方農村並に都市労働者住居地域等における衛生保健施設に特に力を致すこと。
> 3　女子体育の奨励、女子栄養の改善を図ること。
> 4　保健衛生上の見地より女子職業に関する指導を行うこと。
> 5　女子及幼少者の労働保護並に幼年者酷使の防止に遺憾なからしむること。
> 6　母性保護及児童保育に関する一般的社会施設を促成すること。
> 7　結婚、出産、避妊に関する医事上の相談に応ずる為適当なる施設を為すこと。
> 8　避妊の手段に供する器具薬品等の頒布、販売、広告等に関する不正行為の取り締まりを励行すること。
> 9　優生学的見地よりする諸施設に関する調査研究を為すこと。

出所：［人口食糧問題調査会編 1930］から筆者作成。

用者）我国今日の人口対策は生産力の増進、分配比率の公正を期せんがために社会政策に俟つべきものが甚だ多かろうと思ふ。さうしてその対策が苟も社会政策である以上―それは政治上、経済上、社会上の民主主義を基調とするものである以上―資本家的生産も労働者的生産もその支配するところに一任する訳にゆかず、資本主義も社会主義もそれに制限を加へ社会的統制を施すべきであろうこと政治組織及び一般社会制度におけるとその理を二にしない。しかも我国今日の人口対策は人口数の調節、生活標準の有効且適切なることを期せんがためにも社会政策に俟つべきものが甚だ多かろう。
　　　　　　　　　　　　　　　　　　　　　　　　　　　　　　［永井 1929：297-298］

　先に述べたように、1930年に設置期間を終えた人口食糧問題調査会の活動は、その後人口問題研究会へと引き継がれた。当会設立時にはその理事として日本の人口論をリードする1人となっていた永井は、その機関誌である『人口

問題』で以下のように述べ、マルサスとマルクスの人口論から抜け出す「日本の人口論」を開陳した。

> 今日説かれる過剰人口はいはば社会人口であり、何れの社会に現はるべき過剰人口であり、一般生活標準の低下となり或は平均生活程度の劣化となって現はれる過剰人口であり、今日扱はれる人口問題はいはば社会人口問題であり、人口問題そのものである。今日立てられる人口法則は「人口は社会にかかり、社会の生産力にかかり、社会の生産力は分配比率にかかり、人口は生活標準にかかる」といふ人口律であり、「食糧も職業も社会から生まれ、人口は社会に従ふ」との人口律であり、「貧困も失業も過剰人口の原因であり結果である」との人口律であり、人口律そのものである。
>
> 要するにアダム・スミスの国富論に発したマルサスの人口論即ち貧困論は分かれて一方マルサスの人口論からリカードの賃金論を経てマルクスの人口論即ち失業論へと移り、他方マルサスの貧困論からダーウィンの進化論を経てスペンサーのそれへと移り、そこに人口論の地盤は一方経済学から社会主義へと拡がり、他方経済学から生物学を経て社会学へと拡がり、今や社会主義経済学から社会的経済学へ、自然科学的社会学から社会科学的社会学へと移るところに立てられているのが今日の社会学的又は経済学的人口論である。それは「マルサスかマルクスか」の人口論でなく「マルサスとマルクスと」の人口論でもなく「マルサスからマルクスへ」と移ったその何れの上にも立てられ又その何れにも属せざる人口論である。マルサスの立てた人口法則は人口法則といはんより寧ろ貧困法則であり、社会法則といはんよりは寧ろ自然法則であり、自然法則の行はるる貧困問題こそマルサスの扱った人口問題である。マルクスの立てた人口法則は人口法則といはんよりは寧ろ失業法則であり、社会法則であり、社会法則の行わるる失業問題こそマルクスの扱った人口問題である。今日立てられつつある人口法則は貧困法則でも失業法則でもなく、必ずしも自然法則でなく社会法則でなく、少なくとも自然法則に伴はれた社会法則であり、例へば人口増加の自然法則に伴はれた社会進化の法則がそれであり、かかる人口法則の行はるる人口問題そのものが今日扱はれつつある人口問題である。5) [人口問題研究会 1983：40-43]

ところで、永井の人口論との関わりでこれまで述べてきた一連の動きこそは、同時期の西欧先進諸国でみられた家族政策の形成に対置しうるものであった点に注意すべきである。優生・優境政策の核としての「家族政策」の登場は、過剰人口から出生率の低下へと「減退人口」をめぐるものとして、さらにはその対策を社会政策（福祉）との関わりで論じたものとして人口政策（学説）史に位置づけられる。6) より早い段階から出生率の低下がみられたフランスや、

1930年代に世界最低の出生率を記録するスウェーデンをはじめ、20世紀初めの西欧先進諸国では出生促進を目的とする社会政策の充実が図られた。

このような経緯もあって、家族政策をめぐる議論は出生率の低下を前提に語られがちである。現に、当時過剰人口が問題とされていた日本のケースもそれとは切り離す形で捉えられてきた。ところが、戦前の家族政策をめぐる動向は、優生学を根拠とする〈質〉をめぐる議論にこそ特徴があり、その内実は〈女性政策＋児童政策＋優生政策〉として把握されるべきである。その観点から日本における社会政策的人口政策（対策）形成をめぐる動きを見直せば、同時期の西欧先進諸国における家族政策の動向と十分対比できるものだったのである。

「人口問題と社会政策」をめぐるこの動きは、確かに戦時下へと時代の流れが大きく変わるなかで著しく戦時色を帯びた議論へと変質してしまう。しかしながら、戦前の人口論とその延長で形成された家族政策は、少なくともそれらをめぐる戦後の土台として第2次世界大戦を挟んで大きな意味をもっていくのである[7]。

さて、戦前に生起した過剰人口問題は、戦後まもなく再登場する。戦後の人口問題は、生活問題とより密接に結びつけられ、その対応策としての人口政策は〈人口調整策＋生活政策〉という枠組みで展開されていく。その過程で、人口政策の決定主体として重要な役割を果たしていくのが、すでに言及してきた人口問題研究会と人口問題研究所である。とりわけ、戦後まもない時期に積極的な活動を行ったのは人口問題研究会で、その再建に力を尽くした人物こそ、自身で「戦後生き残った唯一の理事であった」と語る永井であった［永井 1960：3］。

1946年には、厚生省の人口問題懇談会の要望に応える形で、当研究会に人口政策委員会が設置される。その委員長には永井が選ばれ、当委員会は「人口の収容力及び分布に関する部会」（第一部会）と「人口の資質及び統制に関する部会」（第二部会）で組織された。その発足後まもなく、当委員会から「新人口政策基本方針に関する建議」（1946年、**図表4-4**）が出されるが、本建議は戦後初めて示された人口政策の指針であった。その内容をみれば明らかなように、こ

こで取り上げられた内容（第二～第四）は、戦前の人口食糧問題調査会から出された答申の1つ「人口統制に関する諸方策」（1929年、図表4-3）と見事に対応している。その背景として、両者の作成に深く関わったのがいずれも永井であるという事実を指摘できる。

もちろん、人口問題研究所もまた戦後の人口政策立案に引き続き重要な役割を果たしていく。図表4-5は戦前も含めた人口政策立案に関わる機関・組織について整理したものである。人口政策立案に関わる政治的な動きは、1949年の人口問題審議会（内閣）[永井 1960：4]の設置にはじまり、そこを舞台に人口政策委員会（人口問題研究会）―人口問題研究所が深く関係する形で進められた。この体制からは「人口収容力に関する建議」「人口調整に関する建議」およびさらに強力な総合的委員会常設の要望がなされたが、翌年には当審議会が

図表4-4　新人口政策基本方針に関する建議

第二　出生調整に関する事項
　「ポツダム宣言」受諾の結果、極めて制限されたる経済的条件の下に、資源乏しく狭隘な国土に、多数の人口を維持しなければならなくなった我が国において、国民生活の窮迫は出生調節に対する要求を促すこと切なるものがある。もとより現在から近き将来にわたる我が国人口問題の解決に対して出生調節のもつ意義は決して大なるを期待しえない。速かに我が国経済再建の根本計画を樹立し、人口収容力の拡大を図り社会政策の強化拡充によって国民生活の実情に鑑みれば、好むと好まざるとにかかわらず、今後における出生調節の普及は必然の勢であるかの如く思われる。即ち出生調節に関し人口政策上特に留意すべき事項は概ね以下の如くである。
　一．国民生活の現状に鑑み、出生は両親の希望に任せる原則を明らかにし、健全なる受胎調節を行うことはこれを個人の自由に任せ、受胎調節に関する健全なる宣伝及び教育の自由を確認するとともに適当なる指導機関の発達を図ること。
　二．欧米諸国の事実に徴すれば、受胎調節の普及は人為的不妊及人為的妊娠中絶の普及と並行するものの如くである。人為的不妊及び人為的妊娠中絶については慎重なる考慮を必要とする。
　三．出生調節はややもすれば結婚に対する道徳的責任感を減退せしめ、性道徳の頽廃に誘う懼れなしとしない。ここに鑑み、道徳的観念の昂揚、特に性道徳の向上に努めること。又正しき性教育の普及徹底を図ること。
　四．出生調節の普及は往々にして逆淘汰現象を随伴する惧れあるをもって、社会的活動に貢献の少ない寧ろ障害となるような子孫を生むべき家族において出生減退が現はれ、優秀なる資質の子孫を生むべき家族の両親の出生意欲を向上せしめるが如き方策をとる等、出生調節の普及による逆淘汰現象の発現を極力防止するとともに、更に積極的にこれを人口資質の向上に資せしめるよう努めること。但しその具体的方策に関しては幾多の極めて困難なる問題を包含するをもって別途慎重に考究を遂げることが

必要である。
　五．出生調節に関する保健上有害なる手段の普及を防止すること。
　六．受胎調節に関する指導機関の普及発達を図るとともに不健全なる機関の蔓延を防止すること。
　七．不健全なる多産の原因となる高き乳児死亡率の低下方策を強化徹底せしめること。
　八．優生思想の普及徹底を図り現行優生政策の任意主義を強制主義に改める等優生政策の強化拡充を行うこと。
　九．従来我が国において出生調節に関する調査研究の極めて乏しき事実に鑑み、これから調査研究の飛躍的強化拡充を図り、その結果に基き、出生調節の人口政策的指導に遺憾なきを期すること。
　十．出生調節に関する政府の態度、政策等の発表は往々社会の甚だしき誤解を招く懼れあるをもって、この点慎重なる考慮を払うとともに真の趣旨徹底に努めること。
第三　死亡率低減に関する事項
　国民の健康を増進し死亡率を低減せしめることは文化国家たる資格の第一義的要件であるとともに人口政策の重要なる目的の一つであり、且つ又公衆衛生の向上を企図せる新憲法の趣旨に沿う所以である。これがためには公衆衛生及び医療に関する総合的組織網の整備拡充図るとともに、国民栄養の合理化、一般体育向上の奨励普及、齲歯の予防及び早期治療、花柳病、寄生虫病等に対する対策等、幾多の施策に努めなければならないが、就中現在我が国において最も緊急の対策樹立を必要とされている乳幼児死亡及び結核予防についてその重点的施策を次に列挙することとする。
　其の一　乳児死亡減少方策
　　健康成熟児の出産促進
　　乳児保健施設の拡充
　　乳幼児重要疾患による死亡減少施策
　　母子栄養施策の徹底
　　母子保健教育の徹底
　　乳幼児救済施策の拡充
　其の二　結核死亡率低減方策
第四　優生政策に関する事項
　国民の素質を改善する必要はいかなる時代においても変るものではない。況や文化国家建設を目途としている我が国において又出生調節普及過程における逆淘汰現象に直面している現在、優生政策は益々その重要性を加えたものというべきである。而して現在直ちに採るべき方策としては次にあげる如きものがある。
　強制断種規定の実施
　国民優生法の改正
　優秀素質者の教育費全額国庫負担及び育英制度の拡大強化、優秀な素質をもっている青少年は国家がその教育費を全額負担し、また、育英制度を拡大強化して多額の教育費を補助し、もって優秀健全な人口を保持するよう努めること。
　優生指導機関の設置拡充を図り、結婚指導その他優生指導の徹底を期すること。
　優生学に関する知識及び優生思想の普及
　優生問題に関する総合的調査研究の拡充を図ること。

注：「第一　産業の収容力に関する事項」は省略。
出所：[人口問題研究会 1983：68 - 75] から筆者作成。

図表4-5　人口問題に関する審議機関・組織等年譜

	政府の動き	人口問題研究所の動き	人口問題研究会の動き
1927年 ｜ 1930年	人口食糧問題調査会(内閣)		
1933年			財団法人人口問題研究会(設立)
1939年		厚生省人口問題研究所(開所)	
1946年	人口問題懇談会（厚生省）		人口政策委員会設置
1949年 ｜ 1950年	人口問題審議会（内閣）		
1953年	人口問題審議会（厚生省）		人口対策委員会設置

出所：[人口問題研究会 1983：62、人口問題研究所編 1989：83] から筆者作成。

廃止される［人口問題研究所編 1989：83］。短期間ではあったが、その成果は「人口増加を防ぎ、健康にして文化的な生活を実現するために、産児調節を政府が指導すべきである」という政策の方向性が示されたことにあった。

このとき産児調節の普及が課題とされた背景には、人工妊娠中絶件数の増加とそれによる母体障害が報告されたことがあった。これまで政策・制度史には言及してこなかったが、先に提示した起源としての家族政策〈女性政策＋児童政策＋優生政策〉の枠組みでいえば、戦前にはそれぞれ児童虐待防止法・少年教護法（いずれも、1933年）、母子保護法（1937年）、国民優生法（1940年）が形成され、それらは児童福祉法（1947年）、優生保護法（1948年）、生活保護法（1950年）として戦後に継承・発展していた。そのなかで優生保護法は、人工妊娠中絶を合法的に行いうる範囲を大幅に拡大したものであり、先の人工妊娠中絶件数増加の問題は、本法の制定およびその改正にともなう中絶手術の適用者拡大

路線によってもたらされたものであった。

さて、先に取り上げた人口問題審議会（内閣）の建議案の延長で、1951年には受胎調節普及に関する閣議了解事項が決定される。これを1つの転機に、人工妊娠中絶を健全な受胎調節に切り替えていくこと、そしてそれが人口政策としてではなく、母性保護の見地からする母子保護政策として行うことが方向づけられた[人口問題研究会 1983：91]。それを受けて、1953年には人口問題審議会（厚生省。以下、無表記）、人口問題研究会に「人口対策委員会」が組織される。これ以降、日本の人口政策立案においては「人口問題研究所が研究資料を作り、それを基に人口対策委員会が検討議論し、そこで作成された原案を人口問題審議会に提出して討議の末、最終的な決議文を作って政府へ提出する」というやり方が取られることになる。それは永井によって「人口問題に関する三位一体論」と呼ばれ、この体制でその後しばらくの人口政策立案が進められていった。

この方式が見直されるのは何と1970年のことである。同年、人口政策立案のための「人口問題審議会—人口問題研究所—人口問題研究会」の関係が改められ、そこから人口問題研究会が外されることになった。これには、会長を最後に当審議会の任期が切れる（1964年）という永井の境遇が大きく影響していた。永井は当審議会が設置された1953年からのその委員を務めてきたが、「委員の任期は2年で10年以上になると交替」という政府の意向によって辞任に至る。このとき、10年以上委員を続けてきたメンバーも併せて辞任することになったが、そのすべてが人口問題研究会の役員であったとされる［人口問題研究会 1983：82］。このような事情によって、戦後の人口論史は1970年前後に大きな転機を迎えることになった。

3　1970年代以降

先に述べた動きと深く関わるのが、1965年の特殊法人社会保障研究所（以下、社会保障研究所）設置である。当研究所の設置は1964年の社会保障研究所法によって定められ、その初代所長には山田雄三（やまだ・ゆうぞう：当時、一橋

大学教授：1902-1996）が就任した。山田は、1960年に脚光を浴びた「国民所得倍増計画」の策定にあたって経済審議会・所得倍増計画部会長を務めた人物でもあり、当研究所は「社会保障に関する基礎的かつ総合的な調査研究を行う機関」として設置された。

これ以降、社会保障制度にも大きく関わる人口問題研究は、当研究所もその一部を担うことになった。図表4-6は、1965年に発令された設立当初の役職員の名簿であり、ここに「人口問題と社会政策」という観点からみた戦後の人口論史は新たな局面を迎えたのである。以下で明らかになるように、それは戦前まで遡る「人口問題と社会政策」の系譜を隠ぺいしてしまうほどの大転換であった。

1964年に永井が辞任して以降、人口問題審議会の会長は久留島秀三郎（1964～）→新居善太郎（1971～）→山田雄三（1977～、以降省略）と引き継がれていく。上述の1965年が社会保障研究所の設置年であり、それが「社会保障研究の創成期」として語られるとともに人口問題研究と社会保障研究の新たな関係が築き上げられていく起点をなした。当研究所の機関誌『季刊社会保障研究』の創刊号（1965年）で、山田は以下のように述べている。

図表4-6　社会保障研究所職員[11]（設立当初）

役　職	名前（所属）
理　事	塩野谷九十九（名古屋大学教授）
顧　問	大内兵衛（社会保障制度審議会会長） 東畑精一（アジア経済研究所所長） 長沼弘毅（厚生行政顧問、国際ラジオ・テレビセンター会長）
参　与	馬場啓之助（一橋大学教授） 福武直（東京大学教授） 舘稔（厚生省人口問題研究所）
専門委員	武藤光朗（中央大学教授） 大熊一郎（慶応大学教授） 橋本正巳（国立公衆衛生院衛生行政学部長） 小沼正（厚生省統計調査部社会統計課長）

注：この他の職員（非常勤研究員、事務局）は省略した。
出所：［社会保障研究所編 1965：108］から筆者作成。

最近、社会保障の問題は新しい視角から考えなければならない段階にきていると思う。一つには、社会保障と呼ばれる諸制度がこれまでは必要に応じてややバラバラに採用されてきたのが、この辺でそれらを総合し、体系化していかなければならない段階にきたといえる。もう一つは、これまでどちらかというと経済成長に重点がおかれていた戦後の日本がいわゆる成長のひずみという諸問題に逢着し、社会保障、もしくはそれを含んでやや広い意味での社会開発が、経済成長そのもののためにも、とりあげられていかなければならない段階にきたといえるのである。　　　　［山田 1965：1］

　この社会保障をめぐる画期は、人口動態、すなわち「少産少死」型の確立とも重なって、「人口抑制」から「核家族化」や「高齢化」といった人口現象に起因する社会問題へと、その取り組むべき行政課題の移行とも関わっていた（図表4-1参照）。以下もまた、『季刊社会保障研究』の創刊号に掲載された研究所設立の趣旨を述べる文章の一部であるが、そこには社会保障制度をめぐる新しい課題の背景の1つとして「人口構造の変化」があげられており、それとの関わりで社会保障の重要性が指摘されている。

　わが国の社会保障制度は、近年かなりの発展を示し、国民皆保険および国民皆年金の体制も一応整ったが、その内容をみると各種制度間に著しいアンバランスがみられるほか、経済の高度成長、地域開発の進展あるいは人口構造の変化などの諸事情に対応して、社会保障の分野に新しい課題が加わりつつあるなど今後検討を要すべき問題が少なくない。しかしながら、わが国の社会保障に関する基礎的総合的な研究のための組織体制は著しく立ちおくれており、すでに社会保障制度審議会においても、1962年「社会保障制度の総合調整に関する基本方策についての答申および社会保障制度の推進に関する勧告」でこの種の調査研究機関の整備を強く要請している。研究所はこのような事情のもとにおいて、1965年1月に設立され、広く経済、財政、社会、人口問題、法制等の関係専門学者を結集し、社会保障全般についての基礎的総合的な調査研究を行うこととなった。　　　　　　　　　　　　　　　　　　［木村 1965：80］

　人口構造の変化＝「新たな課題」という認識は、先に述べた人口論史の転機と重なることで「人口問題と社会政策」に関わる戦前からの日本的系譜をいよいよみえないものとしてしまう。よく知られているように、戦後日本は急速に少産少死型の人口構造への移行をみせ、1950年代半ばには人口転換を終えるに

至った。それは、「優生保護法」や「新生活運動」によってもたらされ、「出生力転換の実現」と呼ばれたように当初きわめて深刻に語られた過剰人口問題の終息（＝「出生力転換の達成」）に帰着したが、その後における「〈量的〉な人口問題の不在」および「過剰人口」から「高齢化」へという政策課題の大転換は、「人口問題と社会政策」というテーマが社会保障制度の構築という観点へと大きく収斂するきっかけを与えることにもなったのである。

「〈量的〉な人口問題の不在期」ともいうべき1960年代を経て、1970年代に入ると学説史的にはもちろん、政策史的にも「人口問題と社会政策」をめぐる戦前からの連続性はほぼみえなくなってしまった。それまでの過剰人口問題を前提とする議論では「出生抑制への関心」として密接に結びついていた人口問題をめぐる〈量〉と〈質〉の観点が、「〈量的〉な問題の解消」を機に切り離されていくのである。「出生」に関わる政策は「優生政策」と「母子保健」や「母子衛生」といった言葉で語られる「母子保護政策」に分岐する一方で、「家族問題」「高齢者問題」「女性問題」といった個別課題への対応策としても展開していく。（**図表4-1参照**）それらはまさに「社会問題」と呼ばれるものであり、ここにその起源において人口の〈質〉という観点を媒介とした「人口問題と社会政策」の系譜は大きな転機を迎えることになった。

当時、山田は日本の1960年代を「経済先行・社会追従」の時期と名づけ、その西欧先進諸国との関係について以下のように述べている。

　日本では、経済成長があまりに急激に伸びたために、社会面はとかく遅れがちとなり、したがって経済に対しいわば対抗的に社会が強調されるという形をとった。このことは西欧諸国の1930年代と比較するときわめて興味がある。西欧では経済の大不況に見舞われ、その克服策として有効需要促進の立場から大衆の生活向上ということが要求され、それに基づいて福祉国家とか社会保障とかが唱導されはじめたのである。つまり、日本では経済が伸び過ぎたところに問題があるのに、西欧ではむしろ経済が不況に陥ったところに問題があったのであり、そのことから日本では「経済先行」的であるのに、西欧ではむしろ「社会先行」的であって、そういう性格の差は今日も見られるのである。　　　　　　　　　　　　　　　［社会保障研究所編 1970：3］

それは、例えば以下のような問題認識として現れ、1969年に厚生大臣の依頼

を受ける形で「70年代社会の課題と目標研究会」(座長:山田雄三)が立ちあげられた。[14]

> 1970年代は、激動の時期であるといわれている。その意味するところは、ただたんに過去における社会変動の延長がそのままもたらされるというだけではなく、われわれがかつて経験したことのない社会の質的な構造的な変化がこの時期にあらわれるということである。したがってその対応も、従来とは異なった観点から検討されなければならない。　　　　　　　　　　　　　　　　　　　　　　　　〔山田 1970：3〕

　当会の成果は、①1960年代から1970年代にかけての社会生活の変化、②1970年代の展望と、③それに基づく厚生行政への提言としてまとめられたが、そこに「高齢化社会への対応について」「保健対策について」「公害について」「余暇活動について」「意識の変化について」「厚生行政のシステム化について」「利害調整について」とともに項目として取り上げられたのが「人口問題について」である（図表4-7）。そこにも示されたように、60年代は「全体として人口のことをあまり考える必要はなかった」とされ、それに対して70年代は「社会保障との関わり」という新たな形で、人口問題の重要性が指摘されることになった。

　さて、ここで取り上げたいのがこの時期のスウェーデン社会政策をめぐる言説である。今日、「家族政策」の起源として言及される戦前のスウェーデンの事例およびその提唱者とされるミュルダール夫妻（Gunnar & Alva Myrdal；以下、ミュルダール）の思想は、「人口問題と社会政策」というテーマを史的に語るにおいて外すことのできない存在であることはいうまでもないが、この時期におけるその受容の仕方こそが、1970年代以降の新たな流れとしての「人口問題と社会政策」をめぐる日本的特質を端的に物語っている。社会保障制度の確立ということが重要な課題をなしたこの時期を起点に、山田をはじめとする専門家によってミュルダールの福祉国家（社会保障）論や経済学の方法論が積極的に取り入れられていったのである。[15]

　以下は1960年代に出版された翻訳の主要なものである。
　G.ミュルダール著；山田雄三訳『経済学説と政治的要素』（原題：The

図表 4-7　70年代社会の課題と目標

厚生行政への提言（人口問題について）
(ア)　人口問題を純然たる経済上の問題と考えないで、社会開発の観点から対処していくよう努めるべきである。
(イ)　60年代の日本経済には、人手不足や人口移動のきざしが現われてはきたが、全体として人口のことをあまり考える必要はなかった。しかし、70年代には変化のテンポの遅い人口に経済のほうがどう順応してゆくかについての、緊迫した問題が提起されるものと思われる。
(ウ)　現在におけるわが国の人口構造は、出生率の低下と中年階層における保健水準の上昇によって、全人口に占める労働力人口の割合が、世界でもまれにみるほど大きくなっている。このことは、国民経済的にみて従属人口を扶養する負担が少ないことを意味するのであるから、経済成長が非常に大きい現在から近い将来へかけて、今の有利な条件のもとにおいて社会保障の完備と社会資本の整備をはかるべき好機にあると思われる。
(エ)　70年代を80年代への橋渡しという点から考えると、社会開発上の諸条件を整備することにより、わが国の人口を1億3000万から1億4000万の間くらいで、横ばいになる程度まで出生力を回復させることが望ましいであろう。今後とくに、経済や社会が人口にあたえる影響を深く考慮すべきである。
(オ)　労働力不足から、家庭婦人の職場進出が促進されることとなろうが、人口資質の向上という点などを考慮すれば母親が一定期間は育児に専念できるような環境条件を整備する必要があろう。

出所：[山田 1970：14-15] から筆者作成。

　　　Political Element in the Development of Economic Theory, 1953年）

　G. ミュルダール著；北川一雄監訳『福祉国家を越えて：福祉国家での経済計画とその国際的意味関連』（原題：*Beyond the Welfare State*, 1960年）

　G. ミュルダール著；丸尾直美訳『社会科学と価値判断』（原題：*Objectivity in Social Research*, 1969年）

　それと並行して、ミュルダールと深く関わる「家族政策」概念も普及し始める。とはいえ、それは先に論じたいわゆる戦前の「家族政策」ではなかった。前節で触れたように、出生率の低下を背景に戦前の西欧先進諸国で形成された起源としての家族政策は、優生学を根拠に人口政策と社会政策の結合をみたもので、その内実は〈女性政策＋児童政策＋優生政策〉として把握できるものであった。人口の〈質〉の観点によって当時の西欧先進諸国と日本が結びついていたことはすでに指摘したが、この時期の家族政策をめぐる言説は、そこから優生主義的な側面が切り離され、以下のように専ら「家族福祉」や「女性政

策」の先進事例として語られることになった点に注意すべきである。[16)]

> ①　ミュルダール夫妻と議会の人口委員会は、スウェーデンの世論を喚起して、人口が停滞しあるいは漸減していくことの政治的、社会経済的重大性を知らしめたのであった。そこで家族に対する社会政策の目標は、家族が普通子供のために要する余分の費用をできるだけ（理論的には完全に）補償するということである。言いかえれば、その目標とは、両親が、子供を正常に養育している間、同じだけの収入のある子供のない夫婦と同程度の生活水準を維持することを可能にすることであった。
> ［安積 1969］
> ②　スウェーデンの人口政策は、単なる人口増加政策ではなく、家族と福祉との接点を求める温和な人口増加政策であった。子供を生めという政策ではなく、生むことが望ましいという政策でもなく、子供を生みたくとも生めない人に、生めるような福祉を充実しようという人口政策だった。　　　　　　　　　　　　［吉田 1971］

　まず、「家族福祉」をめぐる言説との関わりで登場する「家族政策」が指す内容についてである。それは、家族制度の廃止や核家族化、青少年の非行や保育の問題といった家族構造の変化により生じた問題を対象とする政策として、「家族病理」や「家族診断」といった言葉の普及に沿う形で語られることになる。[17)] つまり、家族を対象とする福祉的対応である「家族福祉」という新しい流れのうえに、戦後の家族政策論が展開していくのである。したがって、1960年代以降用いられ始めた「家族政策」という言葉は、それが家族に対する福祉的対応という点において「家族福祉」とほぼ同義のものとして扱われることになったといってよい。[18)]

　例えば、山手茂は1973年の論考で戦後日本における家族問題を「家」・家族解体問題と家族生活問題として把握し、その時期区分とともに**図表4-8**のような特徴づけを行った。

　そのうえで、「現代においては家族の機能を補い、家族員の役割の実行を援助し、家族の困難な問題の解決を助け、家族の福祉を高めるために、さまざまな社会保障・社会福祉サービスが行われている」［山手 1973：276］（＝「家族福祉」）として、その家族政策との関係については以下のように述べている。

図表4-8　戦後日本における家族問題の段階区分

	「家」・家族解体問題	家族生活問題
昭和20年代前半	戦争による家族解体 「家」制度の解体 家族の民主化	戦争による生活破壊 食糧難・住宅難 高度インフレーション
後半	離婚の増加、青少年非行の増加 家族制度復活論台頭 家族制度復活反対運動 出生率低下	「家」への回帰 飢餓状態から脱出 食生活から衣生活へ 戦前なみの消費水準に回復
昭和30年代前半	核家族化進展 母親運動、主婦運動 働く婦人の増加	消費革命の進展 耐久消費財普及 社会保障要求運動 老後問題深刻化
後半	青少年非行の増加 共稼ぎ家族の増加 カギッ子の増加 家庭対策の登場 家庭教育振興対策	物価上昇 物価値上げ反対運動 子どもを守る運動 マイ・ホーム主義浸透
昭和40年代	家庭対策の進展 パート・タイマーの増加 離婚の増加 各種福祉制度・施設の拡充	生活行政・消費者行政の進展 消費者運動・市民運動 消費者問題深刻化 公害問題深刻化 社会保障の拡充

出所：[山手 1973：273] から筆者作成。

<u>家族を対象とし家族福祉を目的とする社会的政策は、家族政策と呼ばれている。</u>（下線—引用者）しかし歴史的にみると家族政策は必ずしも家族福祉を目的としているわけではない。明治の日本においては、天皇制絶対主義体制を支える社会的基盤として、封建的・権威主義的家族が再編成され、大正デモクラシーの時代には家族の近代化を推進する動きが強まったが、昭和の軍国主義時代には再び伝統的家族が強化された。戦後、民主主義と社会福祉の発展によってはじめて家族福祉を目的とする家族政策が登場したが、それに反対する勢力は依然として強力である。

[山手 1973：277-278]

他方で「女性政策」ということでいえば、1968年に次の翻訳書が出版されている。

A. ミュルダール・V. クレン著：大和チドリ・桑原洋子訳『家庭と職業：婦人の二つの役割』（原題：*Women's Two Roles : Home and Work*, 1956年）

これを 1 つの契機に、スウェーデン社会政策は女性政策の先進事例としても語られることになった。そして、日本の女性政策が大きく動く1980年代には、ジェンダーの観点からみたスウェーデン社会政策は以下のように理想的に位置づけられるようになってしまっている。

① 福祉国家が、家族に対する特殊な援助を推進するには、さまざまな動機がある。すなわち、（1）出生率の低下による人口縮小へのおそれ、（2）健康の増進をはかる、（3）優秀な労働力を確保する、（4）社会の基本的な制度で、かつ社会的単位として家族を維持する、（5）両親の生活水準および福祉の保護、（6）子供の保護、などである。もちろん、スウェーデンでは、経済、財政、労働市場、教育、家族等の各諸政策に加え、包括的な社会政策自体が、資本主義体系を改善し、不平等を是正していくためのきわめて重要な手段になされている。家族政策は、1930年代に、子供の出生率を高めるために、異なった子供数を持つ親達の収入格差を無くすために、もとは導入されたものであったという。したがって、家族政策の焦点は、本来子供に置かれるが、子供の福祉や繁栄は同様に、その親達を豊かにすることである。つまり、人々に子供を何とかして持たせるための方策だともいえる。そこで、子供が政策の対象としてまっ先に考えられる場合、子供を持つ家族の税制政策はもちろんのこと、家族政策の進歩のためには、依然子供（原文は「以前子供を」—引用者）中心の欠落し、不備であった問題が改めて検討され、分析される必要があった。それらは、（1）保護されないままに放置されていたこと、すなわち、児童労働、婚外出生児、未婚の母であり、（2）人口政策および収入の平等化の手段としての家族政策、（3）男女平等の推進、すなわち、母親と一人の稼ぎ手からなる家族から、同等の地位にある両親および二人の稼ぎ手からなる家族への移行という三つの課題であるとみられる。　　　　　　　　　　　［西村 1981：71-72］

② 児童福祉は今日では社会政策の中心の 1 つになっているが、この問題が表面に出てきたのはここ数十年来のことである。しかも発展の緒は人口問題であった。1800年代の人口は異常な膨張を起こし、1900年代にはいると反対に貧困と産児制限から出生率の激減となった。1934年、アルバ、グンナー・ミュルダール夫妻の『人口問題の危機』によって警鐘が鳴らされ、人口問題委員会が設置されたが、つづいて人口問題調査会の調査の結果、従来の児童対策から一転した社会改革提案がなされた。その構想は次の二つを目的とした。

　　1．国民が結婚しやすく、子供を生みやすく、子供を育てやすくする施策
　　2．子供のある家庭が無い家庭よりも経済的貧困に陥らないようにする施策

このときでき上がった一連の児童福祉制度は、それからの四十有余年間に時代に応じた改訂が加えられながらも、依然として児童福祉制度の基本をなしている。

［小野寺・藤田 1981：170-171］

この時期におけるスウェーデン社会政策の受容が物語っているように、1970年代以降の「人口問題と社会政策」というテーマは、社会保障制度の確立や個別の社会問題への対応という形で新たな展開をみせることになった。それは、結果的に戦前まで遡る日本的系譜を隠ぺいしてしまうとともに、社会政策をめぐる西欧先進諸国＝先進、日本＝後進という見方を根拠づけるものとしても機能することになってしまった。

　その後、「人口問題と社会政策」というテーマに新たな動きがみられるのは1980年代半ばから後半のことである。少子化問題が行政課題として表面化する前夜ともいうべきこの時期、社会（家族）政策と人口政策の関係に着目する動きがみられ始めたのである。当時人口問題研究所に所属していた小島宏は、「出生政策と家族政策の関係について」[19]と題する論考（1985年）を発表する。「欧米諸国において1960年代以降、急速に進んだ女子の雇用労働力化に伴って女性の役割が大きく変わった。そして、それが一因となって人口と家族の面でさまざまな変化が生じた。主なものとしては婚姻の遅れと減少、離婚の早期化と増加、婚姻内の出生の遅れと減少、婚姻外の同棲と出生の増加などがある。このような人口と家族の次元での変化、特に出生率低下を背景として出生政策（Fertility Policy）と家族政策（Family Policy）が近年盛んに議論されるようになった」[小島 1985：63]。小島は自身の問題意識についてこのように述べ、「出生政策」と「家族政策」の関係を明らかにすべくそれぞれを以下のように定義したうえで、出生政策と家族政策の共通点と相違点を図表4-9のように示した。

　出生政策：一国あるいは地方の政策が人口の適正な規模と構成を達成するために、何らかの手段をもって現実の出生過程に直接間接の影響を与えようとする意図、またはそのような意図をもつ行為（相反する2つの目的によって出生促進政策と出生抑制政策がある）。

　家族政策：一国あるいは地方の政府が家族の福祉と機能の強化のために、何らかの手段をもって一単位としての家族またはその成員に対して直接間接の影響をあたえようとする意図、またはその意図をもった行為。

　その翌年、小島は「ヨーロッパ諸国における出生促進策について」[20]と題する論考を発表するが、そこではヨーロッパ諸国の出生促進的施策の概観を試みて

figure 4-9　出生政策と家族政策の共通点と相違点

区　分	目　的	手　段	対　象
出生政策のみ	人口の規模・構成の適正化 ［出生促進・出生抑制］	避妊・中絶の規制の改訂 人口に関する情報・研究機関の設置	集合体としての家族 特定の属性をもつ家族 まだ存在しない家族
出生政策と家族政策の両方	国民（住民）の生存・福祉 社会的安定	金銭による家族手当、税制上の優遇措置 住宅・教育・年金に関する優遇措置 出産・育児休暇制度、託児所サービス 法的婚姻年齢の改訂 家族計画・母乳保育推進プログラム	家族 ［一単位としての家族・家族の成員］
家族政策のみ	家族福祉 家族機能強化 家族間の所得再分配	公共交通機関への補助金 家事援助サービス 生計維持者の兵役免除 しつけに関する両親学級の組織化 家族相談所の設置	個別の家族 あらゆる属性をもつ家族 すでに存在する家族

出所：［小島 1986：65］から筆者作成。

いる。その中で出生促進政策の手段として紹介されたのは、以下の3点である。

1　避妊・中絶の規制（近代的避妊手段普及施策、社会的理由による中絶）
2　経済的誘因（家族手当制度）
3　女性の就業と出産・育児を両立させるための施策（出産休暇、育児休暇、子どもの看護休暇等）

小島はいう。「ヨーロッパ諸国の出生促進的施策の効果については意見の分かれるところである。しかし、それらの施策が個人や夫婦の選択の自由を尊重しつつ彼等の願望実現を援助するようなものであり、家族政策や労働政策の目的にも合致するようなものであるとすれば、それらを実施する意義は十分あると思われる」［小島 1986：61］。あるいはまた、「ヨーロッパ諸国においてはそれらの制度（ここで具体的に指しているのは児童手当制度、年金制度、男女雇用機会均

図表4-10 家族政策の範疇

	個別家族への対応	一般的社会的な対応
性的機能への介入	民事（婚姻・戸籍）政策	人口政策・優生政策
経済的機能への介入	民事（扶養・相続）政策 所得保障政策 住宅政策 医療保健政策 福祉（家事・育児・介護）政策	労働力政策 賃金・雇用政策 消費者政策 租税政策
精神的機能への介入	福祉（相談・指導）政策	文化政策・教育政策

出所：［庄司 1986：131-138］から筆者作成。

等法―引用者）が出生促進政策の手段として位置づけられている場合が少なくない。わが国においても他の政策目的のための施策を人口学的立場から再検討する必要があろう」［小島 1986：61］とも述べている。

これと並行する形で、庄司洋子は1986年に人口政策と優生政策を家族政策の範疇で把握しようと試みている。つまり、「性的機能」「経済的機能」「精神的機能」という3つの家族機能について、「家族成員の要求を充足する対個人的機能」「社会が家族に対して要請する対社会的機能」という2側面から把握したうえで、家族政策の範疇を図表4-10のように整理した。それに従うならば、人口政策と優生政策は「社会が家族に対して要請する性的機能」として家族政策の範疇にあることになる。これらの研究は、「1.57ショック」という形で浮上する出生率低下の問題を目前に、「人口問題と社会政策」の学説的な流れを本来のところへ引き戻そうとするものであったというべきかもしれない。

4　むすびにかえて

これまで述べてきたことを改めて整理しておこう。「人口問題と社会政策」というテーマの起源は、人口問題としての「出生率の低下」を背景に戦前の西欧先進諸国で提唱された「家族政策」にある。それは人口の〈質〉＝優生・優境の観点を媒介とする人口政策と社会政策の接合というべきもので、おおよそ〈女性政策＋児童政策＋優生政策〉という枠組みで把握できるものであった。

本章では、その日本における史的展開を示すべく、戦前まで遡って学説的な流れの一端を紹介した。これまで明らかにしたように、人口の〈質〉をめぐる議論を土台として戦前の西欧先進諸国と日本は結びつけることができるし、戦後史もその延長で語られるべきである。にもかかわらず、そうした観点からの把握はこれまで十分な形でなされてこなかった。その理由は、何よりその特異ともいうべき日本の人口転換（死力転換＋出生力転換）の過程にある。西欧先進諸国とは対照的に、戦前の日本では過剰人口が問題として認識されていた。それは戦時期を経て戦後にまで持ち越されたものの、1950年代から60年代にかけては急激な出生率および死亡率の低下を経験することになる。

　その結果、1960年代には〈量〉的な人口問題が一時的に姿を消すことになった。それは、〈女性政策＋児童政策＋優生政策〉というそれまでの家族政策の枠組みの解体をもたらすとともに、学説史の分断を引き起こしたのである。現実にも社会保障研究所の設立に象徴されるように、そこに人口問題をめぐる社会（保障）政策と人口政策の分離がみられ、例えば1970年代は「高齢化」「優生」がそれぞれの人口課題の軸となって政策論議が展開していった。**図表4-11**は、その創刊以降『季刊社会保障研究』（社会保障研究所の機関誌）に掲載のあった論文の中から、人口をテーマとするものをピックアップしたものである。そこでは専ら「高齢化」に焦点が当てられているのに対して、「優生」に関わるテーマは『人口問題研究』（人口問題研究所の機関誌）で扱われていく。ちなみに、後者の第154号（1980年）では、創立40周年記念として人口の〈質〉を問題とする「(特集) 人口と資質」が組まれた（**図表4-12**）。

　ところで、1990年代には出生率の低下を背景に家族政策をめぐる議論が大きな高まりをみせるようになる。それとも関わって、今日に至るまで児童家庭を対象とする政策（少子化対策）の拡充が図られてきたのはいうまでもない。この間、女性政策、児童政策に関していえば児童福祉法の改正や児童虐待防止法の「再」成立、育児（・介護）休業法や男女共同参画社会基本法成立等の動きがみられた。また、優生政策に関していえば、1996年に優生保護法の改正・改称によって母体保護法が成立し、名前の上では優生法が姿を消すことになった。これらの動きと関わって、再度「人口問題と社会政策」というテーマがク

図表4-11 『人口問題研究』における人口問題

著者	論文タイトル	巻号（刊行年）
安川正彬	社会開発と人口要因	1巻3号（1965年）
岡崎陽一	人口変動からみた社会保障の課題	4巻2号（1968年）
岡崎陽一	高齢社会の人口問題	11巻2号（1975年）
加藤寿延	アジア的人口増加と人口抑制政策の基本的戦略構想	11巻4号（1976年）
城戸喜子	人口構造の高齢化と日本の福祉政策の状況	15巻3号（1980年）
馬場啓之助	コール仮説と日本の人口老齢化	16巻2号（1980年）
地主重美	人口高齢化と医療保障―新しい政策選択	18巻3号（1982年）
岸　功	地域別にみた人口高齢化の動向	18巻4号（1983年）
市川　洋	人口の長期変動と社会保障負担	19巻1号（1983年）
野口悠紀雄	人口高齢化、公的年金、資本蓄積	22巻1号（1986年）
安川正彬	わが国の将来人口推計：昭和61年安川推計	23巻2号（1987年）
足立正樹	人口の高齢化とドイツの年金保険の改正	27巻3号（1991年）
江原由美子	女性問題と人口問題―女性学的観点から	28巻3号（1992年）
塚原康博	人口の高齢化と地域福祉政策：在宅サービスの実証分析	32巻2号（1996年）

注：1996年（人口問題研究所と社会保障研究所の統合により誕生する国立社会保障・人口問題研究所の設立年）までのもの。
出所：筆者作成。

図表4-12 「（特集）人口と資質」『人口問題研究』第154号（1980年）

「人口資質論―日本人口の資質と環境」論文タイトル	著者
問題の所在	篠崎信男
遺伝学的側面からみた日本人口の資質	今泉洋子
栄養・食生活からみた日本人口の資質の変化と展望	内野澄子
現代日本人口政策史小論―人口資質概念をめぐって（1916～1930年）	廣嶋清志
学歴水準からみた人口資質―教育人口と社会的要請の変化をめぐって―	若林敬子
人口資質研究と社会人類学との接点をめぐって―婚姻（通婚圏）分析を手がかりとして―	清水浩昭

出所：[人口問題研究所編 1980] から筆者作成。

ローズアップされるに至ったのである[21]。

　母体保護法が成立する1996年、本章で何度も取り上げることになった人口問題研究所（1939年設立）と社会保障研究所（1965年設立）は統合され、国立社会保障・人口問題研究所が誕生する。その新しい研究所の初代所長に就任した塩野谷祐一は、「国立社会保障・人口問題研究所の発足に当って」と題する論考

で、「これまで見過されてきた三つの課題」として以下の点をあげている。
    1　行政と研究との望ましい連携
    2　研究の国際的交流
    3　人口研究と社会保障研究との接合点を模索し、新しい研究領域を切り開くこと[22]

　このなかで3は、その中心に家族政策をめぐる議論がある。ここに「新しい研究領域」という表現がみられるが、少子化の文脈で家族政策をめぐる議論が浮上した当初、西欧先進諸国の事例が多く論じられ、それと比較して日本の遅れを指摘するものが一般的であった。「家族政策」という曖昧さをともなう概念について、時代に応じた再定義はそれ自体必ずしも必要ではないかもしれない。しかしながら、本来〈質〉という観点に起源がある「人口問題と社会政策」というテーマについて、わが国では1990年代に「少子化問題」として浮上する〈量〉の問題を起点に描き出されてきたということが、結果的に戦前まで遡るその日本的な伝統をみえにくくしてしまっていたことは否めない。

　最後に、本章のテーマに直接関わるという意味でぜひ言及しておきたいのが社会国家をめぐる研究である。そもそも、「福祉国家と優生問題」という問題提起がなされたのはここ十年来のことで、その要となる社会国家をめぐる議論は、戦前のドイツを素材にそのテーマを追究するものである。社会国家は福祉国家と同義であり、社会国家ドイツにおける家族政策の展開について重要な問題提起を行ってきたのが川越修や市野川容孝である。

　社会国家とは「都市社会化と人口転換という新たな事態に対応すべく、その構成員を人的資源として捉え、労働、福祉、保健といった多様な領域でその維持ないし確保のための政策を展開する、20世紀型の国民国家の姿」［川越 2004：117］であり、川越は第1次世界大戦を起点に、ヴァイマル期からナチ期、さらには戦後の再建期に至る形成展開過程を通じた、人口・家族政策をめぐる連続性を指摘する。一方、市野川はそこで「従来、家族という私的領域で女性たちに押しつけられてきたさまざまな役割を吸い上げ、これを社会化＝国有化することが目指され」［市野川 2000：54］たこと、そしてその過程は、国家や社会が家族という敷居を取り払いながら、人間の生命の維持や再生産に深く介入し

第 4 章　人口政策論の軌跡　113

ていったことに言及している。

　川越、市野川はこの社会国家をめぐる動向と優生学との対応関係にも着目している。本章では、あくまでスウェーデン社会政策との関わりに限定して論じたものの、日本社会政策の起源を語るにおいても外せないドイツの動向も興味深い。川越、市野川らの主張もまた、本章で論じた人口の〈質〉＝優生・優境の観点からの戦前の西欧先進諸国と日本の結節環というテーマを支える重要な指摘であることを述べておかねばならない。

1）「問題」はある現象が問題として認識されることによって生じる。したがって、少子化のように現象としてのそれは1970年代半ばが、問題としてのそれは1990年代が起点であるということが起こる。
2）高田保馬「産めよ殖えよ」『経済往来』1926年8月号［高田 1927：90-94所収］。
3）本論争の展開に関しては、例えば中西泰之「第7章　高田保馬の人口理論と社会学」金子勇編著『高田保馬リカバリー』ミネルヴァ書房、2003年、を参照されたい。
4）そのほか、当初は那須皓（農学博士）をはじめとする食糧問題の専門家も人口論における1つの流れを形成していた。また、1920年代は優生運動や産児制限運動といった社会運動も活発であった。
5）永井亨「過剰人口と失業との関係を論じて人口問題の本質に及ぶ」人口問題研究会編『人口問題』第1巻第3号、1936年。
6）19世紀を通じて、西欧先進諸国における人口をめぐる議論は過剰人口に焦点が当てられた。ところが、産児調節の普及によって出生率は低下をみせ、20世紀に至っては転じて減退人口が問題となった。そこに家族政策をめぐる動きがもたらされたのである。
7）「産めよ殖えよ」に象徴される戦時人口政策は、イデオロギー的に〈質的〉人口政策を〈量的〉人口政策に取り込むものであった。ここではあえて取り上げなかったが、1930年代の人口をめぐる議論の政治的な動き、すなわち民族主義や植民地主義との関わりは、それ自体が1つの重要なテーマをなす。この点に関しては、荻野美穂『「家族計画」への道―近代日本の生殖をめぐる政治―』岩波書店、2008年、高岡裕之「戦時『人口政策』の再検討」川越修・鈴木晃仁編『分別される生命―二〇世紀社会の医療戦略』法政大学出版局、2008年、等に詳しい。
8）当会の会長は戸田貞三博士で、永井が会長代理的な役割を果たしていたという。
9）政策史という観点からいえば、ここに出生政策をめぐる人口政策としての優生政策と社会政策としての母子保護（衛生・保健）政策の分離がみられたことは重要な事実である。
10）人口政策委員会（1946年設置）は「人口の収容力及び分布に関する部会」と「人口の資質及び統制に関する部会」で組織されたのに対して、人口対策委員会（1953年）は「人口と生活水準に関する特別委員会」と「人口の量的、質的調整に関する特別委員会」から成り立った。ここに、〈人口調整策＋生活政策〉という枠組みが確立する。
11）社会政策学者には分類されないが、人口政策の戦前から戦後を考えるにおいて、舘もま

た、きわめて重要な人物である。人口問題研究所の開設当初からその研究官を務め、1942年からは人口政策部長、59年から72年までは所長を務めている。また、1947年には日本人口学会が創設されるが、舘はその当初から1971年に至るまで当学会の理事を務めている。永井もまたその創設当初からの理事（1957年には会長に就任）であった。1960年代までの人口政策は、人口問題研究会の永井と人口問題研究所の舘や篠崎信男らによってリードされた。

12) この時代の日本の出生動向について、社会政策の観点から言及したものに中川清の研究がある。氏は戦後の生活変動についてその時期区分とともに特徴づけを行っており、そのなかで出生率の変動もその1つの指標として「1955～1975年という時期をより多くの人々が『よりよい』生活に向かって、歴史上おそらく類例をみない激烈な変動を経験した時期である」と把握する［中川・松村編 1993：15-16］。

13) 短期間での出生力転換を支えた優生保護法と新生活運動は、きわめて日本的な性格を有するものであった。特に、優生保護法を指して「日本の法律の中で、この法律ほど世界的によく知られているものは少ない。世界諸国は現在、人工妊娠中絶の緩和の方向にあるが、この傾向につねに刺激となったのがこの優生保護法だからである」というように、国際面の影響にまで及ぶ言及がある（国井長次郎「9節　家族計画と優生保護法」［青山・竹田・有地・江守・松原 1974：215-216]）。また、新生活運動についても、「この企業体における家族計画というのは国際的に、かえって近年になって脚光を浴びていまして、今でもこれについての文献が欲しいとか経験を聞きたいというようなことがよくあります」と評されている［人口問題研究所編 1989：254]。

14) 研究会は山田のほか、以下の委員で構成され、1970年にかけて14回に及ぶ討議が行われた。伊藤善市（東京女子大学教授（以下、すべて当時））、伊部英男（厚生省社会局長）、加藤寛（慶応義塾大学教授）、坂本二郎（元一橋大学教授）、舘稔（人口問題研究所長）、富永健一（東京大学助教授）、橋本正巳（公衆衛生院衛生行政学部長）、林雄二郎（東京工業大学教授）、松原治郎（東京大学助教授）。

15) 山田はとりわけ熱心で、翻訳だけでなくミュルダールの紹介にも精力的に取り組んだ（例として、山田雄三「グンナー・ミュルダール―福祉国家論をめぐって（人と業績）」社会保障研究所編『季刊社会保障研究』Vol.7 No.2、1971年）。本章のテーマと関わるもののほか、ミュルダールの開発経済論が紹介されるのもこの時期である。

16) それは、ある意味で仕方のないことであった。というのは、スウェーデン社会政策の優生政策的な側面がクローズアップされたのは、国内的にも1997年のことである。スウェーデンの地元日刊紙「ダーゲンス・ニュヘテル」の記者（1997年当時）M.サレンバが書いた記事「福祉国家スウェーデンにおける人種純化政策」が、社会民主労働党政権（1932-1976年）下で障害者や外国人に対する強制的な不妊手術が国家の政策として実施されてきたことを論じた（記事の全文は、「第1章　サレンバの衝撃」二文字理明・椎木章編著『世界人権問題叢書38　福祉国家の優生思想―スウェーデン発　強制不妊手術報道』明石書店、2000年）。

17) 「家族病理」を論じたものとして、大橋薫・四方寿雄・光川晴之編『家族病理学〈有斐閣双書〉』有斐閣、1974年、「家族診断」を論じたものとして、岡村重夫・黒川昭登著『家族福祉論』ミネルヴァ書房、1971年、がある。

18) もちろん、「家族政策」と「家族福祉」の区別を論じたものも存在していた。岡村は、近代家族を存続させるために必要な政策制度の1つに家族政策をあげ、「それはたしかに家族員としての役割の実行にかかわるものであった。その点において家族福祉と密接な関係をもつものではあるが、しかしそれらはある特定の専門的立場に立って、特定の生活部面にかかわるものである。ところが社会福祉としての家族福祉は、家族員個人の生活の全体を問題とし、その立場において家族員としての役割の実行を援助するものである。この両者の区別を明確にしたうえで、われわれは、はじめて両者の協力関係を正しく評価できると考えるのである」と述べている［岡村・黒川 1971：48］。とはいえ、当時の家族政策および家族福祉をめぐる議論を全体としてみれば、その区別および両者の関係は、曖昧なまま議論されていたのが実態である。
19) 小島宏「出生政策と家族政策の関係について」『人口問題研究』174号、1985年。
20) 小島宏「ヨーロッパ諸国における出生促進政策について」『人口問題研究』178号、1986年。
21) これまでの社会政策学会（共通論題）で（間接的にも含めて）人口問題に関わるテーマが扱われたものを列挙すれば、以下の通りである。

　　戦前：「移民問題」（第3回大会、1909年）

　　戦後：「過剰人口と労働問題」（第9回大会、1954年）、「婦人労働」（第19回大会、1959年）、「高齢者問題」（第48回大会、1974年）、「高齢化社会の社会政策」（第57回大会、1978年）、「婦人労働における保護と平等」（第69回大会、1984年）、「現代の女性労働と社会政策」（第84回大会、1992年）、「高齢社会と社会政策」（第97回大会、1998年）、「少子化・家族・社会政策」（第109回大会、2004年）、「子育てをめぐる社会政策―その機能と逆機能」（第114回、2007年）。
22) 塩野谷祐一「国立社会保障・人口問題研究所の発足に当って」32巻第4号、1997年。

第5章
社会政策から人口政策へ
▶永井亨を中心に

1 はじめに

　いつの時代にあっても、人口問題は社会政策の形成、発展に深く関わってきた。マルサスとの対峙に始まり、戦前日本における人口論を整理、戦後にかけては人口学の体系化を志した南亮三郎（みなみ・りょうざぶろう；1896-1985）の理解に従うと、1930年代初めに人口論争が終息して後の日本の人口問題研究をリードしたのは上田貞次郎（うえだ・ていじろう；1879-1940）が立ち上げた「日本経済研究会」と内務省社会局内に設置された「財団法人　人口問題研究会」である。

　前者について南はいう。「『社会政策時報』昭和7年11月号（146号）所載の『我国現下の失業と人口問題』を手始めに、上田博士及びその一団の人々が発表せる労作は実に多数の分量に上つてゐる。その主要成果は昭和10年までに既に二巻の論文集となつて現はれた。上田貞次郎編『日本人口問題研究』第一輯（菊判381頁・昭8年7月協調会刊）、及び同第二輯（菊判495頁・昭9年10月協調会刊）がそれである。第一輯の主題は日本人口将来の予測であつて、詳密なる人口統計的推算から、来るべき2、30年間に於ける日本人口の増加を表出するに至つた。第二輯は更に進みて日本人口動態の現状、特に出生率の変動と、我国民の所得の源泉たる職業の増加及びその種類の変化と、この二つの問題を研究の焦点としてゐる」［南 1936：17］。

　後者について南はいう。「この会の設立は昭和8年10月、その活動は早くも同年12月の第一回公開講演会（出演者：上田貞次郎、下村宏、永井亨）から始まり、爾来昭和10年12月までに編纂刊行する『人口問題資料』第十六輯に及び、

昭和10年2月には機関誌『人口問題』を発刊した。想ひかへせば『燃え拡がる火の手』に呼応して時の政府が『人口食糧問題調査会』を組織してその第一回の会合を開いたのは昭和2年7月20日のことであり、幾つもの『答申』を提供した挙句、結局常設の研究機関の設置を要望して同委員会が姿を消したのは昭和5年のことであつた。『人口問題研究会』はこの要望に応へてできたものである。その活動は瞠目に値ひする。研究所員の熱心さにも心打たれる。しかし今日までのところ、この研究会には中心題目がない。東北人口の調査をやるかと思へばマルサス記念の講演会をやり、日本人口問題の解決方針といふ懸賞論文を募集するかと思へば支那人口問題の著書を編纂する。続々として『資料』の刊行されるのは嬉しい限りであるが、その間に何の連絡もなき山なす『資料』といふ疑念を懐かざるを得ない」［南 1936：18-19］。

　この2つの流れにリードされた日本における人口問題と社会政策の系譜の存在は、戦前の社会政策学会が思想的混乱に陥って以降の社会政策論史を再構築するにおいて重要である。上田も加わったという意味ではこの2つの流れを束ねるといってもよい財団法人人口問題研究会は、戦後にも引き継がれて人口政策の立案に重要な役割を果たしていく。永井亨（ながい・とおる：1878-1973）を核とする当時の主要な人口論者の人的交流を描き出すべく、『上田貞次郎日記　大正8年—昭和15年』において永井が出てくる記述を引くところから始めたい。それは、以下の3箇所である。

Ⅰ　1926（大正15）年
　　協調会を去つた永井亨（下線—引用者）氏の主唱で十月中に社会科学同人会なるものが出来た。会員は同氏の外に末弘厳太郎、小泉信三、高橋誠一郎、土方成美、吉野作造、高田保馬、綿貫哲雄、穂積重遠等の人々である。差向き日本評論社から雑誌を出し追て各自の研究を叢書として発表する計画である。余は自分の雑誌があるから充分のことは出来ないけれども、此等の人々と協同して社会科学なる文字を正当に世間に広める事が出来れば結構な事と思ふのである。（中略—引用者）此会に属して何らかの研究を発表するといふ責任を負ふ事も有力な刺激になるであらう。　　　　（113頁）
Ⅱ　1933（昭和8）年
　　（タイトルとして—引用者）社会局中心の人口問題研究会　　11月27日、第一回の理事会があった。柳沢伯が会長、丹羽社会局長官と井上雅二氏が常任理事、下村宏、

永井亨（下線—引用者）、那須皓及余が指導理事、その他理事として官吏諸氏があり。研究員は従来の二人小田内通敏氏と増田氏の他に左右田武夫、舘稔の両氏が加はつた。12月23日、指導理事会。永井、那須及余の三人出席。研究の分担を議す。今後毎月第3金曜午後3時会合して連絡を取ることとなる。　　　　　　（199頁）

Ⅲ　1934（昭和9）年

（タイトルとして—引用者）人口問題研究会　　内務省の人口問題研究会は財団法人の形式を以て設立せられ、余も正式に理事の一人となつた。常務理事は丹羽社会局長官と井上雅二氏、指導理事は永井亨（下線—引用者）、那須皓及自分、会長は柳沢保恵伯。　　　　　　　　　　　　　　　　　　　　　　　　　（212頁）

永井は東京帝国大学法科卒業後、1903年から20年までは農商務省、鉄道省の

図表 5-1　永井亨の略歴

1878年12月	東京市本所区石原町に生る	1928年5月	明治学院講師
1903年7月	東京帝国大学法科卒	1930年4月	巣鴨高等商業学校講師
1903年7月	任農商務属	1930年4月	専修大学講師
1905年5月	任農務省参事官、叙高等官7等	1933年10月	（財）人口問題研究会理事
1907年9月	任鉱山監督局事務官、庶務課長	1940年4月	厚生省人口問題研究所参与
1910年4月	任農商務省書記官、叙高等官5等	1946年5月	（財）人口問題研究会常任理事
		1947年10月	（財）鉄道弘済会顧問
1912年3月	任鉄道院参事、叙高等官4等	1949年4月	中央労働学園大学長
1915年6月	任中部鉄道管理局経理課長	1949年6月	日本人口学会理事
1916年12月	任総裁官房保健課長	1951年4月	（財）人口問題研究会理事長
1918年10月	任鉄道院理事、経理局長	1953年10月	（財）家族計画連盟顧問
1919年5月	勲四等瑞宝章授与	1956年4月	（財）新生活運動協会理事、会長代理
1920年5月	任鉄道省経理局長		
1920年11月	旭日小綬章授与	1957年4月	日本人口学会会長
1921年7月	欧米各国へ出張	1957年12月	交通文化賞授与
※1920年10月より1926年6月まで（財）協調会常務理事、中央職業紹介所所長		1958年3月	全日本教育父母会議顧問
		1959年4月	福祉社会研究会評議員
1922年9月	叙従四位	1960年9月	保健文化賞授与
1923年4月	日本大学講師	1960年10月	藍綬褒章授与
1924年2月	中央職業紹介委員会委員（内務省）	1964年4月	勲2等瑞宝章授与、第1回生存者叙勲
1924年4月	日本女子大学講師		
1925年6月	経済学博士	1965年2月	福祉センター弘済館顧問
1925年10月	東京商科大学講師	1973年10月	物故（94歳）
1927年7月	人口食糧問題調査会臨時委員		

出所：[人口問題研究会 1983：55] から筆者作成。

高官として、1920年から26年までは協調会の常務理事として社会政策行政に、1927年の人口食糧問題調査会委員就任後は人口政策行政にも携わった。1925年には経済学博士の学位を取得するなど、1920年代半ば以降は社会政策や人口問題に関する専門家という立場で活動することになる（**図表5-1参照**）。

上田貞次郎日記に出てくる永井は、まさにその転機を経た頃の永井である[2]。これらのなかで本章ではⅠに注目する。日本社会政策論史をめぐる先行研究のなかで「社会科学同人会」なる組織について言及したものはなく、その存在は

図表5-2　戦前の社会政策学会研究大会一覧

回	開催年月	討議題目	「討議」報告者
1	1907年12月	工場法と労働問題	金井延、桑田熊蔵、田島錦治
2	1908年12月	社会政策より観たる関税問題	神戸正雄、河津暹、矢作榮藏
3	1909年12月	移民問題	福田徳三、財部静治、中島信虎
4	1910年12月	市営事業	河田嗣郎、塩澤昌貞、関一
5	1911年12月	労働保護	高野岩三郎、桑田熊藏、粟津清亮
6	1912年10月	生計費問題	堀江帰一、津村秀松、山崎覚次郎
7	1913年11月	労働争議	平沼淑、田島錦治、気賀勘重
8	1914年11月	小農保護問題	高岡熊雄、添田壽一、横井時敬
9	1915年10月	社会政策より観たる税制問題	田中穂積、小川郷太郎、河津暹
10	1916年11月	官業及保護会社問題	堀江帰一、神戸正雄、堀光龜
11	1917年12月	小工業問題	添田壽一、上田貞次郎、服部文四郎
12	1918年12月	婦人労働問題	河田嗣郎、森戸辰男
13	1919年12月	労働組合	小泉信三、三邊金藏、鈴木文治
14	1920年12月	中間階級問題	河津暹、森本厚吉
15	1921年12月	賃金制度並に純益分配制度	福田徳三、神田孝一
16	1922年12月	我国に於ける小作問題	石黒忠篤、佐藤寛次
(17)	1923年-	不明（※関東大震災）	同左
18	1924年12月	労働組合法	高野岩三郎、福田徳三、永井亨

出所：玉井金五「序章 社会政策研究の系譜と現代的課題」［玉井・大森編 2007：2］、［（財）協調会編 1927：1001］から筆者作成。

無視されてきた。その重要性如何ということにかかわらず、当会をめぐる動向は興味深い事実を含んでいる。というのは、当会の組織化の時期が戦前期の社会政策学会が思想的混乱に陥って活動が途切れるに至る1920年代半ばのことであり、その活動からⅡ、Ⅲの永井とも関わってくる人口問題と社会政策の系譜という社会政策論の新しい流れを析出できるからである（図表5-2参照）[3]。そして、それを浮かび上がらせることこそが、本章の主題である。

2 社会科学同人会

　上田の日記に従えば、「社会科学同人会」が組織されたのは1926年10月のことである。当会に関する情報はきわめて限られているが、その活動を知る貴重な資料として『社会科学研究』（第1巻1号、2号、3号、第2巻1号：計4冊、日本評論社）がある（図表5-3参照）。本節では、それを手掛かりに当会の概要を描き出したい。

　当誌第2巻第1号の「編集後記」に、「僅か11名よりなる同人の機関誌であつて当分同人の間の執筆に限ると申し合わせてある」という記述がある。それと冒頭に引用した上田の日記の内容を突き合わせると、当会のメンバーは代表・永井亨のほか、末弘厳太郎（すえひろ・いずたろう；1888-1951）、小泉信三（こいずみ・しんぞう；1888-1966）、高橋誠一郎（たかはし・せいいちろう；1884-1982）、土方成美（ひじかた・せいび；1890-1975）、吉野作造（よしの・さくぞう；1878-1933）、高田保馬（たかた・やすま；1883-1972）、綿貫哲雄（わたぬき・てつお；1885-1972）、穂積重遠（ほづみ・しげとお；1883-1951）、上田貞次郎、那須皓（なす・しろし；1888-1984）の計11名であったと特定することができる。

　それでは、次に当会の活動目的は何であったのか。上田のいう「社会科学なる文字を正当に世間に広める事」について、『社会科学研究』（1927年）創刊号の冒頭におかれている「発刊の辞」からより具体的に知ることができる。以下は、その全文である。

　　新文化は社会科学の建設にその基礎を置くべきは云ふまでもない。今日、社会科学

図表5-3 『社会科学研究』の目次

巻号（年）		目　次
第1巻 第1号 1927年		「発刊の辞」
	研　究	「小作協約法に関する多少の考察」（末弘厳太郎） 「経済学論の一節」（高田保馬） 「書簡・日記に現はれたる社会の精神流」（綿貫哲雄） 「希臘小市邦滅亡期の財富観」（高橋誠一郎） 「社会科学上より見たる日本の国体」（永井亨） 「利潤率低減の理論と実際」（土方成美）
	雑　録	「明治啓蒙期文献雑話」（吉野作造） 「奉天同善堂の社会事業」（穂積重遠） 「共同社会の優越に就て」（高田保馬）
	新刊批評	「ノーマン・エンジェル著『英国』はモスコーの途を辿るべきか」 （上田貞次郎） 「戸田海市著『社会政策論』」（永井亨）
第2号	研　究	「労働価値説批判」（土方成美） 「江藤新平とトルコ民法」（穂積重遠） 「限界効用説の再吟味」（高田保馬） 「封建社会とその社会圏の拡大」（綿貫哲雄） 「社会政策上より見たる日本の政党」（永井亨） 「古代希臘の奴隷学説」（高橋誠一郎）
	雑　録	「明治啓蒙期文献雑話」（吉野作造）
第3号	研　究	「アリストオテレス経済学」（高橋誠一郎） 「舊約の土地所有観念」（穂積重遠） 「地代の理論」（高田保馬） 「交通の発達と動的密度」（綿貫哲雄） 「我が人口食糧問題の一考察」（那須皓） 「社会心理上より見たる日本の民族」（永井亨）
第2巻 第1号 1928年	研　究	「経済動態理論」（高田保馬） 「我国の紡績業より見たるマルクス利潤率低下論」（土方成美） 「公議世論」（綿貫哲雄） 「社会心理上より見たる日本の民族（続稿）」（永井亨）
	紹　介	「高田那須両博士の人口論二著について」（永井亨）

出所：［社会科学同人会編 1927-1928：各号目次］から筆者作成。

は未だ揺籃を出でて幾干もなく、その体系化は今後の努力に俟たねばならぬ。社会科学の分野は極めて広汎であつて、経済学、社会学、法律学、政治学其の他心理、倫理、歴史、宗教及び芸術等に関する諸学に亘つてゐる。而して<u>社会科学の健全なる発達なくしては、社会思想の向上と進歩とは望まれない</u>。若し社会思想にして不健全化

するならば、それによつて導かるるところの社会運動は針路を失ひ、社会問題の解決や社会政策の確立も望まれなくなるであらう。(下線—引用者)

　今回同人相俟って『社会科学叢書』を公刊し、更にこれと連関して『社会科学研究』の定期刊行を申し合わせるに至った趣旨は、実に茲にある。『社会科学叢書』は同人力作の著述を逐次刊行して一の叢書を完成せんとするものであり、『社会科学研究』は同人の機関誌として権威ある学術雑誌たらんことを期するものである。『社会科学研究』を創刊するに当って、一言趣旨を陳ぶ。

　　　　　　　　　　　　　　　　昭和2年1月　社会科学研究同人
　　　　　　　　　　　　　　　　　　　［社会科学同人会編 1927：1-2］

　下線を施したように、社会科学の健全な発達によってもたらされる社会思想こそが社会運動の針路、社会問題の解決、社会政策の確立につながるとする考えが当会同人の間で共有されていた。また、ここに出てくる『社会科学叢書』(第1編～第31編、計31冊)は以下の通りである。

　本位田祥男『英國経済史要』社会科学叢書(以下、省略)第1編(日本評論社〔以下、省略〕、1928年)
　土田杏村『社会哲学』第2編(1928年)
　石原謙『ギリシヤ人の哲學思想』第3編(1928年)
　堀経夫『リカアド派社会主義』第4編(1928年)
　高柳賢三『法律哲學』第5編(1928年)
　山川均『社會主義サヴェート共和國同盟の現勢』第6編(1928年)
　波多野鼎『社会思想史概説』第7編(1928年)
　高田保馬『経済学』第8編(1928年)
　小松堅太郎『社会学概論』第9編(1928年)
　高畠素之『地代思想史』第10編(1928年)
　上田貞次郎『株式會社論』第11編(1928年)
　波多野鼎『新カント派社会主義』第12編(1928年)
　蝋山政道『行政學總論』第13編(1928年)
　小林良正『ドイツ経済史要』第14編(1928年)
　藤井悌『各國勞働黨・社會黨・共産黨』第15編(1929年)
　新明正道『獨逸社会學』第16編(1929年)
　荒木光太郎『墺太利學派經濟學』第17編(1929年)
　小野清一郎『法律思想史概説』第18編(1929年)
　三谷隆正『國家哲學』第19編(1929年)

山川均『インタナショナルの歴史』第20編（1929年）
田邊忠男『労働組合運動』第21編（1929年）
土田杏村『ユートピア社会主義』第22編（1929年）
藤井悌『ファッシズム』第23編（1929年）
ゲオルグ・イエリネック著；美濃部達吉訳『人権宣言論：外三篇』第24編（1929年）
アルフレッド・アモン著『正統派経済學』第25編（1929年）
石川三四郎『社会主義運動史』第26編（1929年）
瀧本誠一『日本経済思想史』第27編（1929年）
本位田祥男『協同組合論』第28編（1929年）
今中次麿『政治政策学』第29編（1930年）
松平齋光『フランス政治思想史』第30編（1930年）
汐見三郎『財政統計』第31編（1930年）

ところで、本集の執筆陣をめぐっては疑問が生じる。先に取り上げた『社会科学研究』の「発刊の辞」において（1927年の時点で）は、『社会科学叢書』として「同人力作を逐次刊行する」とされていたものの（1928年の時点で僅か11名の同人とされていた）、先の11名のなかに含まれる執筆者は高田保馬（第8編）と上田貞次郎（第11編）に限られているからである。この点についてさらに追究することは難しいが、本叢書の執筆陣を介してその「社会科学同人会」との結びつきを指摘できるのが『社会経済体系』（第1巻～第20巻、計20冊）である。図表5-4をみれば明らかなように、本集と『社会科学叢書』の執筆陣は著しく重複がみられる。

以下は第1巻の冒頭におかれている「発刊の趣旨」（全文）であり、それをみても「社会科学なる文字を正当に世間に広める」ことを目的とする社会科学同人会の趣旨と呼応している。

> 人類の福祉の為めにあらゆる科学は、其聖なる講壇を降り、民衆の中に浸潤しなければならぬ。それこそ科学の真の使命であり、現代人の最後の要求である。其民衆化は久しく叫ばれ度々計画された。けれども其実現は至難であつた。今日も尚ほ科学は依然として、「禁断の果物」であり、窺覦すべからざる「秘密の呪文」である。
> 一部の煽動家は巧みに人心を掻き乱してゐる。一部の保守派は、拠る所もなく、社会及び経済に関する新学説を斥けてゐる。そはすべて、人々に正しき判断の基礎な

図表 5-4 『社会経済体系』の目次

巻号	目　次
第1巻 （1926年12月）	「社会経済學」（土方成美） 「日本経済學史」（瀧本誠一） 「英国経済史」（本位田祥男） 「日本経済史」（本庄栄治郎） 「物価問題」（河津暹） 「石油」（内藤久寛） 「資本主義の本質及形成（完結）」（林癸未夫） 「末期の資本主義（完結）」（高橋亀吉） 「社会哲学」（土田杏村） 「国家主義」（高畠素之） 「社会政策」（永井亨） 「リカアド派社会主義」（堀経夫） 「社会主義史」（石川三四郎） 「労働組合運動」（田邊忠男） 「社会行政」（河原田稼吉）
第2巻 （1926年12月）	「経済理論と経済政策」（アルフレッド・アモン、馬場敬治訳） 「景気循環論」（勝田貞次） 「カルテルとトラスト」（小島精一） 「石油（完結）」（内藤久寛） 「製糖（完結）」（藤山雷太） 「社会哲学」（土田杏村） 「国家主義」（高畠素之） 「社会政策」（永井亨） 「リカアド派社会主義」（堀経夫） 「サンヂカリズム（完結）」（北澤新次郎） 「労働組合運動」（田邊忠男） 「社会行政（完結）」（河原田稼吉） 「現代婦人論（完結）」（山川菊栄） 「科学」（石原純） 「物価問題（完結）」（河津暹） 「英国経済史」（本位田祥男）
第3巻 （1927年1月）	「財政学」（神戸正雄） 「新カント派社会主義」（波多野鼎） 「経済理論と経済政策（完結）」（アルフレッド・アモン；馬場敬治訳） 「景気循環論（完結）」（勝田貞次） 「カルテルとトラスト（完結）」（小島精一） 「社会哲学」（土田杏村） 「国家主義（完結）」（高畠素之） 「社会政策」（永井亨）

	「リカアド派社会主義（完結）」（堀経夫） 「社会主義運動史」（石川三四郎） 「労働組合運動（完結）」（田邊忠男） 「日本労働運動史（完結）」（鈴木文治） 「科学（完結）」（石原純） 「社会経済學」（土方成美） 「英国経済史」（本位田祥男）
第4巻 （1927年2月）	「日本経済史（完結）」（瀧本誠一） 「我国の金融（完結）」（山室宗文） 「財政学」（神戸正雄） 「社会経済学」（土方成美） 「英国経済史（完結）」（本位田祥男） 「瓦斯（完結）」（杉浦宗三郎） 「社会哲学（完結）」（土田杏村） 「社会政策（完結）」（永井亨） 「社会主義運動史（完結）」（石川三四郎） 「政治思想史（完結）」（高橋清吾） 「明治憲政史（完結）」（尾佐竹猛） 「宗教と法（完結）」（三谷隆正）
第5巻 （1927年3月）	「希臘人の哲学思想」（石原謙） 「国家哲学（完結）」（三谷隆正） 「政治政策原論（完結）」（今中次麿） 「インタナショナルの歴史（完結）」（山川均） 「日本国債論（完結）」（青木得三） 「石炭（完結）」（吉村萬治） 「国際労働立法（完結）」（浅利順四郎） 「財政学（完結）」（神戸正雄） 「新カント派社会主義」（波多野鼎） 「社会経済学」（土方成美）
第6巻 （1927年4月）	「農村に於ける特殊の家筋（完結）」（小野武夫） 「資本主義の観念（完結）」（田邊忠男） 「各国労働党」（藤井悌） 「浪漫主義（完結）」（岸本誠二郎） 「明治維新時代経済史（完結）」（猪谷善一） 「農民組合（完結）」（杉山元治郎） 「新カント派社会主義（完結）」（波多野鼎） 「信託（完結）」（米山梅吉） 「水産業（完結）」（村上隆吉） 「鉄道（完結）」（中川正左） 「正統派経済学」（アルフレッド・アモン）
第7巻	「法律思想史」（小野清一郎）

(1927年5月)	「哲学概論（完結）」（紀平正美） 「形式社会学及現象学的社会学」（新明正道） 「世界商業史（完結）」（野村兼太郎） 「日本の無産政党運動（完結）」（麻生久） 「労働争議」（赤松克麿） 「林業（完結）」（薗部一郎） 「信託法論（完結）」（三淵忠彦） 「職業婦人問題（完結）」（奥むめお） 「正統派経済学」（アルフレッド・アモン） 「各国労働党」（藤井悌） 「社会経済学」（土方成美）
第8巻 (1927年6月)	「外国貿易問題」（堀江帰一） 「法律学（完結）」（田中耕太郎） 「家族（完結）」（戸田貞三） 「経済史概論（完結）」（河津暹） 「小作問題」（小平権一） 「部落問題（完結）」（有馬頼寧） 「正統派経済学」（アルフレッド・アモン） 「希臘人の哲学思想（完結）」（石原謙） 「形式社会学及現象学的社会学」（新明正道） 「法律思想史（完結）」（小野清一郎） 「労働争議（完結）」（赤松克麿）
第9巻 (1927年7月)	「英国派社会主義」（河合栄治郎） 「ユートピア社会主義」（土田杏村） 「無政府主義（完結）」（室伏高信） 「消費組合」（本位田祥男） 「財政統計」（汐見三郎） 「露西亜社会誌（完結）」（今井時郎） 「植民政策（完結）」（東郷実） 「日本経済史」（本庄栄治郎） 「正統派経済学（完結）」（アルフレッド・アモン） 「外国貿易問題（完結）」（堀江帰一） 「小作問題」（小平権一） 「電気事業（完結）」（松永安左エ門）
第10巻 (1927年8月)	「婦人問題総論（完結）」（永井亨） 「国家言論」（河村又介） 「近世国際政治史序説（完結）」（神川彦松） 「保険論（完結）」（粟津清亮） 「陸運政策」（増井幸雄） 「近世社会学成立史」（加田哲二） 「英国派社会主義」（河合栄治郎） 「ユートピア社会主義（完結）」（土田杏村）

	「消費組合(完結)」(本位田祥男) 「形式社会学及現象的社会学(完結)」(新明正道) 「小作問題(完結)」(小平権一) 「紙(完結)」(藤原銀次郎)
第11巻 (1927年9月)	「法律哲学」(高柳賢三) 「財政学史」(三宅鹿之助) 「支那経済史(完結)」(加藤繁) 「ドイツ経済史」(小林良正) 「地方財政(完結)」(田中廣太郎) 「社会主義ソヴェート共和国同盟の現勢」(山川均) 「財政統計(完結)」(汐見三郎) 「近世社会学成立史(完結)」(加田哲二) 「日本経済史」(本庄栄治郎) 「各国労働党」(藤井悌) 「英国派社会主義」(河合栄治郎) 「麦酒(完結)」(高杉晋)
第12巻 (1927年10月)	「経済学」(高田保馬) 「商業政策(完結)」(河津暹) 「日本海運政策(完結)」(寺島成信) 「取引所論」(長満欽司) 「社会事業」(矢吹慶輝) 「陸運政策(完結)」(増井幸雄) 「社会主義ソヴェート共和国同盟(完結)」(山川均) 「法律哲学」(高柳賢三) 「英国派社会主義」(河合栄治郎) 「国家原論(完結)」(河村又介) 「日本の労働問題」(永井亨)
第13巻 (1927年11月)	「社会学概論(完結)」(小松堅太郎) 「民族意識(完結)」(長谷川萬次郎) 「国際政治の基礎概念(完結)」(信夫淳平) 「経済学」(高田保馬) 「日本経済史」(本庄栄治郎) 「生命保険(完結)」(矢野恒太) 「財政学史(完結)」(三宅鹿之助) 「日本の労働問題(完結)」(永井亨) 「社会経済学(完結)」(土方成美) 「英国派社会主義」(河合栄治郎)
第14巻 (1928年1月)	「ギルド・ソシアリズム(完結)」(河田嗣郎) 「労働法概論(完結)」(末弘厳太郎) 「経済哲学」(二木保幾) 「経済学(完結)」(高田保馬)

	「墺太利学派経済学」（荒木光太郎） 「産業経営学概説」（馬場敬治） 「歴史派経済学」（田邊忠男） 「賃金制度論（完結）」（北澤新次郎） 「商工経営」（渡邊鐵藏） 「支那経済概観（完結）」（高柳松一郎） 「蠶絲業」（今井五介） 「紡績業（完結）」（武藤山治） 「女子と文芸（完結）」（与謝野晶子） 「社会心理学」（綿貫哲雄） 「資本主義精神」（本位田祥男） 「経済学前史」（高橋誠一郎）
第15巻 （1928年2月）	「経済哲学（完結）」（二木保幾） 「経済学前史（完結）」（高橋誠一郎） 「法律哲学（完結）」（高柳賢三） 「ドイツ経済史」（小林良正） 「資本主義精神（完結）」（本位田祥男） 「資本主義批判（完結）」（山川均） 「英国派社会主義（完結）」（河合栄治郎） 「日本資本主義発達史（完結）」（高橋亀吉） 「人口問題（完結）」（矢内原忠雄） 「株式会社経済論」（上田貞次郎） 「商工経営（完結）」（渡邊鐵藏） 「国際金融」（牧野輝智） 「蠶絲業（完結）」（今井五介） 「社会心理学（完結）」（綿貫哲雄）
第16巻 （1928年3月）	「マルクス経済学」（向坂逸郎） 「ドイツ経済史（完結）」（小林良正） 「経済統計」（猪間驥一） 「株式会社経済論（完結）」（上田貞次郎） 「管理経済（完結）」（神田孝一） 「貸借対照表論（完結）」（増地庸治郎） 「造船（完結）」（今岡純一郎） 「鐵鋼（完結）」（河村驤） 「海運論（完結）」（村田省藏） 「宗教の本質（完結）」（佐野勝也） 「農村問題概論（完結）」（那須皓） 「外国為替（完結）」（森廣藏） 「社会と教育─特に社会学と教育学との関係─（完結）」（篠原助市）
第17巻 （1928年4月）	「芸術論」（阿部次郎） 「行政学序論」（蠟山政道） 「墺太利学派経済学（完結）」（荒木光太郎）

	「マルクス経済学」（向坂逸郎） 「欧州資本主義の発展」（本位田祥男） 「弁証法的唯物論および唯物史観」（大森義太郎） 「日本資本主義発達史」（高橋亀吉） 「日本関税発達史」（太田正孝） 「国際金融」（牧野輝智） 「経済統計（完結）」（猪間驥一） 「銀行（完結）」（池田成彬） 「社会事業（完結）」（矢吹慶輝） 「救貧問題（完結）」（賀川豊彦）
第18巻 （1928年5月）	「社会問題概論（完結）」（福田徳三） 「資本主義の社会学的考察（完結）」（高田保馬） 「欧州資本主義の発展」（本位田祥男） 「日本資本主義発達史（完結）」（高橋亀吉） 「明治財政史（完結）」（土方成美） 「農村社会政策（完結）」（河田嗣郎） 「産業経営概説（完結）」（馬場敬治） 「産業組合（完結）」（佐藤寛次） 「欧州政治史」（今井登志喜） 「日本染料工業概観（完結）」（稲畑勝太郎） 「日本社会観（完結）」（下村宏）
第19巻 （1928年7月）	「貨幣問題（完結）」（山崎覚次郎） 「税制問題（完結）」（小川郷太郎） 「工場政策（完結）」（渡邊鐵藏） 「歴史派経済学（完結）」（田邊忠男） 「各国労働党（完結）」（藤井悌） 「国際金融（完結）」（牧野輝智） 「私生児法律問題」（穂積重遠） 「歴史哲学」（三木清） 「芸術論（完結）」（阿部次郎） 「金融問題（完結）」（井上準之助） 「欧州政治史」（今井登志喜）
第20巻 （1928年10月）	「ファッシズム（完結）」（藤井悌） 「歴史哲学（完結）」（三木清） 「自由主義（完結）」（河合栄治郎） 「マルクス経済学（完結）」（向坂逸郎） 「弁証法的唯物論および唯物史観（完結）」（大森義太郎） 「欧州資本主義の発展（完結）」（本位田祥男） 「明治外交史の一節―岩倉大使日米条約改正談判始末―（完結）」（吉野作造） 「日本社会史殊に過渡期の社会」（三浦周行） 「欧州政治史（完結）」（今井登志喜） 「憲法大意（完結）」（野村淳治）

| | 「私生児法律問題（完結）」（穂積重遠） |
| | 「日本の産業（完結）」（牧野輝智） |

注1：ここにまとめた「本文」のほか、各巻の冒頭に「一家一言」、巻によっては「特別講座」「社会時評」などの企画もみられるが、それらは省略した。
注2：一巻で完結するものもあるが、多くが数巻にわたって連載の形をとっている。同じ名前のタイトルが見受けられるのはそのためである。
出所：[鈴木編 1926-1928：各巻目次] から筆者作成。

く、容易に信じ容易に疑ふ為めである。又多くの人々は自ら何を為しつつあるかを知らず、何処に赴きつつあるかを辨へずして、日常生活に没頭して居る。現代社会の混乱無秩序の由つて来る所、此に在りと云ふべきである。社会を救ふ者は其自覚である。其法則を知り、成立の由来を辨へ、其帰趨を明にする事によつてのみ、社会は正しき発展を遂げる事が出来る。

「汝自身を知れ」とは希臘の昔時に於て、後に来る凡ての人々に投げられたる問題である。而も今に至るも未だ全き対案を知らない。社会の自覚は夫れ異常に困難である。而も其自覚のみが我等の社会を正しく導く事が出来る。此の至重至難の任務を果さんが為めに我等は凡ての資力と労力とを傾けた。其結果が此体系の発刊となつた。見よ、日本第一流の大家は各々其専門とする所に日頃の蘊蓄を傾けて、社会経済体系、十八巻、七千頁を完成せんとして居る。擔当学者実際家百五十一名、執筆項目百八十一、真に社会及経済各学説の大蔵経である。如何なる国の如何なる大学も、此壮観に比ぶべくもない。

単に社会科学の一部門を拉し来つて、相当の陣容を整へる事は容易である。然し社会は一体である、凡ての部門は互に関係し互に制約してゐる。此等の部門を網羅し、各々の如何に脈絡あるかを明にしてのみ、全き理解が期待せられる。此の全部的綜合は未だ曾て何人も為し得なかつた。本体系は此の至難の大業を遂行した。之こそ現代文化の水準を如実に物語る一大金字塔である。

更に又傾向の左右何れかのみを嘱する事は必ずしも難事ではない。然し科学は信仰ではない。人々はあらゆる思想を顧み、各種の事実を観察しなければならぬ。此の傾向の全く異れる人が、席を列べて其所信を語る事は全く不可能に近いとされて来た。而も本体系は此難関を突破し、あらゆる傾向の学徒を一堂に集めることに成功した。之によつてのみ人々は、正しき判断の基礎を得るであらう。如何に其の人選に腐心したかは、其顔触を見る時に、識者は直に之を首肯するであらう。

現実を離れては科学は存在の理由がない。現実を注意することによつてのみ、原理は一面に於て不断に改訂を施し、他面に於て不動の信念を築くことが出来る。此の故に我等は特に多くを現実の解剖に費した。又日本の社会の樞機に参するあらゆる実際家に其体験を披瀝する事を托した。かくて学理と実際との融合を試みたるは、誠に本体系の新機軸であり、現代一切の類書に絶し、百代の後にも燦然とした光を放つであ

らう。

　本体系が果して発刊の趣旨に副ひ得るや否やは、一に之を今後の実績に徴するの外はない。而も叙上の計画は本体系が発刊の途上に於ける意図であり、抱負である。茲に創刊号を読者の机上に供して、愛読者賢に見ゆるに当り、聊か発刊の趣旨を述ぶ。

〔鈴木編（第1巻）1926：1-3〕

　当叢書の編集兼発行者は鈴木利貞（当時の日本評論社社長）となっており、それと「社会科学同人会」との関わりを根拠づけることは難しいが、これまで述べてきたことを整理すると1926年に組織された「社会科学同人会」の機関誌『社会科学研究』（計4号）は1927年から28年にかけて、同人力作の著述とされた『社会科学叢書』（計31編）は1928年から30年にかけて、それらと並行して『社会経済体系』が1926年から28年にかけていずれも日本評論社から刊行されており、そこに「社会科学同人会」という人的ネットワークを見出すことができるのである。そして、本章の冒頭に引いた上田の日記に「氏の主導で」とあったように、あるいはまた『社会科学研究』の編集代表者が彼の名前になっていることからも確認できるように、この組織をリードした人物こそが永井亨であった。

3　1920年代後半の永井亨

　1920年代後半以降の永井は、人口政策立案に向けた動きをリードする。1926年に始まる大正・昭和初期人口論争を契機に内閣に設置された人口食糧問題調査会（1927-30年）の委員に着任して以来人口論者・人口政策論者としての活躍が目立つが、「社会科学同人会」の代表としての永井の活動は、その後の永井が依然として社会政策への関心をもち続けていたことを示唆している。

　大正・昭和初期人口論争の起点である1926年は、財界からの批判を受けたことで永井が協調会の常任理事を辞任する年でもあった。経歴や著作を見る限り、当時の永井は社会政策から人口問題へと興味なり活動の場を完全に移行したかのようにみえなくもないが、[5]「協調会を退任するや同志と共に社会科学同

人を結成し、私立大学の講義、講演、寄稿に寧日なく、昭和2年人口食糧問題調査会の一委員となるや自己の作成せる調査要綱に従って順次審議を進め、終始私の背後にあって援護してくれたのは協調会時代に知己を得た福田徳三博士であった」〔永井 1965：180〕とする後の永井の回想にも見出せるように、それ以降も引き続き永井が理想とする社会政策を理論と実践の両面から追究しようとしていたのであり、「社会科学同人会」とそれと関わる刊行物の存在はそれを証明してくれるのである。

この時期の永井は、理論面では「新社会政策」と呼ぶ「社会階級の民主的協調と社会組織の民主的改革に基調を置く」社会政策の体系化、実践面では「社会政策的人口政策」の体現に取り組んでいた。そのような認識に立って、以下では『社会経済体系』の第1編（1926年）～第4編（1927年）にわたって連載された永井の「社会政策」を取り上げたい。

永井は、『改訂　社会政策綱領』（『社会政策綱領』〔1923年〕の改訂版、1926年）の巻末に「新社会政策体系」なるものを提示する（**図表5-5参照**）。それは「或る一定の人性観乃至人生観、社会観及至歴史観に発して哲学的及び科学的基調の上に立ち、或る一定の社会思想上の主義を有して社会組織に関する理論を具へ、社会政策としての独立の概念と一定の目的を有し、社会政策学としての独立の存在と一定の原理を具へる」〔永井 1926：338〕とする立場からの社会政策構想であった。

その後の永井に社会政策について正面から論じた著作は見当たらないが、『社会経済体系』（1926～27年）に連載のあった「社会政策」こそは、本構想をより進めて論じたものであった（**図表5-6参照**）。

第1章から第3章では、社会政策の経済学説と社会理論、それに基づく経済・社会思想を整理し、社会政策が社会政策としての一定の学説理論の上に立って独立の主義思想に基づいているがゆえに社会政策としての独立の存在と一定の活動を有するとしたうえで、以下のような主張を行っている。

　　社会政策といふのは一体としての社会そのものの目的を達成しその進化を完成すべき、国家其の他一切の社会団体が努力し活動する方策又は措置をいふ。

図表 5-5　永井の新社会政策体系

第一	社会政策の心理的、倫理的及至観念的基礎
一	自他二極一体の人性観乃至社会観
二	物心一体の人生観乃至歴史観
三	私利と利他、闘争と協働、私益と公益、個人と社会を二極一体と見る心理的基礎
四	自由と平等、人格と正義の調和帰一を目的とする倫理的基礎
第二	社会政策の哲学的及び科学的基調
一	現実主義哲学と理想主義哲学の連絡調和
二	現実と理想、物質と精神、実在と当為、帰納と演繹、科学と哲学の結合統一
三	正統経済学と歴史派経済学と社会主義経済学の調和結合
四	経済学、法律学、国家学及び社会学の連絡、社会科学及び社会哲学の連喫
第三	社会政策の社会的思潮乃至思想的基調
一	自由主義、国家主義及び社会主義社会思想の分界融和
二	産業上、経済上乃至社会上に於ける民主主義の発達確立
三	法律上に於ける人格の権利思想と団体の正義思想の発達
四	政治上に於ける民主の協力的思想と自治の責任思想の確立
第四	社会政策の社会的理論及び理想
一	一体としての社会的理論及び理想
二	社会及び国家の一体的結合と社会階級の協力的調和
三	社会組織の進化的改革と社会現象の調和的統一
四	個人、階級、国家及び社会の民主的調和
第五	社会政策の本質目的及び概念
一	社会一体としての社会目的の達成、社会進化の完成を本質的目的とする社会施策の確立
二	社会哲学的理想と社会学的法則とに基づく社会政策学の確立
三	社会政策的目的の確実性乃至妥当性と社会政策的行為の規範性乃至普遍性
四	社会政策と一般社会的政策との連絡、就中労働政策と産業政策との連喫、並びに社会政策に基づく社会事業の発達
第六	社会政策の活動的目標及び機能
一	民主政治の徹底したる発達、それに基づく社会立法の完備
二	国民経済の秩序ある発達、それに伴ふ社会道徳の建立、並びに社会思想の健全なる発展
三	政治、経済、法律、道徳一切の社会化過程の達成とそれによる社会問題の解決
四	国家公共団体の公的活動と私的社会団体の活動による社会政策の徹底

出所：[永井 1926：338] から筆者作成。

[鈴木編（第1巻）1926：16]
　社会政策は社会そのもののための政策であり、社会そのものによる政策であり、社会そのものの政策である。　　　　　　　　　　　　　[鈴木編（第1巻）1926：16]
　一体としての社会目的を達せんために一切の社会団体が活動する努力や措置を社会

政策といふ。

[鈴木編（第1巻）1926：16]

　国家が国家として国家のために行ふ政策の如きは社会政策ではない。ただ「社会としての国家」が全体の社会のために行ふ政策はまさに社会政策である。

[鈴木編（第1巻）1926：16]

　社会政策の真義といふべきものは、一体としての社会の活動によつて社会そのものの目的を達し進化を果たすといふことにある。それが社会立法の政策目的ともなれば、社会運動の指導方策ともなり、それによつて社会問題の解決措置がきまる。

図表5-6　「社会政策」の目次

文献及び緒言
目次及び要項
第一章　社会政策の意義及び概念
第二章　社会政策の学説及び理論
第三章　社会政策の主義及び思想
第四章　社会政策の心理的基礎
第五章　社会政策の観念的基礎
第六章　社会政策の哲学的基礎
第七章　社会政策の実際及び史論
第八章　社会政策の機能及び活動
第九章　日本の社会政策とその学説及び実際

出所：[鈴木編（第4巻）1927：210] から筆者作成。

[鈴木編（第2巻）1926：17]

　社会政策の社会理論となり、進化法則となるものは、民主的組織による社会構成であり、改革的進化による社会化過程である。　　　　　　[鈴木編（第2巻）1926：17]

　社会政策は労働政策を中心とするけれども労資階級の間の闘争政策ではなく、階級政策を特徴とするけれども労資階級の何れものための階級政策でない。社会階級の民主的協調を期して社会現象の改革的進化を図るといふのが社会政策である。社会の民主的改革が即ちそれだ。　　　　　　　　　　　　　　　[鈴木編（第2巻）1926：28]

　どこまでも社会政策の目的とするところは国家の社会化にあり、社会の民衆化にある。　　　　　　　　　　　　　　　　　　　　　　　　　[鈴木編（第2巻）1926：39]

　一体としての社会そのものといふのは、国家によつて制度づけられたる全体社会、或いは国家によつて限界づけられたる一切の社会の綜合をいふのであつて、かかる「一国の社会」―「国民の結合」―「社会としての国家」を対象として社会学は勿論のこと、社会政治学も社会経済学も社会法律学も社会倫理学も、一切の社会科学及至哲学も発達しつつある。社会政策の主義思想はそこに体系づけられつつある。

[鈴木編（第2巻）1926：42]

　第4章から第6章で論じられる社会政策の心理的、観念的、哲学的基礎も含めて、永井の社会政策観は彼自身によつて以下のように要約される。

　　（社会政策は―引用者）一体としての社会そのものの政策であり、そのための政策であり又それによる政策であることを力説してゐる。それは一体としての社会即ち一

国の全体社会の目的を達すべく社会化乃至民主化の過程を果たさんための一切の社会団体の活動が社会政策であるからだ。それ故に社会政策は社会化政策であり、民主化政策である。その哲学的基礎は一体としての社会そのものの哲学即ち社会哲学にあつてその科学的基調は一体としての改革主義そのものの科学即ち社会科学—社会学及び社会学的研究—にある。更に社会哲学の科学化、乃至社会科学の哲学化に社会政策の哲学的及び科学的根底が横はつてゐる。哲学化されたる科学、乃至科学化されたる哲学を史的社会事象に結ぶところに社会政策そのものがある。現実を理想化すべく理想を現実化し、理想と現実、当為と現在を結ぶところに社会政策そのものがある。社会政策の倫理的乃至観念的基礎は人格と正義、自由と平等、争闘と協働、個人と社会の両つながりにあつてその均衡調和にあり、その何れをも同一事物の両面と見る。その人性観乃至人生観、その社会観乃至歴史観は自他二極、物心二元、その何れもの一極一元に偏せざる綜合的一体観である。　　　　　　　　　　［鈴木編（第4巻）1927：98］

　ところで、本書には2つの重要な議論が含まれている。1つは社会政策の学説と実際、理論と史論の関係をめぐる問題（Ⅰ）であり、もう1つが（当時の）日本における国家と社会という観念をめぐる問題（Ⅱ）である。それぞれについて永井の考えを引用してみよう。

　Ⅰ　まず、「社会政策又は社会政策学なるものがその性質上はつきりしたものでないといふのに、実政策としてのそれは時代と国々の異なるところに従つて常に変遷を免れ得ない」［崔 2004：74］。したがって、ある実際上の政策が社会政策であるかが解りにくいという問題をめぐって、永井は以下のように主張する。

　　一般人事又は社会に関する事象を扱ふ学問を見ると、その原論たると政策たるとを問はず、必ずやそこに学説理論が分れ又主義思潮が分れて一律のものでない。それは経済学や経済政策についても将た又社会学や社会政策についても同じことである。殊には社会学の本質又は概念が何れにあるやといふ事さへが学者によつて説くところを異にしてゐるといふのであるから、社会政策のそれについても学説が定まらないのは寧ろ当然のことであらう。といふのも畢竟、一切の人事又は社会に関する事象は多岐複雑であつて、時代によつても又国々によつても違ふばかりでなく、その観察の見地、その研究の方法も亦然りであるからである。が、今や社会学も社会政策もその対象とするところは一体としての社会そのものであり、単に人事又は社会に関する事象

といふが如き漠然たるものでないことが明らかとなつた。そこで一定の本質、独立の概念が描かれ得ねばならぬ。いな、政治、経済、法律その他いかなる社会現象の見地からでも、苟も一体としての社会そのものを研究の対象とするときにはそれが社会学的研究となり、社会政治学、社会経済学、社会法律学等となる、一言にしていへば社会科学となる。それ故に社会学も社会科学も將た又社会哲学もみなこれ一体としての社会そのものを研究の対象とすることにおいては社会政策と異なるところがない。かくて社会政策乃至社会政策学は一体としての社会そのものを本質的目的として、かかる一体的社会目的を達し又そのための社会化過程を遂げんための方策である。実政策としての社会政策も亦そこにある。かやうに社会政策はその政策学なると実政策たるとを論ぜず一体としての社会そのものを直接の政策的目的とする。で、社会政策は何よりも先づ社会の一体的維持発展を期さねばならず、それは社会実体的統一であり、実質的均衡であり、内的調和である。社会階級の協働的調和であり、社会現象の改革的均衡であり、社会組織の民主的統一である。いひかへれば社会の民主的改革であり、その改革的調和であり、調和的統一である。それが即ち今日の社会政策である。

［崔 2004：74-75］

Ⅱ　もう１つは、「社会」という観念をめぐって「明治の維新前までは―いな昭和の今日に至るまで―わが邦に社会といふ観念が発達しなかつた」、「国家と社会との間に何ものか一線を画するといふやうな思想は殆ど行はれなかつた」［崔 2004：90］という。この問題をめぐって、永井は以下のように主張する。

　日本の国民は何よりも先づ自らの国の社会を発見し洞察しなければならぬ。国家を全体社会と見誤らず、社会を国家の中に又その下に吸収せしめず、国家を社会の外に又その上に分離せしめざるやうにしなければならぬ。それがためには国家を社会化し社会を民主化すべく、又一体としての社会を民主的に統制すべく、そこに標的を定めなければならぬ。わが国にあつては君主と国民が合体して社会を結び国家を支へてゐる。君主と国家とが一体を成して国民の上に又社会の外に高く離れて位してゐるのではない。君主は国民を代表しその中心に位し社会の最高象徴となつてゐる。そこに民族社会があり国民国家がある。一体としての日本の社会はそこにある。社会政策も社会科学も社会哲学も一体としての社会そのものを目標とする。社会政策は国家のため国家による国家の政策ではない。社会のため社会による社会の政策である。国民のため国民による国民の政策である。全体社会のため全体社会による全体社会のための政策である。総ての人のため総ての人による総ての人の政策である。それ故に社会政策の主義思潮は民主主義にある。しかし、近世のヨーロッパに人民のため人民による人民の政府を民主制度といつたのは、君主の代わりに人民の語を代置して反語を含ま

しめてゐる限りは、真の民主主義ではない。社会政策は一国の全体社会即ち一体としての社会そのものを発見し洞察したるその上に立てられるべきである。国家を社会化し社会を民主化するといふのが即ちそれだ。　　　　　　　　　　　　［崔 2004：84］

　それぞれの点に関わって、永井が先行研究としてその名に言及しているのが「社会科学同人会」の同人に名を連ねている高田保馬と「昭和 2 年人口食糧問題調査会の一委員となるや自己の作成せる調査要綱に従って順次審議を進め、終始私の背後にあって援護してくれた」［永井 1965：180］とする福田徳三（ふくだ・とくぞう；1874-1930）である。該当する記述を書き出せば以下の通りである。

　Ⅰ：高田保馬
　　社会政策の理論、又は社会政策学の原理は政治学、経済学、法律学、倫理学、社会学、その他の社会科学乃至社会哲学によつて基調づけられ、そこに社会政策論又は政策学としての一体系が立てられ得る。かかる社会政策学に論及した著書としては高田保馬博士著『社会学概論』及び『社会学原理』（中略―引用者）を上げて置く。
　　　　　　　　　　　　　　　　　　　　　　　　［鈴木編（第 1 巻）1926：2］
　　もし一般政策論や政策学が高田博士のいふやうに「歴史と法則と当為（理想、価値）」の三者が結合するところに生まれるとするならば、社会政策論や社会政策学は一定の社会理想や社会法則を史的事象に結びつくるところに生まれてこよう。
　　　　　　　　　　　　　　　　　　　　　　　　［鈴木編（第 2 巻）1926：19］
　Ⅱ：福田徳三
　　社会政策の理論的研究に関する邦書としては福田徳三博士著『社会政策研究（経済学全集、第 5 巻上下）』（中略―引用者）等の数冊を算するのみである。
　　　　　　　　　　　　　　　　　　　　　　　　［鈴木編（第 1 巻）1926：1］
　　社会政策といふのは一体としての社会そのものの目的を達成しその進化を完成すべく、国家その他一切の社会団体が努力し活動する方策又は措置をいふ。その方策又は措置の最も多くのものが国家その他の権力的、地方的社会団体の立法又は行政の手段となつて現はれることはいふまでもないが、労働組合その他の職業的、階級的社会団体の行動もまたそれに属することは労働協約の一例を見ても直ちに理解されよう。却つて国家その他の社会団体がその運用、その経営を目的として行ふ政策の如きは社会政策でない。（中略―引用者）福田博士のいはゆる「社会のための社会による政策」がそれである。　　　　　　　　　　　　　　　　　［鈴木編（第 1 巻）1926：16］
　　もともと資本といふのは学者の思索の中に産まれた主義思想ではなく、現実の社会

に行はれた組織制度を指したものである。マルクスはそれを資本制生産と呼び、始めて資本主義の語を用ひたのはシェッフレーであり、ゾンバルトによつてそれが流行語となつたとは福田博士のいふところである。　　　　　　[鈴木編（第2巻）1926：20]

　福田博士はいふ、社会政策は闘争の政策であり妥協政策でない、が、闘争の人格化、厚生化が急要であり社会政策は人格化政策である、非人格との闘争（征服でない）を人格発展の刺激促進者たらしむることが人格化である、人格の無限なる拡張、充実、発展を可能ならしむることが社会政策の理想的帰趨であると。博士は又いふ、闘争の当事者たる財産と労働とを平等に認識し、保護し、取り扱ふことが国家の任務であり、平等の対立なるが故に永久に対抗的闘争関係に置かれなくてはならぬ、この闘争そのものを禁圧することは社会政策の本領に反すると。

[鈴木編（第2巻）1926：26]

　明治時代、いな大正時代となつても世界大戦前におけるわが国の社会政策はその学説理論において又その主義思潮において寧ろ捕捉すべからざるものであつた。ただその間史上福田対河上両博士の論争と伝へる論題に社会政策に関する哲学的基礎―生存権乃至人格権―が供されたといふことがあつた。　　　[鈴木編（第4巻）1927：97]

　「勢力論」の立場から大正・昭和初期人口論争の火付け役となるとともに、後に社会政策の本質規定をめぐって大河内との論争を繰り広げる高田、早くから「生存権」の重要性を指摘していた福田との交流は、永井の思想的背景を知る上で貴重な事実というべきである。高田は1920年代半ば頃から研究の重点を社会学から経済学へと移していく。福田も、1930年にはこの世を去っている。このような経緯もあって、彼らと永井の学問的交流はこれまで描き出されてきていないが、当時の経済学者を中心に展開された「マルサスかマルクス」か「マルサスとマルクス」か、あるいは「マルサスからマルクスへ」の学説論争から距離をとって、そのいずれにも属さない人口論としての日本の人口論を構想しようとした永井、それを人口政策的社会政策として構想しようとした永井の背景には高田の「勢力論」と福田の「生存権論」の影響があったと考えられる。

4　むすびにかえて

　本章では「社会科学同人会」という組織の存在に着目し、1920年代後半の永

井亨の思想的背景に迫ろうと試みた。その永井は、1927年に発表した論考で明治期に設立をみた社会政策学会をめぐって以下のような批判を試みるとともに、日本社会政策の第二期（＝一体としての社会そのものの政策）への展開を主張している。

　明治33年に設立されたるわが邦の社会政策学会はドイツのそれよりは30年遅れて生まれたものであるが、その設立当初における主張の要旨を掲げれば「現在の私有的経済組織を維持し其範囲内に於て個人の活動と国家の権力とに依り階級の軋轢を防ぎ社会の調和を期せんことを目的とする」といふにある。（中略―引用者）わが国の社会政策学会が社会政策の機能を個人的活動と国家的権力に求め、私有的経済組織を維持することをその条件とし、階級の軋轢を防ぎ社会の調和を期することをその目的としたことはいかにも不徹底であり又消極的である。といふのは社会の団体的活動を説かず、資本制組織の民主的改革に及ばず、階級間の積極的協働を論ぜず、社会の一体的且つ永久的目的に及ばなかつたからである。（中略―引用者）わが国の社会政策学会設立当初にあつては、その学会を組織したる者の多くは金井延博士をはじめとして経済学者に属し社会学者の分子を欠いてゐた。　　　　［鈴木編（第4巻）1927：96-97］

このような認識を抱いていたことは、永井が大正・昭和初期人口論争として語られる「マルサスかマルクスか」という経済学者を中心とする学説論争に積極的に加わるのではなく、自身の抱く「新社会政策体系」「社会政策的人口政策」の理念を具現化すべく人口政策立案に向けた動きをリードするに至ったことを納得させてくれる。さらに、以下は一連の学説論争が終息した後に示された永井の人口問題観であり、それは「社会学者の分子を欠いていた」とする社会政策に対する不満、あるいは3節に提示した社会政策をめぐる永井の提示した論点ともおおいに響き合っている。

　今日説かれる過剰人口はいはば社会人口であり、何れの社会に現はるべき過剰人口であり、一般生活標準の低下となり或は平均生活程度の劣化となって現はれる過剰人口であり、今日扱はれる人口問題はいはば社会人口問題であり、人口問題そのものである。今日立てられる人口法則は「人口は社会にかかり、社会の生産力にかかり、社会の生産力は分配比率にかかり、人口は生活標準にかかる」といふ人口律であり、「食糧も職業も社会から生まれ、人口は社会に従ふ」との人口律であり、「貧困も失業も

過剰人口の原因であり結果である」との人口律であり、人口律そのものである。
　要するにアダム・スミスの国富論に発したマルサスの人口論即ち貧困論は分かれて一方マルサスの人口論からリカードの賃金論を経てマルクスの人口論即ち失業論へと移り、他方マルサスの貧困論からダーウィンの進化論を経てスペンサーのそれへと移り、そこに人口論の地盤は一方経済学から社会主義へと拡がり、他方経済学から生物学を経て社会学へと拡がり、今や社会主義経済学から社会的経済学へ、自然科学的社会学から社会科学的社会学へと移るところに立てられているのが今日の社会学的又は経済学的人口論である。それは「マルサスかマルクスか」の人口論でなく「マルサスとマルクスと」の人口論でもなく「マルサスからマルクスへ」と移ったその何れの上にも立てられ又その何れにも属せざる人口論である。マルサスの立てた人口法則は人口法則といはんより寧ろ貧困法則であり、社会法則といはんよりは寧ろ自然法則であり、自然法則の行はるる貧困問題こそマルサスの扱った人口問題である。マルクスの立てた人口法則は人口法則といはんよりは寧ろ失業法則であり、社会法則であり、社会法則の行わるる失業問題こそマルクスの扱った人口問題である。今日立てられつつある人口法則は貧困法則でも失業法則でもなく、必ずしも自然法則でなく社会法則でなく、少なくとも自然法則に伴はれた社会法則であり、例へば人口増加の自然法則に伴はれた社会進化の法則がそれであり、かかる人口法則の行はるる人口問題そのものが今日扱はれつつある人口問題である。[7)　　　　　　　　　　　　　　　　　[人口問題研究会 1983]

　本章で述べてきたことを踏まえれば、実際家としての永井の「社会政策」（協調会常任理事）から「人口政策」（人口食糧問題調査会人口部委員後、財団法人人口問題研究会理事）への転向は、永井なりの日本社会政策の第一期との決別宣言と把握されるべきかもしれない。

1）上田貞次郎日記刊行会『上田貞次郎日記　大正8年―昭和15年』1963年。上田貞次郎（うえだ・ていじろう；1879-1940）は日本における経営経済学の創始者として知られるが、本章に関わる社会政策や人口論をも含む多方面にわたる功績を遺している。
2）崔鐘吉「永井亨の国体論―1920年代における『社会派』官僚の国家構想―」は永井を正面から取り上げた貴重な先行研究であり、1920年代の永井を新しい国家支配秩序たる「中正なる国家」構想を抱いた「社会派」官僚の1人として描いている。
3）途絶えてしまった社会政策学会を継承しようとする動きは、他にもみられた。例えば、北岡壽逸は当時を振り返っていう。「大正10年ごろには社会主義者が社会政策学会に入り込んできたので、正統派社会政策を信ずる多数派はこれを喜ばず、社会政策学会は大正12年（大正13年の誤りと思われる―引用者）の大会を最後にして中絶した。その後社会立法協会が生まれて（その幹事長役は国際労働事務局東京支局長の浅利順四郎君であり、私は

影に陽にこれを援助したが、浅利君なきあとその幹事長を勤めた）社会政策学会を継承せんとしたが、社会立法協会には社会主義者がいるということを理由に拒絶された」［北岡1963：110］。

4）『社会経済体系』を『社会問題講座』（新潮社、1926-27年）、『マルクス主義講座』（上野書店、1927-29年）、『社会科学講座』（誠文堂、1932-33年）と並べて本集を紹介している大和田は、当叢書をめぐって以下のように解説している。

　「この『体系』（『社会経済体系』のこと―引用者）も、『社会問題講座』とほぼ同じ時期に出版されている。菊版で各冊400頁を超えるボリュームで20冊、量的には『社会問題講座』の2倍近い大講座となっている。（中略―引用者）内容見本のパンフレットによれば、当初の計画では18巻であった。それが2巻増の20巻となったのは、執筆者が増えたというより、一人一人の論文がかなり長いものが多いということである。例えば、第18巻に収録された福田徳三の「社会問題概説」は、92頁の長編である（もっとも彼の『経済学全集』第5巻からの転載ではあるが）。また、内容見本では、山田盛太郎「マルクス派社会主義」や福本和夫「レーニズム」の論文が挙げられていたが、それらは書かれることはなかった。しかし総じて、予定の執筆者は多少タイトルに変更はあっても、同様のテーマで書いている。ただ内容見本からは、全体の監修者が全く見えてこない。しかし『体系』は全体を、経済学、経済史、財政、経済問題、産業、資本主義社会の解剖、社会思想、社会問題、農村問題、等の15のテーマに分け、それぞれに10本前後の論文を配しているが、その各テーマの柱となる論文を複数書いている高田保馬、土方成美、本位田祥男の3人を、編者と考えることはできよう」［大和田2010：62］。

　また、当叢書と『社会科学研究』との関係を「日本評論社の出版として、同社の社会経済体系と連携させる目的があったようである」と推察している［大和田2010：66］。両者の関係は、『社会科学叢書』を介することでよりはっきり見えてくるといえよう。

5）経歴でいえば、協調会常任理事から人口食糧問題調査会委員に、著書でいえば、『社会政策要綱』（1923年、改訂版は1926年）『日本人口論』（1929年）、『現代経済学全集第22巻人口論』（1931年）というように、1926年を転機として捉えることは容易である。

6）注2）で紹介した崔の議論は、この指摘と関わる。『日本国体論』（1928年）、『国家から社会へ』（1930年）等をめぐって永井の「国体論」を検討し、永井が昭和初期の転換期の世相に対して「今やわが日本は国家より社会へと移りゆく過渡期におかれている」という認識をもっていたことを指摘している［崔2004：3］。

7）「過剰人口と失業との関係を論じて人口問題の本質に及ぶ」財団法人人口問題研究会編『人口問題』第1巻第3号、1936年。

第6章
出生促進から家族計画へ
▶北岡壽逸を中心に

1　はじめに

　北岡壽逸（きたおか・じゅいつ；1894-1989）は戦前から戦後にかけて活躍した社会政策学者であり、その特徴に人口問題への取り組みがあげられる。すでに取り上げた永井亨（ながい・とおる；1878-1973）とともに過剰人口が主要課題とされていた時期の人口政策立案に関わり、早くから家族手当についても議論していた。

　にもかかわらず、これまで北岡の社会政策論が顧みられることはほとんどなかった。それには、何より1930年代から戦後期まで日本の社会政策論に決定的な影響力をもった大河内一男（おおこうち・かずお；1905-1984）との関係が影響している。その軋轢は、東大の人事をめぐる問題に始まっている。

　北岡は、1918年に東京帝国大学法科大学を卒業後農商務省に入る。1922年からは新しくできた内務省社会局に勤めていたが、1938年には厚生省ができて社会局はそれに吸収されることになった。それにともなう廃官退職を予告された北岡は、河合栄治郎（かわい・えいじろう；1891-1944）の後任として東大・経済学部の社会政策講座を担当することになった。その契機となったのが1939年の河合・土方事件（「平賀粛学」）であり、休職処分となった河合が担当していた社会政策の講義を北岡が引き継ぐことになったのである。河合の弟子であった大河内は『社会政策四十年―追憶と意見―』（1970年）において当時を以下のように振り返っている。少し長くなるが、当時の事情を知るうえで欠くことができないので引用しておく。

北岡壽逸さん——当時は人口問題研究所におられたのですが——この北岡さんが新たに招かれて河合先生の後任の社会政策の講座を担任することになった。(中略——引用者)社会政策の講座は、北岡壽逸さんが終戦まで引き続いて担当しておられました。河合先生が社会政策の講座の担当者でしたが、休職処分に付されたので、大事な社会政策の担当者がいなくなってしまっていたからです。私は昭和十四年の夏に助教授になったのですが、私は社会政策の講義をすることはみとめられなかった。だれが決めたのかその辺のことは知りませんが、事実、私は社会政策の講義はやらしてもらえなかった。
　　　　　　　　　　　　　　　　　　　　　　　　[大河内 1970：119-120]

続けて、以下のようにも述べる。

　北岡さんが東大の経済学部の社会政策の教授としてこられてまずやったことは、ぼくとの論争でした。学問的にあまり内容の高いものとは思われず、私の「赤い」思想を強調することが目的のような論争には引き込まれたくなかったので、ぼくはほとんど北岡さんの「批判」には答えなかったのです。そうしたら、北岡さんは答えないことが怪しからん、というのですね。ちゃんと自分は議論をしかけたのだから、答えるべきだというのでしたが、結局、私は北岡さんと論争らしい論争をやりあうようなことはしませんでした。(中略——引用者)ただ北岡さんとは口頭でずいぶん議論をしました。北岡さんと私は個人的にも前々から知りあっていましたから。というのは、北岡さんが『国家学会雑誌』に若いころ、まだ内務省社会局の役人のころ、工場法に関する非常にいい論文を書いておられます(「工場法の改正に就て」大正十五年十月号〜昭和二年二月号。)これは私が非常に感心した論文でした。そんなこともあって、北岡さんという人については、日本の内務官僚のなかでは、労働問題について深い見識をもった人だという印象をもっておりました。しかし、ぼくとの論争前後には、北岡さんの考え方に対して私はどうしても納得できないものがあり——これは社会政策の議論というよりも、マルクス的な考え方はどだいいかんというような議論でしたから、ちょっとそれと正面きって議論したくない、という考えもあって——、これは戦前においては、「意地の悪い」論争の提案だということになるのです——私のほうでは応じようとしなかったのですが、やがてこのことに、答えないのが怪しからん、というようなことにまでなって、私はいよいよ困った人だという感じをもつようになりました。
　　　　　　　　　　　　　　　　　　　　　　　　[大河内 1970：120-122]

　本書刊行の翌年、北岡は書評「大河内一男博士著『社会政策四十年』を読む——特に社会政策講座の廃止について」(1971年)を発表して反論を試みている。

144   第Ⅱ部　人口問題からみた社会政策論史

上の引用に対応する内容に絞って、引用してみよう。

　　私は大河内博士とは社会政策に関する見解を異にするので、昭和十四年から十六年迄東大の教授会に席を並べ、東大経済学部の経済学論集に執筆した時代以来、私の方から度々論争を挑んだ。氏は口頭でボソボソと小声で言った他は、文書では遂に応答がなかった。私との論戦は氏にとっては迷惑であっことは察せられるけれども、学問上の問題に関して重大なる所見を異にする以上、論戦も学問上の責務と考えられるので、非は私にあるとは思わない。（中略—引用者）私と博士との交友を追憶すると、昭和5、6年頃（私は社会局の事務官であつた時代）私は故河合さん（元東大教授）の家で紹介されたのが初めてではないかと思う。その頃私は東大の国家学会雑誌に「工場法の改正について」という拙文（確か五回連載）を書いたり、招かれて講師として五回に亘って東大で工場法の講義をしたことがあるので、博士は私の事をよく知っていたらしく、（中略—引用者）昭和11年博士が大著『ドイツ社会政策思想史』を出版せられるや、わざわざ拙宅に来られて本書の贈呈を受けた。早速通読して彼の読書範囲の広範なのに驚嘆し、河合さんに博士論文の価値があると推薦し、後年山崎さんから東大講師（後に兼任教授）の交渉を受けた時に、大河内氏の如き優秀な学者がいるのに何故私が社会政策の講座を担当するのかと疑問を述べ、河合さんにも平賀総長にも森経済学部長にも、大河内氏に社会政策の講義を担当させるのが正当であるという意見を開陳している。
　　　　　　　　　　　　　　　　　　　　　　　　　　　　　　［北岡 1971：131］

　これらの引用でもって、両者の関係はおおよそ理解できるだろう。その中にもあったように、北岡は1939年から講師（後に、兼任教授）として東大で社会政策の講座を担当するが、1944年にはその職を辞している。以下は、東大の講師に就任した1939年から国学院大学教授に就任する1948年までの略歴であり、その間の北岡は職場を転々としている。

　1939年4月　東京帝国大学講師（1944年9月まで社会政策の講座を担当）
　　　　　8月　人口問題研究所研究官
　　　　12月　東京帝国大学教授兼務
　1941年4月　人口問題研究所研究官を辞して、住宅営団理事就任
　1944年9月　東京帝国大学兼任教授を辞職
　1946年6月　住宅営団副理事長
　　　　　8月　経済安定本部第四部長

第6章　出生促進から家族計画へ

  12月　住宅営団閉鎖に伴い、同営団副理事長を退任
1947年4月　経済安定本部第四部長を辞任
  12月　財団法人国際連合協会常任理事
1948年4月　国学院大学教授

 東大の教授を短期間で辞職することになった事情は、北岡によって以下のように語られる。

  私は兼任教授で人口問題研究所の研究官というのが本官であったが、人口問題研究所が人口増殖政策の宣伝機関のようになった。ところが私は、「今生まれた子供が戦争に役立つには20年かかるのだが、20年間累積してゆく未成年者を扶養する国力があるか」、と云うような当たり前のことを行ったことが、評判が悪く（中略―引用者）馬鹿々々しくなって同所を辞めたから、昭和16年4月から講師になったが、それも当時の経済学部の人達の気持と一致しないで居づらくなった。私は教授でなくなってからは、教授会には出なかったけれども、教授、講師の時代を通じ公私の会合で三国同盟や近衛新体制を痛罵し、ドイツ必敗論、日本必敗論をやって度々座が白けて気まずくなったことを覚えている。又私は講義の中でマルクスの学説の紹介などもしたが、マルクスの著書論文は総て禁読の書となって、図書館から除かれているのにマルクスの講義をすることは不穏当だなどと私に注意した教授がいた（多分橋爪君だったと思う）が、私は社会政策はマルクス主義の否認の上に立っているのだから、マルクス主義の講義をせずして私の社会政策は講義できないと云って強く突っぱねたことがあった。こんなことが原因かどうか知らないが、兎に角昭和19年9月、当時学部長であった橋爪君から辞職を強要され、之に応じた。
                    ［北岡 1971：136］

 先に略歴を示した戦中から戦後にかけての北岡は、担当していた社会政策の講義の草稿に筆を加えたものという『社会政策概論』（1942年）の他、人口問題を主題とする『人口政策』（1943年）や『人口問題と人口政策』（1948年）を出版している。ここに、冒頭で触れた北岡の人口問題への取り組みが浮かび上がる。
 本章では先に列挙した3冊を中心に、戦中から戦後まもなくにおける北岡の社会政策論および人口論を明らかにしたい。冒頭でも述べたように、これまで社会政策という観点からは必ずしも十分な形で論じてこられなかった日本人口論史を明らかにするうえで、北岡はきわめて重要な存在といえるのである。

2　北岡の社会政策論──『社会政策概論』(1942年)

　まず、『社会政策概論』に沿って北岡の社会政策論を明らかにしよう。

　「社会政策とは独逸語の Sozialpolitik の訳語である。英語及仏語に於ては social reform, reforme sociale 等の文字が代替之に相当する。独逸語でも Sozialreform なる語が略同意義に使用される。然し社会改良なる語は社会問題の解決方法の外、道徳、風教の改良をも含むを以て社会政策よりは広い。唯社会問題に関連して社会改良と云ふ時は、社会政策と略同意義に解せられる」［北岡 1942：1］。

　その冒頭で社会政策の字義についてこのように述べるとともに、その意義は以下の3つの異なった形で使用される点にあるという。

　1　現存秩序のもとの社会問題を解決しようとする施設又は政策を意味する

　2　1の意味の社会政策を以て社会問題を解決しようとする態度（社会政策の指導原理を意味＝社会政策主義＝社会改良主義）を意味する

　3　1および2の意味の社会政策を研究する学問（＝社会政策学）を意味する

　ここでいう3に該当する学問としての社会政策はドイツにおいて展開し、そのほかでその発達がみられたのは日本だけであるという。それに対して英米においては社会政策的施設が非常に発達しているが、その概念がきわめてルーズであることを指摘する。英米においては問題の提示が雑然であるだけでなく、その解決においても一貫した原理をもたず、便宜主義を出ないものが多いとして「英米に於いても、社会問題及び社会政策に就いて一定の社会哲学を有する学徒もあるが、それは独逸の流れを汲むものに非ざれば、社会主義的の考え方を有するものが多い」［北岡 1942：6］と述べた。

　続いて、北岡は政策学としての社会政策学の性質について言及する。「凡そ政策（Politik）とは目的達成の為の手段である。従って政策に関する学問は目的の設定及び手段の選択を学の対象とする。即ちそれは目的の設定と云ふ価値判断、又は当為の学を含んで居る」［北岡 1942：6］。このように述べ、このよ

うな学が可能であるかについては「自由意志の存在」「目的の設定及び選択の如き価値判断の行為が、科学の範囲に属するか否か」といった多くの論じるべきことがあることを断ったうえで、北岡なりの見解を以下のように提示する。「社会政策学は文化科学（又は社会科学）と社会哲学の結合である。前者は社会問題は如何にして起こり、如何に発展する傾向にあるか、如何なる影響を国家社会に与えつつあるか、それは如何にして解決し得べきか、如何なる政策が最も有効適切であるかを教へ、後者は社会の理想は何であるか、社会政策は如何なる目標に向かって進むべきであるかを教える」［北岡 1942：10］。

これに引き続いて、社会政策の概念規定をめぐる北岡の議論が展開される。「社会政策（社会政策的施設）とは最も通常の用例に於ては、労働者の保護又は向上を図らんとする施設又は政策を云ふ。（中略─引用者）然しそれが如何なる本質を有し、又如何なることを目的とするかに就ては各種の説がある」［北岡 1942：11］として社会政策の定義をめぐる当時の主要な説とする林、河合、大河内等の定義に批判を加えたうえで、北岡なりの社会政策の位置づけを試みている。

「社会政策とは現存秩序の下に国家全体の円満なる発達を計る為に、社会正義（又は社会的公平）の観念に基づき或階級、主として労働階級の、地位の向上、福祉の増進を図り、他の階級、主として有産富裕階級の、特権を抑制し、富の分配の不公平より来る社会に於ける階級相互の反感軋轢を調和し、以て社会全員の協力一致を図らんとする国家の施設である」［北岡 1942：15］。このように述べて、その要点を以下の8つの点にまとめている。

1　社会政策は或階級の保護を目的とする
2　或階級の保護と共に、他の階級の利益の抑制も亦社会政策の内容をなす
3　社会政策の主たる対象は労働階級又は無産労働階級である
4　社会政策は階級的利益を図ることそれ自体を目的とするものではない
5　社会政策は階級間における富の分配の不公平を除く（又は緩和する）にある
6　社会政策の終局目的は国家の円満なる発達にある
7　社会政策は現存秩序即ち私有財産および自由主義を前提として居る

8 社会政策は原則として国家の施設である

　もっとも、本書が刊行されたのは第2次世界大戦の最中である。したがって、北岡は戦時においてはすべての政治および経済政策が変更を受けるのと同様に社会政策も変更を受けて「戦時社会政策は無産労働階級の向上の方に向かはずして、富裕特権階級の抑制の方に向ふ」[北岡 1942：20] というものの、「無産労働階級の保護向上を図ると云ふ第一次目的に於て平時社会政策は戦時に於て、後退するが、然し最低生活の確保と云ふ点に於て、平時と戦時との間に差別無く、更に国家全体のために階級間の公平を図ると云ふ社会政策の終局的目的に於て、戦時も平時も同様である」[北岡 1942：20] と述べ、「社会政策は階級間の経済上の甚だしき不公平を除いて、国家全体の協力を図ることを目的とすると云ふ根本の点に於ては、平時と戦時との間に区別はない」[北岡 1942：20-21] とした。

　結局、「明治40年我国社会政策学会が『余輩は自由放任主義に反対す、何となれば極端なる利己心の発動と制限なき自由競争とは貧富の懸隔を甚だしくすればなり、余輩は社会主義に反対す、何となれば現存の経済制度を破壊し資本家の絶滅を図るは国運の進歩に害あればなり、余輩の主義とする所は現在の私有経済組織を維持し、其の範囲内に於て個人の活動と国家の権力とに依りて階級の軋轢を防ぎ、社会の調和を期するにあり』と云ったことは社会政策の本質を明らかにしたものであって、今日に於ても毫も変更する必要を見ない」[北岡 1942：21] と社会政策の定義をめぐる議論を結んでいる。

　引き続き、「社会政策」と「社会事業」との関係が論じられる。社会事業の由来について、その沿革的基礎は慈善事業にあり、さらにその最も原始的なる型は貧者に対する施物にあるとして、施物はそれを与える富者には満足感を与えても、貧者には害を及ぼすため、それが「継続的、合理的に貧困者を救済せんとするもの」として社会事業の前段階である慈善事業が組織化されたのだと説明する。ある時期まで日本においては専ら「慈善」、「救済」、「救恤」等の語が用いられ、内務省に設けられた救済事業の主務課は「救護課」と称された (1917年) が、それは米騒動の後社会課 (1919年) と改称され、その翌年には社会局ができたという経緯を述べ、「丁度このころは社会事業と云ふ観念が一般

に広まった頃であり、又社会事業が実質的にも発達しはじめた頃であった」［北岡 1942：25］という。

　このように社会事業という言葉が生まれるに至るまでの経緯を述べたうえで、「現時社会事業の名の下に総称せらるる施設は頗る広汎で、之に対し簡単且つ網羅的なる定義を与えることは不可能である。之我国社会事業法に於て、社会事業の定義を下す能はずして、列挙主義に依った所以である」［北岡 1942：26］とする。「私は社会事業の中心観念は、社会に於ける落伍者の救済にありと考へる。何を以て落伍者とするやは時代に依り、社会に依って異なるも、貧窮者はその主たるものである。落伍者とは通常の社会制度、経済組織、家族制度等の下に於いては、生存競争に耐へ得ない者である。而してその責任は本人にあって制度にはない。斯かる者を救済するのが社会事業である。我国の実際に於てその外に不良児の感化、風俗の廓正、育児方法の改良等の社会改良事業も亦社会事業の中に数へられる。之社会事業の観念が簡単に定義し難き所以である」［北岡 1942：26］。

　このように「社会事業の中心が貧困者を主とする社会の落伍者救済にあるは否定することを得ない」として「社会事業」を解したとき、社会政策と異なる点について以下の4つを指摘する。

1　社会政策の対象である困窮に対する責任は社会制度にあるが、社会事業の対象である困窮に対する責任は個人にある。
2　社会政策的施設は原則として自助的であり、そこでの被救済者は多くの場合権利として救済を受ける。それに対して社会事業の救済は何ら権利を与えられず、他力本位を通例とする。
3　社会政策の対象は一体としての労働者階級であり、社会事業の対象は個人である。
4　社会政策は国権を用いて権力行為を加えるのに対し、社会事業は個人の任意行為を原則とし、国および公共団体の行うものといえども強制に依らないことを原則とする（例外：不良児感化、児童虐待防止）。

　これらの差異は「標本的なる社会政策とも云ふべき労働者保護法、最低賃金法、労働保険と、標本的なる社会事業とも云ふべき救貧事業との間に於ては正

に適合する。然し両者の中間区域と云ふべき多くの分野の存する事は容易に観取されるであろう」［北岡 1942：28］。このように述べて「例えば失業救済の如き、職業紹介の如き、住宅改善の如き、労働者年金制度の如き、その他多くの経済保護施設は両者の混合地帯にあると云はざるを得ない。現下各国殊に我国に於て社会事業と称せられて居るものは実に広く、（中略―引用者）これを統一的に観念することの至難なるを覚える」［北岡 1942：28］として「社会事業殊にその中心たる救貧事業は社会政策の外におくを通例とする。（中略―引用者）然し、元来社会政策は社会事業の基礎の上に発達したもの多く、又如何に社会政策が発達しても社会事業は不必要とはならない。即ち社会事業（殊に救貧事業）は社会政策の原型として、将た補完として、社会政策とは密接不可分の関係を有する」［北岡 1942：29］としている。

1930年代を通じて、多くの社会政策論者が「社会政策」と「社会事業」の概念的な区別を試みた。それに対して北岡は、「社会政策」と「社会事業」の差異に言及しつつも「社会事業は社会政策の原型」、あるいは両者が「補完関係」または「密接不可分」にあるという見解を示した。それは、この時期にみられた「社会政策」と「社会事業」を別個の概念として規定する傾向とは異なるという意味で、北岡社会政策論の大きな特徴である。

3　北岡の人口政策論（戦中）――『人口政策』（1943年）ほか

この社会政策論と並行して展開されたのが、人口論である。前節で取り上げた『社会政策論』の刊行は1942年のことであり、その翌年には『人口政策』を公刊している。先に引用した北岡の言葉にもあったように、北岡は「産めよ殖えよ」戦時人口政策に異論を示し、人口問題研究所研究官を就任後2年足らずで辞任している。このような立場を示した北岡の人口論は、当時としては珍しく戦時人口政策とは一定の距離をもつものとなっている。

そのことを確認したうえで、北岡の人口論を追いかけてみたい。北岡の人口を主題に論じられた著書は『人口政策』（1943年）が初めてであったが、論文を含めればそれよりさらに数年遡る。

「最近各国人口政策概観」人口問題研究所編『人口問題研究』第1巻第1
　　号、1940年
「スウェーデンの人口問題及人口政策」人口問題研究所編『人口問題研究』
　　第1巻第8号、1940年
『人口政策』日本評論社、1943年

　上の2つの論文は人口問題研究所の研究官であった時代にその機関誌に執筆されたものである。「最近各国人口政策概観」においては、西欧先進諸国における人口現象について紹介するとともに、それとの関わりで各国における人口政策の特徴を明らかにしている。

　まず、西欧先進諸国における人口問題の基調について「マルサスの論究の対象となった時代とは事情全く一変した。殆ど百八十度的転回と云ふも不可はない。殊に最近に至っては食糧の増産甚だしく、生産過剰、価格低落の傾向著しきに拘わらず、出生率、人口増加率は年々減少して行く」［北岡 1940a：3］と述べる。それについて主要国の出生率を示したうえで、R. R. Kuczynski（クチンスキー）、F. Burgdörfer（ブルグドルファー）、J. G. K. Wicksell（ヴィクセル）の人口減退と人口扶養力をめぐる議論を紹介し、「今日の世界の如く民族国家対立し、ブロック経済の世に於いて国力の基礎たるべき人口の減少を憂へざるものはない。是欧州諸国に於いて近時相次いで人口増加政策又は人口減少防止政策の採らるる所以である」と述べ、ドイツ、イタリア、フランス、イギリス、スウェーデン等の「人口増加策又は人口減少防止策」を10項目に分けて取り上げている。

「人口増加策又は人口減少防止策」

1．結婚の奨励
　　結婚奨励として述ぶべきもの二ある。一は独身者に対する特殊負担であり、二は結婚に対する貸付金制度である。前者の例としては伊太利の独身税及独逸の税制を挙げることが出来る。尤も所得税は何れの国に於いても家族の数に応じて一定額を控除するの制度を有するも、多くは労働能力なき養児及老人、疾病者等に対する控除を常とする。反之、伊太利の独身税は独身者に重課し且結婚奨励策たることを声明している。後者の例として、独逸、瑞典、仏国に於ける結婚貸付金の制度を挙げることが出

来る。是等三ヶ国の制度は新婚者に家庭を持つ為の資金を貸与するものなる事に於いて共通であるが、その内容は夫々異なる。瑞典の制度は（金額千クローネ以内、期間5ヵ年以内とする）単純なる結婚奨励制度なるに反し、独逸の制度は出産奨励と結合し、仏国の制度は更に都市集中防止策を結合している。

2．避妊の防遏

尤も、何れの国に於いても風俗上の理由よりして避妊に関する知識の普及、避妊具の頒布等に制限を加へて居る。然し避妊は或場合母体の健康上必要であり、避妊具は合字に性病予防具なるが故に之を抑圧する由もない。独、伊、仏、何れも人口政策の見地より避妊の知識の普及及避妊料品の販売を制限せんとしつつその実何ら実効ある方法を講じ得ないのはこの理由による。反之、瑞典に於いては他の方法に依り出産増加の方法を講じつつ避妊の知識の普及は之を抑制して居ない。

3．堕胎厳禁

堕胎は何れの国に於いても風俗上の理由よりして之を禁止せざるはない。唯何れの国に於いてもその母体の生命の保護の為に必要なる場合は之を認めざるを得ない。故に或は法を犯し、或は法を免れて堕胎を行ふ風何れの国にも絶えないのである。之が防止の方法としては制裁を厳重にすること、届出制又は立会医師の制度を設くること及警察力に依りて取締りを励行することである。仏国の新家族法典は法制として最も厳格なものであり、ナチス独逸の取締りは法の励行として最も有効なものであらう。前者は未だその効績を見るに至らざるも後者は既に顕著なる成績を挙げた。ナチス政権掌握以来独逸の出生率の著しく向上した最初の直接の原因は之に依ると曰はれている。

4．出産の負担軽減（産院の普及、公費補助及出産奨励金）

他の条件にして同一ならば産院の完備し、その費用の廉なる方が然らざる場合に比して出産の奨励となるべき事は容易に想像が出来る。之独、伊、仏等に於いて出産増加策として産院の普及改良に努むる所以であるが、この点に特に重点をおいて居るのはスエーデンである。同国に於いては1937年の議会は母子議会と曰はるる程、母及子に関する多くの法案が提出されたが、その趣旨は出産増加であり、最も力を入れたことの一は産院及助産婦の施設であった。即ち公費の補助を受けた低廉なる産院及助産婦が全国に普及せられ、凡ての国民は―財産及収入の如何に拘わらず―出産時の手当を保障せられ、尚年収三千クローネ（国民の九十二％は之に該当すると云ふ）以下の国民には、出産手当七十五クローネが与へられることとなつた。

又上記独逸及仏国の結婚奨励金は同時に出産奨励金の性質を含み、産児一人毎に独逸に於いては四分の一、仏国に於いては五分の一の割合で貸付金が免除され、独逸では四人、仏国では五人生めば貸付金は棒引きになる。その他に仏国では結婚後二年内に長子の生まれた場合には五千法乃至二千法の奨励金がある。

5．育児負担の軽減

①育児施設の普及

是は何れの国も従来主として社会政策的理由より行つた所であるが、近時に於いて出生率増加を目的として行はれた。その最近の顕著な施設はスエーデンに見る。同国に於いては1938年より、半額国庫負担の原則の下に学童の栄養食配給を行ひ、又全然無料を以て肝油、カルシュム、その他の強壮剤を児童保護所に於いて配給することとした。尚更に大規模なる児童保健施設の社会化が企図されている。独逸においてもナチス社会事業団は乳児死亡率の減少と共に育児費の負担軽減の為に各種の施設をやっている。仏国及白耳義に於ける家族手当平均金庫のなす育児施設もその著しき例である。何れも育児の負担の軽減と共に乳児死亡率の低下を目的とするものである。

②所得税の家族控除

之は従来は単に、租税をして負担能力に応ぜしむることを目的としたにすぎないが、近時に於いて出生増加を標榜するに至つたものがある。伊太利及独逸はその適例である。

③家族手当制度

家族手当も亦必ずしも常に出生増加政策の見地より実行せらるるものではない。或は合理的なる賃金、俸給の定め方として、或は戦時物価騰貴の際の最小限度の賃金引上方法として或は最低賃金の方法として、或は雇主の福利施設として、行われたのであるが、今日に於いては人口増加政策として実行せらるるもの寧ろ多きを見る。仏国、白耳義、伊太利、独逸、ハンガリー、スペイン等の家族手当制度は凡て人口増加が政策の主たる目的とすることを標榜している。

6．多数家族に対する便宜利益又は特権

例として、以下のものがある。

1　公営の住宅に関し家族多きものは比較的家賃を低廉にすること、スエーデン、独逸、伊太利、仏国に於いて国策として之を実行する他、英国の如き政府として何等人口増加政策を採らざる国に於いても、半ば社会政策、半ば人口政策として公営住宅の家賃決定に当たり、多子家族の為に家賃を割引するの政策をとる公共団体の数殆ど百に及ぶと云ふ。

2　鉄道の割引、独逸及仏国に於いて行ふ。

3　学校授業料の減免、独逸、伊太利及仏国に於いて之を行ふ。

4　政府及官業に於いて優先雇用すること、独逸及伊太利に於いて之を行ふ。

5　免税、所得税の家族控除の外特に子女の多い家族に対して免減を行ふ。伊太利に於いては官吏の場合は七人、一般には十人以上の子女を有するものには手厚い免税が行はれる。

6　補助、奨励金、特に多子家族の補助奨励を目的とする財団法人は仏国に於いて数多い。その数多くも二十を数へる。

7．相続税の調節

産児制限の受容動機が相続財産の分散を逃れること、即ち、其の子孫をして、親と

同様の財産的地位を継承せしめたいと云ふにあることは一般に承認せられて居る所である。この事は仏国の如き、境の固定し、向上の機会の乏しい国に於いて特に著しい。之を以て、仏国に於いては子女の数に応じて相続税の率に著しい差異を設け、兄弟多きものの相続税負担を軽減した。
8．酒精中毒及花柳病防止
　病毒の防止は国民衛生上及風俗上も必要なる事云ふまでもなく何れの国に於いても之が防止に努めて居るが、伊国及仏国に於いては特に出生増加の見地より、之が防遏に努むる事とした。
9．都市集中防止
　人口政策上より都市集中を防止する政策をとる例として、以下のものがある。
　其の1は伊太利であって、尨大なる国帑を費やして開墾を計りたるが如き、1927年省令を以て、十萬人以上の都会には百人以上の工場を設立する事を禁じたるが如き、又都市労働者の農村帰還を命じ、田舎より都市に集中する事を禁ずるの権限を地方長官に与へたが如き、何れも人口政策上都市集中を防止せんとする企てである。
　其の2は独逸に於いて伯林、ハンブルグ、ブレーメン等の都市に田舎より移住する事を制限し、都市労働者の農村に向かふ事を勧め、逆に農村労働者の都会に働くことを制限した。是等の政策は主として失業防止を目的とするものなるも、又同時に人口政策の見地より、都市集中を防止するものなる事もその標榜する所である。
　其の3は仏国の農民定着資金制度で、農夫にして新たに結婚して農村に定着せんとするものに対しては二千法以内を貸し付ける。是は独逸の結婚奨励金と同様結婚の外産児の奨励を目的とするもので、償還期限は十年であるが、子供を生む毎に年賦金が減額せられ、五人の子を生めば全部棒引きとなる。独逸の制度と異なる所は対象を農民に限り農村に定着する事を目的として居ることである。
10．教育及宣伝
　出生率の増加の為には、国民の気魄を盛んにし、人口増加の国家的見地より必要なることを知らしめなければならない。この精神運動の最も盛んなるは、独逸及伊太利であるが、仏国の新家族法典が公私凡ての学校に於いて一ヵ年に少なくとも六時間人口問題に関して教育することを要することを定めて居る事は誠に興味あることである。

〔北岡 1940a: 3-12〕

　その内容から明らかなように、北岡は人口政策を論じるにおいて当初から西欧先進諸国の動向を意識していた。そして、ここで紹介される「人口政策」は「社会政策」でもあった。西欧先進諸国で出生率の低下を背景に、より顕著な形で現れていた育児支援策はその象徴である。この見解は、当論文の発表から3年後に公刊された『人口政策』（1943年）に強く現れ、本書では社会政策的な

観点も含めて人口政策をめぐる西欧先進諸国と日本を対比させる形で論が進められた。西欧先進諸国と日本それぞれの人口の趨勢、人口思潮について論及され、その対応としての人口政策についても「人口過剰とその対策」「出産増加政策」という形で論じられたのである。

図表6-1は、本書の目次であるが、その「第二章　人口政策に関する思潮概観」では、「我国における最近の人口思潮」として1918年の米騒動以降と1937年の日支事変以降に分けて以下のようにまとめられている。

図表6-1　『人口政策』の目次

緒　　言　人口政策の意義
第一章　世界に於ける人口の趨勢概観
第二章　人口政策に関する思潮概観
第三章　人口過剰とその対策
第四章　出産増加政策
第五章　死亡率減少政策
第六章　人口の素質に関する政策
第七章　人口の配置政策
結　　語
附　　録　第一　人口食糧問題調査会人口部答申（昭和五年）
第二　人口政策確立要綱（昭和十六年一月二十二日閣議決定）

出所：［北岡 1943：目次］から筆者作成。

1918年　米騒動以降

過剰人口対策をめぐって

1　人口過剰に対する対策の主流は、産業、就中工業の振興に依つて人口浮揚力を増大すべしと云ふにあつた。而して我国の工業は原料を外国に依存するものなるを以て、当然製品も亦外国に販売せざるを得ず、輸出貿易に重点があつた。而して当時各国は我国の輸出貿易に対して各種の圧迫を加へたが故に、我国の官憲並に識者は、あらゆる国際会議の機会に於て、我国の輸出貿易に対する圧迫を除去せられむことを主張したのであるが、その理由の最も根本的なるものとして挙げられたのは人口問題であつた。国際連盟の会議、太平洋会議、国際労働会議等に於て、常に我国は人口過剰を訴へ、この過剰なる人口を扶養する為に輸出貿易の必要なることを絶叫して、各国の我国に対する貿易障害を除去せられんことを切望したのであった。

2　一派の論者、殊にマルキシズムに傾倒する論者は人口過剰は資本主義の産物なりとし、社会制度の改革に依つて過剰人口を除き得るものの如き論説をなした。

3　一部の自由主義者は、産児制限を以つて人口過剰を防止し得る最も有効なる手段とし、政府も或程度迄之を容認した。
4　一部の論者は我国の過剰人口は産業の発展や、社会改革や、又は産児制限の如き集団に因つて到底解決し得るものに非ず、積極的に生活領域の拡大を図るの外なきを信じ、掛かる新年は若き一団の士官に導かれて満州事変となり、支那事変となり、三国同盟となり、大東亜戦争となつたのであるが、我国の学界及び言論界に関する限り、人口問題がここ迄発展すべき事を予見したものは無く、この認識と予見とは日本の人口問題を研究した外国の人口学者に依つてなされた。
5　学説としては極めて一部の論者であるが、一般社会殊に実業界の間に勢力のあつたのは、人口の過剰に対しては生活程度の低下より外に対策がなく、生活程度の低下に依つて産業も起り、開墾も出来、人口扶養力も増大するものと考へられた。

1937年　日支事変以降
人口増加の必要をめぐって
1　先づ第一の動機として事変以来の労力の不足が、人口過剰論を吹き飛ばし、人口増殖論を生ぜしめた如くである。
2　戦争は各種の点から死亡を増加し出産を減少する。職場の戦死、負傷、疾病の外、物資労力の不足よりして一般の死亡率は増加するし、又動員の結果出産は減少する。動員が全面的にその影響を現はすに至れば、更に一層の出産の減少、死亡の増加が予想せられ、掛かる出産減少、死亡増加を償ふ為に事変中特に人口の増殖を図らなければならぬと云ふ思想が特に官憲に於て強かつたやうである。
3　欧米各国に於て出産減少の傾向著しく、各国相次いで人口増加政策を講じたことと、我国に於ても1920年を頂点として出産率が漸減したこととが人口増殖論の一つの動機となつた。多くの人口学者が我国も亦欧米諸国と同様に人口が減少するに至るであらうと云ふことを予想したが、それが人口増殖の必要の理由とされてゐる。人口増殖論の最も正当なる論拠は、人口は国力の基礎なりとし、我国の大東亜新秩序建設と云ふ聖業は単なる3年や5年の事変に依つて解決するものでなく、今後数十年を要する事業であつて、それははち切れるやうな国力あつて初めて可能なりとし、その国力の基礎は人口の増大にありとなす思想である。

［北岡 1943：56-62］

　繰り返しになるが、北岡は「産めよ殖えよ」の政策に歩調を合わせることができずに人口問題研究所の研究官をわずか2年で辞職していた。その事実にも現れているが、北岡の人口論は「人口過剰」という認識を前提に、政策的な主張というよりは当時の人口問題をめぐる内外の状況を考察するものであった。

そして、日本の人口問題を西欧先進諸国とは対照的に捉えつつも、人口問題と社会政策の関わりを多分に意識する議論を展開した。その視点は、以下の事実にも現れている。すなわち、北岡は早くも1940年の時点で家族手当をめぐる議論を展開していた。「家族手当制度論」（東京大学経済学会『経済学論集』、1940年〔北岡壽逸『社会政策論』有斐閣、1942年、所収〕）がそれである。

家族手当の制度は、それが「其の発達に於て最も新しい社会政策的施設である」[北岡 1942：389]としたうえで、当時法制として本制度をもっていたのはフランス、ベルギー、イタリア、ドイツ、ニュー・サウス・ウェールズ、ニュージーランド、スペイン、チリ、ハンガリーの9カ国に限られるものの、（強制法に基づかない）任意の制度としては、それがみられないところはないほど普及しているとする。日本でもその萌芽的施設は古くからみられ、「昨年（1939年―引用者）7月東京府及び警視庁に採用せられ、近く一般的に行はるるに非ずやと思はれる」[北岡 1942：389]として「外国に於ても新しい制度なるが故に資料が乏しいが、我国の実際施設とならんとしつつあるに鑑み、乏しき資料を纏めて見度い」[北岡 1942：389]という。

北岡によると、家族手当はまず「勤労に対して報酬を支払うに当たって、其の家族の数に応じて給与する付加的給与（＝賃金又は俸給の一形態）」として観念づけられ発達してきた。「今や家族手当制度はかかる賃金支払いの一方法たる性質を漸次に脱却して、勤労の報酬とは直接関係薄き社会的給与の性質を有するに至る傾向がある。将来は寧ろ社会保険の一部門として発達するに非ずやと思はれるけれども、今日に於ては尚賃金支払方法の一形態たる色彩が強い」[北岡 1942：390]として、賃金報酬の一形態としての家族手当制度の沿革および実例について明らかにするところから始めている。

賃金（俸給）は雇主からみれば労働の報酬であり、それは為された労働に応じて支払われるのが原則である。「殊に肉体労働及び下級的労働に於ては此の関係が直接的で、賃金は労働時間又は仕事の出来高に応ずるを原則とする」[北岡 1942：390]が、賃金は労働者（俸給生活者）からすれば生活の手段であって、その必要額は家族の数に応じて著しく異なるとする。そして、「現代に於ける経済現象の支配者は事業主なるが故に、（中略―引用者）個々の労働者は其の生

計を賃金に適合せしめなければならない。一般労働者の生活費は物価、習慣等に依つて支配せられるが、個々の労働者の生計費は其の扶養する家族―妻子、及び時として両親親戚―の数に依つて大いに異なる。斯くの如くにして家族の数に応じて異なる生計費用を、如何にして労働の成果に応ずる賃金に適合せしめるやは、個々の労働者に取つては誠に重要なる問題である」[北岡 1942：390-391] という。

現実に目を向ければ、家長の通常の労働によって生計を維持することができないとき、「(1) 家長の過労、(2) 妻の労働、(3) 子供の労働等に依り、尚不足の場合は (4) 生活程度の引き下げに依つて、其の生活費と収入との適合を計る。其れでも尚収入が生活費に足りない場合には、労働者及び家族は栄養不良又は過労よりして最後の解決方法を採る外なき場合もあろう」[北岡 1942：391] として、救貧事業との関わりに言及する。

もちろん、「生活の必要費が賃金を決定する一要素たることはある」[北岡 1942：392] として生活賃金の要求は労働運動および労働立法（最低賃金法）の重要な指導方針であり、労働運動の存在する限り、生活費が賃金を動かすとともに各国立法者は生活費を調査し、それによって賃金に何らかの修正を施すことに言及している。ところが、そこでいう「生活費」は常に標準生活費（＝平均家族の生活費）であり、現実にはそれより大小がある家庭に対して平均家族の生活費を標準とする賃金を支給することには無理と不経済があるとし、そこに現行賃金制度の不備を指摘した。北岡は、引き続き先進諸国の家族調査の結果を取り上げ、現実として標準家族の数はきわめて少なく、標準家庭に適した賃金をすべての家族に適用することは、大多数の者にとって甚だしく不合理であることを訴えている。

次に、労働報酬としての家族手当の沿革について取り上げる。「雇主が被用者に賃金報酬を支払ふに当り、労働に応ずる普通の労賃の外に、家族数に応ずる手当を支払ふと云ふ慣習は其の沿革としては古いものではない」[北岡 1942：395] として、第1次世界大戦に至るまでに西欧先進諸国でみられた家族手当制度の普及について次のような解説をしている。

1854年にはLe Play（1806-1882：フランスの社会学者、社会改良運動の実践者）

の門弟 Harmel が経営していたヴァル・デ・ボア工場（Filature du Val des Bois）で家族の扶養負担に応じた労働者に家族手当を支給、1869年には海軍省において、5年以上勤続の海軍水兵に対して5歳未満の子女1人に付1日10サンチームの手当を支給するなどフランスに始まった。これらは単なる福利施設の範囲を出ない孤立的な事例であったため、体制を動かすに足りるものではなく、「第一次大戦前に於ける家族手当の制度は、主として仏国の公共団体及び鉄道業に之を見るのみであった」［北岡 1942：396］。

　その後、1890年には北部およびオルレアン鉄道会社、1892年にはパリ・リヨン地中海鉄道会社、1907年には国有鉄道で相次いで家族手当制度が採用され、1910年にはセーヌ州、1911年には植民省においても小額の家族手当制度が実施されるなど、家族手当制度は第1次世界大戦中に各国公私の産業に広く採用された。その動向はフランスだけでなく周辺諸国にも広がり、「官吏、官公事業及び一般産業に於て、国に依り程度の差はあるが、兎に角家族手当制度が採用せられた。其の中政府のものは固より性質上法律又は命令に依るも、其れ以外のものは凡て任意であつた。単なる私的雇主の発意か、又は労働団体と雇主又は雇主組合との協定に基づくものであつた」［北岡 1942：396-397］としている。

　この大戦中における家族手当の普及は、物価騰貴と生活費昂騰の対策であったという。それは賃金の引き上げを求めるが、家族手当制度は最も生活に困難している階級である「家族多き階級」に一時的手当を導入することでそれを避けたが、結局のところ「賃金の節約であり、相対的には家族無き又は家族少なきものに対する実質賃金の切下げ」［北岡 1942：397］であった。その証拠に戦時中の家族手当は、平均金庫によらず、雇主単独の負担において支払われたという。

　このように家族手当制度は、欧州において戦時中の一時的な制度として起こったが、官公企業と独占事業のほかは、その後フランスとベルギーにおいてのみ維持されたという。また、他方の豪州で「家族手当制度は純粋の社会政策的見地より、賃金制度の改善として取扱はれ、一部に於て実行を見た」［北岡 1942：399］と、北岡は述べている。そして、1920年には平均家族を基準に算定される家族手当制度が豪州政府の従業員に採用され、数年後にニュージーラン

ドに、1927年にはニュー・サウス・ウェールズに、いずれも最低賃金の補完として導入されたとしている。

ところで、「家族手当の意義をもう少し広く解し、家族の数に応ずる積極的及び消極的給与を家族手当と見るならば、家族手当は賃金以外の形態に於ても広く行はれ、漸次に発達しつつある」［北岡 1942：400］として、その例として以下の8つの「社会的給与」制度を取り上げている。

1　所得税の家族控除
2　救貧法による給与や寡婦年金
3　戦時食糧統制における食料の配給
4　社会保険の給付
5　出征軍人・廃疾軍人の手当
6　労働組合の罷業手当
7　宣教師の給与
8　義務教育の無料主義（更に進んで学用品支給、学校給食制度）

このように社会的給与としての家族手当の性格にも言及したうえで、この間家族手当制度の多少の普及をみた官公事業に対して、「私企業に於ては、家族手当制度が賃金の性質を脱却するに至つたのは、人口政策上の必要と、平均金庫及び社会保険（類似）制度の発達に基づく」［北岡 1942：402］と述べ、その普及発達と人口問題との関係に及んでいる。

「賃金の節約乃至合理化として、又社会的給与として発達し来つた家族手当が、最近各国に俄に普及するに至つたのは、欧州に於ける著しき出産率の減退のためである」［北岡 1942：402］として、すでに人口減退がみられるフランスおよびオーストリア、現時点でそれには至らないが純再生産率が1以下である国という点で主要西欧先進諸国のほとんどが当てはまるとした。「家族手当制度に依って、出産率の増加を来すと云ふ実証は未だ明らかにせられて居ないけれども、育児負担の過重と云ふことが産児制限の主要動機であることは、略常識上推定せられる所であって、従って産児に応じて家族手当を給与することが、出産増加を図るに有数であらうと云ふことは常識上推定せられる所である」［北岡 1942：404］。

こうした背景をもとに、家族手当は賃金の合理化から出産増加または人口増加という明白な目的をもつようになり、それにともなって以下のような点において制度内容の変更がみられたという。
　1　直接労働の報酬たる性質を離れることになった
　2　賃金労働者以外の者に対しても適用するに至った
　3　社会保険の性質を有するに至った
「人口維持」という目的が生じたことで、育児は個人に一任する時代からそれが社会として必要なものになったとして、そこに育児の費用を社会が負担する意義が生じたのである。
　このように最近の西欧先進諸国における家族手当制度発達の動向に触れ、「世界文明国を通じての出産率の著しき減少は、家族手当を重要なる社会政策として発達、普及せしむるの傾向顕著なるものがある、今回の大戦後は此の趨勢は更に拍車をかけられるであろう」［北岡 1942：407］と述べた。家族手当の効果については、その適確な実証は至難であるとしつつも、フランスやベルギーをはじめとする西欧先進諸国の事例からして一応それに該当するものとして考えられる以下の3点をあげる。
　1　人口増加又は出産増加
　2　賃金の節約或は被用者収入の増加
　3　労使の協調、移動の防止
　一方で、北岡は最後に日本における家族手当制度の展開を論じる。「我国に於ける家族手当制度は殆んど見るべきものなく、家族制度を誇る我国が、殆んど家族手当制度を有せざるは奇と云ふべきである」［北岡 1942：407］としたうえで、日本における家族手当的給与の事例として「最も著しき事例は、欧州大戦中及びその直後物価騰貴時代の安米制度であると思ふ」［北岡 1942：427］という。この制度について、以下のように説明する。「米価一升50銭以上の時代に之を20銭前後で販売し、而も家族の数に応じて其の量を定めた。此の制度は炭坑及び鉱山に於て最も広く行われた。之は物価騰貴に依る臨割増を可及的節約するの意義を有して居た」［北岡 1942：427］。本制度は、戦後不況時の米価下落を機に雇主が一掃してしまったとしている。

このような経過を述べたうえで、近年再び生活費暴騰時代に臨み、「賃金の最少限度の値上げとして何らかの形で家族手当の行はるることと想像せられるが、既に昨年7月東京府及び警視庁に於ては、下級職員に対し家族手当月額2円を給することとし、昨年末の年末賞与に於て、陸軍省、厚生省等に於て下級職員に対し家族の数に応じて少額（1人当たり10円）の増額を行った。今や政府は官業に対し極めて些少乍ら家族手当を実行すると共に、民業に対しても同様の手当支給を容認するの意向ありと聞く」［北岡 1942：428］という。

とはいえ、それは「最少限度の賃金引き上げ（＝賃金の節約）」であり、家族手当をめぐる問題が進展をみせるのは物価騰貴、労働者不足という情勢が転じたときであるとする。「戦後反動期来たって失業続出し、物価低落する時代となるならば、単独負担に依る家族手当は雇主の堪へ得べきものでもなく、若し之を実行せんとせば非常なる弊害を生ずる。茲に於て之を続行するためには平均金庫又は社会保険の方法に依らねばならない。而して家族手当は元来賃金の節約であり、賃金の合理化なるが故に我国に於いても之を実行して不可なる所以を見ない」［北岡 1942：428-429］としている。

4　北岡の人口論（戦後）——『人口問題と人口政策』(1948年)

本節では、戦後まもなく公刊された『人口問題と人口政策』を取り上げよう。本書は、前節で取り上げた『人口政策』に内容が追加される形で出版されたものである。以下の目次のなかで、本書で新たに追加された項目が第四章（戦後我国の人口過剰）、第五章（産児制限運動）であり、『人口政策』にあった第七章（人口配置政策）は削除された（**図表6-2参照**）。

本書の冒頭で北岡はいう。「スウェーデンの人口学者ミュルダールは『人口問題はデモクラシーの運命を決する最大の要素で、その重要性は戦争や平和以上である』と云つたが、この言葉は我国に最もよくあてはまると思ふ」［北岡 1948：1］。さらに、続けて述べる。「我国の新憲法の企図する平和国家、文化国家の建設も、国民最低生活の保障も、国民に認められた幸福追求の権利も、凡ては何等かの形に於ける人口制限を前提として初めて可能なもので、我国の

第6章　出生促進から家族計画へ　　163

図表6-2　『人口問題と人口政策』の目次

緒　言　人口問題及人口政策の意義
第一章　世界に於ける人口の趨勢
第二章　人口政策に関する思潮概観
第三章　人口過剰学説
第四章　戦後我国の人口過剰
第五章　産児制限運動
第六章　出産増加政策
第七章　死亡率減少政策
第八章　優生政策
附　録　第一　人口食糧問題調査会人口部答申（昭和五年）
第二　新人口政策基本方針に関する建議（昭和二十一年）

出所：[北岡 1948：目次] から筆者作成。

如き人口過剰の甚だしき国が、今日の如き高率の人口増加を放任しておくならば、新憲法の理想も画餅に帰するの外なきは私の最も憂ふる所である。然るに我国には明治以来病膏肓に入つた膨張主義の伝統が、官民の間に根強く存在し、又我国と全然事情を異にした西欧諸国の出産増加政策が不当に暗示を与へて、人口制限とか、産児調節とか云ふ思想は容易に受け容れられない。本書は私の過去十年余の人口問題に関する研究を取り纏めたもので、人口問題、人口政策を、種々な角度から、なるべく学問的に論述すること目的とするものであるが、現下我国の人口過剰の苦しみの中に書く以上、人口過剰の禍害とその対策としての産児制限とに重点をおいた事は固より当然である」[北岡 1948：1]。

　ここにも現れているように、北岡は1939年に人口問題研究所の研究官に就任して以降、一貫して日本の人口問題を「過剰人口問題」として把握し、その解決を主張していた。そのような認識から戦時期の「産めよ殖えよ」に反対したのもすでに述べた通りである。したがって、当時の日本の動向と問題点が論じられ、それとは対照的な形で西欧先進諸国の動向が取り上げられた。本書の構成（目次）は前節で取り上げた『人口政策』の構成（目次）と照らし合わせれば明らかなように、その延長で把握される。『人口政策』での議論の枠組みに、その後の展開が盛り込まれたのである。

　そして、さらに興味深いことは、前節で取り上げた『人口政策』には、その

附録として巻末に附録1「人口食糧問題調査会人口部答申」(昭和5年)、附録2「人口政策確立要綱」が収められていたが、本節で取り上げた『人口問題と人口政策』でも、附録2の「新人口政策基本方針に関する建議」(昭和21年人口問題研究会)の他、再び附録1として「人口食糧問題調査会人口部答申」(昭和5年)が取り上げられていることである。戦前における人口政策といえば、北岡も批判していた「産めよ殖えよ」の戦時人口政策に専ら眼を向けられがちであるが、それ以前に検討が始まった人口政策立案に向けた動きこそが、日本における人口政策史の重要な起点であり、そこで考案されたものこそは社会政策としての人口政策であった。

人口政策立案に向けた動きは1927年に内閣に設置された人口食糧問題調査会にその起点がある。北岡が人口問題と関わりをもつようになったのは人口問題研究所の研究官に就任する1939年以降のことであるが、北岡が戦時人口政策に対して批判的な見解を示すとともに、日本にける人口政策を論じるにあたって人口食糧問題調査会から出された答申に重きをおいていたことは銘記すべきである。

5　むすびにかえて

本章で取り上げた戦中だけでなく、戦後の北岡の活動についてもあまり知られていない。

戦後しばらくの間、人口政策立案は1948年に設立される人口問題審議会(厚生省)と人口問題研究所、人口問題研究会の三者によって担われることになる。そのなかで審議案の原案作成を担った財団法人人口問題研究会の果たした役割は特筆すべきであるが、北岡は1946年、(人口問題研究会内に設置された)人口政策委員会に経済安定本部第四部長の肩書でその委員として、1953年に(人口問題研究会内に設置された)人口対策委員会には国学院大学教授の肩書で常任理事として名簿に名を連ねている。また、1947年には自らが産児制限普及会を設立し、その後政府や毎日新聞社の人口問題調査会等と提携して、産児制限運動に精力的に取り組んだ［北岡 1976：277］。1954年には、日本に招致された国際

家族計画会議の事務局長を務めている。

　ここで是非触れておきたいのが、冒頭でも言及した永井亨の存在である。北岡と永井はともに農商務省出身の社会政策学者であり、社会政策に対する見解や人口問題に対する取り組みに関わる見解や経歴において共通点が多い。両者は戦前から社会政策と密接に関わるものとして人口政策を捉え、戦後には家族計画の普及に貢献した。「人口問題と社会政策」というテーマから社会政策史を見つめ直したとき、永井も北岡も戦前から戦後へ、過剰人口の時代を支えた社会政策学者の人口論としてその存在が浮かび上がるのである。

　本章は、戦中から戦後まもなくの北岡に焦点を絞って論じてきたが、戦後も北岡の人口問題への発言が途絶えることはなかった。戦後の北岡が記した評論のなかで、人口問題を主題とするものを取り上げれば以下の通りである。

1946年　「人口過剰と社会主義」『社会政策時報』
　　　　「人口問題一夕話」『社会政策時報』
1951年　「人口問題と失業問題」『東洋経済新報』
　　　　「人口問題と社会保険」『社会保険時報』
1953年　「我国人口過剰と輸出産業振興」『国学院大学政経論叢』
1954年　「我国の人口過剰と失業及び潜在失業」『国学院大学政経論叢』
　　　　「今秋東京で開かれる国際家族計画会議に就いて」『学士会月報』
1955年　「過剰人口と家族計画」『経済時代』
　　　　「求職人口の過剰と対策」『日本経済新聞』
1956年　「人口過剰と雇用拡大政策」『経済時代』
　　　　「過剰人口をどうする」『伊勢春秋』
　　　　「第五回国際家族計画会議の由来と成果概観及び解説」『第五回国際家族計画会議議事録』
1957年　「人工妊娠中絶防止運動の時期迫る」『家族計画』
　　　　「家族計画と人口問題」『公衆衛生』
1958年　「我国現下の人口問題」『経済時代』
1959年　「東南アジアの人口問題」『国学院大学政経論叢』
1960年　「あげられた堕胎天国」『週刊文春』
1967年　「現下世界の人口問題」『国学院大学政経論叢』
　　　　「我国近時の人口に関する思潮と政策」『国学院大学政経論叢』
　　　　「労働力不足と人口政策の再検討」『自由世界』
　　　　「人口政策考え直せ」『毎日新聞』
　　　　「人口政策の"90度転換"を提唱する」『日経連タイムス』
1968年　「近時我国の人口動態統計の顕著なる推移」『国学院大学政経論叢』

1975年 「優生保護法改正と人口政策」『やまと新聞』
　　　　「人口問題古昔」『世界と人口』

　このなかで、「我国近時人口に関する思潮と政策」[北岡 1967]を取り上げてみると、本稿ではそれまでの人口に関する思潮および政策の展開に触れたうえで、「人口政策の転換」を呼びかける。「人口制限（家族計画・受胎調節）によって出生率を半減するには数十年の年月を要するというのが人口学者の通説であったが、我国は敗戦後異常なる人口過剰に見舞われたのと、官民一致産児制限に努めた等の事情によって昭和二十二年を頂点として十年にして出産率は半減し、人口政策を転換すべき時期に来た」[北岡 1967：71]というのである。
　それについて、以下の事実を指摘する。
① 　普通出生率は1957年において千分の17となり、昭和22年の2分の1であり、西北欧州の標準（＝当初の目標）に達した。
② 　出産率の減少と同時に死亡率も甚だしく減少したため、人口の自然増加は率にして千分の10内外、実数において70万を超えるが、現在の出生率（1957年以来純再生産率は1以下）が永続した場合、やがて人口が減退する。
③ 　わが国の経済の復興、輸出の増進によって人口の扶養力は拡大し、貿易の自由を前提とする限り人口扶養力の不足を理由とする人口増加制限の理由はなくなった。
④ 　長い間人口過剰は膨大な失業および潜在失業として現れたが、今やわが国産業は失業よりは労働力不足、潜在失業よりは賃金の暴騰に苦しむことになった。
⑤ 　出産率減少について、その何パーセントが受胎調節および堕胎によって実現されたかを正確に測定できないが、堕胎は人倫道徳上、衛生上有害であり、堕胎が濫用されるような法制をもつことはよくない。

　このような根拠から北岡自身の見解として「従来の如き人口増加抑制政策は再検討されなければならない時機に到達した」[北岡 1967：73]と主張する。このことは朝野において議論されることとして、人口増加抑制政策の継続論・見直し論についてそれぞれ予想される論拠を以下のように整理している。

人口増加抑制政策継続論	人口増加抑制政策見直し論
1　人口は少なければ少ないほど個人の生活程度の向上になる 2　世界的にみて、日本は国の資源に比して人口が多い 3　都市集中、マンモス都市の弊害は人口過剰の現れである	1　労働力不足のために生活程度の上がることは喜ばしいが、それが産業の国際競争力を失うものであってはならない 2　資源に比して人口の過剰を問題とするのは自給経済を前提とした論であって、国際貿易を前提とする時代においてとるべきではない 3　工業化、都市集中の問題は人口過剰とは別問題である

　さらに、今後は「妊娠中絶の規定の改廃に関する論争が人口政策の中心課題になると思う」［北岡 1967：75］として、これに対する賛否の論についても以下のような推測を試みている。

現行制度維持論	妊娠中絶制限論
1　人口扶養力は十分であっても、貧困者にとっては社会保障が十分ではなく、住宅は狭小である場合が多く、産児制限の必要がある 2　法律によって中絶を制限し、それに面倒な手続きを課しても、ヤミ堕胎が拡大するという弊害がある 3　妊娠中絶の9割は妊娠3か月以前に行われており、それが罪悪というほどでもなく、技術の向上によって衛生上の害悪も少ない	1　妊娠中絶は人倫道徳上の罪悪で、母体保護のために絶対必要な場合を除いて許すべきではない 　　避妊による家族計画は各人の自由であり権利であるが、風教上弊害の多い方法を用いる場合は制限すべきである 2　法律で制限し、手続きを課すれば、中絶は現在の5分の1から10分の1に減るであろう 　　それに伴ってある程度のヤミ堕胎が行われることは止むを得ない 3　現行法の下に濫用を取り締まることは不可能である

　このように整理したうえで、「要するに問題は中絶を罪悪視する程度如何によって決定される。既に総理大臣並びに外務大臣は中絶の罪悪性を認め斯くの如きものを広く認めて、海外より中絶手術のために来日するが如きことは国辱としているようであるから、多少の抵抗があって時間がかかるであろうが、今日の如き自由放任に近い制度は改められるであろう」［北岡 1967：76］と述べて本稿を結んでいる。

　本稿が記された時期は、戦後日本での人口政策立案をめぐる大きな転機をな

すが、ここに示された北岡の見解は、まさにそれに応じるものであった。本章で繰り返し取り上げた『我が思い出の記』の刊行が1976年であり、それをもって北岡の論考の発表は途絶えているが、興味深いことにその1970年代半ばこそが、日本の合計特殊出生率が人口を安定させる人口置換水準の約2.1を継続的に下回り始めたという意味で今日に至る少子化の起点とされる時期であった。

さらにいえば、北岡の没年である1989年、日本の合計特殊出生率は1.57を記録する。1966年の丙午の数値（1.58）を割り込んだことから、この現象は翌年、社会に「1.57ショック」という流行語をもたらし、日本における少子化時代の幕開けを告げることになった。過剰人口問題の時代から過少人口問題の時代へという過程を生き抜き、その折々に人口問題に対する発言を行ってきた北岡の思想は、社会政策史に残る人口論者の1人として決して無視されてはならないだろう。

1）ここではあえて北岡の議論に沿って記述するが、若干の補足をしておこう。西欧先進諸国のなかでより早く出生率の低下を経験したフランスでは、19世紀末から20世紀初めにかけて一部の企業が扶養児童数に応じた家族手当の支給を開始した。1939年には家族法典が成立し、それをもって家族手当が公的な制度となった。

　　フランスの家族手当史については、深澤敦「フランスにおける家族手当制度の形成と展開―第一次世界大戦後のパリ地域補償金庫を中心として―（上）（下）」『立命館産業社会論集』第43巻第4号・第44巻第2号、2008年、を参照されたい。日本の家族手当史における北岡の位置づけについては、大塩まゆみ『家族手当の研究―児童手当から家族政策を展望する―』法律文化社、1996年、北明美「日本児童手当制度の展開と変質（上）―その発展を制約したもの」『大原社会問題研究所雑誌』第524号、2002年、などに詳しい。

補論2
女性問題論と社会政策

1　はじめに

　戦前の婦人問題に関わる名著をシリーズとして復刊した『近代婦人問題名著選集』のなかに、社会政策学者である河田嗣郎（かわた・しろう；1883-1942）の『婦人問題』（1910年）と永井亨（ながい・とおる；1878-1973）の『婦人問題研究』（1925年）が含まれている。それらに展開されている両者の議論はいずれも、今日のジェンダーに通じる視点から社会問題を見つめていたという意味で先見的である。特にJ. J. ルソーやJ. S. ミルの影響を受けているとされる『婦人問題』（1910年）の河田の議論は、日本における女性問題論の源流といってよい。

　河田はいう。「女子に自由を与へ女子をして任意に活動せしめば此に輙ち男子に対する競争起り経済上に於ても精神生活の方面に於ても男子は頗る困却の地位に陥らざるを得ざるに至り、社会の基礎此に揺ぎ秩序紊乱正道毀敗の端緒此に啓けんと杞憂を抱く論者あり。（中略―引用者）然し更に詳しく事情お察すれば男女の能力には自ら互に長短あるが故に論者が憂ふるが如き競争は必ずしも部面を同じくして起り来ると限らず、男子の欠は女子の長を以て補ひ、女子の短は男子の能を以て補ひ、右吾人が説くよりも更に有利なる喜ぶ可き結果を齎す可きを疑はず。要するに婦人の解放と其の自由活動とは百利ありて一害なし」［河田 1910：205-206］と。

　婦人の解放を唱えるこの主張を機に、日本でも家族制度をめぐる研究が広がりをみる。河田も本書の刊行を機に家族制度をめぐる研究に着手するのだが、『婦人問題』（1910年）の刊行はその前提としてだけでなく1918年から19年にかけて働く女性と子育てについて繰り広げられた母性保護論争に先行して女性の

社会的、経済的地位の向上を唱えるものとして特筆すべきである。母性保護論争では、母性保護（＝次世代を産み育む主体としての母性保護）が焦点となる。それに対して河田の母性保護（＝働く女性の権利としての母性保護）論は、男女の人格的な同等の実現を志す議論であった[1]。

その母性保護論争の最中に刊行をみる『家族制度研究』（1919年）を経て『家族制度と婦人問題』（1924年）へと展開をみた河田の議論は、「性の区別」を肉体的な性差に由来する「天然的な区別」と男性の強制によってもたらされた「社会的な区別」に分けて把握し、母性を女性の仕事と位置づけることは性の区別＝男女差別を強調することになるという立場からの家族制度研究へと進んだ。それと時を同じくする『婦人問題研究』（1925年）の永井はいう。「従来一般に婦人問題を扱ふ論者は、女性の人々にあつては動もすればその着眼と研究とを自らの女性の方面にのみ局限してしまひ、両性に共通なる一般の問題に多く触れようとしない。男性の論者にあつても亦兎角故らに婦人問題固有の方面にのみ問題を局限しようとするが、或は故らに社会問題の方面をのみ観察して固有の婦人問題を閑却しようとする。斯くては遂に婦人問題を未解決のままに後代に遺すこととならう」［永井 1925：543-544］と。ここに永井は、女性問題を「女性特有の方面」と「男女に共通する方面」に分けて把握している。

河田の『婦人問題』（1910年）の時代から同『家族制度と婦人問題』（1924年）および永井の『婦人問題研究』（1925年）の時代へ[2]。これらに現れた女性問題観は、日本社会政策論史のなかでどのように捉えられるだろうか。1910年の河田の「女性の地位」をめぐる議論は、1924年の河田や1925年の永井による女性問題研究へと展開する。そのことを手掛かりに1910年代から20年代という時期を見つめ直してみれば、その間に赤松によって「生存権の社会政策論争」と名づけられた人口問題をめぐる論争が生起している［赤松 1959］。この論争はすでに指摘されてきている先見的な生存権論という意味だけでなく、政策対象としての「出生」に焦点を当てたという点でも注目すべきである[3]。

そのような観点から、以下ではまず、母性保護論争と生存権の社会政策論争から大正・昭和初期人口論争への展開過程に日本における人口問題と社会政策をめぐる学説的な系譜を見出す。さらに、1920年代の終わりを起点とする1929

年の救護法→1933年の児童虐待防止法・(感化法の改正による) 少年教護法→1937年の母子保護法→1938年の社会事業法→1940年の国民優生法の成立という、日本における女性・児童・優生政策形成の動向を、西欧先進諸国における家族政策をめぐる様相と結びつけて把握するのが本論の課題である。

2　大正・昭和初期人口論争に至るまで

　河田の『婦人問題』(1910年) が世に出たころに日本にもたらされたのが、時代思潮としての優生学 (また、それに対抗して提起された優境学) である。それを根拠とする当時の議論は、人種改造および母性と児童の尊重を促すものとして展開をみた。前者としては河田の『婦人問題』と同年の刊行である海野幸徳『日本人種改造論』(1910年) や澤田順次郎『民種改善 模範夫婦』(1911年)、氏原佐蔵『民族衛生学』(1914年) といった書物の出版がみられ、1916年に内務省に設置された保健衛生調査会ではハンセン病者の隔離やらい予防法の制定などが検討されている。

　後者の母性と児童の尊重をめぐる思想的な流れは、『児童の世紀』(Barnets århundrade, 1900年：1906年に大村仁太郎によるドイツ語版の翻訳、1916年に原田実による英語版の翻訳が刊行された) をはじめとするエレン・ケイの著作によってもたらされた。ケイは、子どもを産み育てる機能をもつ女性＝母性の保護と、生まれてくる子どもを悪性遺伝などから守るため、子どもの親を選ぶ権利をはじめとする子どもの権利を主張した。それは、人種改造主義に基づく母性および子どもの権利擁護論であった。

　これらの優生学と結びついた人種改造および母性と児童の尊重という理念から導かれた〈女性政策＋児童政策＋優生政策〉の枠組みこそは、起源としての家族政策である。先天と後天の両方面から優良な人口の増加を目指す優生─優境政策と呼びかえてもよいそれは、ケイやミュルダール夫妻の思想によってリードされたスウェーデンをはじめとする出生率の低下が生じていた西欧先進諸国で展開をみた。出生率の低下を契機とする家族政策は人口減少によって社会構造の基礎そのものが危機に瀕するという人口問題への対処策であり、人口

減少の防止策と人口資質の向上策という側面をもつ。

その影響は当時の日本にも及んだが、高い出生率を維持していた当時の日本の学者および政策立案者の多くは、過剰人口問題を基調に議論を組み立てていた。そこに及んだ優生学は、人口資質の向上策としての側面が強調される形での家族政策をめぐる議論をもたらしたといってよい（**図表補2-1参照**）。河田による女性解放の主張（『婦人問題』(1910年)）から河田および永井による女性問題の二面性の指摘（河田の『家族制度と婦人問題』(1924年)、永井の『婦人問題研究』(1925年)）がそれであり、そこには出生率の低下という人口問題を背景に同時期の西欧先進諸国で生起した「母性の保護」と「男女平等」の両立をどのように実現していくかという、まさに家族政策をめぐる議論を貫く問題意識が認められるのである。

図表補2-1　日本における家族＝優生・優境政策をめぐる1つの流れ

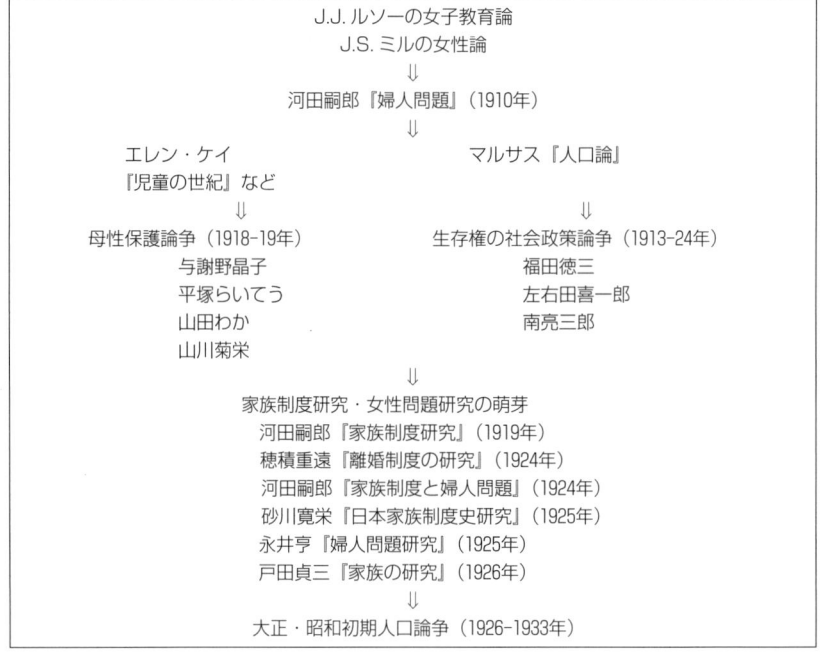

```
                J.J. ルソーの女子教育論
                 J.S. ミルの女性論
                        ⇓
             河田嗣郎『婦人問題』(1910年)
                        ⇓
   エレン・ケイ                    マルサス『人口論』
   『児童の世紀』など
        ⇓                            ⇓
   母性保護論争 (1918-19年)      生存権の社会政策論争 (1913-24年)
     与謝野晶子                     福田徳三
     平塚らいてう                    左右田喜一郎
     山田わか                       南亮三郎
     山川菊栄
                        ⇓
          家族制度研究・女性問題研究の萌芽
             河田嗣郎『家族制度研究』(1919年)
             穂積重遠『離婚制度の研究』(1924年)
             河田嗣郎『家族制度と婦人問題』(1924年)
             砂川寛栄『日本家族制度史研究』(1925年)
             永井亨『婦人問題研究』(1925年)
             戸田貞三『家族の研究』(1926年)
                        ⇓
          大正・昭和初期人口論争 (1926-1933年)
```

出所：筆者作成。

その西欧先進諸国の動向との関係性を意識して、河田と永井の議論を人口問題と社会政策をめぐる日本的系譜として描き出そうとすれば、母性保護論争（1918-19年）と生存権の社会政策論争（1913-24年）を対置して捉えなければならない。これらによってもたらされた母性問題や出産権と生存権をめぐる問いは、大正・昭和初期人口論争として噴出する人口問題のさまざまな論点の一角をなすとともに社会政策の立案にも一定の影響を及ぼすことになるのである。

河田の『婦人問題』の時代と、同じく河田の『家族制度と婦人問題』および永井の『婦人問題研究』の時代に挟まれた母性保護論争と生存権の社会政策論争は、どのように関係づけられるのだろうか。すでに研究が進められてきた母性保護論争は、それが母子扶助法制定運動をもたらし、その先に母子保護法（1937年）が体現したという形で一連の流れが明らかにされている。次世代を産み育む主体としての母性の保護をどのような形で実現すべきかをめぐって、与謝野晶子・平塚らいてう・山田わか・山川菊栄を主な論客として議論が交わされた。[4]

それと対置されるべきは、生存権の社会政策論争である。福田徳三（ふくだ・とくぞう；1874-1930）と左右田喜一郎（そうだ・きいちろう；1881-1927）に始まって南亮三郎（みなみ・りょうざぶろう；1896-1985）によって集約されたそれは、マルサスの命題とどのように向き合うかをめぐる論争であった（図表補２-２参照）。[5]日本では日本国憲法（1946年）第25条で確認される生存権保障を実現した人物が森戸辰男（もりと・たつお；1888-1984）であることはよく知られているが、本論争の前提となる福田の生存権論は、牧野英一（まきの・えいいち；1878-1970）らと並んでより早くから生存権保障の必要を唱えていた。

福田は、法律学や哲学が社会政策に近づくことで経済学の副産物としての社会政策から道徳哲学、法律哲学が起こり、生存権の認承をもって「改良の哲学としての社会政策」が打ち立てられると主張し、労働権、労働全収権、生存権をもって社会権であるとした（「生存権の社会政策」『最近社会政策』、1916年）。生存権保障の実現が戦後へと持ち越された観点から、先行研究が福田らの生存権論を見る目は冷やかだが、生存権は社会政策の根本要求であり、その具体的な発現として社会事業を把握する福田の生存権論は社会政策の概念規定をめぐる

図表補2-2　生存権の社会政策論争

	福田	左右田	南
1913年	「生存権概論」 「社会問題及社会政策概論」		
1915年	「人口法則と生存権―マルサス対アサーヤング―」	「経済政策の帰趣」	
1916年	「生存権の社会政策」		
1918年	「穂積博士の隠居論を読む」	「価値哲学より観たる生存権論」	
	「マルサス人口論出版当時の反対論者特に生存権論者」		
1919年	「解放の社会政策」		
1924年	「復興経済の原理及若干問題」		「人口法則と生存権論」

出所：筆者作成。

問題意識の原点でもある。福田のいう社会改良の哲学としての社会政策は、乳幼児の扶養や教育、高齢者や障害者を対象とする社会保険、労働者の権利保障や失業対策といった形で生存権を保障する政策、制度、事業によって確立していく[6]。

　この福田の「生存権の社会政策」をめぐって、左右田はその核にある生存権を国家に認承させるべきという考えには十分な政策的基礎づけがないと批判した。左右田の批判は、福田は人の生存という「自然的事実」（Sein）に生存権の承認（Wert）を求める。しかしながら「自然的事実」から論理的に「生存権の承認」を導き出すことはできず、その点をめぐって左右田は福田の生存権の社会政策が十分な経済的基礎を有していないと指摘した。生存という「自然的事実」は生存権の社会的必要を反映するもの（社会が不安定化しないための要求）であり、したがって生存権保障を社会政策の基礎とみなす福田に対して、左右田は生存権をめぐって「自然的事実」に注目することから生存権の承認を導き出すことはできないと主張した。

　マルサスの人口法則よりすれば生存権は不必要だが、人間たるに値する生活という近代的な社会的要求からすれば生存権は必要である。福田が主張した生存権の社会政策は、生まれたすべての者の生存を保障しようとする。それに対して左右田は、「生存権と人口法則とが両立しない」と批判した。論争の収束

をもたらすことになった南の主張は、左右田の立場を支持する形で福田の生存権の社会政策は破綻せざるをえないとした。福田の生存権論を「出産権の制限を顧みない生存権論」（＝自由に子を産む権利を認めながら、生まれたすべての者の生存を保障しようとする）と批判する南は、以下のように述べて生存権と出産権の両方を保障することは難しいとみなした。

> 吾等に迫り来たる窮極の問題は、生存権の認承は出産権の制限を前提とし、出産権の認承は必然に生存権を否定すると云ふこと、短言せば生存権か出産権かと云ふに帰する。而して後者を認承するに於ては私有財産制度—生存権の否定—を必要とし、反之、前者を認承せむとするに於ては出産権の制限を前提とせねばならぬ。　　［南1928：74］

現実には人間らしい生活、よりよい生活への希求の結果として出生率の低下がみられることでマルサスの命題は否定されるに至る。したがって個人の責任において生存権と出産権の保障は並び立つことになるのだが、この生存権か出産権かの問いもまた優生学を介して政策対象としての出産や母性、児童をクローズアップする。この生存権の社会政策論争終結後まもなくして、大正・昭和初期人口論争が生起するのである。

3　大正・昭和初期人口論争を経て

大正・昭和初期人口論争の前段階として母性保護論争と生存権の社会政策論争を確認すれば、その間の社会政策論としての女性問題研究にアプローチしやすい。例えば、『家族制度の婦人問題』（1924年）での河田は「性の区別」を肉体的な性差に由来する「天然的な区別」と男性の強制によってもたらされた「社会的な区別」に分けて捉え、『婦人問題研究』（1925年）での永井は女性問題を「女性特有の方面」と「男女に共通する方面」に分けて把握する。ここでは、大正・昭和初期人口論争を起点とする人口政策立案に向けた動きのキーマンとなる永井に焦点を当てて、その主張を明らかにしよう。

永井は、『婦人問題』（1910年）の河田をはじめとする先行研究も踏まえて「嘗ての政治問題、法律問題または道徳問題が経済問題または社会問題とな

図表補 2-3　永井亨による婦人問題

第一次的な婦人問題	第二次的な婦人問題
女として、妻として、母としての問題	人として、市民として、個人として、階級としての問題
結婚問題、家庭問題、ないしは恋愛問題	人権、市民権又は参政権に関する人権問題 人性や個性や階級や個人に関する教育問題、労働問題、ないしは職業問題

出所：［永井 1925：532］から筆者作成。

り、それが同時に婦人問題である」という視点から、社会問題としての婦人問題を「女性に特有な方面」としての第1次的な問題と「男女共通の方面」としての第2次的な婦人問題に分けている[7]（**図表補2-3参照**）。

「既往の婦人問題となつて現はれた女権乃至参政権問題や教育乃至職業問題は市民として又た個人としての女の問題であつたのに、現代の婦人問題となつて現はれた職業問題乃至教育問題―時に『婦人労働問題』と称せらるるもの―は女性として又『女性たる階級』としての問題である。独り女子労働問題は労働者として、労働階級としての一般労働問題乃至社会問題であると共に女子労働者として、女性労働階級としての一の婦人問題である」［永井1925：533］と。

ここで既往の婦人問題としているのは、永井のいう第1次的な婦人問題が表面化していない時代＝河田の『婦人問題』の時代のことである。母性保護論争を経ての婦人問題は、女としての問題なのか人としての問題なのかをはっきり区分するのが難しく、「女性階級は性の異なる点に於ては人力の如何ともなし難い階級であることを知らねばならぬ」［永井1925：534］として女性問題の扱いの難しさを指摘した。『婦人問題』（1910年）の河田と『婦人問題研究』（1925年）の永井の女性問題観の対照により浮かび上がる差異は、その間の15年における日本の女性問題研究の展開を物語っていると言っても差し支えない。エレン・ケイやマルサスの『人口論』との対峙、優生学の影響などによって「出産」が社会問題の対象として組み込まれていったのである。

また、**図表補2-4**は『婦人問題研究』の永井による社会政策と社会事業の定義である。社会問題が経済問題を中心とする階級問題であるとする観点から社

図表補2-4　永井享による社会政策と社会事業の対象

社会政策	社会事業
社会問題＝階級、制度、組織といふ如き社会的事態を取扱ふ	社会改良問題又は社会福利問題＝社会的変態又は病態を取扱ふ

出所：［永井 1925：538］から筆者作成。

会政策と社会事業を区別した当時の永井は、女性階級について女性労働者階級の問題としては社会政策の対象としての社会階級である、他方で、それには収まらない女性の存在を離れては発生しえない恋愛関係ないしは結婚問題、したがって家族問題がある、とした。この時期、思想的混乱を背景に日本の社会政策論者の多くが社会政策と社会事業を概念的に切り分けるという矛盾に陥るが、永井の場合、いったんそこに足を踏み入れながらも人口政策の立案に着手する1920年代終わりには概念規定をめぐる議論からは距離をとるようになる。

その道どりに影響を与えたのも、女性問題への関心であるだろう。「将来の婦人問題は一般社会問題と同じやうに、一方社会階級乃至社会制度に関する進化改革の下に、他方社会思想乃至社会理想に関する発達確立の下に始めて解決を期し得らるるのであり、それによつて女の階級的乃至社会的地位が従つて解決さるるのであるけれども、然も終始一般社会問題と異なる一事、即ち性又は性的特徴が女性の社会的地位をして自ら男性のそれと異ならしむるといふ一事を俟たなければ解決さるるものでない。かやうに婦人問題は社会の階級と男女の性の二つの方面から相俟つて始めて解決され得る問題である」［永井 1925：541］。

「婦人問題は社会の階級と男女の性の二つの方面から相俟つて始めて解決され得る問題」とする見方は、大正・昭和初期人口論争を経た永井の「社会政策的人口政策」の主張に結びつくのである。本論争は「正しいのはマルサスの人口論かマルクスの人口論か」という過剰人口を前提とした学説論争へと展開するが、それと併行してもたらされるのが人口政策立案に向けた動きであった。永井は1927年に内閣に設置される人口食糧問題調査会の臨時委員に就任するが、それ以降の永井はその人口政策の立案に向けた動きをリードすることになる。その永井が構想した「社会政策的人口政策」は、**図表補2-5**として1925年

178　第Ⅱ部　人口問題からみた社会政策論史

図表補2-5　人口統制に関する諸方策（1929年）

人口対策上緊急実施を要すと認むるもの左（下―引用者）の如し （一）社会衛生の発達国民保健の向上をはかり特に結核防止につとむること （二）地方農村ならびに都市労働者住居地域内などにおける衛生保健施設に特に力を致すこと （三）女子体育の奨励女子栄養の改善をはかること （四）保健衛生上の見地より女子職業に関する指導を行うこと （五）女子および幼少年者の労働保護ならびに幼年者酷使の防止に遺憾なからしむること （六）母性保護および児童保育に関する一般的社会施設を促成すること （七）結婚出産避妊に関する医療上の相談に応ずるため適当なる施設をなすこと （八）避妊の手段に供する器具薬品などの配布販売広告などに関する不正行為の取締を励行すること （九）優生学的研究に関する諸政策に関する調査研究をなすこと

出所：［人口食糧問題調査会1930］から筆者作成。

に示された社会問題への対応策としての社会政策、社会改良問題と社会福利問題への対応策としての社会事業とする両者の区別を超えたもの、具体的には以下のものを含むものとして構想された。

　　内外移住方策　　　　　　　　労働の需給調節に関する方策
　　内地以外諸地方に於ける人口対策　　人口統制に関する諸方策
　　生産力増進に関する方策　　　　分配及消費に関する方策

　これらのなかで、政策対象としての女性や児童の領域と深く関わる内容を含むのが「人口統制に関する諸方策」である。永井亨、永井潜、福田徳三の3小委員の作成による本答申には、検討課題として「母性保護」や「結婚」、「出産」などがあがっている。
　この検討課題と、図表補2-6として示した諸法律に戦前日本における家族政策の枠組みを見出すことができる。それは、教科書的には以下のようにして描き出されてきた女性政策、児童政策、優生政策をめぐる個別の動きを、優生学によってもたらされた人口の〈質〉の向上という理念で束ねられる〈女性政策＋児童政策＋優生政策〉としての家族政策と位置づけることによる。

　女性政策：母性保護論争を思想的起点とする母性保護運動が母子扶助法制定

図表補2-6　大正・昭和の家族＝優生・優境政策

```
母性保護論争（1918-19年）          生存権の社会政策論争（1913-24年）
                              ⇩
                   大正・昭和初期人口論争（1926-33年）

1933年              児童虐待防止法
                   少年教護法
1937年   母子保護法
1938年                           社会事業法
1940年                                              国民優生法
          ↓         ↓            ↓                    ↓
1946年   （旧）生活保護法
1947年              児童福祉法
1948年                                              優生保護法
1951年                           社会福祉事業法
```

出所：筆者作成。

運動へと展開して母子保護法の誕生に帰着したという今井が描き出したプロセスは、救済事業調査会で母子扶助の方法について検討が始まったこと（1920年）、1925、26年に児童扶助法案策定の動きがみられたことを浮上させる。しかしながら、1929年の救護法制定はその実現を1937年の母子保護法まで先送りするという結果をもたらした。

児童政策：1920年の内務省社会局の創設は児童保護行政をめぐる1つの転機とされる。この頃から本格的な検討に入った児童政策は、統一的なものではなく、部門別の単行法制の整備によるということが方向づけられ、①児童保護委員制度、②貧困な母および児童の保護、③母性および乳幼児の健康保護、④養児保護、⑤児童虐待の防止、⑥感化法の改正、⑦労働児童の保護、などが個別に検討された。②は1937年の母子保護法として、⑤と⑥は1933年の児童虐待防止法や少年教護法として実現をみる。また、保育事業が1938年の社会事業法に規定された。

優生政策：当時の代表的な優生運動団体に日本民族衛生協会があった。それと関わりをもっていた医学や法律の専門家がドイツの「遺伝病子孫防止法」（1933年）の影響を強く受けた「断種法案」を作成し、1937年以降議員提案として帝国議会にたびたび提出を試みた。1940年に成立する国民優生法は、これを下敷きにして作られたものである。

4　むすびにかえて

　1937年は、第2次世界大戦へと連なる日中戦争開戦の年である。その年に制定される母子保護法をはじめとする家族政策は、もちろん「産めよ殖えよ」の戦時人口政策との関わりで把握されなければならない。しかしながら、それに至るプロセスは西欧先進諸国を起源とする家族政策と結びつけて考えることができるのである。人口の〈質〉の向上という理念がそれであり、過剰人口論が支配した日本でも人口資質の向上策として家族政策を進めようとするさまざまな勢力を支えたといってよい。

　出生率の低下がみられなかった日本において、優生思想は母性保護運動や児童愛護運動、優生運動といった社会運動として展開をみるとともに、一部の専門家の政策的主張としても現れたというのが当時の状況であった。そのようななかで、例えば本論で取り上げた1925年の永井が提示した「女性特有の方面」と「男女に共通する方面」に分けて女性問題を把握するという見方の登場は、人口減少の防止策と人口資質の向上策としての家族政策のなかに体現していったスウェーデンをはじめとする西欧先進諸国のケースと、過剰人口問題を基調に体現した人口資質の向上策としての家族政策を進めた日本というコントラストを照射するにおいて示唆的である。

　別の言い方をすれば、当時の西欧先進諸国で起こったことは優生思想を媒介とする女性問題と児童問題と人口問題の統合である。それに対して、出生率の低下が問題となっていなかった日本では個々の問題とそれに対する政策の議論に優生思想が取り込まれていった。永井が指摘した女性問題の二面性がもたらす矛盾、性差と階級差の絡まり合いこそは、当時の女性や家族を対象とする社

会政策の議論を根底で貫いていく。それは、家庭の生活水準を低下させることなく子どもを産み育てられるためのあらゆる政策をつなぎ合わせる論点なのである。

〈女性政策＋児童政策＋優生政策〉の枠組みで考えられる起源としての家族政策をめぐる動向は、それぞれに関わる社会運動として把握され、十分な形で社会政策論史のなかに位置づけられてこなかった。本論で取り上げた河田嗣郎や永井亨の女性問題論をどのように把握するかといった問いがそれからもたらされるものであり、本論ではすでに研究が進んできた母性保護とその存在が指摘されるに留まってきた生存権の社会政策論争を対置させ、その延長に大正・昭和初期人口論争をおいた。

母性保護論争と生存権の社会政策論争から大正・昭和初期人口論争への展開のなかに日本での家族政策をめぐる議論の1つの流れを見出し、そこから1929年の救護法にはじまる女性・児童・優生をめぐる政策領域の動向をみれば、「人口問題と社会政策」というテーマに関して戦前日本という時代をこれまでと違う視野から見つめ直すことになるのではないだろうか。

1）「母性保護」をどの次元でみるかをめぐって、平塚らいてうは河田を批判している。詳しくは、亀口まか「河田嗣郎の「男女平等」思想とジェンダー」『ジェンダー研究』6-23、2003年、を参照されたい。
2）河田嗣郎の思想をめぐっては、先の亀口まかの研究がある。亀口・前掲注1）論文、同「河田嗣郎における女性論の形成過程―女性の教育と労働の問題を中心に―」『奈良教育大学紀要（人文・社会科学）』60-1、2011年。亀口がジェンダー論の系譜で河田の思想を把握しようとしているのに対して、本論では社会政策の観点から考察する。
3）福田の生存権論をめぐる考察として、川島章平「戦間期日本における生存権の意味―福田徳三と牧野栄一の議論を手がかりに」『社会政策研究』第7号、2007年、がある。
4）母性保護論争をめぐっては、今井小の実『社会福祉思想としての母性保護論争―"差異"をめぐる女性たちの運動史―』ドメス出版、2005年、に詳しい。
5）福田と左右田、南の関係を確認しておくと、福田徳三は左右田喜一郎の恩師で左右田は南の恩師である。また、福田と南の関係は複雑で、南によって以下のように語られている。「私はよく福田先生の門下と間違えられる。本当をいえば私は、福田門下たるべく一度はその門を叩き、そして断られて方向を転じたのである」［南 1975：49］。結果として南は左右田に師事するが、入学当初から福田の指導を受けて社会問題研究に取り組むことしか考えられなかったと振り返る後年の南は、福田の影響を強く受けてきたことを認めて

いる。
6) 福田と牧野の生存権論の特徴づけを行った川島は、それらの意義を「社会秩序を乱しかねない無制限な力の行使を対象主体に許容する『権利』の含意に代えて、あるべき社会秩序・目的に役立つ限りで（潜在）力の発揮を可能にするという含意を『権利』に与えた」［川島 2007：149］というところに求め、それらが権利概念の刷新を担う権利論だったとしている。福田、牧野に象徴される当時の生存権論は、権利論を組み込んだ社会編成の原理であるとみなす川島の議論に呼応するものとして、冨江直子の研究がある。氏は1920年代から40年代に至るまでの救貧制度は「権利でも恩恵でもない〈全体〉への参加の義務」を強調する理念によって貫かれていたとみる（冨江直子『救貧のなかの日本近代—生存の義務—』ミネルヴァ書房、2007年）。
7) 永井の『婦人問題研究』において、日本人の文献では河田の『婦人問題』『家族制度と婦人問題』のほか、吉野作造『婦人問題』『普通選挙論』、高田保馬『社会学概論』が参照されている。他方で時事新報紙上（1925年4月11日および19日）に掲載されたという、福沢諭吉の「日本婦人論」には詳細な検討が加えられ、「彼の思想はあまりに功利的に偏して、動もすれば享楽主義に堕し、あまりに自由主義に傾いて、時として放任主義に陥ったという譏を免れまい」［永井 1925：276］と評している。永井の認識では、1925年の福沢の「日本婦人論」掲載こそが一部の識者の間に婦人問題をめぐる議論をもたらした。

第Ⅲ部
社会政策論の日本的特質

第7章
社会政策本質論争再考
▶戦前から戦後へ

1 はじめに

　戦後、日本の社会政策は労働問題研究へと収斂する。その定着をもたらしたといってもよいのが、「大河内理論」と呼ばれる大河内一男（おおこうち・かずお；1905-1984）の社会政策論である。1949年の服部英太郎（はっとり・えいたろう；1899-1965）による大河内一男批判に始まって1950年代まで続いた社会政策本質論争の中心に位置した大河内理論は、社会政策を資本主義社会において労働力の保全または培養をするために必要な政策である（社会政策＝労働問題研究）と規定する。その枠組みが、日本の社会政策論を労働政策的な解釈に偏ったものへと導くことになったのである。[1]

　この労働問題研究へと収斂をみる日本社会政策論は、戦前まで遡れば社会政策論と人口問題研究が交錯するところに形成、発展をみたといってよい。前者はドイツ歴史学派に由来し、労働問題への対処を中心に国家のとるべき方策を議論する。それに対して後者は、マルサスの『人口論』との対峙を起点に貧困をはじめとする生活問題への対処を中心に国家のとるべき方策を追究する。これら2つは全く別のものではなく、複雑に絡み合いながら展開してきた。それは、社会政策が元来労働＝生活過程を対象とすることを確認することにもつながるが、現実には大正・昭和初期人口論争における「マルサスかマルクスか」の過剰人口をめぐる不毛な学説論争の生起と、その延長上に台頭する大河内理論が労働力を対象とする社会政策と非労働力を対象とする社会事業（戦後の、社会福祉）から成り立つといった不自然な構図をもたらすことになった。

　この観点から日本社会政策論史を、特に戦前から戦後への連続性について見

つめ直そうとしたとき、興味深い視点を提供してくれるのが氏原正治郎(うじはら・しょうじろう：1920-1987)である。「何も新しい内容をもたなかった」と後に社会政策本質論争を振り返った氏原は、戦前・戦中・戦後に台頭する(ないしは、それぞれを特徴づける)社会政策論を代表的な論者とともに以下のように整理している。「戦前社会政策グループ」と「戦後社会政策グループ」は政治の優位を主張し、経済政策とは違った社会政策が存在していると主張する系譜、それに対して経済の優位を主張する「戦時社会政策グループ」は、社会政策を経済政策に従属するものとして把握したとみる。[2]

「戦前社会政策グループ」：政治の優位を主張—北岡壽逸、高田保馬、ほか
「戦時社会政策グループ」：経済の優位を主張—大河内一男、森耕二郎、風早八十二、ほか
「戦後社会政策グループ」：政治の優位を主張—岸本英太郎、ほか

　氏原が政治の優位を主張したと特徴づける「戦前社会政策グループ」と「戦後社会政策グループ」は、それぞれ「戦時社会政策グループ」と社会政策の学問規定をめぐって論争を繰り広げており、「戦時社会政策グループ」と「戦後社会政策グループ」の衝突に象徴される論争がいわゆる社会政策本質論争として知られるものである。ここに「戦時社会政策グループ」として一括りにされている大河内と森、風早は、それぞれ社会政策を生産政策、分配政策、分配政策と生産政策を楯の両面とする政策、というように見解を異にした。

　そのような同時代的な対立ではなく、戦前→戦中→戦後に分けての把握、また「戦前社会政策グループ」から「戦後社会政策グループ」への流れと「戦時社会政策グループ」の関係性に焦点を当てた氏原の整理は、「人口問題と社会政策」というテーマを史的に追究するにおいて実に示唆的であり、その観点から社会政策本質論争の時代を見つめると、これまでとは違う角度からの問題提起が可能となる。

　というのは、氏原が「政治の優位を主張した」という日本社会政策の原点としての「戦前社会政策グループ」の時代には、労働＝生活過程に関わるさまざまな社会問題への対処をめぐって学説においても実践においても社会政策という言葉が用いられた。それは、社会政策学会を母体に社会政策論と人口問題研

究が交錯するところに形成をみる日本社会政策論の開花期であった。この元来の社会政策論が、大河内社会政策論（生産力理論）の台頭を経てどのように再編をみたのかをめぐる見取図を示すというのが、本章の中心的課題である。

2　社会政策における政治と経済

　氏原によるところの「戦前社会政策グループ」の時代の社会政策論者の代表的な一人といってよい高田保馬（たかた・やすま；1883-1972）は、人口問題研究との関わりで社会政策を論じた。その高田は、（社会）政策学の性質について（ここでは社会学との対応関係を意識して）以下のように述べている。

> 　社会学の性質を明白ならしめる為には、これと政策学との関係を考えなければならぬ。社会政策学と云う言葉は往々社会学と特殊の関係ありと見られるが、二の場合に於ける社会または社会的の意味の間に思想発達上の連絡を認め得るにしても、今日に於て二者は著しき距離をもつ。社会政策学の考察対象をなす社会政策は現存の私有財産制度の範囲内に於ける社会階級間の懸隔削減の政策ことに下層の地位改善のための政策を意味する。従って社会政策学と社会学との関係は政策学一般と社会学との関係と別に異なる点はない。いま政策学と社会学との関係を考えるについては問題を二段に分たねばならぬ。一は学的または知識形式の上から見たる二者の関係にして、二は相関係する対象の範囲即ち学的範囲から見たる其関係である。　　　　［高田 1922：45］

　このように述べる高田は、（社会）政策学は社会学や経済学、宗教学といった理論社会科学とは性格を異にすることを強調した。それは、社会政策学に規範の性質をもたせない（価値判断を抹消する）ことはできないとする主張でもある。この見解は『社会学概論』（1922年）で示され、高田は社会政策が「資本主義制度下における階級的懸隔の短縮をめざす政策」、「平等に向かう政策」であるとみなした。その規範の性質に連動するかのように、内務官僚をはじめとする内務行政に携わった人々や社会事業家らによって、実践としての日本社会政策は急速な進歩をみたのである。それは、内務（社会）行政を担う組織としての救護課から社会課、内局としての社会局から外局としての社会局への発展という所轄組織の目まぐるしい発展的改変にも現れている。[3]

この学説史と実践史がうまく連動していたともいうべき状況が転機を迎えるのは、高田が火付け役となった大正・昭和初期人口論争である。思想的混乱により社会政策学会が休会に陥るとともに生起したこの人口論議は、マルサスかマルクスかの学説論争に収斂する形で1930年代初めまで続いた。ここに、社会政策論と人口問題研究が交錯するところに展開をみた日本社会政策論の伝統がいったん終焉を迎えたといってよい。

　学説史的にいえば、この思想的混乱から抜け出るように登場するのが氏原のいう「戦時社会政策グループ」である。そして、その代表としての大河内が経済学に引きつけて社会政策の学問的性質を規定した。それこそが、生産力理論である。その枠組みには、例えば労働力や非労働力の生産が行われる場としての家庭（ないしは、家族）が十分な形で視野に入っておらず、それを補うかのように社会事業論や社会衛生論といった新たな学問的潮流がもたらされた。

　それは、大正・昭和初期人口論争のなかに浮上した「優生」「優境」「救貧」「衛生」「産児調節」といった論点とそれに関わる政策領域に対応するものであり、人口政策の立案ないしは戦後本格化する社会福祉学の体系化の動きに連なるものである。これらは「戦前社会政策グループ」らの視野に入っていた元来の社会政策学としての、いいかえれば社会政策論と人口問題研究が交錯するところに形成をみた社会政策研究と重なる事象を扱う問題領域である。

　日本社会政策論史の戦前と戦後の連続性を考えるにおいて、それを貫く人口政策の立案をめぐる動向は興味深い。その間に戦時人口政策という特異な状況が挟まっているために見えにくいが、氏原のいう政治の優位性を主張する戦前と戦後の社会政策論が大河内理論を相対化してくれるからである。それはすなわち、先に高田を例に取り上げた人口問題研究との関わりで社会政策を論じるとともに、理論科学とは性格を異にするものとしての社会政策という立場に立つものである。

　高田は、社会政策の規範性ゆえにその理論的分析は不可能であるという結論を下してのち、人口問題への関心を理論科学としての社会学と経済学の研究へ振り向けた。高田が力の欲望と呼んだ武力、権力、富力、文化力、威力に基づく階級理論および勢力論は、社会変動の究極的原因に人口の増加にともなう社

会的関係をおく。第三史観と呼ばれるそれは社会学的な視点から人口問題研究の広がりを示唆しているのだが、高田はその視点を理論社会科学のなかに組み込むことに力を注いだ。それに対して、社会政策論者として人口問題への関心を引き受けた人物こそが、以下でクローズアップする永井亨（ながい・とおる：1878-1973）と北岡壽逸（きたおか・じゅいつ：1894-1989）である。政治の優位を主張したという観点からいえば、その先に氏原が「戦後社会政策グループ」と呼んだ社会政策本質論争の論客である岸本英太郎（きしもと・えいたろう：1914-1976）が位置づけられるが、「戦前社会政策グループ」としての高田や北岡らと「戦後社会政策グループ」としての岸本の主張の性格は全く異なることに注意が必要である。

　社会政策本質論争に至っての、したがって大河内理論の影響下での岸本の議論は、窮乏化法則（実質賃金が労働力の価値以下にあること、それらの乖離の程度がますます増大する傾向）と社会政策の対応関係をどのように把握するかという枠内に収まるものであった（**図表7-1参照**）。労働力の再生産費は最低生計費であり、最低生計費は最低賃金である。この意味で歴史的社会的に形成される労働者階級の生活水準＝望ましい生活水準を経済学上の用語で表現すれば労働力の価値になるとみなした岸本は、窮乏化法則により現実の生活水準が最低生活水準以下に低下する傾向を阻止する手段として社会政策に特別な意味を与えようとした。『社会政策』（1965年）において「社会政策は、一般的には資本が労働者階級の闘争にたいし、労働力を安定的に確保し、剰余価値の生産を安定的に獲得するために国家が行う、資本による労働力の価値収奪にたいする抑制緩和策」［岸本 1965：137］＝政治にほかならないという結論に至っている。

　社会政策における経済的なものと政治的なものの不可分な構造を解こうと試みた岸本に対して、労働力の価値は何によって決まるのかという問いの追究を志向した氏原は岸本の議論を経済学の否定につながるという観点から批判した。氏原の岸本説への視線、また氏原が問うた「生活水準」と「労働力の再生産費」、「労働力の価値」をどのように区別するかといった課題は、結局のところ社会政策本質論争が労働力の価値をめぐる経済学的な議論に留まったことを端的に物語っている。

図表 7-1　岸本英太郎の社会政策

国家（社会政策の主体）＝政治による資本制社会の秩序維持のための譲歩（⇔弾圧）
　①経済的譲歩
　　社会政策―団結・罷業権の承認、工場法（労働基準法）、社会保険、年金制度、災害補償、
　　　最低賃金制など経済的な基本的人権の承認
　　社会事業
　　その他　―失業救済土木事業や労働者住宅政策やその他国家の行う経済的福祉事業など

　②政治的譲歩
　　普通選挙権の賦与
　　言論・集会・出版・結社一般の自由などの政治的社会的な基本的人権の承認

　→※社会政策は弾圧政策ではなく、又譲歩政策一般でもなく、譲歩政策の一形態に過ぎない。
　　＝労働者階級の闘争にたいする国家の一譲歩政策としての社会政策
　　※社会政策の本質における政治的契機と経済的契機とが不可分に統一されて社会政策の本質
　　　が構成されている。

出所：［岸本1955］から筆者作成。

　労働者家族の社会的歴史的に規定された生理的心理的必要の充足の程度という意味に使われている「生活水準」、その生活水準を維持するに必要な生活必需品を購入するのに必要な一定量の貨幣額（またはそれを生産するに必要な社会的必要労働時間）としての「労働力の再生産費」、労働力が商品として資本家の可変資本と交換される場合に、これを規制する「労働力の価値」、以上の3概念の区別が明確にされてはじめて、いうところの「労働力の価値法則」が、生活科学の法則でも技術学の法則でもなく、ほかならぬ社会科学の法則として明らかにされる。[4]　　　　［氏原1966a：59］

　それに対して、氏原のいう「戦前社会政策グループ」にあてはまる永井や北岡は社会的現実と向き合うなかに社会政策を把握する。農商務省の官僚出身の社会政策学者である両者は人口問題への取り組みのなかに社会政策のあり方を追究した。永井は1923年に日本大学で、北岡は1939年に東京大学で教鞭を執るころから、人口問題や社会政策をめぐる理論研究にも着手している。実務家としての活動に重きのあった両者の研究業績は決して多くないが、それぞれが社会政策の学問規定に関わる見解を提示している。
　永井は『社会政策綱領』（1923年）において、社会政策の根本精神は「社会と個人との協同調和すなわち社会協調に存し、社会的正義と個人的人格との帰一

統一すなわち社会我の観念を求むべき」(91-92頁)、「社会政策は一般社会問題にわたって樹立すべきものであり、もとよりひとり産業労働問題に止まるものではない。土地住宅の問題、生活食糧の問題、衛生教育の問題、財政税制の問題は社会秩序の根底に横たわっていて、社会政策の活動に俟ち、またその領域に属する部門も決して少なくない」(340-341頁)と考えた。そして、人口政策の立案に際しては階級的結合ないしは社会的統一を図るべく社会階級の民主的協調と社会組織の民主的改革を期することに基調をおいた「社会政策的人口対策」を主張した。それは例えば、『日本人口論』(1929年)のなかで以下のように説明されている。

> 我国今日の人口対策は生産力の増進、分配比率の公正を期せんがために社会政策に俟つべきものが甚だ多かろうと思ふ。さうしてその対策が苟も社会政策である以上——それは政治上、経済上、社会上の民主主義を基調とするものである以上——資本家的生産も労働者的生産もその支配するところに一任する訳にゆかず、資本主義も社会主義もそれに制限を加へ社会的統制を施すべきであろうこと政治組織及び一般社会制度におけるとその理を二にしない。しかも我国今日の人口対策は人口数の調節、生活標準の有効且適切なることを期せんがためにも社会政策に俟つべきものが甚だ多かろう。
> 　　　　　　　　　　　　　　　　　　　　　　　　　　　　　　　［永井 1929：298］

永井は、社会政策に対して社会理想又は目的を提供する社会哲学と、社会政策に対して社会法則または理論を提供する社会科学のうえに社会政策が成り立つと考えた。人口問題への取り組みのなかで主張される永井のいう「社会政策的人口対策」とは、人口を支持する社会の力＝生活資料を獲得する社会の力＝社会の生産力と人口数との対比から生じる問題に対処するさまざまな社会問題への対策であった。

それに対して北岡は、『社会政策概論』(1942年)においていう。「社会政策とは、社会における各種階級間の不公平を除き、各階級の協力一致を図らんとする施設であると観念している。すなわち、その合理的なる根本目的は消極的にいえば、階級の軋轢除去（または緩和）にあり、積極的にいえば各階級の協力一致を図るにある。その指導精神は不公平を除くにある。公平を図るにある。正義の実現にある。それは人の倫理的要求に基づく」［北岡 1942：338］と。

人口問題への取り組みに際しては、以下のように「人口問題を解決するための、人口政策、経済政策、社会政策全般を含むもの」として人口対策を論じた。

　総人口過剰対策は、産児制限とか、移民とか、とにかく人口そのものを対象とするから、これを人口政策ということができるが、失業対策は、人口そのものをどうするかというのではなく、雇用増加という経済政策であるというものがある。総人口過剰対策に関しても、産児制限や、移民をとらず、食糧増産、輸出振興等の政策をとるとすれば、これも人口政策でないということになる。用語の意義は各人の随意であるが、私は人口政策とは、人口そのものを増すとか、減らすとかいう政策と解し、人口対策とは、人口問題を解決するための、人口政策、経済政策、社会政策全般を含むものと解したい。そうすると、総人口過剰の対策としては、人口政策のほか経済政策が必要であるが、労働人口の過剰すなわち失業の対策としては、人口政策は差当り役立たず、主として経済財政金融政策、社会政策によらなければならないということになる。
〔北岡 1956：152〕

　彼らの議論が日本社会政策論史のなかに正面から取り上げられてこなかった第1の理由は、その学者としてよりも実務家としての、いいかえれば理論よりも現実的に問題を処理することに功績が認められることにある。**図表7-2**は大正・昭和初期人口論争を起点に、元来の社会政策研究に含まれるところの社会政策論と人口問題研究が不自然に分かたれていった様相を簡潔にまとめたものであり、その舞台としての学説論争を背に永井と北岡は（戦時人口政策は別として）過剰人口論を基調とする時代の人口問題研究と人口政策立案をリードする。永井は人口食糧問題調査会の設置から、北岡は人口問題研究所の設置からこの流れに加わって1964年の（特殊法人）社会保障研究所の発足に至る頃まで学者として人口問題の考察を、実務家として人口政策の立案を牽引した。[5]
　この人口政策立案を理念的に支えた永井の「人口数の調節と適切な生活標準の実現を目指すための人口対策としての」社会政策、北岡の「人口問題を解決するための、人口政策、経済政策、社会政策全般を含むものとしての」人口対策といった人口政策と社会政策と関係性の把握は、氏原のいう「戦前社会政策グループ」の人口問題研究としての系譜を受け継ぐものとみなすことができ

図表7-2　社会政策論と人口問題研究の分化

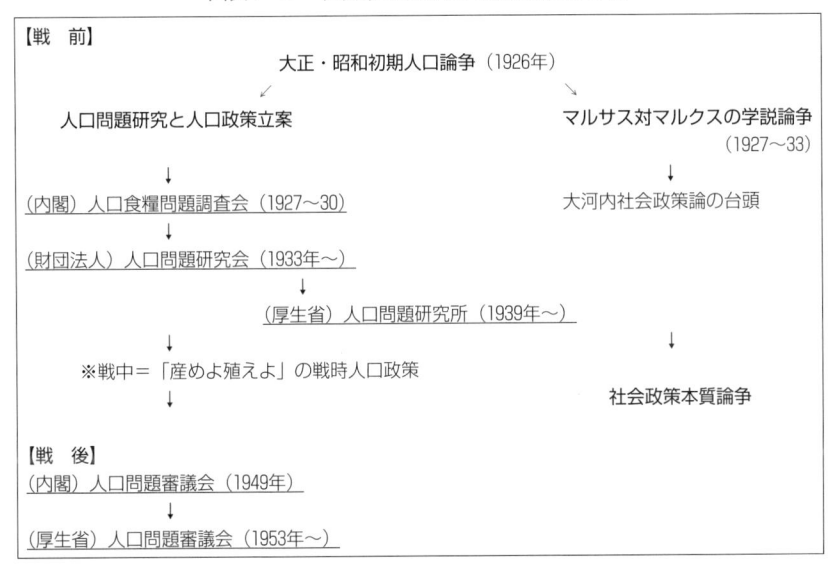

```
【戦　前】
                    大正・昭和初期人口論争（1926年）
                    ↙                           ↘
  人口問題研究と人口政策立案              マルサス対マルクスの学説論争
                                                    （1927～33）
            ↓                                       ↓
（内閣）人口食糧問題調査会（1927～30）        大河内社会政策論の台頭
（財団法人）人口問題研究会（1933年～）
            ↓
       （厚生省）人口問題研究所（1939年～）
            ↓
  ※戦中＝「産めよ殖えよ」の戦時人口政策
            ↓                                社会政策本質論争
【戦　後】
（内閣）人口問題審議会（1949年）
（厚生省）人口問題審議会（1953年～）
```

出所：筆者作成。

る。それは、総人口の問題（どのようにして人口を扶養するか）と職業人口の問題（どのようにして働く能力のある者に職業を与えるか）は別問題であるとともに、両者は複雑に絡み合っていることを示唆するものであった。

3　社会政策における人口問題

　永井と北岡は上記の視点から、人口政策の立案に携わった。それは大正・昭和初期人口論争を起点とするのだが、ここでは1949年に始まる社会政策本質論争と人口政策立案の動向の対応関係をみるべく、敗戦後しばらくの時期に焦点を絞って追いかけることにしよう。
　敗戦後、いちはやく活動を再開したのが人口問題研究会であった。1946年5月4日に当研究会内に設置された人口政策委員会の委員長を務めたのは永井亨であり、それに先立って1946年1月30日に厚生省で開かれた人口問題懇談会で

提示された以下の8つの課題を受けて設置されたものである。
　①　人口動態の空白時代で、特に19年（昭和―引用者）以降、出生率も死亡率も全く欠如しているから、速やかにそれらが回復する必要があり、また各種の仮定に基づく将来人口の推計を行って、近い将来の人口動向を研究すること。
　②　産業の現状を分析して、人口収容力拡大の見地から、その再建再編成の方途を研究すること。
　③　国民所得、生活水準の現状とその向上に関する方策を研究すること。
　④　戦争によって人口の地域的分布は混乱状態にあり、人口収容力の拡大を目途とする人口の地域的再分配方策を研究し、総合国土計画の一環としてこれが考究されるべきこと。
　⑤　産児調節の普及に関する諸問題を検討すること、特に政府のこれに対する態度ならびにこれを政策として取り上げることの可否を検討すること。
　⑥　第1次大戦後の悪性インフルエンザの世界的流行にかんがみ、現在、戦後的流行病発生の可能性があること、生活水準の低下による死亡率上昇の可能性が大であるから、速やかに死亡率改善の具体的方策を検討すること。
　⑦　人口の質的向上は普遍の人口政策であり、戦後には国民資質の低下が起こるのが通例であり、かつ人口の量的増加が歓迎せられないから、人口の先天的、後天的資質の向上に関する具体的方策を検討すること。
　⑧　海外移住については、現在は何ごとも表明すべき時期ではないが、人口政策の見地から、これを研究しておくこと。

「人口の収容力及び分布に関する部会」（第一部会）と「人口の資質及び統制に関する部会」（第二部会）で組織された当委員会から「新人口政策基本方針に関する建議」（1946年11月20日）が出されるが、それは「第一　産業の収容力に関する事項」「第二　出生調整に関する事項」「第三　死亡率低減に関する事項」「第四　優生政策に関する事項」という4つの項目から成っている。当建議における4項目のなかで、第二の出生調整に関する事項と第四の優生政策に関する事項が体現する。人口抑制策や産児制限に消極的な態度を示していた政

府に対する占領軍司令部内外のアメリカ人の働きかけに押される形で、1948年の優生保護法と薬事法の改正により、人工妊娠中絶を合法的に行いうる範囲の拡大と、それまで禁止されていた避妊薬の製造、販売、広告が認められた。

　1949年に人口問題審議会（以下、人口問題審議会（内閣））が設置された（会長：戸田貞三、永井は会長代理的な役割を果たしていた）。当会は、1949年4月15日から活動を開始し、以下に示す「人口問題に関する決議」（床次徳二議員ほか、23名の議員が提出）を経て、第1回総会（6月15日）で委員が発令された。そこで、審議方針と如何なる課題を取り扱うかということが話し合われたが、「人口を調整することだけを問題として取り上げたらよい」「人口問題全般を取り上げて審議すべきである」など、人口問題の扱いをめぐって意見が分かれたとされている。

人口問題に関する決議（1949年5月12日決議）

　現下わが國の人口は著しく過剰である。このために國民の生活水準の向上は容易に望まれないばかりでなく、他面、わが國の経済復興計画の樹立と実施に著しい困難を與えており、更に婦人解放、母性文化の向上に対しても大きな障碍をなしていることが認められる。よつて政府は、本問題に関して次の如き対策の必要なことを國民に徹底せしめるとともに、近く政府が設置しようとする人口問題審議会においても速かに積極的具体策を決定すべきである。
　第一　各種産業の振興を図るとともに、國土の開発、食糧の増産等により可及的多数の人口を養うことができるように努力すること。
　第二　將來における人口の理想目標を考慮するときは、現在の人口自然増加はある程度抑制せられることが望ましい。これがため健全な受胎調節思想の普及に努力すること。
　右に関しては、
　　1　目標とする將來の自然増加率は、現下の状況に鑑みて、なるべく欧米諸國に準ずる程度とすること。
　　2　適正なる受胎調節思想及び必要な薬品、用具等の普及を図ること。
　　　右に関しては保健所等の保健指導機関を利用し、更に各種社会保険法及び生活保護法等の運用に当つても適当考慮すること。
　　3　優生思想及び優生保護法の普及を図ること。
　　4　母性衛生上人工妊娠中絶よりも可及的受胎調節法を利用すること。

第三　將來の海外移民に関しその研究調査の準備を行うとともに、関係方面にその援助をあらかじめ懇請すること。

しかして移民により過剰人口を解決することは困難であるが、將來移民が認められることは單に國民生活の向上に役立つのみならず、わが國民の世界に対する感謝と國民感情に対する満足とを招來するものであつて、わが國の再建に寄與することが多大である。從つてこのためには過去におけるわが國の移民には相当欠点もあつたことに対し深い反省を加え、日本國民が今後は眞に世界に歡迎せられ、且つ世界の福祉増進に寄與することのできるような移民たり得るよう、國民自らが今から準備をし努力をすることが必要である。

このことは取りも直さず日本國民が文化の高い平和的な民主國民となることに精進することと一致するものと確信する。

右決議する。　　　　　　　　　［国会会議録検索システム：http://kokkai.ndl.go.jp］

結局、全面的な人口問題を取り上げて緊急措置としてだけでなく、長期計画も視野に入れるという観点から2つの委員会、「人口調整に関する小委員会」（委員長：戸田貞三、起草委員：古屋芳雄、岡崎文規、北岡壽逸ら）と「人口の収容力に関する小委員会」（委員長：永井亨、起草委員：永井亨、山中篤太郎、美濃口時次郎ら）に分けて決議の作成に取り組んだが、人口問題審議会（内閣）はまもなく廃止になる。「人口調整に関する小委員会」からは①保健所、結婚相談所等の整備、②貧困階級に対して、適正な薬剤、器具を無償で入手しうるよう措置を講ずることが、「人口の収容力に関する小委員会」からは①国際貿易の再建振興、②国内産業の再建振興、③社会的安定性の確保、④海外移住、が建議されたという。

短命に終わった本会の活動はさほど重要でないようにも思えるが、人口問題審議会（内閣）での議論がそのまま1953年に設置される人口問題審議会（厚生省）に引き継がれるといってよいこと、その空白期間の間に「人口調整に関する小委員会」のメンバーを中心に検討された人口調整に関わる政策は新たな展開をみていることからして無視できない。

優生保護法と人口調整（受胎調節）思想の普及による人口対策として描かれた人口調整策は、以下の第5回国会厚生委員会（1949年8月20日）の議事録にみることができる。当委員会で説明に立った厚生事務官・舘稔（説明員）は、「人

口調整に関する小委員会」における審議の経過を以下のように説明する。

　　第一の調査に関する小委員会におきましては、現在日本の人口の傾向が、いろいろの角度から詳細に分析をせられまして、具体的な資料に基いて分析がなされたのでございます。そうしまして大体において小委員会の御意向といたしましては、人口の制御の必要があるという大多数の委員の方方の御意見でありまして人口抑制についての問題が現在取上げられておるような状態でございます。人口抑制につきましては、まず産児制限の問題でございます。産児制限につきましてはどういうような基礎理論、あるいは指導理念に基いて産児制限の問題を取上げるかということにつきまして、非常に活発な御意見の交換が行われておるのでございます、ただいまの大体の傾向といたしましては、家族計画と申しますか、あるいは計画的な家族と申しますか、いわゆるプランド・ファミリーとでも申しますような思想でもつて、産児制限の問題を議論すべきであるという御意見が多いように承つておるのであります。それから受胎調節の問題、受胎調節を産児制限の根本に置いて考えて行くべきだ。こういうような御意見が大多数のようでございます。それから堕胎、人工妊娠中絶の問題あるいは廣い意味におきます産児制限の普及によりますところの、逆淘汰をいかにして防止するかというような問題も、ただいま重要な課題とせられておるような状態でございます。さらに収容力の委員会の方との関係からいたしましても、工業化し、あるいは都市化するということが、今後の人口調整上どんな意味を持つかというようなことにも、少からぬ議論が出ておるようでございます。それからただいまの家族制度に関する問題が、またいろいろ御意見が出ておるのでございますが、特に女子の就業がだんだん多くなつて来るというと、これが出産力、ひいては人口の将来の傾向にどんな影響を及ぼして来るかという問題でございますとか、あるいはまた女子の教育程度が高まることがどんな影響を及ぼして来るか、あるいはまた産児制限の普及に伴いまして、いわゆる道徳上いろいろの問題が派生して来るわけでございます。これをいかに処置するかというような点につきまして、産児制度の問題ではいろいろの議論が闘わされておるという状態でございます。そのほか人口調整の全体の問題といたしまして、やはり悪質の遺傳の素質が傳播することを防止する、つまり人口の優生学的な質の向上をはかるということにつきましても、一つの議論といたしまして、いろいろの御意見が出ておる状態でございます。

　　そのほか現在の人口政策の第一段階といたしまして、従来からとられて参りましたいろいろの既成の人口政策的な手段は、この際根本的に放棄せらるべきである。たとえば具体的に申しますれば、家族手当の制度をやめるとか、あるいはまた徴税政策上、扶養家族の控除をやめるとかいうような御意見も出ておるのでございますが、この点につきましては、活発な御意見が出ておるようでございますが、ただいまのところでは少数の御意見のように承りておるのでございます。[7)]

1953年に人口問題審議会（厚生省）が設置されるまでに、優生保護法は2度の改正（1950年と1952年）をみた。本法と家族計画運動によって日本は出生力転換（急激な出生率の低下）を遂げる。その家族計画運動との関わりが前面に出されがちだが、枠組みの構築をはじめとする原理的な面から人口政策の立案を支えたのが、永井と北岡の社会政策観（社会政策的人口政策論〔永井〕と人口対策＝人口政策＋経済政策＋社会政策〔北岡〕）であった。1940年代終わりから1950年代にかけては緊急課題として人口数の調整に重点を置いて取り組まれたが、総人口の問題（どのようにして人口を扶養するか）と職業人口の問題（どのようにして働く能力のある者に職業を与えるか）は別問題であるとともに、両者は複雑に絡み合っている（経済・社会・人口政策によって取り組まれるべき人口調整と人口収容力の問題としての人口問題）という認識に基づいた枠組みで、人口対策が検討・構想されたことに注意が必要である。

4　社会政策における理論と実践

これらの動向と並行して行われたのが社会政策本質論争であり、社会政策学会再建の動きである。といえば人口政策の立案の動向と学説論争は無関係に進んだかのようだが、必ずしもそうではなかった。戦前との連続性を保っていた人口政策の立案の動向および学会再建の動きのなかで「戦前社会政策グループ」と大河内は交わっている。

大河内は（1946年に人口問題研究会内に設置された）人口対策委員会の「人口の収容力及分布に関する部会」（第一部会）の委員に、また（1953年に厚生省に設置された）人口問題審議会の原案作成を担うべく新たに設置された人口対策委員会の委員に名を連ねた。財団法人協調会（1919年の設立当初の常務理事を永井が務め、最後の時期には大河内が理事であった）の後身である学校法人中央労働学園の1946年の創立当初の常務理事に大河内、講師に永井が就いた（1948年6月から、永井は学長も務めている）。また、戦後の社会政策学会の立ち上げに際して北岡は発起人として、永井は旧学会の理事であったことを理由に名誉会員として扱われているのである。[8]

『社会政策学会年報』第1輯　学会記事

一

　終戦以降、社会科学の暗い谷間からの解放に伴い、社会政策部門における研究は他の部門にもまさって活発となった。蓋し、戦後、労働者の「解放」に伴って組合運動は急速な発展を示し、社会政策の分野においても著しい進展が見られ、経済的窮迫も加わって諸々の社会問題が次第に深刻となり、社会政策学徒に対し重大な課題を投じたからに外ならない。このため社会政策の分野における研究は日を経るに従って著るしく発展してきた。

　然し乍ら、新しい課題に対する研究者間の連絡及び研究機関としての学会の結成は、旧来の研究体制の崩壊と混乱に妨げられて、戦後の数ヵ年放置されてきた。然し学会の必要が忘れられていた訳ではない。我々の念頭には明治二十九年に創立された社会政策学会が、その創立以来社会科学の領域において輝やかしい成果をもって活動してきた追憶があった。そして、その輝やかしい伝統にも不拘、同学会は、大正末年内部的な諸事情のためにその活動を停止し、その後多年に亘る沈黙のままに推移してきた周知の事実があったのである。

　かかる間にあって次第に社会科学の研究体制も整備され、二十四年一月に日本学術会議が創立され、従来から存在した学会の活動が活発になるとともに、新しい学会が幾つか発足することとなり、これら諸学会が集って、二十五年一月二十二日には「日本経済学会連合」が結成されるに至った。以上の事情は旧社会政策学会のイデオロギーやその基盤とは異る条件の上に、社会科学の一分科としての社会政策学のための学会設立の気運を著しく昂めるに至った。

　かかる折、この社会政策の分野において二十四年春以降、服部英太郎教授の大河内教授批判の論文を出発点とし、社会政策の本質論をめぐる論争が活発に展開され、論争への参加者も次第に増加し、この論争は社会政策学研究者の関心を惹き、この論争を通じて研究者相互の連絡と理解は深まって行った。かくして学会再建の背景はできあがった。

　その頃（二十五年一月）本質論争についての研究報告のため上京された京都大学、岸本英太郎助教授と大河内一男教授との懇談からたまたま学会創立の話が出、ここに学会創立が正式に日程にのぼることになった。

二

　かくして三月に入り、大河内、岸本両名の名で次の八教授に学会創立に関する案内状が送られ、同月二十六日に初の懇談会が開催された。

　　服部英太郎、井藤半彌、隅谷三喜男、平田冨太郎、藤林敬三、大友福夫、近藤文
　　二、森耕二郎

　ここで学会創立の基本方針を確認、直ちにこの十教授が創立世話人となり、次いで

五月に再び世話人会がもたれ創立総会までに必要な手筈が全て用意されることになった。

　尚この間、先ず旧社会政策学会との関係については旧学会理事、大内兵衛、上野道輔両名誉教授の了解を得、名称と財産を引つぐことになった。そして、新学会としては旧学会理事（大内兵衛、上野道輔、神戸正雄、北澤新次郎、末川博、末弘厳太郎、永井亨※、藤本幸太郎、森荘二郎、森戸辰男—筆者）を名誉会員に推し、特に大内兵衛教授を顧問に推戴することに内定した。次に学会創立の発起人としては、先の十教授のほかに次の諸教授の参加を願うことになった。

　　　有泉　亨、鮎澤　巌、吾妻光俊、後藤　清、早瀬利雄、北岡寿逸※、古林喜楽、
　　　村山重忠、美濃口時次郎、奥井復太郎、末高　信、住谷悦治、鈴木鴻一郎、竹中
　　　勝男、八木助市、山村　喬、山中篤太郎

　更に「社会政策学会設立趣意書」及び学会規約原案が審議決定され、会費及び入会金については、入会金二百円、年会費百円の原案を決定、設立総会及び報告会の日取りと場所を七月八日慶應、九日東大の両大学とし、報告論題は社会保障制度の実施が社会の問題となっていた折柄、先ずこの問題の研究報告をもって新生の社会政策学会は発足することになったのである。

　この間に作成せられた社会政策研究者のリストに基づき、次に掲げる「社会政策学会設立趣意書」とともに、設立総会及び第一回報告大会の通知を発送したのである。

　　　　　　　　　　　［社会政策学会ホームページ：http://www.sssp-online.org（※は筆者）］

　しかしながら、社会政策学者としての永井や北岡と大河内の学問的な意味での（社会政策の概念規定をめぐる）交流は途絶えていたというのが実態であった。人口政策の立案に携わった両者は、日本人口学会（1947年創設、永井は1957年に会長に就任）や人口問題研究会、人口問題審議会、人口問題研究所といった人口問題に関わる組織と深く関わった。少なくとも永井や北岡がリードした1950年代まで、人口政策の立案をめぐる動向と社会政策の学問規定論争とは異なる次元にあったといってよい。

　そのことをめぐって参照されるべきは、岸本による高田や北岡への批判である。『社会政策論の根本問題』（1950年）のなかで岸本は、大河内理論への批判を２つの部類に分けた。１つはその科学性を認めつつの内在的批判であり、もう１つは方法論そのものを否定する超越的な批判である。岸本はその超越的な批判者として、氏原が「戦前社会政策グループ」と名づけた高田や北岡を森戸辰男（もりと・たつお：1888-1984）や福武直（ふくたけ・ただし：1917-1989）と並

ぶ「観念的社会政策論者」と呼んだ。北岡の議論を「社会的正義・社会的公平的」、高田の議論を「階級的懸隔の短縮による自由の実現」と特徴づけた岸本は、それらが資本制的な限定を付す形で社会政策の理念たりうるものの、「社会政策理念たる社会主義を資本制的本質を持つ社会政策と結びつけることができない」という点において社会政策の本質把握を不可能ならしめると批判した。

> 北岡・森戸・高田・福武等の諸氏の社会政策論は、「人格的なるものが労働力として商品化したという」事実に対する道義的「批判」から構想されているのである。かかる事実に対する道義的「批判」なるが故に、そこにさまざまの理念が賦与され、この理念が社会政策論の根幹とならざるを得なかったのである。これらの人々はこの「事実」の論理を科学的に分析する前に、いきなりこの事実に批判を浴びせかけて了ったのである。
>
> これらの人々によって社会政策に賦与された理念は、社会政策の現象形態（労働者保護）が伴い得る様々な観念的衣装の一つであって、彼等はその社会政策論においては、実にその社会政策の現象の中をうろつき廻って、めいめい、そこに尤もらしい説明を加えているのに過ぎないのである。その非科学性をここに銘記すべきである。
>
> ［岸本 1950：376］

「戦前社会政策グループ」をこうして切り捨てた岸本は、大河内に対する超越的な批判を自分自身および社会政策本質論争の土俵と切り離した。この姿勢は、大河内理論を核とする社会政策本質論争の枠組みを象徴している。ここに社会政策論と人口問題研究が交錯するところに形成、発展をみた日本社会政策論の系譜が途絶えた、ないしは、学説的な流れと実践的な流れの統合が拒否されたといってよい。それを機に、学説面では大河内理論の労働力を対象とする社会政策と非労働力を対象とする社会事業（戦後の、社会福祉）の構図に従うような議論が台頭し、それが大河内理論の存在感を強化していったのである。

例えば、社会政策本質論争の後を追うように1950年代にもたらされた社会福祉本質論争は孝橋正一（こうはし・しょういち；1912-1999）の理論を基軸とした。その孝橋の社会福祉論は、大河内理論が前提になっている。というのも、孝橋は資本主義の構造的必然の所産としての社会的諸問題を「社会問題」と、

そこから関係的・派生的に生じる「社会的問題」(無知・怠惰・飲酒・疾病・自殺・麻薬・売春・浮浪など)に分けた。資本主義のメカニズムから生じる労働問題の解決に「社会政策」は不可欠であるがそれには限界があり、それとは別に社会的問題への対処策として「社会事業」を実践することが必要であると主張した。

社会福祉の問題を資本主義体制の構造的矛盾に由来する貧困の再生産に発する政策として捉える孝橋理論(経済貧困化論)に対して、例えば福祉問題は体制の如何にかかわらず人間の社会生活に関わる制度の障害、生活問題として捉える生活的機能論を唱えた岡村重夫(おかむら・しげお；1906-2001)などが論争を挑んだ。孝橋が社会的問題と呼び、あるいは岡村が生活問題と呼んだ社会福祉をめぐる問題は、この時点ですでに元来の社会政策から切り離されてしまった生活問題を中心とする社会問題である。

人口政策立案に向けた動きは、戦後に至っての社会政策と社会福祉を切り分ける矛盾点を浮かび上がらせる。労働＝生活過程における人々、したがって労働者だけでなく消費者、生活者の顔も併せもつ政策対象を、経済的な観点に絞って労働力と非労働力というように区分することは困難がともなう。人口課題の新たな段階への移行と大河内理論の転回が重なる1970年代にもたらされた総合社会政策論(図表7-3参照)は、整合性が見出せない状況にあったといってよい社会政策をめぐる実践と学説の動向に改めて光を当てることになったといえよう。[11]

図表7-3　総合社会政策論

市場経済の機能を前提としたうえで、市場行動によっては充足されえない物的および社会的な欲求充足機会を政府の活動によって作り出すことを指す英米系の系譜を継ぐ「社会政策」(social policy)
↕　　最狭義の社会政策：公的扶助、社会保険を中心とする社会保障政策
最広義の社会政策(＝※総合社会政策)：経済と社会を包含するきわめて広い意味でのトータルな社会システムを対象とする政策
1870年代から20世紀初頭にかけてドイツ歴史学派によって担われた「社会政策」(Sozialpolitik)

出所：[経済企画庁国民生活政策課編 1977：第2章] から筆者作成。

5　むすびにかえて

　繰り返しになるが、戦後労働問題研究へと収斂をみる日本社会政策論は、遡れば社会政策論と人口問題研究が交錯するところに形成、発展をみたといってよい。その学説的な系譜と実践の関連を見出しにくくなるのは、社会政策学会が思想的混乱から休会に陥ってまもなくに生起する大正・昭和初期人口論争を契機としてである。「マルサスかマルクスか」の過剰人口をめぐる不毛な学説論争と、人口政策立案に向けた動きをもたらす本論争以前の社会政策論を、大河内は旧い社会政策論として相対化した。その上に台頭したのが大河内理論である。

　本章が論を進めるに際して重視した氏原によって、「戦前社会政策グループ」と名づけられた高田や永井、北岡の議論は、それぞれの主張に違いはあれ、理論と実践の統合ないしは整合性の問題に意識が向けられていたという点においては共通する。彼らの提起した政策学の科学性や社会政策の枠組みをめぐる議論は、社会政策本質論争を経てかなり後に台頭する総合社会政策論や福祉国家論のなかに組み込まれていく要素を含有していた。というのも、社会政策を総合的な政策体系として捉える観点、また資本主義体制を維持したうえで国民の福祉の増進を最優先しようとする国家体制についての考察という視座に、いち早く取り組んだ論者の1人が北岡であったからにほかならない。

　官僚時代から諸外国の動向に敏感に反応し続けてきた北岡は、『福祉国家の建設―資本主義の変貌と社会主義の幻滅―』（1963年）において、社会政策という概念が思想体系をなさずして社会的良識または社会的良心の発作として体現をみたという観点から、社会問題の解決手段として社会政策を改め、福祉国家の建設を説くようになる。基本的人権の尊重、民主主義の確保のため私有財産、自由企業の原則を承認し、その上にすべての国民の人格の成長を全うしうるごとき社会を建設しようとする「福祉国家の建設は、社会問題の解決策をめぐる各種の思想、各種の運動、各種の政策の多年にわたる激突、成功、失敗の結果、現時において多くの主義、思想の間にほぼ帰一をみるにいたった社会

問題解決のための目標である」［北岡 1963：1］。北岡によれば、資本主義と社会主義の共通点を総括する中心観念となる「福祉国家とはすべての国民の最低生活（ただし診療および教育については最高限）を保障し、かつその福祉を増進することを国のもっとも重要な任務とし、これがためにその資源を使用する社会体制をいう」［北岡 1963：188-189］のである。

公共政策や福祉国家をめぐる議論のなかで社会政策という概念を捉えていこうとする本質論争後の動きは、戦前まで遡る日本社会政策論の系譜と戦後の諸外国がもたらした潮流の合流地点ではないだろうか。社会政策論と人口問題研究が交錯するところに形成、発展をみた社会政策論が、社会政策＝労働問題研究の時代を経て総合社会政策論や福祉国家論へと再編をみる。その一連の流れのなかで、大河内理論を核とする社会政策本質論争の時代を相対化すべきではないだろうか。

1) 社会政策本質論争を詳細に整理、検討されたものとして、中西洋『日本における「社会政策」・「労働問題」研究―資本主義国家と労資関係―』東京大学出版会、1979年、がある。日本社会政策論史におけるその特質などは、玉井金五や武川正吾らによって論じられてきた（玉井金五『防貧の創造―近代社会政策論研究―』啓文社、1992年、武川正吾『社会政策のなかの現代―福祉国家と福祉社会―』東京大学出版会、1999年）。
2) 氏原正治郎「社会政策論争余聞」『大河内一男先生還暦記念論文集〈第1集〉社会政策学の基本問題』有斐閣、1966年。
3) 戦前期の内務行政をめぐる状況については、副田義也『内務省の社会史』東京大学出版会、2007年、に詳しい。
4) 初出は、『経済研究』8-3、岩波書店、1957年。
5) 浅井亜希は、「戦間期の人口問題が戦後の福祉国家形成に大きく影響していること」、「人口問題に対する各国の家族政策の形成プロセスの違いが、戦後の福祉国家モデルの多様性に続くものであること」を主張している。永井や北岡の思想こそは、まさにその観点から注目に値する（浅井亜希「人口問題にみる福祉国家の比較政治―スウェーデン・フランス・イギリス―」『社会政策』2-3、ミネルヴァ書房、2011年）。
6) 山中・美濃口は上田貞次郎の弟子であり、上田の人口問題研究を受け継いだ。特に美濃口は、『人口理論の研究』（中央公論社、1949年）など、人口問題研究に精力的に取り組んだ人物として特筆すべきである。
7) 国会会議録検索システム（http://kokkai.ndl.go.jp/SENTAKU/syugiin/005/0790/00508200790028a.html）から引用（2012年12月20日、アクセス）。
8) 高田は戦時人口政策との関わりを理由に1946年に教員不適格の判定を受けたが、それが解除されるのは1951年に至ってからのことである。社会政策学会の再出発はその間の動き

であった。
9）岸本が「社会政策の単なる社会主義的な解釈論に過ぎなかった」と批判した福武の社会政策論については、玉井金五・杉田菜穂「戦後日本における〈社会学〉系社会政策論の展開—福武直を中心に—」『経済学雑誌』第111巻第 2 号、2010年、で詳しく論じている。社会政策の本質の科学的な把握に拘った岸本は、「政策学は歴史的必然を促進する方途を現実に即して考究するもの」として社会政策を理念なり理想の科学性によって把握しようとした福武の態度とも一線を引いた。
10）岸本はいう。「社会主義への道は、資本主義の内在的法則の貫徹を媒介する 1 つの手段たる資本制国家の行う社会政策によってではなく、資本主義そのものを止揚する階級的諸運動によってのみ可能となるのである。社会政策はむしろ、この社会主義を実現しようとする階級的諸運動を抑制し緩和化する手段として登場するのを常とする。社会政策の本質を把握せんとする社会科学的社会政策論の必要な所以である」［岸本 1950：372］と。
11）「総合社会政策」という概念は、OECD 社会労働局によって1973年に始められたプロジェクトにおいてもたらされた。

第8章
農繁期託児所と社会政策
▶1930年代の一断面

1 はじめに

　本章で取り上げる農繁期託児所は、田植えや稲刈りといった農繁期に放置されがちな農村児童の保護を目的に設置される託児施設である。農繁期に開設される季節託児所として、常設託児所とは区別される。

　戦前期の農繁期託児所をめぐっては、すでにいくつか先行研究がある。例えば松田澄子は、山形県における農繁期託児所に関する資料を詳細に分析し、多くが小学校内に設けられたそれらには子守児童の教育保障という意味合いがあったことを明らかにしている。浅野俊和は、戦時下保育運動の担い手としての保育問題研究会による農繁期託児所研究について考察している。西垣美穂子は、農繁期託児所を含む農村児童保護の戦時政策および農村社会事業運動との関係性について明らかにしている[1]。

　本章の議論に直接関わってくる西垣の研究は、あくまで社会福祉の前身としての社会事業の枠組みで児童保護のあり方を論じている。それに対して、以下では1920年代から30年代における農繁期託児所の形成、普及をめぐって社会政策と社会事業の関係性を問う形で接近したい。それは具体的に、託児事業の農村部への普及という現象に社会政策と社会事業の接続を見出すことである。

　社会政策と社会事業の区別に際して用いられた、その対象が生産関係かそれ以外か、実施主体が公的かそれに限定しないかといった線引きを困難にする託児事業は、社会政策論史を再構築するにおいても貴重な研究材料となる。このような観点から、社会政策と社会事業が区別されていくことの矛盾を表出するような当事業がどのような性格を有していたかに注意を払いながら議論をすす

めよう。

2　農繁期託児所の普及

　農繁期託児所は、季節託児所の一種である。例えば以下のような分類がなされる季節託児所は、農村に限らず季節によって繁閑の差が著しい労働によって生計を立てる人々のニーズに応じて設置される託児所である[2]。

　季節託児所
　　　┌　農繁期託児所（製茶期・田植期・収穫期・園芸出盛り期…）
　　　└　山漁繁忙期託児所（漁業期・加工期・林業期…）

　農繁期託児所に関する資料は限られており、それらは大きく分けて経営法について説いたもの、各地の事例を取り上げるもの、内務省社会局や中央社会事業協会などの統計資料である[3]。ここでは、託児事業に関する概論（理論篇）と事例に沿った経営法（実際篇）に関する記述で構成される『保育事業と農繁託児所』（1934年）と『託児所経営の理論と実際』（1934年）を取り上げる。

　いずれの著者も、社会事業に携わる立場から記述している。前者の著者である山中六彦は託児事業を「残された教育問題」と表現し、「保育事業は単に普通教育の準備といふ様な、軽い意味ではなくて、教育完成のための一段階であり、善良な素質の基礎を作る、人間完成の重要な教育手段であり、健康な子供、純良な幼児を作ることによつて、多忙階級子弟の幸福を増進する施設であり、より健全なる社会を招来するところの企画であることに留意するとき、誰人も此の事業の重大性に内省するであろう」［山中1934：2］と考えていた。

　後者の著者である植村義一郎は、「現在経営せられつつある多くの託児所は、単に労働多忙階級の能率増進経済援助の立場に立脚されたもので、託児所本来の目的たる幼少児の生活保護―保育の上に、尚遺憾な点が少なくない。我国の託児所が列国のものに比しないよう尚不充分の非難ある事も否まれぬ事実と言はねばならぬ。茲に於て、我々託児所経営の実際家は更に進んで合理的保育の実際方法につき研究すべき必要が痛感される」［植村1987：1］とする[4]。このように、両者とも託児所の重要性を意識していた。山中は、戦前期における

208　第Ⅲ部　社会政策論の日本的特質

農繁期託児所をめぐる状況を以下のように述べる。

　託児所は寧ろ幼稚園よりも急角度に普及し、今や全国に約七百の大きを数へるに至り、而もその大部分が私人の篤志に出づるものであり、何れも最も真面目に経営せられ、産業界のためにも、幼児教育のためにも絶大の貢献をなしつつあることは、いかにも快心の次第である。殊に農繁託児所の唱道せられて僅々十余年に過ぎないのに、その普及発達は驚くべき数字を示し、大正十一年の総数僅かに七ヵ所であつたのが同十五年には二百六十八となり、昭和五年には二千に達し、同八年には五千七百四十五ヶ所の多きを示し、昭和九年は約七千五百ヶ所に及んで、尚ほ年々「級数的」に累加されつつあることは寔に斯道のため慶賀にたへぬ次第である。［山中 1934：12-13］

こう解説されるように、農繁期託児所は1930年代を通じて急激に増加した。図表8-1は中央社会事業協会の調査であり、1920年代終わりから増え始めて30年代に驚くべき普及をみる。都市部を中心に普及をみた常設託児所に比して、農繁期託児所の飛躍的な増加がもつ意味は大きかった。

植村によれば、「都市に於ける労働多忙階級及農山漁村に於ける村民の悲惨な生活、窮迫した生活の解決方法の一として生まれたのが託児施設である。殊に数に於て全国に大多数を占め生活上最も救済を要すべき農村の、救済方法の研究、社会問題としての考慮が農繁期託児所設置の結果を見た」［植村 1987：34］。それは託児所設置の目的として経済保護の意義が大きかったことを示唆している。その背後には、1920年代末に生じた世界的不況の影響で深刻さの増した農村の生活問題があった。

常設託児所では「動もすれば世人が之を混同視し、甚しきは幼稚園の認可手続が法制上煩瑣であるため託児所を設置し、子供を集めて幼稚園式の保育をして

図表8-1　農繁期託児所の普及
（1916-33年）

年次	累　計
1916年	1
1920年	2
1921年	4
1922年	7
1923年	24
1924年	48
1925年	130
1926年	268
1927年	549
1928年	921
1929年	1428
1930年	2519（うち、常設419）
1931年	3600
1932年	4800
1933年	5745（うち、常設約550）

出所：［山中 1934：97-98、植村 1987：15-16］から筆者作成。

居るのをさへ見受ける。その結果は名は託児所でありながら、いつの間にか『富有階級の子女』のために乗り取られて、多忙階級の子女は全く影を潜める奇現象を呈する事さへある」［植村 1987：34］状況であった。

　この記述から幼稚園と託児所（教育と保育）の境界をめぐる曖昧さがうかがえるが、農繁期託児所の普及は保護機関としての託児所の性格（「託児事業は、よりよき経済的条件を得しむると共に更に其れ以上に、より根本的な生活そのものの保護救済、即ち不合理生活を余儀なくされつつある乳幼児を保護せんとする所に真の目的が存する。繁忙期に於ける乳幼児は一家の犠牲となり、不安、危険、苦痛の悲惨な境遇に置かれる。之を保護救済することが託児所本来の目的である。此の目的を達成することは、又同時に家族に対して能率増進、生産増加、家計充実、生活安定の実質的経済援助ともなり、両親の乳幼児に対する不安焦慮の一掃殊に母性愛擁護の形式的生活保護ともなる」［植村 1987：35］）を決定づけることになる。

　というのは、当時（都市に対して）農村特有の農村児童問題は「農村悲劇」という表現が付せられて以下のように報道された［山中 1934：101-102］。

○静岡県の某村では姉の子に幼児の子守を命じて、親たちは外で働いて居たが、暑いつれづれに水遊びをして居た際、姉の子は自分の遊ぶ興味に弟の幼児の事は打ち忘れて居たが、不幸その子が溺死したのを見て一度は驚いたが、親から叱られんことを怖れ、その子と一緒にわざと河の中に転げ込んで着物を濡らし、親のところへ走つた。親の驚愕と悲嘆は容易ではなかつた…　　　　　　　　　　　　　　（1929年6月）

○岐阜県某村に於て目下田植準備のため、田圃に立働いて居た二人の親たちが、その夕刻自宅へ帰ろうとして路傍に遊ばしておいた幼児（5歳）が疲れ眠つたところを野犬のため、顔面を食はれて死んで居たのを発見し大騒となり、村人も総掛りでその犬を捕へ、やつと撲殺…　　　　　　　　　　　　　　　　　　　　　　（1931年5月）

○大分県の某村では田植の真盛り3人の子供を持つ夫婦があつた。昼食後も子供をのこし一丁許りの近所の田に働いて居たが、僅に三十分位目を離した間に本年4歳の幼児が溝河に落ちて溺死して居たので大騒となつた…　　　　　　　　　　（1932年6月）

　農繁期託児所は、「余儀なく虐待を受ける農村児童」と表現されたこのような農村に特有の児童問題に対応するべく出現し、新聞報道などでも取り上げられることで加速度的に普及することになったのである。これに労働能率のメ

リットなども加わるとして、山中は農繁期託児所の著しい発達の原因を以下の7点に整理している［山中 1934：105］。
1　一般社会人の児童保護思想の普及
2　婦人運動としての母性愛の自覚
3　社会連帯思想の実際運動化
4　農村経済保護施設の要求
5　経営実際が簡易で素人にも出来ること
6　子供のなつく興味と、効果の目に見える楽しみ
7　子供が喜び家庭が感謝すること

続いて、余儀なく虐待を受ける児童の減少も含むプラスの影響は次の3点に集約されている［山中 1934：172-174］。

Ⅰ　（児童保護の施設として）児童に対する影響
　子供の御行儀がよくなった／食べ物の好悪をいわぬようになった／言葉遣いがよくなった／朝夕及食事の挨拶をするようになった／我儘や悪い癖が直った／手を洗う習慣がついた／子供の健康を増した／因循（＝引っ込み思案）の習癖が直った／共同心が養われた／買食の癖が直った／友愛の心が養われた／弟妹をいたわる様になった／神仏を拝むようになった／人見知りが直った／快活になった
Ⅱ　（経済保護の機関として）家庭に及ぼす影響
　労働能率を増進した／安心して働けて本当に嬉しかったよかった／子供の幸福が家庭を平和に導いた／親たちが却て子供から教えられた／一家の経済を助けた
Ⅲ　（隣保事業として）社会に及ぼす影響
　農村に社会事業の種を播いた／地方によっては地主と小作人の関係を親密にした／共存共栄の実物教育となった／農村の経済的利益を増進した／隣保親善の実をあげた

これらのうちⅢは、「社会事業」の理念的転換であるとしている。慈善、救済といったような恩恵的思想に基づく施設を「昔の社会事業」と呼び、それに対して農繁期託児所の思想的基盤は社会連帯の思想に基づくという。山中はその社会連帯思想を、「不幸な一人を見る時、その不幸の事実の責任或は原因の一部分を自分も負はんとする思想で、社会の欠陥をも社会人共同の責任と考へ、人を救済するのではなく自らの責任を反省しその責を塞ぐべく、愛の手を

のばす所謂共存同栄の相互扶助の関係」［山中 1934：107］と定義している。

　他方、植村は経営関係者や保護者、町村民から集めた託児所の効果（影響）を以下の点にまとめている［植村 1987：54-61］。

　1　幼児の生活向上
　　保健衛生上
　　①　子供の体格が良くなる。
　　②　因循であったのが快活になり健康が増進する。
　　③　託児所のなかった当時は梅雨から土用にかけてよく胃腸を患ったが、入所はほとんど之が治る。
　　④　買食の癖が改まって体の為によい。
　　⑤　食事の時よく噛むようになる。
　　⑥　唱歌や遊戯を好んでするようになるから快活さが増す。
　　躾の上に
　　①　用便後や食前に手を洗う習慣がつく。
　　②　副食物に好悪を言わないようになる。
　　③　食前食後、朝夕、出入に挨拶をするようになる。
　　④　食後に含嗽をするようになる。
　　⑤　言葉遣いや行儀がよくなって来る。
　　⑥　友愛の情が強くなり喧嘩をしないようになる。
　　⑦　おやつ代をねだらないようになる。
　　⑧　神仏を拝むようになる。
　2　能率の増進（家庭の上に）
　　①　愛児の不祥事に対する不安が一掃され、安心して業務に熱中される。
　　②　足手纏にならないので仕事が順調に捗る。
　　③　生産が増加する。
　　④　精神苦が除かれる為多忙労働に従事しても疲労の度が少ない。
　　⑤　一家が平和に暮らせる。
　3　社会政策上
　　①　小児伝染病其の他の発病が減少する。
　　②　幼児の躾の上に表れる効果は不良少年の数を減ずる因になる。
　　③　火災其の他の事故が減少する。
　4　教育上
　　①　小学校児童が子守の為欠席し又乳幼児同伴出席して、学習能率を減殺されていた悪弊が除かれる。
　　②　託児所生活によって、共同訓練団体訓練を指導されている結果、小学校入学当

初の教育がし易い。
5　農村問題の上に
　① 小作争議思想が除かれる。
　② 融和協同の概念が助長される。
　③ 社会事業に対する理解を深め感謝の念を厚くする。
　④ 農村の経済向上。
　⑤ 経済更生計画樹立の一方法となる。
6　悪影響
　① 吃音の子供と遊ぶ為吃音になる。
　② トラホーム、虱、腫物、百日咳がうつる。
　③ 弁当携行の託児所では弁当が競争的になって、家庭で麦飯を嫌ったり副食物の小言を言うようになる。
　④ 保育に不公平がある。
　⑤ 保育料徴収の託児所では誤解や疑問が生じる。
　⑥ よい着物を着たがるようになる。
　⑦ 豆炒りばかりやっていた家庭で、間食に菓子を欲しがるようになって困る。
　⑧ 趣旨が不徹底の場合村民に誤解が生まれる。

　農繁期託児所の実情を知りうる統計資料もみておこう。**図表8-2**は開設期間に関する、**図表8-3・8-4**は開設場所と経営主体に関する統計である。また、**資料8-1**は農繁期託児所の広告ビラ（例）である。
　農繁期託児所は、幼稚園と違って設立に際して特別な認可が求められなかった。したがって経営者は寺院、学校、婦人会、農会組合、宗教団体、神職、稀なケースでは女学校、方面委員、個人などもあったとされる。サービスを提供する者に特別な資格が求められることもなかったが、その点については、なるべく母の経験がある人を主に、女子青年などが助手を務めるべきこと、受託児童は3歳から7歳までを原則とし、例外的に乳幼児を受託する場合は「母親は時を定めて必ず授乳に来ること」「母親のいる場所を明瞭に申し出ておくこと」などの条件が定められたという。
　提供される保育サービスに関しては、幼稚園と違いはなかった。1922年に幼稚園令で定められた幼稚園の保育内容は「遊戯・唱歌・観察・談話・手技」であるが、農繁期託児所の保育内容もそれに沿ったもので、幼稚園との違いは

図表 8-2　農繁期託児所開設期間

期間	施設数
1週間以内	655
2週間以内	1,226
3週間以内	530
1ケ月以内	412
2ケ月以内	162
3ケ月以内	24
4ケ月以内	2
5ケ月以内	4
6ケ月以内	9
7ケ月以内	6
8ケ月以内	8
10ケ月以内	2
計	3,040　（うち不明69）

図表 8-3　開設場所（1930年の統計）

開設所	施設数
寺　院	1014
学　校	746
特設託児所	5
食堂、神社、住宅、教会	658
不　明	96
合　計	2519

出所：［山中 1934：110］から筆者作成（調査主体は不明）。

出所：［山中 1934：123］から筆者作成（内務省社会局の調査。調査時期は不明。漁村に設置された漁繁期託児所なども含むものと思われる）。

図表 8-4　農繁期託児所経営主体

1　公私設別

経営主体		施設数
公設（市町村）		458
私設	団体	1710
	個人	351
	計	2061
合　計		2519

注：1930年の統計
出所：［山中 1934：109-110］（調査主体は不明）から筆者作成。

2　経営主体別

経営主体	託児所数
寺院仏教団	144（29％）
婦人団体	130（26％）
市町村区	52（10％）
学　校	35（ 7％）
数団体連合	25（ 5％）
その他	107（22％）

注：大阪朝日新聞社の1929年より1933年に至る表彰795託児所の経営主体別表
出所：［植村 1987：43］から筆者作成（その他は農会、組合、方面助成会、済生会、個人、神官等。795託児所に対して経営主体493であるのは、一経営主体のもとに数か所の託児所が開設されているため）。

「短期であること」「年少児」が多いことであったという。幼稚園と大きく異なるのは経費の問題であり、保母が素人であること、既存の施設を使うために設備費等はいらないことなどからして農繁期託児所の運営は無料主義が望ましいとされた（図表 8-5参照）。

資料8-1　農繁期託児所の広告ビラ例

```
第○回　農繁託児所の開設

                                    ○○村○○託児所

 本年も例年の如く皆さまのお忙しい間お子さんをお預かりいたします。可愛いお子さんの幸福のため、国のみ寶のためご面倒ながら御共鳴をねがひます。
    ・託児所は児童保護の事業なり
    ・託児所は共存同栄の事業なり
    ・託児所は隣保教化の事業なり
 期　間…6月15日より24日迄10日間
 費　用…一切不要（或は白米2升）
 年　齢…3歳から7歳までの健康児
 時　間…朝は6時から夕方は7時まで
 昼　食…お昼はさしあげます（或は弁当携帯）
 おやつ…午前と午後と二回あげます
 服　装…必ず平常着のこと
```

出所：[山中 1934：116-117] から筆者作成。

図表8-5　経費収支一覧（1933年の統計）

		市町村	団体	個人
収入	経費補助	15,74	12,38	14,40
	町村補助	-	10,80	5,36
	市町村費	26,03	-	-
	事業収入	1,83	4,50	4,30
	寄付金	8,82	16,25	16,66
	その他	13,49	19,39	29,21
	計	65,91	63,32	69,93
支出	事務費	16,50	17,09	15,01
	保育費	34,80	31,62	35,85
	その他	11,12	14,13	19,05
	計	62,42	62,84	69,91

出所：[山中 1934：168] から筆者作成。単位、円。すべて平均額。

　このような実情を踏まえて、植村は託児所と幼稚園の関係性を**図表8-6**のように整理している。

図表8-6　託児所と幼稚園の異同

	託児所	幼稚園
場　所	主として借用造営物	独立造営物
年　齢	7歳以下の乳幼児	4歳より6歳までの幼児
期　間	多く繁忙期	常設
家　庭	主に中産以下の多忙階級	主として中産以上の階級
内　容	体位の保護向上 良習慣の躾	体位の保護向上 知情意の練磨
目　的	乳幼児の生活保護（目的） 家庭の経済援助（出発点）	幼児の教育（目的） 家庭の教育補助（出発点）
設立要件	認可不要（社会救済事業）	認可要（教育機関）

出所：[植村 1987：12] から筆者作成。

3　農繁期託児所の位置づけ（Ⅰ）

　これまでみてきたように、農繁期託児所は1930年代を通じて急速な普及をみた。この動向は幼稚園と託児所の境界、さらには社会政策と社会事業の線引きに影響を与えたと考えられる。そのことを示すには、幼児教育（幼稚園）と幼児保育（託児所）の史的展開の確認から始めなければならない。

　1871年は文部省が創設された年であるが、その年に混血児の養育と女子教育を目的とする「亜米利加婦人教授所」が横浜に開設されている。アメリカ人宣教師によって運営された当施設が、黎明期にあった日本の幼児教育・幼児保育事業の成立に与えた影響は大きかったとされる[5]。この時点で児童政策としての幼児教育と幼児保育は未分化であったが、その後両者は教育施設としての幼稚園と、福祉施設としての託児所と役割分担される形で分離されていく。

　1872年に公布される学制は、全国を8の大学区、各大学区を32の中学区、各中学区を210の小学区に分け、それぞれに大、中、小学校を置くという方針をとった。その小学校の規定の中に「幼稚小学」の項があり、「幼稚小学ニ男女ノ子弟六歳迄ノモノ小学ニ入ル前ノ端緒ヲ教ヘルナリ」と小学校の一部として

規定されているのが、後に幼稚園と呼ばれる幼児教育である。

「幼稚小学ハ男女ノ子弟六歳迄ノモノ小学ニ入ル前ノ端緒ヲ教ル」教育機関とされる「幼稚小学」は、1875年に京都上京第三十区第二十七番組小学校（現在の、京都市立御池中学校）に付設された「幼稺遊嬉場（ようちゆうきじょう）」として体現する。「遊戯中ニ於テ英才ヲ養ヒ庶幾クハ他日勉学ノ基トナラン」ことを目的とする当施設では、受け入れ年齢は問わないなどの曖昧さを残した施設ではあったが、ここに日本における幼児教育史の原点が認められる。

「幼稚園」を最初に名乗ったのは、1876年に開園した東京女子師範学校附属幼稚園（現在の、お茶の水女子大学附属幼稚園）であり、これが日本で最初の幼稚園とされている。「幼稚園開設ノ主旨ハ学齢未満ノ小児ヲシテ、天賦ノ知覚ヲ開達シ、固有ノ心思ヲ啓発シ、身体ノ健全ヲ滋補シ、交際ノ情誼ヲ暁知シ、善良ノ言行ヲ慣熟セシムルニ在リ」という目的を掲げる当園では3歳からの3年保育が実施された。私立として最初の幼稚園は、それから10年後の1886年に金沢市に開園された英和幼稚園（現在の、北陸学院短期大学附属幼稚園）である。

図表8-7として示したように、1899年には幼稚園に関する最初の独立規定となる「幼稚園保育及設備規定」が定められる。「幼稚園ハ満3歳ヨリ小学校ニ就学スルマデノ幼児ヲ保育スル所」であり「幼児ヲ保育スルニハ其心身ヲシテ健全ナル発育ヲ遂ゲ善良ナル習慣ヲ得シメ以テ家庭教育ヲ補ハンコトヲ要ス」とされる幼稚園は、3歳から学齢までの幼児に、心身の健全な発育と善良な習

図表8-7　戦前期における幼児教育と幼児保育の分化

幼児教育（幼稚園）	幼児保育（託児所）
1899年　幼稚園保育及設備規定	
	1908年　内務省による「成績優良なる民間社会事業団体への奨励金助成」の対象に
1922年　幼稚園令	
	1938年　社会事業法
	1946年　旧生活保護法
1947年　学校教育法	1947年　児童福祉法

出所：筆者作成。幼稚園令と社会事業法については、資料8-2、8-3を参照。

慣を養い、家庭教育を補う保育をするものと規定された。保育の内容は、遊戯・唱歌・談話・手技の4項目と定められている。

1922年には、「幼稚園令」が幼稚園単独の法令として公布される。「幼稚園ハ幼児ヲ保育シテ其ノ心身ヲ健全ニ発達セシメ善良ナル性情ヲ涵養シ家庭教育ヲ補フヲ以テ目的トス」とされる幼稚園は、幼児の心身の健全な発達と善良な性情を養うことと家庭教育を補うことをその目的に掲げた（**資料 8 - 2 参照**）。この「幼稚園令」の制定によって、「遊戯・唱歌・観察・談話・手技トス」と定められた保育内容など、サービス面では幼稚園に準ずる施設でありながら幼稚園と区別されることになるのが託児事業であった[6]。

その原点における「託児所」という呼称が象徴するように、幼児保育は子守児童や就労婦人のための事業としてスタートする。1890年に新潟で開設された「静修女学院附設託児所」（「新潟静修学校」付設の託児所）が最初とされるそれは、子守をしながらでなければ学校に通うことができない子どもたちを対象に開設されたものである。児童が背負ってくる幼い弟妹を授業の妨げにならないように別室で保護するための当施設は、後に地域の就労婦人の要請に応えて「守孤扶独幼稚児保護会」へと展開する。

このような子守学級としての性質を併せもつ学校は、先にその実情を取り上げた農繁期託児所の原型でもあり、同年に鳥取では季節託児所としての農繁期託児所が開設されたという記録もある。それに対して、例えば1894年に大日本紡績株式会社が女性労働力の確保を目的として工場付設の託児所を設置するなど、紡績工場や炭鉱などにも託児所が普及する。このような動向を受けて、1908年に託児事業は内務省管轄の「感化救済事業」として位置づけられることになった[7]。

1909年からは、民間社会事業団体への補助金交付事業の対象として託児所の運営に対する政府からの補助が始まっている。これによって、託児所が本補助の対象とする「青少年の非行防止や労働者の家庭改善等のための事業」に位置づけられることになる。この時点で託児所が治安対策、ないしは生活改良事業の枠組みで把握されたことになったのだが、託児所が法的にその位置づけを規定されるに至るのは、1938年の社会事業法においてである（**資料 8 - 3 参照**）。

資料8-2　幼稚園令（1922年、勅令第74号、全文）

第一条　幼稚園ハ幼児ヲ保育シテ其ノ心身ヲ健全ニ発達セシメ善良ナル性情ヲ涵養シ家庭教育ヲ補フヲ以テ目的トス
第二条　市町村、市町村学校組合及町村学校組合ハ幼稚園ヲ設置スルコトヲ得
　　市町村、市町村学校組合及町村学校組合ハ前項ノ規定ニ依リ幼稚園ヲ設置スル場合ニ於テ費用ノ負担ノ為学区ヲ設クルコトヲ得
第三条　私人ハ本令ニ依リ幼稚園ヲ設置スルコトヲ得
第四条　幼稚園ハ小学校ニ附設スルコトヲ得
第五条　幼稚園ノ設置廃止ハ地方長官ノ認可ヲ受クヘシ
第六条　幼稚園ニ入園スルコトヲ得ル者ハ三歳ヨリ尋常小学校就学ノ始期ニ達スル迄ノ幼児トス但シ特別ノ事情アル場合ニ於テハ文部大臣ノ定ムル所ニ依リ三歳未満ノ幼児ヲ入園セシムルコトヲ得
第七条　幼稚園ニハ園長及相当員数ノ保姆ヲ置クヘシ
第八条　園長ハ園務ヲ掌理シ所属職員ヲ監督ス園長ノ資格ニ関スル規程ハ文部大臣之ヲ定ム
第九条　保姆ハ幼児ノ保育ヲ掌ル
　　保姆ハ女子ニシテ保姆免許状ヲ有スル者タルヘシ
第十条　特別ノ事情アルトキハ文部大臣ノ定ムル所ニ依リ保姆免許状ヲ有セサル女子ヲ以テ保姆ニ代用スルコトヲ得
第十一条　保姆免許状ハ地方長官ニ於テ保姆検定ニ合格シタル者ニ之ヲ授与シ全国ニ通シテ有効トス
　　保姆検定ハ小学校教員検定委員会ニ於テ之ヲ行フ
　　保姆ノ検定及免許状ニ関スル費用ハ北海道地方費又ハ府県ノ負担トス
　　保姆ノ検定及免許状ニ関スル規程ハ文部大臣之ヲ定ム
第十二条　幼稚園ノ職員ニ関シテハ小学校令第四十四条乃至第五十条ノ規定ヲ準用ス
第十三条　幼稚園ノ設置廃止、保育項目及其ノ程度、編制並設備ニ関スル規程ハ文部大臣之ヲ定ム
第十四条　幼稚園ニ於テ保育料入園料等ヲ徴収セムトスルトキハ公立幼稚園ニ在リテハ管理者ニ於テ私立幼稚園ニ在リテハ設立者ニ於テ地方長官ノ認可ヲ経テ其ノ額ヲ定ムヘシ之ヲ変更セムトスルトキ亦同シ
　附則
本令施行ノ際現ニ存シ小学校令ニ依リ設置セラレタル幼稚園ハ本令ニ依リ設置セラレタルモノト看做ス
本令施行ノ際現ニ幼稚園ノ保姆ノ職ニ在ル者ニシテ小学校ノ本科正教員タルヘキ資格ヲ有スルモノニハ地方長官ハ保姆検定ヲ経スシテ保姆免許状ヲ授与スルコトヲ得

出所：［中野文庫 2012］から筆者作成。

　このように託児所の法的規定は幼稚園に比べて時間を要しているが、その間に相当する1922年の幼稚園令から1938年の社会事業法の制定に至る時期にこそ農繁期託児所が普及、定着をみたのである。もちろんそれ以前から幼児教育（幼稚園）と幼児保育（託児所）の分化は進んでいたが、農繁期託児所の普及と

資料 8-3　社会事業法（1938年、法律第59号、全文）

第一条　本法ハ左ニ掲グル社会事業ニ之ヲ適用ス但シ勅令ヲ以テ指定スルモノニ付テハ此ノ限ニ在ラズ
　　一　養老院、救護所其ノ他生活扶助ヲ為ス事業
　　二　育児院、託児所其ノ他児童保護ヲ為ス事業
　　三　施療所、産院其ノ他施薬、救療又ハ助産保護ヲ為ス事業
　　四　授産場、宿泊所其ノ他経済保護ヲ為ス事業
　　五　其ノ他勅令ヲ以テ指定スル事業
　　六　前各号ニ掲グル事業ニ関スル指導、連絡又ハ助成ヲ為ス事業
第二条　社会事業ヲ経営スル者其ノ事業ヲ開始シタルトキ又ハ之ヲ廃止セントスルトキハ命令ノ定ムル所ニ依リ其ノ旨事業経営地ノ地方長官ニ届出ヅベシ
第三条　地方長官ハ社会事業ヲ経営スル者ニ対シ保護ヲ要スル者ノ収容ヲ委託スルコトヲ得
　　前項ノ規定ニ依リ委託アリタル場合ニ於テ社会事業ヲ経営スル者ハ正当ノ事由アルニ非ザレバ之ヲ拒コトヲ得ズ
第四条　地方長官ハ社会事業ノ施設ニ収容セラレタル者ノ処遇上必要アリト認ムルトキハ社会事業ヲ経営スル者ニ対シ其ノ施設ニ属スル建物又ハ設備ノ改良ヲ命ズルコトヲ得
　　社会事業ヲ経営スル者前項ノ規定ニ依ル処分ニ従ハザルトキハ地方長官ハ当該建物又ハ設備ノ使用ヲ禁止シ又ハ制限スルコトヲ得
　　前項ノ規定ニ依ル処分ハ予メ戒告スルニ非ザレバ之ヲ為スコトヲ得ズ但シ急迫ノ事情アル場合ニ於テハ此ノ限ニ在ラズ
第五条　社会事業ヲ経営シ又ハ経営セントスル者其ノ事業ノ経営ニ必要ナル資金ヲ得ル為寄附金ヲ募集セントスルトキハ事業経営地ノ地方長官ノ許可ヲ受クベシ
　　一　前項ノ場合ニ於テ事業経営地ガ二以上ノ道府県ノ区域ニ渉ルトキハ主務大臣ノ許可ヲ受クベシ
　　二　前二項ノ規定ニ依ル許可ニハ条件ヲ附スルコトヲ得
　　三　第一項又ハ第二項ノ規定ニ依リ寄附金ヲ募集シタル者（当該事業ノ承継者ヲ含ム）ハ命令ノ定ムル所ニ依リ其ノ収支ヲ寄附金募集ノ許可ヲ受ケタル官庁ニ報告スベシ
　　四　第一項又ハ第二項ノ規定ニ依リ寄附金ヲ募集シタル者（当該事業ノ承継者ヲ含ム）ハ其ノ寄附金又ハ之ニ依リ得タル財産ノ処分ニ付寄附金募集ノ許可ヲ受ケタル官庁ノ許可ヲ受クヘシ
第六条　地方長官ハ監督上必要アリト認ムルトキハ社会事業ヲ経営スル者ニ対シ其ノ事業ニ関スル報告ヲ為サシメ、書類帳簿ノ提出ヲ命ジ、実地ニ就キ業務若ハ会計ノ状況ヲ調査シ又ハ事業ノ経営ニ関シ指示ヲ為スコトヲ得
第七条　社会事業ヲ経営スル者本法若ハ本法ニ基キテ発スル命令又ハ之ニ基キテ為ス処分ニ違反シタルトキ又ハ其ノ事業ノ経営ニ関シ著シク不当ノ行為アリタルトキハ主務大臣ハ中央社会事業委員会ノ意見ヲ聞キ其ノ者ニ対シ本法ノ適用ヲ受クル社会事業ヲ経営スルコトヲ禁止シ又ハ制限スルコトヲ得
第八条　中央社会事業委員会ニ関スル規程ハ勅令ヲ以テ之ヲ定ム
第九条　道府県ハ命令ノ定ムル所ニ依リ地方社会事業ニ関スル重要事項ヲ調査審議セシム為地方社会事業委員会ヲ設置スルコトヲ得
第十条　社会事業ヲ経営スル者第二条ノ規定ニ依ル事業開始ノ届出ヲ為シタルトキハ道府県、市町村其ノ他ノ公共団体ハ其ノ社会事業ノ用ニ供スル土地又ハ建物ニ対シテ租税其ノ他ノ公課ヲ課スルコトヲ得ズ但シ有料ニテ之ヲ使用セシムル者ニ付テハ此ノ

限ニ在ラズ
第十一条　政府ハ社会事業ヲ経営スル者ニ対シ予算ノ範囲内ニ於テ補助スルコトヲ得
第十二条　社会事業ヲ経営スル者左ノ各号ノ一ニ該当スルトキハ前条ノ規定ニ依ル補助ヲ取消シ又ハ既ニ交付シタル補助金ノ全部若ハ一部ノ返還ヲ命ズルコトヲ得
　一　事業ノ全部又ハ一部ヲ廃止シタルトキ
　二　補助ノ条件ニ違反シタルトキ
　三　本法若ハ本法ニ基キテ発スル命令又ハ之ニ基キテ為ス処分ニ違反シタルトキ
第十三条　主務大臣地方ノ情況ニ依リ特別ノ必要アリト認ムルトキハ中央社会事業委員会ノ意見ヲ聞キ道府県又ハ勅令ヲ以テ指定スル市ニ対シ社会事業ノ経営ヲ命ズルコトヲ得
第十四条　左ノ各号ノ一ニ該当スル者ハ五百円以下ノ罰金ニ処ス
　一　第五条第一項又ハ第二項ノ規定ニ依ル許可ヲ受ケズシテ寄附金ヲ募集シタル者
　二　第五条第三項ノ規定ニ依ル許可ノ条件ニ違反シテ寄附金ヲ募集シタル者
　三　第五条第五項ノ規定ニ依ル許可ヲ受ケズシテ寄附金又ハ之ニ依リ得タル財産ヲ処分シタル者
　四　第七条ノ規定ニ依ル禁止又ハ制限ニ違反シテ社会事業ヲ経営シタル者
第十五条　第五条第四項ノ規定ニ依ル報告ヲ為サズ又ハ虚偽ノ報告ヲ為シタル者ハ三百円以下ノ罰金ニ処ス
第十六条　社会事業ヲ経営シ又ハ経営セントスル者ハ其ノ代理人、戸主、家族、同居人、雇人其ノ他ノ従業者ガ其ノ業務ニ関シ本法ニ違反シタルトキハ自己ノ指揮ニ出デザルノ故ヲ以テ其ノ処罰ヲ免ルルコトヲ得ズ
第十七条　本法ノ罰則ハ社会事業ヲ経営シ又ハ経営セントスル者ガ法人ナルトキハ理事其ノ他ノ法人ノ業務ヲ執行スル役員ニ、未成年者又ハ禁治産者ナルトキハ其ノ法定代理人ニ之ヲ適用ス
　附則
1　本法施行ノ期日ハ勅令ヲ以テ之ヲ定ム
2　本法施行ノ際現ニ社会事業ヲ経営スル者ハ本法施行ノ日ヨリ三月以内ニ第二条ノ規定ニ依ル届出ヲ為スベシ
3　第五条ノ規定ハ社会事業ヲ経営シ又ハ経営セントスル者ニシテ本法施行ノ際現ニ寄附金募集ニ付行政官庁ノ許可ヲ受ケ募集中ノモノニ対シテハ之ヲ適用セズ

出所：［中野文庫 2012］から筆者作成。

　いう動向は託児所の法的規定を促すとともにその性格づけを決定的なものとしている。というのは、農繁期託児所の普及がみられる以前の託児所はその性格において大変なバラつきがみられていた。
　例えば、1920年代には都市部を中心に公立の常設託児所の普及もみられた。夫婦共働きの工場労働者の生活安定を主眼において1919年に大阪市に設置された鶴町第一託児所は最初の公立の託児所であり、翌年の1920年には京都市、1921年には東京市で設置をみた。これらの都市部で体現した託児所と農繁期託

児所を比べるだけでも、その目的や運営主体などのあらゆる点において多様性がみられた。

そのような背景のなかで、急速な普及をみた農繁期託児所は託児所の象徴的な存在となり、教育的常設的施設としての幼稚園に対して救済的季節的施設としての託児所の特徴が前面に出されることになる。その結果として、「児童保護事業」だけでなく「経済保護事業」や「隣保事業」としての意義にも重きがあるものとして、よりハッキリとその輪郭が描かれるに至ったのである。

4　農繁期託児所の位置づけ(Ⅱ)

農繁期託児所の普及と託児所の法的位置づけに至る過程は、1930年代を通じて社会政策と社会事業が概念的に区別されていく過程とも呼応している。農村に実践としての社会政策が普及をみたことと、概念としての社会政策と社会事業の関係性をどう把握すればよいかという問いは密接に関連しているのである。

というのは、実践という観点でいえば都市で先行して実現をみた社会政策が農村へと広がりをみるという状況のなかに定着をみたのが社会事業の概念である。その区別を一層徹底させるきっかけになったのが、大正・昭和初期人口論争（1926-33年）である。経済学者を中心とする学説論争に収斂することになるそれは、社会政策の対象を資本主義社会の構造的な矛盾や欠陥から発生する問題としての社会問題に限定する方向へと向かった。その延長上に台頭した大河内社会政策論は、マルクス主義的な立場（資本家階級と労働者階級といった視点）から定義される労働問題を核とする社会政策論である。

それに対して、農村の現実は経済的困窮をはじめとする生活問題としての社会問題が露呈していた。学説という観点からいえば、当時の農村社会問題をみる視点は戦後社会病理学や社会福祉学と呼ばれる領域へと連なるものである。資本主義の構造的特質をめぐる問いとは一定の距離をおくそれは、個人の特質や家族、職場、地域などの社会関係に起因する逸脱行動や社会的不適応といった病理現象として表出する生活問題への治療ないしは予防をめぐる議論として

もたらされた。

　戦前にその前史ともいうべき議論を展開したのが、厚生学の提唱という形でその学問化を試みた海野幸徳（うんの・ゆきのり：1879-1955）、社会政策と社会事業の区別を論じた戸田貞三（とだ・ていぞう：1887-1955）、山口正（やまぐち・ただし：1887-1943）らである。社会学に基づく彼らの議論は、〈経済学〉系に対して〈社会学〉系と名づけうる社会政策論者である。人口論争を機に経済学的な議論に偏っていった社会政策学界にあって、彼らの議論は社会事業論として展開をみることになった。

　論者によって多少の差異はみられたものの、生活問題に主眼を置いた社会事業論は大河内社会政策論が影響力をもっていく過程から離反する形で社会政策と社会事業の差異化を支持するものとして展開した（図表8-8参照）。あるいは、本章でクローズアップした農繁期託児所をはじめとする実践としての社会事業に理念を付与するような役割も果たした彼らの議論は、経済学的な議論に収斂をみた大河内による社会政策定義とは距離を取らざるをえないものであった。

図表8-8-1　（海野幸徳による）社会政策と社会事業

	社会政策	社会事業
目　標	共同福祉	
対　象	階級的全体	集団、国民というような「ゆるやかな」全体
性　質	法的規範	法的規範と自由な愛の結合

出所：[海野 1931：82-86] から筆者作成。

図表8-8-2　（戸田貞三による）社会政策と社会事業

	社会政策	社会事業
目　的	人々の生活要求の実現を期する	
主　体	公権力	必ずしも公権力に拠らない
根　拠	社会人の共同感情・互助の精神＋公の強制力	社会人の共同感情・互助の精神

出所：[戸田 1931：1-2] から筆者作成。

図表 8-8-3 （山口正による）社会政策と社会事業

	社会政策	社会事業
目的1	社会の均斉的、全一的、調和的発達	
目的2	支配階級を厭へんとする	被支配階級を引き上げんとする
対象1	社会問題（社会の均斉的、一体的或は全一的発達の過程の常態に於ける諸問題＝「常態に於ける社会の発達上の諸問題」）	社会福利問題（常態ではない社会の疾病の治療と予防＝「社会の病態の治療又は予防」）
対象2	主として社会を構成する階級	主として個人
手法	主として立法的手段	主として行政的又は自助的方法
関係	社会事業は社会政策を助成する関係	

出所：［山口 1928：5-6］から筆者作成。

　その〈社会学〉系論者の、いいかえれば生活問題を中心とする社会政策論の位置を1930年代の状況のなかで明確に浮かび上がらせるのはきわめて困難である。その要因の1つとして、戦時下という特異な状況を前に大河内が生活問題を厚生問題といいかえることでもたらされた（戦時）生活問題論がある。

　大河内は戦争経済の統制化が進展しつつあった当時、その中心目標が軍需生産力の拡充におかれる状況において国民生活は戦争経済の循環を離れてはありえないと考えた。その枠組みで議論される生活問題は、保健・衛生の分野についていえば「戦時経済下においては重要産業内に結集された勤労者及び女子動員の結果、職場に進出しはじめた女子挺身隊員の保健問題」であり、教養・娯楽の分野についていえば「大量に動員された青少年工に対する教養・娯楽指導の問題」であるというように「軍需生産力の人間的担い手によって営まれる生活」こそが生活問題の核心であるとした。

　その「軍需生産力の人間的担い手によって営まれる生活」は、大河内によれば「勤労生活」と「消費生活」の2分野から形成される。戦時下においてすべての国民は原則として働く国民でなければならず、そこでの消費生活（＝衣・食・住、教養・娯楽、医療・衛生等から成り立つ生活）は「働く国民たる資格を維持するために不可欠なもの」、いいかえれば勤労生活のためのものとしてこそ有意味な存在となる生活とみなされた。このように規定された「勤労生活」と

図表 8-9 （大河内一男による）社会政策と社会事業

	社会政策	社会事業
目　的	労働力の保全・培養	非社会的性格者等の救済指導
対　象	労働者（勤労者）	勤労能力をもたない人々
性　質 （厚生の領域）	経済内的厚生	経済外的厚生

出所：［小山 1944：8-13］から筆者作成。

「消費生活」を対象とする社会政策論の展開は、社会事業をいっそう低位におくことになる。それは、大河内によって**図表 8-9**のように区別された。

　このように、戦時下に生活問題が厚生問題と読み替えられることで、社会政策と社会事業の差異化という流れはいよいよ強化された。そのような学説的な流れとは別に、本章でクローズアップした農繁期託児所はまさに本来の意味での生活問題への対処策として、したがって〈農村〉社会政策として普及をみたのである。資本主義体制の影響にとらわれないこの実践は、不況の影響によって農村で深刻化した生活問題への着目がもたらしたものである。この生活問題の解消という視点は〈社会学〉系の社会政策論の特徴であり、海野幸徳や山口正らは実践家としても児童保護事業の普及に力を尽くした。

　〈社会学〉系社会政策論者の問題関心は、あえていえば非成年男性を取り巻く領域にあった。社会問題の発生原因として経済的な要因だけでなく社会的ないしは心理的な要因を重視する観点は、当時多くの専門家が陥った社会政策と社会事業を区別しようとする議論の矛盾を浮き彫りにする。それを示すのに、児童を対象とする政策領域は恰好の材料というべきである。（当時は、婦人労働と呼ばれた）女性労働、児童労働や児童虐待、少年非行、棄児といった問題への対処であるそれは、対象が生産関係かそれ以外か、実施主体が公的かそれに限定しないかといった線引きを困難にする。

　戦前の児童社会政策の主な流れに言及しておくと、地域のニーズに応じる形での託児所の普及から社会事業法（1938年）への法的規定に至る動きと、人口問題や児童保護をめぐる議論に支えられて成立する児童虐待防止法や少年教護法の形成（1933年）に至る動きを見出すことができる。この２つの流れは、戦

図表 8-10　児童社会政策をめぐる戦前と戦後

```
児童保護事業（託児所のち、保育所）の法的規定
    1938年　社会事業法　　　→　1946年　旧生活保護法　　→　1947年　児童福祉法

児童虐待防止事業の法的規定
    1933年　児童虐待防止法　　　　　　　　　　　　　　　→　1947年　児童福祉法

感化事業の法的規定
    1933年　少年教護法　　　　　　　　　　　　　　　　　→　1947年　児童福祉法

幼稚園の法的規定
    1922年　幼稚園令　　　　　　　　　　　　　　　　　　→　1947年　学校教育法
```

出所：筆者作成。

後に至って児童の福祉を図ることを目的とする児童福祉法（1947年）によって1つに束ねられる。1938年に法的規定を得た託児所は、その後生活困窮者に対する公的扶助を目的として制定された旧生活保護法（1946年）の中でいったん保護施設の1つとして位置づけられ、その後児童福祉法において（託児所改め）保育所として法的規定を得た。それに対して、1933年に成立していた児童虐待防止法と少年教護法（児童社会政策）は児童福祉法に吸収される形で姿を消した（図表8-10参照）。

ここに児童社会政策をめぐる「救済」や「教護」、「権利」といった観点が（社会事業の延長として捉えられる）社会福祉の領域に吸収され、児童政策が社会福祉政策として確立することになる。あるいはまた、児童福祉法と同年に成立する学校教育法の制定をもって、幼稚園と保育所の関係性も新たな段階に入っていったのである。戦時期を挟んでの戦前と戦後の社会政策論と社会事業論の並立がもたらした捻れに正面から向き合うことのないまま両概念は分断され、1940年代終わりから50年代にかけて社会政策本質論争や社会福祉本質論争が生起することになる。

5　むすびにかえて

　本章では、1920年代から30年代における農繁期託児所の形成、普及の経過を明らかにするとともに、それを児童教育と児童保護、社会政策と社会事業の関係性をめぐる問いのなかで把握した。

　ここでの考察において導いたことを、繰り返しておこう。第１に、農繁期託児所の形成、普及という実践史における出来事は、託児所の性格規定に影響を与えることで幼稚園と託児所の境界設定を導き出すことになったと考えられる。というのも、第２にそれは、農繁期託児所の普及と併行する形で学説史に生じた社会政策と社会事業を区別する動きを否定するからにほかならない。その基準として用いられた、「その対象が生産関係かそれ以外か、実施主体が公的かそれに限定しないか」といった線引きを困難にするからである。これらの意味において、農繁期託児事業は、日本の社会政策論史を再構築するにおいても貴重な研究材料となろう。

　児童保護、経済保護、さらには隣保事業の側面をもつと表現された農繁期託児事業は、生活問題への関心に裏づけられている。当事業は、マルクス主義的な立場から定義される社会政策定義と、それに対置される形でもたらされた社会事業を根底で理念的に貫く「社会改良」や「社会連帯」の理念の双方を体現する。実践としてのそれは、学説論争がもたらしたイデオロギー的な偏りに合わないケースであり、当時の専門家が陥った社会政策と社会事業を区別しようとする議論の矛盾を浮き彫りにするのである。

　社会政策と社会事業の関係性をめぐる問いは、戦後に至って社会保障、公衆衛生の概念も加わることでより複雑なものとなる。社会事業法における「児童保護をなす事業」としての託児所から旧生活保護法における「（経済的）保護施設」としての託児事業へ、さらに児童福祉法においては「児童福祉施設としての」保育事業として位置づけられるという目まぐるしい動きについて、その戦後史も含めた考察は今後の課題としたい。

1）詳しくは、松田澄子『子守学級から農繁託児所へ　村山・置賜地区編』みちのく書房、2003年、同『子守学級から農繁託児所へ　最上・庄内地区編』みちのく書房、2008年、浅野俊和「戦時下保育運動における農繁期託児所研究―『保育問題研究会』を中心に―」『中部学院大学・中部学院大学短期大学部研究紀要』第8号、2007年、西垣美穂子「農村社会事業論が捉える農村における児童保護・児童社会事業の意義と課題－農村児童問題への対応を中心に―」『佛教大學大学院紀要』第22巻、第36号、2009年、を参照されたい。これらの先行研究でも指摘されているように、戦前期における託児事業の展開は戦時政策との関わりでも把握されている。社会政策史の観点から議論を進める本章では、あえてそれには触れないことをお断りしておく。
2）農村における農繁期託児所の効果を鑑みて漁村や林村へも普及した季節託児所の呼び方や分類は、資料によってまちまちである。
3）農繁期託児所の概説書は、愛育会や朝日新聞社、帝国農会、農繁期託児所を運営する寺社、都道府県単位の社会事業協会などから刊行されている。また、『幼児の教育』第30巻第9号（日本幼稚園協会、1930年）では農繁期託児所に関する論考が集中的に組まれている。倉橋惣三による「農繁期託児所の普及」では幼児教育の観点から農繁期託児所の重要性が指摘され、「農繁期託児所の実際」という括りで「奈良縣磯城郡多武峰村粟原農繁期託児所」、「滋賀縣老蘇村農繁季節託児所」、「佐賀縣三養基郡麓村立石無料託児所」、「岡山縣眞庭郡河内村農繁期託児所」、「大阪府豊能郡萱野農繁期託児所」と題する論考が収められている。いずれも、事例を記述したものである。
4）山中六彦は、山口県の社会事業の発展に重要な役割を果たしたことで知られる。詳しくは、杉山博昭『近代社会事業の形成における地域的特質―山口県社会福祉の史的考察―』時潮社、2006年、を参照されたい。植村義一郎は小学校教育に尽力したほか、託児所の経営にも携わった。植村の経歴については、一番ケ瀬康子「『託児所経営の理論と実際』解題」［植村1987］に詳しい。
5）小林恵子「明治四年に開設された亜米利加婦人教授所―婦人宣教師ミセス・プラインの『おばあちゃんの手紙』を中心に」『日本保育学会大会研究論文集』第48号、1995年、など。
6）紡績工場や製糸工場で働く女子工員たちのために開設され、後に二葉保育園と改称される二葉幼稚園の歴史は、それを端的に物語る。「二葉保育園は、1900年（明治33）に華族女学校付属幼稚園に勤務していた野口幽香と森島美根によって設立された。二人は貧児にも華族幼稚園の子どもたちと同じ様に保育したいと願い、麹町の借家で6人の子どもたちを集めて開園した。

　創立当時から貧民子女のための慈善幼稚園として歩み始め1906年（明治39）に麹町より四谷鮫河橋（明治の三大貧民窟のひとつ）に移転し、200名以上の児童を入園させ、親へも働きかけ地域の向上に尽くした。

　1916年（大正5）当時、すでに乳幼児も頼まれて保育していたので、事業や社会制度の変化に合わせて幼稚園から保育園に名称を変更した。同じ年に内藤新宿南町（後の旭町）に分園を設立した。大正期には乳幼児の死亡率増加にともない、母性保護が叫ばれ始め、本園には『母の家』を設立、分園でも小学部設置、少年少女クラブなど事業を広げていった。関東大震災により分園は焼失するが、人々の求めに応じて再建された」（以上、二葉

保育園ホームページ：http://www.futaba-yuka.or.jp/main_site/history.html（2012.2.25にアクセス）から引用）。
7）ちなみに、この時点で成立する幼稚園＝文部省、託児所＝内務省という構図は、現在の幼稚園＝文部科学省、保育所＝厚生労働省の管轄という流れの起点である。

第9章
戦時社会政策と社会事業
▶大河内一男・海野幸徳・沼佐隆次

1　はじめに

　社会政策は、労働から社会保障に至る国民の生活全般に関わる問題を研究対象とする学問である。その概念規定をめぐっては、例えば社会福祉との関わりをどのように把握すればよいかといった問いがある。日本における社会福祉という概念は、法文上は生存権保障との関わりで日本国憲法第25条に初めて登場するが、それには社会事業概念の普及によって象徴される前史がある。
　この観点から日本社会政策の方法論史を振り返ったとき、1930年代に登場する大河内一男（おおこうち・かずお：1905-1984）の社会政策論＝大河内理論の影響は決定的である。それは、本来労働＝生活過程全体に関わるものとしての社会政策が労働過程のみに収斂していく出発点を形づくり、その社会政策＝労働（力の保全・培養）問題とする関係論が1970年頃までの日本の社会政策論を支配することになったからである。
　大河内は、1938年の論考で「社会政策は社会事業の『以前と以後』、あるいは『周辺』において機能するもの」、「社会事業は、社会政策立法の把握の埒外に陥ち込んだ窮迫状態を〈Caritas〉的に救済し、進んでその更生を図るとともに、他方においては、一般に保健・衛生、教育等の領域において、積極的な改善を図ってその要救護性を予防しようとするもの」、「従って社会事業は、一方では救貧事業的または慈善事業的活動として既に生じた事態に対して救恤的に関係し、他方では福利事業的に要救護性の増大を防ぎ予防的に活動するとともに、積極的に『庶民』ないし無産者の経済的或いは一般文化的生活の指導更生を図るもの」、「社会事業は社会政策の周囲に働き、社会政策の以前と以後と

にその場所を持つもの」、「社会事業は社会政策の周辺からこれを強化し、補強するもの[2]」[玉井 1992：166] として「社会政策」と「社会事業」の関係を把握している。そのもつ意味は大きく、大河内理論の最大の特徴ともいうべき社会政策の本質は労働力の保全・培養にあり、その対象は労働力であるとする「社会政策」の概念化は、主に非労働力を対象とする「社会事業」を概念的に峻別することでもたらされたといいかえてもよい。

　大河内は、1938年頃を境に体制から全面的に距離をおくマルクス的立場から体制運営に積極的に参与する立場へと転向する[3]。それはまさに社会行政から厚生行政へ、いいかえれば戦時体制へと時代の流れが激変する時期であったが、後の大河内は当時を振り返って以下のように述べている。少し長くなるが、重要なので引用しておこう。

　　その当時までの社会事業論は、全く社会政策とは無関係のもの、慈恵的なもの、個人的なもの、と考えられており、理論的にも社会政策とは断層がありました。それどころか、関係者の間に理論化の意欲もないというような状況でした。（中略―引用者）しかも、戦争が苛烈というほどではなくともだんだん拡大してゆくと、国の予算として社会事業へふり向けられるものが縮小される、そして伝統的な博愛・憐憫という、（中略―引用者）雰囲気は、次第に色あせてゆきつつありました。
　　だが、現実には、母子保護法などが新たに出てきたことでもわかるように、深刻な生活問題をかかえた母子世帯は都市・農村を通じてふえてくる。他方では、少年工の問題―非行少年工の問題も、工場地帯では出てきはじめていましたので、いろいろな意味で従来と違った社会事業的な「保護」を必要とするようなケースが、新しい形で戦争の進行にともなってどんどん殖えてきました。ところが、これにタックルする社会事業的実践の分野での新しい心構えは何もない。どのような対象を、どのような視点でとりあげるかが判らなくなってしまう。そうなると、すでに社会事業というものの対象が新しい形で、扮装を新たにして出てきている以上、社会事業も新たな理論構成をしておかないと、時局の展開についてゆけなくなってしまう、という多少の焦りも社会事業の若手の研究者の間にはあったのではないかと思います。そういうことを背景にしながら、社会事業の理論を組み立て得れば組み立ててみようというのが、そのころの私の一つのねらいだったのです。
　　もっともそれが成功したかどうかということはきわめて怪しいのですが、ともかく全体の態度としては、社会政策というものの理解については、「労働力」という概念を中心にして、それの保全なり再生産を軸にしながら、理論構成をしてゆくというのに対して、社会事業の理論構成は、どういうふうに可能であるかということからとり

かかりました。しかし、どうも今考えてみると、納得的な理論構成ができたとは思えないので、論文はかなりあいまいな状態で終わってしまっています。

[大河内 1970：151-153]

　ここで「納得的な理論構成ができたとは思えない」と大河内自身が認めている「社会事業」と「社会政策」の両者が関わりをもたずにきたとする見方は、戦時下に厚生＝国民全体の生活の問題をめぐって「社会政策」と「社会事業」、それに「福利施設」を関係づけるという展開をみる。

　本章の目的は「日本的厚生の問題」（1944年）に拠って戦時下の大河内の生活問題に対する見解を明らかにしたうえで、同時期における大河内とは対照的な2人、海野幸徳と沼佐隆次の見解との関係を整理することにある。もちろん、総体としての大河内理論の評価をめぐってはそれなりの研究蓄積がある[4]。にもかかわらず本章で改めて取り上げようとするのは、大河内が社会事業の理論化をめぐる困難を指摘するその根本的な問題は、大河内が大河内以前の社会政策論を一括りに「伝統的な社会政策論」と呼んで批判の対象としたことにこそ認められ、そうした把握の深層を理解するにおいて、戦時期に展開される大河内の生活問題をめぐる議論が重要な鍵を握っているからである。

2　大河内の厚生論

　本節で詳しく取り上げる大河内の論考「日本的厚生の問題」[5]（1944年）は、「社会政策」と「社会事業」さらには「福利施設」を結びつける環として生活の問題を論じたものである。当時の大河内は、「社会政策」と「社会事業」および「福利施設」はその史的展開においては関わりを有してこなかったが、戦時下に至って登場する「厚生」という概念によって提示された国民全体の生活問題をもって三者が歩み寄るという見解を示した。以下、その内容を具体的に明らかにしよう。

　「厚生」の概念は1930年代を通じて、いいかえれば戦時下へと向かう過程で普及をみるが、大河内はこの言葉で括られるさまざまな問題（＝壮丁体位の問題

や結核予防の問題、工場・鉱山における作業時間や給与の問題、軍事援護の問題、救済の問題、人口増殖の問題、生活物資の配給の問題等）には共通の雰囲気があるとして、それは「『生活』と適当に呼ばれて差し支えないような共通の足場」［小山編 1944：4］であると説いた。

大河内によれば、厚生の基底となる生活問題は「貧民や下層民に対する慈恵救済的な意味での」あるいは「労働者運動を背景とした場合の待遇改善、賃金引上げ論の意味での」生活問題といった特定の社会層のものではなく、「戦時経済下における国防力・生産力各級の必要を背景とし、その達成のために必要とせられるところの、国民各層の『生活』──勤労および消費両面にわたる──の確保の問題に外ならない」［小山編 1944：7］。

このように、それ以前の生活問題を各社会層との関わりで把握したうえで、厚生問題としての生活問題は「国民全般の生活の基礎を保持する問題である」とみなした。また、厚生の問題が浮上するに至るまで国民の生活に深い関わりをもってきた政策・制度として①社会政策、②社会事業、③福利施設をあげ、それらいずれもが独自の伝統と組織をもちながら別個の途をたどってきたという見解を示した。それぞれに対する大河内の解釈は、以下の通りである。

①　「社会政策」
　　その根幹となるものは言ふまでもなく久しく「社会政策」といふ名称の下に発展して来たところのものであり、主として近代的な雇用関係の下に立つ勤労者のための生活保全の制度化であつた。　　　　　　　　　　　　　　　　　　［小山編 1944：8］
　　生活保全と言つても、勿論それはしばしば誤解されてゐるやうに、勤労者に対する何らかの慈恵的な政策であつたのではなく、また「階級協調」的な政策として観念せらるべきものでもなく、何よりも重要産業に於ける人的生産要素を国民経済における生産力展開の視角から保全し培養して、以て長期にわたる産業の安定および発展のための人的要件を整備しようとするものに外ならなかった。　　　　　［小山編 1944：8］
　　賃金や作業時間の調整、幼少年・婦人労働者に対する保護、一般作業環境の整備、更に福利施設その他の勤労者の生活条件に対する様々な配慮、すべてこれらは、仮令慈恵的な外貌を採り、かくのごときものとして主張されてゐる場合でも、その本質に於いては、生産の人的担当者をかかる資格に於いて培養し強化するための手続きであり、またそのかぎりに於いて社会政策と呼ばれる政策体系は国民経済の生産力の保持および拡充に対して没することを得ない寄与をなして来た。　　　　［小山編 1944：9］

② 「社会事業」

　社会事業は、慈善事業と呼ばれたその前身が示してゐるように、専ら経済的窮迫者、孤独無援のもの、特殊な非社会的性格者等の救済指導を目的とするものであり、物質的救済よりも精神的救済が中心であるかの如く考へられてきた。
　　　　　　　　　　　　　　　　　　　　　　　　　　　　　　　　　　［小山編 1944：9］
　社会事業活動の対象として登場して来る人々は、平常的な勤労能力を持たない人々であり、経済の生産力を担うことのない人々である。これらの人々は、老齢者も窮迫者も罹病者も、原則として、国民経済の年年の循環の外に投げ出され、また経済の外に於いて社会事業の対象となるのである。貧困者に対する経済的扶助また様々な教育訓育施設─例えば少年教護事業の場合─医療・保護施設は、それを通じて要保護者を勤労者として再生せしめるものではなく、単に彼らを救済し保護するだけにすぎない。経済循環とのつながりは存在せず、従って社会事業活動は多くの場合精神的救済といふ点に力点が置かれてしまふ。　　　　　　　　　　　　　　　　　　［小山編 1944：9］
　社会事業の対象が何時かは逞しい勤労者として再出発する場合も勿論少なくはない。けれどもそれらは、社会事業活動の分野では謂わば例外に属するものであって、大量現象としては、救済と保護と訓育とは、あくまで経済の生産力から隔絶して行われ遂行され、またそれに対応した精神─例へば「社会事業精神」と称ばれるもの─と組織とを以て遂行される。また授産、内職斡旋、無料宿泊所等は、国民経済と深い関係を持つ社会事業施設であらうが、もちろん国の生産力展開の基本過程からははるかに外れたものである。　　　　　　　　　　　　　　　　　　　　　　　　［小山編 1944：10］

③ 「福利施設」

　各種共済施設、医療設備、図書館、集会所、競技場といった慰安娯楽のための福利施設は経営内の福利施設およびそれと結びついた労務管理である。
　　　　　　　　　　　　　　　　　　　　　　　　　　　　　　　　　［小山編 1944：10-11］
　それによって目的とされてゐるのは、経営に対する勤労者の「定着性」の創出および確保である。福利施設がどれ程理論的乃至は道義的な根拠から主張されて居らうと、そこでは単なる福利のための福利、慈恵のための慈恵が問題ではなく、個別経営に対する勤労者の精神的および肉体的な「定着性」を創り出すことが目指されて居るのであって、各種の福利施設を以て恰も営利的企業の精神とは対立するものであるかの如く説くなら、それは福利施設の本質を理解したものとは言へない。勿論、個別経営にとって、その労力を確保するにつけて、福利施設は必ずしも絶対不可欠の要件ではない。福利施設の必要は近代の工場制度発展の初期に於いては一般に認識されなかったところであり、多くの経営はむしろ労力を非合理的に使用することを以てその存立の条件とするものであつた。従って福利施設といふものは、永らく経営に対するその合理的制度たる関係が認められず、多くは雇主の個人的な、慈恵的な、施設であるとされ、元来営利を目的とするところの経営そのものの活動とは本質的には関係のないものだと考えられて来た。　　　　　　　　　　　　　　　　　　［小山編 1944：11］

大経営に於ける労力の調達および確保のための手段として登場したものであつて、単なる慈恵的施設ではない。ただ労力の調達と確保についての初期的な、非合理的な方式を、合理的にして一層科学的な方式に転換せしめたにすぎない。

[小山編 1944：13]

図表9-1は、大河内的解釈による社会政策と社会事業、福利施設の違いを簡潔にまとめたものであり、大河内によれば「三個の厚生の伝統的領域が相互に他の存在を知り、それと自らの領域との関連を反省する必要に迫られ、厚生といふ新しい名称の下に、『生活』といふ、漠然乍ら共通の雰囲気と共通の問題性を意識しはじめるのは、自由経済の体制が統制化され、更に進んで国民経済全体が計画化されることを必要とするに至つたからに外ならず」[小山編 1944：16]、そこに従来ただ抽象的に考えられてきた生活の問題が経済循環の一環であることを人々に認識させるに至った（以上、「第一節：厚生とその伝統」）。

続いて、経済循環の一環として「厚生」といいかえられる「生活」をめぐる大河内の見解を明らかにしよう。大河内によれば、戦争経済の統制化が進展しつつあった当時、その中心目標が軍需生産力の拡充におかれていた状況において国民生活は戦争経済の循環を離れてはありえなかった。保健・衛生の分野についていえば、戦時経済下においては重要産業内に結集された勤労者および女子動員の結果、職場に進出し始めた女子挺身隊員の保健問題であり、教養・娯楽の分野についていえば、大量に動員された青少年工に対する教養・娯楽指導

図表9-1　大河内一男による厚生の三領域（社会政策・社会事業・福利施設）

	社会政策	社会事業	福利施設
目　的	労働力の保全・培養	非社会的性格者等の救済指導	大経営に於ける労力の調達、確保、定着
対　象	労働者（勤労者）	勤労能力をもたない人々	個別経営内の労働者（勤労者）
性　質 （厚生の領域）	経済内的厚生	経済外的厚生	経営内的厚生

出所：[小山編 1944：8-13] から筆者作成。

の問題にほかならず、「軍需生産力の人間的担い手によって営まれる生活」こそが生活問題の核心であると考えた。

その「軍需生産力の人間的担い手によって営まれる生活」とは、大河内によれば以下のように解説される。生活といえば「勤労生活」と「消費生活」の2分野から形成され、自由経済の段階では勤労生活をもたない生活者は決して少なくない。しかしながら、戦時下においてはすべての国民は原則として働く国民でなければならず、そこでの消費生活（＝衣・食・住、教養・娯楽、医療・衛生等から成り立つ生活）はそれ自体として何らかの意味があるのではなく、「働く国民たる資格を維持するために不可欠なもの」、いいかえれば勤労生活のためのものとしてこそ有意味な存在となる。

このように、自由経済の段階における消費生活の自主独立性は、戦時経済における統制の強化に伴う生活物資や生活資金の縮減によって許容されなくなる。生活全体からその平時的な贅肉をはぎとり、生活全体に課せられた目的を国民に焼きつけることで苦痛としての勤労観を克服し、皇国勤労観と呼ばれるものをもたらすため、勤労体制と勤労組織とを、進んでは企業体制そのものを日本的に組み立てることが必要であるとした。大河内は、それに欠かせない勤労生活と消費生活のつながりを見出すとともに、全体としての生活を立体的に把握することを試みたのである。

大河内によると、生活の問題を個々人の消費生活や勤労生活の問題から国民経済の問題に移して考えれば、家計における消費の占める位置も変わってくる。平時の経済生活においては奢侈的物資や不急物資の消費が大きな割合を占めているかもしれないが、戦時下においては生活必需品の消費、その最低量が家計における消費の根幹となって働く国民の健全な勤労能力が培養・保持されることになる。したがって、戦時経済における消費、とりわけ生活必需品に関わる消費については、著しく国家性を帯びた行為だと考えなければならないという。この消費と国家の生産力の太いつながりを、大河内は「消費の国家性」と呼んだ（以上、「第二節：生活の構造」）。

続いて、厚生が問題となる根拠と、伝統的には個別にそれと関わってきた「社会政策」、「社会事業」、「福利施設」にどのような転向がみられたかをめぐ

る大河内の見解を明らかにしよう。以下で具体的に提示するように、大河内によれば「人的資源」の確保・強化のための政策としての「社会政策」に「社会事業」や「福利施設」が歩み寄りをみせることになる。

　まず、「社会政策」は戦争経済の進展にともなって、国民経済にとっての人的生産要素の培養と育成のための政策として、その意味で長期にわたっての経済循環を確保するための「生産政策」として理解され始めたという。その理解には極度の抽象力と経済循環の諸条件に対する認識が必要であり、ましてや日本のように久しく過剰人口が存在する段階でのその理解はきわめて困難であったが、その事情は支那事変勃発によって一変し、それを転機に過剰人口に代わって労力不足が全面化し、1939年には労務動員計画の実施にまで及んだとする。それに対して、事変以降の「社会事業」は以下の二様の変化を示したという。

　1　伝統的各領域に於ける性格転換
　2　全く新しい社会事業の領域の展開

　もちろん、「救癩事業」や「老廃者」の保護という社会事業固有の救済事業の意義が減少したわけではないが、同時に社会事業の各分野には「人的資源」の培養・育成という国民経済との直接的つながりを示すところの目標が入り込み始めるに至ったと説く。

　その二様の変化であるが、具体的に1については細民密集地区対策としての住宅問題、託児施設・保育施設、職業紹介施設を例示し、それらは慈恵的な政策から生産的政策へと性格の転換を遂げた、とみる。2については、農村社会事業と呼ばれる農村医療＝保健事業、都市住宅街における集団的栄養指導を例に挙げる。保健、栄養、住宅、娯楽、配給、等の各分野において従来は個人的性格が濃厚であったが、集団現象としての、大量現象としての、要救護性が登場しているとして、これらの事業が経済循環の積極的構成要素としての社会事業の性格を新たに獲得するという。これら二様の原因が、社会事業から厚生事業へというこの間の名称変化を自然と感じさせるほど、社会事業の基礎的事実が変化したと説明している。

　次に、「福利施設」をめぐる転換である。雇主の恩恵的施与として個別企業

的採算の枠内に閉じ込められてきた本制度も、経済の統制強化によってそれに法的根拠を与え、かつ制度そのものを人的生産要素の培養という方向へ誘導することが必要になったとして、退職手当制度の法制化（＝社会政策化）を例に福利施設が「戦時国民経済の循環の積極的な一環」たる性格を担うに至ったことを強調している。

このように、大河内は「人的資源の培養」に厚生問題の当面の性格を求めるとともに、「社会政策」「社会事業」「福利施設」の活動がそこに対象を移し始めたという理解を示した（以上、「第三節：厚生問題の現段階的意義」）。

これまでの内容を踏まえて、大河内は日本における厚生問題の特質は「人的資源の培養」とそのための「生活確保の問題」にあると結論づけた。

今日の戦時経済下における国民の在り方は一面において国防的生産力の人的担当者であり、他面においては直接の戦闘力としての人的担当者でもあるという点に求められ、当面の厚生問題は著しく国防的性格を担うという。この性格こそが厚生問題の特質であり、さらに勤労者個人に対する厚生ではなく家全体としての生活を対象とし、その家庭生活としての存立の条件を確保しようとするところに日本的厚生の顕著な性格をみることができるとしている（以上、「第四節：厚生の日本的形態」）。

3　社会政策と社会事業——大河内・海野・沼佐

「日本的厚生の問題」は1944年に発表されたものであるが、冒頭で取り上げた1938年の論考（「わが国における社会事業の現在及び将来—社会事業と社会政策の関係を中心として—」）から1944年のそれに至るまでをみると、生活を主題とするものとしては以下があげられる。

「わが国における社会事業の現在及び将来—社会事業と社会政策の関係を中心として—」『社会事業』（1938年）
「国民生活の構造」大河内一男編『国民生活の課題』（1943年）
「生活理論と消費理論」『スミスとリスト』（1943年）
「日本的厚生の問題」小山久二郎編『現代日本の基礎2　厚生』（1944年）

『国民生活の理論』(1948年[6])

1938年の論考で社会政策の対象としての労働過程と生活過程の切り結びを行ったのを境に、大河内は生活を主題とする論考を連続して発表する。その過程で社会政策の対象を労働過程に収斂させる一方、前節で取り上げた論考で厚生という概念をもって最終的に生活の問題を論じるとともに、そこに「社会政策」と「社会事業」さらには「福利施設」を結びつけようと試みるに至ったのである。

ここに取り上げた大河内に限らず、1920年代終わりから30年代にかけての時期、いいかえれば社会行政から厚生行政への転換期には、少なくない思想家の間で概念上の社会政策と社会事業の切り結びが進められることになった。しかしながら、1930年代終わりまで依然として「社会政策」と「社会事業」を区分する見解が存在していたことにもまた、注意を払っておく必要がある。

そのことを踏まえて、以下ではこの戦時下における動向を大きく3つに分けて把握してみたい。その1つのパターンがすでに述べてきた①大河内の見解によって示されるものであり、大河内は社会事業とは区別される「社会政策の理論化」に拘わった。それに対して、ここで新たな型として取り上げるのが大河内とは対照的に「社会事業の理論化」に熱心であった②海野幸徳（うんの・ゆきのり；1879-1955）の見解と、社会行政から厚生行政へという政策史について「社会政策が社会事業を包み込む」ように展開したとみる③沼佐隆次（ぬまさ・りゅうじ；1901-没年未確認）[7]の見解である。

海野と沼佐の見解については以下で紹介するが、大河内とこの2人の接点について簡潔に触れておけば次のようにいえるだろう。大河内が社会政策と社会事業を峻別したことはすでにみたが、海野はむしろ社会政策が関与できない領域において社会事業はその力を思う存分発揮すると考え、社会政策と同列もしくはそれ以上に重視したということである。この視点が戦後の社会福祉につながっていくことを想起すれば、海野の問題提起は無視できないものがある。

一方、沼佐であるが、社会政策のなかに社会事業も十分包み込めるものとして論を打ち立てていく。社会政策といってもさまざまな発現形態があり、沼佐によれば社会事業はまさにその1つにほかならないのである。このように、大

河内が社会政策の周辺、もしくは下位に社会事業を位置づけようとしたのに対して、海野は社会政策と並存してその機能を浸透させる社会事業を評価し、その把握を試みた。それに対して、沼佐は社会政策に包摂されるものとして社会事業を捉え、2つの概念的区分を拒絶したのである。

かくして、戦時期において大河内理論が大きな転回を遂げるまさにそのときに、社会政策と社会事業をめぐって注目に値する出来事が生じていたことにもっと眼を向ける必要がある。以下、海野と沼佐の見解について、その概要をみておくことにしよう。

海野幸徳

まず、②海野についてである。海野は1920年代終わりから「社会事業の理論化」に取り組み始める。それは、社会政策と社会事業の差異化を論じるとともに、「社会事業学」の構築という方向へ向けられた。戦時下はちょうど、海野が新科学としての「社会事業学」に言及をはじめた時期である[8]。それは、海野にとって最晩年の著作となる『厚生学大綱―新科学としての社会事業学―』(1953年)として結実をみるまでの大きな課題であった。

海野は、1931年に社会政策を主題とする著作を刊行し、(社会事業とは区別される)社会政策について以下のように述べていた。

> 社会政策は社会改良の一形式であるが、これまで、社会政策は内容の側面を盛つただけで、形式の側面の研究は全く閉却されて居た。社会政策にして如何なる内容を盛らうとも、それが社会改良の形式として無効であり、従つて、無価値であるならば、社会政策は畢竟その生存権を主張することのできぬものである、ここに於て、社会政策の形式論としての方法論的研究が必要になるが、ここに謂ふ社会改良の形式論的研究は未だ絶えてなされざる未開の領野なるが如し。　　　　　　　　　　［海野 1931：1］

『社会政策概論』と題する本書では、専ら社会政策の方法論的性質に焦点が当てられ、「社会改良の一形式」としての社会事業との違いが強調される。その過程で、「社会改良の方法論は集団的形態と個別的形態との統合に求められるべきで、理想的方法は統合形態によるものの外にはない」として社会事業の

優位を主張し、社会政策が社会を改良する形式であるためには、「集団的（形態上の）個別的（機能上の）形態」から「個別的（機能上の）集団的（形態上の）形態」へと転化しなければならないと主張した。

図表9-2は、海野のいうところの社会政策と社会事業の違いを簡潔にまとめたものである。両者はともに「共同福祉」を目標とするとしたうえで、その対象と性質において前者が「全体的・法的」改良をその特徴とするのに対して後者は「個別的・人間的」であるとして、この違いを根拠に「社会改良の形式」として社会事業の方が適しているという判断が導き出される。社会政策は「強制的たり、客観的たり、抽象的たり、全体的たる社会政策は人間を物として取り扱ふもので、歴史的存在物たる人間に対し妥当な改良形式とは言はれない。この妥当な改良形式と認められざる社会政策は改良形式としては殆ど全く何の分析もうけて居らず、漫然これまで社会政策によつて社会が改良せられるように思はれて居た」[海野 1931：86] として、相対的に「個別的・人間的」である社会事業に対して、社会政策を理想的な社会改良の方法および形式と認めることはできないと結論づけた。

このように、海野は社会政策と社会事業を「社会改良の形式」としつつも、社会改良への実質的貢献という性格を重んじたのである。その観点から社会政策や社会主義との差異化を図り、「社会改良の形式」として社会事業が優位性をもつことを明確にした。ちなみに、図表9-3は『厚生学大綱―新科学としての社会事業学―』において海野が提示した社会事業が対象とする厚生事象の動的発展である。海野はそれを【第一の過程：再調整】＝「困窮」を引き上げて、少しでも規範に達せさせる過程と、【第二の過程：調整】＝「福祉そのも

図表9-2　海野幸徳による社会政策と社会事業

	社会政策	社会事業
目標	共同福祉	
対象	階級的全体	集団、国民というような「ゆるやかな」全体
性質	法的規範	法的規範と自由な愛の結合

出所：[海野 1931：82-86] から筆者作成。

図表9-3　厚生事象の動的発展

```
【第一の過程：消極的福祉】
    第一次的困窮
       ↓再調整
    第二次的困窮
       ↓
    第三次的困窮
……規範「標準生活」……
【第二の過程：積極的福祉】
  ＝社会的（現実的）規範＝社会生活の完成
    第一次的福祉
       ↓調整
    第二次的福祉
       ↓
    第三次的福祉
……ヨリ高次の規範「ヨリ高次の生活水準」……
以下、理想的社会生活の完成へ
```

出所：[海野 1953] から筆者作成。

の」を対象とする過程に分けて、前者を「困窮→再調整→規範へ」という「規範に外れた誤差または背理を矯正する」消極的社会事業、後者を「規範→調整→（ヨリ高次の）規範へ」という積極的社会事業と把握した。さらにそれより上位の概念として、両者を統合して扱う綜合的社会事業、それが理想的な「社会生活の完成」という目標に向かうものとして「超越的社会事業」という概念を提起した。ここに表れているように、海野は「社会事業学」の構築を行う過程で「福祉」という概念を用いていた。それが社会福祉の先駆的思想家として知られる所以である。

沼佐隆次

次に、③沼佐の見解である。沼佐は1926年以来内務省詰の記者として、社会行政、および社会行政から厚生行政への推移を追いかけていた人物である。ここで取り上げるその著『厚生省読本』(1938年)は、厚生行政の解説書として刊行されたものである。そのなかで沼佐は、「社会政策の話」という項目を立て、社会政策について以下のように解説する。少し長くなるが、重要なので引用しておこう。

　　従来の社会事業はその対象を貧困の事実に置いたけれども、これは、先天的要因に依るものとして、労働に要する体力若くは精神能力の薄弱、欠陥、また後天的要因に依るものとして疾病、不慮の災厄に依る場合、若くは財産の喪失、失業、老衰、幼弱等に依って貧困に陥れるもののみを対象としてゐた。
　　即ち、かうした現象は保護事業の対象として考察せられたものであるが、貧困発生

要因に於ける内容的数量関係に付、国民構成の上から之を観るときは、件数の比較的小部分を占むるものである。然るに従来の社会事業が、貧困発生の後天的要因として考へられたもの以外に、職業を有するとは云ひ乍らその所得の僅少なため、之を家族の生活支持力として、その生活水準を維持する上に困難を感ずるものが国民の大部分を占むるに拘らず、それをあまり考慮に入れてゐなかつた。そして之は社会組織の欠陥に原因するものと云はれるが、とにもかくにも国民生活の安定が喪失せらるる現象である。従来の社会事業ではこの事相を対象としその匡正救治の方策とするには力が弱く、勢ひ国を主体とする所の社会政策の実行に俟たざるを得ない。

国民生活に於けるかかる経済困難の事相に対し之が救治の方策としてなぜに社会事業では力弱いかと云ふに、それは社会通念上所謂社会事業なる性質に依るからである。社会事業に関する最近の理論的基礎は社会連帯の上に立ち、之が実行体系として自由主義的な私的団体の意思の任意的発動に依つて行はるるものであると解されてゐる。従つて社会事業の実行主体は個人たると私的団体たると公共団体たるとを問はないが、その行為が民主的自由主義的意識で決定せらるる任意的思想に依るので、それだけかかる自由主義的思想体系下の方策では実行力として力弱きを感ずるのである。そして最近の資本主義産業機構の下では国民の間に貧困に転落するものが漸次増大するに至り、之に対する処置として社会事業の任意的な救護では防貧の目的を達することが出来なくなつてきたので、国家の行政権の発動に訴へようとする理論と運動が十九世紀の末葉以降台頭して来たのである。

近代的産業機構は、国民の間に貧富の懸隔を益々拡大せしめ、その経済生活を階級的に分裂せしめ、この両者階級の存在を是認するとき、そこには経済生活の恵まれざる階級の存在することを認めて、後者に対し、国家は強制力を以て適切なる保護政策を講ずることは極めて当然で、即ち社会政策として政治的強制的活動が要望せらるる所以である。

社会政策は国民総体の福祉を充足せしむることを以て究極の目的とするが、この政策の直接の目標は大別して三個の部門に分れる。即ち、

第一に、庶民階級に対する福利施設
第二に、階級的若しくは民族的対立に依る摩擦の緩和若しくは融合
第三に、国民的共同意識の協力的高揚

かうした目的、概念をもつた社会政策は、その対象とする所のものは、労働能力ありて労働意思の下に生産手段に依り自活し得るも、経済的地位に於て生活が常に劣つた階級であるから、この階級に属するものは、

　一　雇用関係にあるものとしては小額勤労所得者、即ち
　　（１）小額給料生活者
　　（２）賃金労働者
　二　自己の経営に於て産業に従事するものとしては、
　　（１）小作農業者

（２）小商業者
　（３）小工業者
　（４）小漁業者
　（５）その他小経営の雑業に従事するもの
である。
　これ等所謂庶民を包括する階級に対する国の政策が即ち社会政策であって、その事業も右（上—引用者）に述べたやうに大体三つの分類に於て考察し得るのである。

［沼佐 1938：151-152］

　ここでの沼佐の見解は、大河内や海野のように「社会政策」と「社会事業」を差異化しようとするものとは対照的に、社会事業から社会政策への展開、いいかえれば社会政策と社会事業の関わりを積極的に認めるものとなっており、庶民を包括する階級に対する国の政策として「社会政策」を定義づけた。この観点は、沼佐による「厚生省関係の法律」の分類にも反映されることになる。沼佐はそれを1. 保健衛生の法律、2. 社会政策の法律、3. 軍事救護の法律、4. 労働行政の法律、5. 保険行政の法律、6. 傷痍軍人保護の法律、7. 職業行政の法律、に分けて紹介しているが、「社会政策の法律」として一括りにされているものは①母子保護法、②児童虐待防止法、③少年教護法、④社会事業法、⑤罹災救助基金法、⑥救護法、⑦「北海道舊土人」保護法、⑧住宅組合法、の8つの法律である。ここに、社会行政から厚生行政へという政策史が「社会政策が社会事業を包み込む」ように展開したという沼佐の見方が現れている。

　例えば、このなかに含まれる児童を対象とする社会政策＝児童虐待防止法、少年教護法（いずれも1933年）や母子を対象とする社会政策＝母子保護法（1937年）は、社会政策として十分な位置づけがなされないまま今日に至っている。あるいは、「児童保護」「母性保護」といった呼称で社会福祉前史という曖昧な位置づけがなされてきた。政策（実践）史をめぐるこの現実は、社会行政と呼ばれる時期に形成・展開をみる労働＝生活過程全体に関わるものとしての本来の「社会政策」が、不自然にも「社会政策」と「社会事業」に分化してゆく、いいかえれば大河内社会政策論が定着してゆく政策論（学説）史の1930年代的状況を反映しているのである。

4 むすびにかえて

　これまで明らかにしてきたように、戦時期の社会政策をめぐる思想的流れの1つは大河内に代表されるが、社会事業とは区別されるものとして「社会政策の理論化」を行うもの（＝①大河内一男）である。2つ目は、社会政策とは区別されるものとして「社会事業の理論化」を行うもの（＝②海野幸徳）であり、3つ目が1920年代終わりから1930年代にかけて「社会政策が社会事業を包み込む」ように展開したとする見方（＝③沼佐隆次）であった（**図表9-4**参照）。このなかで、大河内に代表される「社会政策の理論化」と海野に代表される「社会事業の理論化」の流れは、戦後それぞれ「（その対象を労働問題に限定する）社会政策」と「社会福祉」の理論化という流れへと引き継がれた。

　それに対して、ここで注目すべきは沼佐の見解、すなわち社会行政から厚生行政というべき現実を見据えつつ「社会政策が社会事業を包み込む」ように展開したとするものである。なぜなら、この見解こそが社会政策をめぐる1920年代から30年代への連続性、さらには今日へと至る本来の社会政策である〈労働政策＋生活政策〉の枠組みを史的に把握するうえで有益だからである。

　すでに明らかにしたように、政策論（学説）史の観点から戦前期における労働政策に対して生活政策の領域で重要な役割を果たしたのが米田庄太郎（よねだ・しょうたろう：1873-1945）や高田保馬（たかた・やすま：1883-1972）といった社会学者を中心とする論者である。日本社会学院（1913-22年）、日本社会学会（1924年-）を活動母体とする彼らの系譜は、1920年代半ばには開店休業状態に

図表9-4　大河内・海野・沼佐と社会政策

	戦前		戦後
社会政策と社会事業の「差異化」			
	①　大河内一男：社会政策の理論化	→	社会政策
	②　海野幸徳：社会事業の理論化	→	社会福祉
「社会政策が社会事業を包み込む」			
	③　沼佐隆次	→	「本来の」社会政策

出所：筆者作成。

陥ってしまう戦前の社会政策学会以降の日本社会政策論を再構築するにおいて重要な意味をもった。

　1920年代半ば以降の思想的混乱を経て、30年代には大河内社会政策論が台頭する。その後の長きに及ぶ影響力もあって、生活政策の形成と深く関わった〈社会学〉系社会政策論もまた、大河内が一括りにして批判の対象とした「伝統的な社会政策論」としてその存在は見えにくくなっていたが、1920年代を通じて〈社会学〉系社会政策論に導かれる形で〈都市〉社会政策や人口政策の立案という重要な動きがもたらされ、政策（実践）史としては生活政策と労働政

〈参考資料〉社会行政から厚生行政へ

1917年（8月）		内務省	地方局	救護課
			↓	
1917年（11月）			↓	社会課
1921年	住宅組合法			
1922年				社会局（外局、第一課・第二課）
				↓
1926年				社会局（外局、労働部・社会部・保険部）
				↓
1929年	救護法			
1933年	少年教護法			
	児童虐待防止法			
1937年	支那事変			社会局（外局、労働部・社会部・保険部・臨時軍事援護部）
	母子保護法			
	↓			
1938年	社会事業法	厚生省		社会局（保護課・福利課・児童課）
				↓
1941年				人口局・生活局
				↑
1943年				健民局・勤労局
1946年	日本国憲法			

出所：[厚生省二十年史編集委員会編 1960] から筆者作成。社会（厚生）行政に関わる行政組織の変遷を示すとともに、本文中に出て来る法律を整理した。

策の双方を含み持つものとしての枠組みを維持しつつ戦後の社会政策も展開していったのである。

　他方で、戦前には「社会事業」、戦中には「厚生事業」、戦後に至っては「社会福祉」と呼ばれた領域の存在は社会政策の概念規定に混乱をもたらすことになる。本章で詳細に取り上げた戦時下における大河内の厚生論、およびそれと対照的な海野と沼佐の見解はその混乱の実相に迫るものであり、この三者に限るならば、政策（実践）史に則した見解といいかえてもよい沼佐の「社会政策が社会事業を包み込む」という見方によってこそ、日本の社会政策をめぐる戦前と戦後の一貫性を認めることができる。

　1920年代を通じて、内務官僚や社会事業家らの実際家の系譜が主に用いた「社会事業」と、学者の系譜が主に用いた「社会政策」の概念が交錯をみる。沼佐は学者ではなかったが、通信記者として1926年に内務省詰となって以来、社会・衛生両局、その後の厚生行政の推移を冷静に見つめられる立場にいた。その沼佐の見解こそが、日本社会政策論の史的展開を正確に把握するうえで十分効果的だったというのは皮肉なことである。

1）東方淑雄は、日本が大きな影響を受けたとするアメリカやイギリス等の社会保障政策を検討し、それとの対照によって日本特有の社会政策・社会保障・社会福祉という枠組みの虚構性を指摘する（東方淑雄「社会福祉に関する経済学論争史（1）―社会福祉はなぜ福祉経済学の歴史を学ばなければならないか―」『名古屋学院大学論集　社会科学篇』第44巻第2号、2007年）。

2）大河内一男「わが国における社会事業の現在及び将来―社会事業と社会政策の関係を中心として―」『社会事業』1938年8月。

3）山之内靖は、戦前の大河内をめぐって1938年を境に前後2つの時期（第1期：1931-37年と第2期：1938-45年）に分けて把握し、第1期にはマルクスの方法に基づく社会政策論を展開することで社会政策における独自の日本型の析出を行い、第2期には戦時体制の合理的運営という観点から、官僚機構の保守性に叱咤を加える積極的な参与者となったとしている（山之内靖「5　戦時期の遺産とその両義性」山之内靖ほか編著『岩波講座　社会科学の方法　第Ⅲ巻　日本社会科学の思想』岩波書店、1993年）。

4）本章で具体的に言及した玉井金五、山之内靖によるもののほか、社会政策と社会統合の関係を問う立場から大河内理論の「経済還元主義」を批判する池田信の研究、「大河内理論は福祉国家成立以前の社会政策現象に対応して成立したもの」とする武川正吾の研究、社会事業史の観点から大河内理論を捉え直す野口友紀子の研究、等がある（池田信『日本的協調主義の成立―社会政策思想史研究―』啓文社、1982年、武川正吾『社会政策のなか

の現代―福祉国家と福祉社会―』東京大学出版会、1999年、野口友紀子「社会事業史にみる『社会政策代替説』と大河内理論―新たな社会事業史の可能性―」『長野大学紀要』28巻3・4号、2007年)。
5) 本論考は、以下のものとともに小山久二郎編『現代日本の基礎2　厚生』(小山書店、1944年)に収められている。美濃口時次郎「人口と国力」、吉益脩夫「民族の優生」、黒田亮「日本人の気質」、平光吾一「日本人の脳」、櫻井芳人「栄養と食糧の基礎理念」。
6) 本書の刊行は1948年であるが、はしがきによれば、本書を構成する以下の論考のうち4(「最低生活費」の理論)以外は1938-43年に記されたという。
    1　国民生活の論理　　　　2　消費論と社会政策
    3　標準生計費論　　　　　4　「最低生活費」の理論
    5　「休養」の社会的意義　　6　「生活刷新」の経済問題
7) 沼佐は当時、同盟通信社の政治部員であった。それまでの経歴は、本人によれば以下の通りである。「私は大正十五年の二月に丁度若槻内閣の時、一新聞通信記者として内務省詰となり、今日迄足掛け十カ年余りに亘つて、ずつと昔の社会、衛生両局の行政、今日の所謂厚生行政の推移を見守つて今日に及び現在も又、厚生省詰の一ヂャーナリストとして働いてゐる」(沼佐隆次『解説行政読本全書第14　厚生省読本―厚生行政の知識』政治知識社、1938年、3頁)。大河内や海野に比して沼佐に関する情報は限られている。川島によれば、戦後まもなくの1946年、沼佐は時事通信社内に設立された世論調査を担当する調査局(後、調査室)の初代局長に就任した(川島高峰「解説」『時事通信占領期世論調査』大空社、1994年)。1954年には時事通信社調査室と旧・国立世論調査所を母体に旧・総理府所管の社団法人として中央調査社が設立される。沼佐は、その設立発起人の1人でもあった。確認できた限りで、沼佐の著作は以下の通りである。
    『大雪山と阿寒』(著、1935年)
    『地方財政及税制改革案の全貌』(編著、1936年)
    『解説行政読本全書第14　厚生省読本―厚生行政の知識』(著、1938年)
    『経済警察はどう運用されるか』(編、1938年)
8) 海野幸徳「新科学としての社会事業学の構成(上)」『龍谷学報』第320号、1937年、同「新科学としての社会事業学の構成(下)」同第321号、1937年。

補論3
前著『人口・家族・生命と社会政策』への書評に応える

1　はじめに

　家族政策の定義には、さまざまなものがある。私的な領域としての家庭生活に影響を与えるその概念について、特に理念的な視点からの議論を展開するに際してつきまとう論点は多い。

　西欧先進諸国の多くは日本よりも早く出生力転換を経験し、出生率の回復を意図する政策を講じてきた。それらの慣例に従って出産・育児に対する支援策を中心とする政策領域を家族政策と呼ぶならば、おおよそ日本の少子化対策をそれに対応させることができる。実際、日本で家族政策という言葉が普及をみるのは少子化が行政課題として浮上する1990年代以降のことである。このようにみれば日本の家族政策史は長くないことになるが、そこに至るまでの出産・育児に関する支援策はどのように捉えればよいのだろうか。

　そうした問題意識から「戦前日本における人口問題と社会政策」をテーマとして2010年に刊行した『人口・家族・生命と社会政策』（以下、「拙論」）をめぐって、書評・紹介という形で評者の方々から今後の研究活動を進めるための大変貴重なコメントをいただくことができた。具体的に挙げると、次の通りである（敬称略、刊行順；以下、これらの書評・紹介の引用に際しての頁表記は省略）。

　堀口良一『市政研究』第169号、大阪市政調査会、2010年10月
　川越修『経済学雑誌』第111巻4号、大阪市立大学経済学会、2011年3月
　兼清弘之『人口学研究』第47号、日本人口学会、2011年5月
　堀口良一『大原社会問題研究所雑誌』第637号、大原社会問題研究所、2011年11月
　冨江直子『Int'lecowk』第1015号、国際経済労働研究所、2011年11月

川島章平『社会政策学会誌』第 4 巻 1 号、社会政策学会、2012年 6 月

　本論の目的は評者の方々からご提示いただいた問いかけを整理し、それに出来る限り応えることにある。

2　家族政策史の観点から

　以下で取り上げる書評・紹介の対象となった「拙論」は、大学院に進学した2003年 4 月以降、2009年 3 月に博士課程を修了するまでの院生時代に発表した研究成果を一冊にまとめたものである。その「あとがき」にも記したように、筆者の研究活動の原点は卒業研究にある。1990年の「1.57ショック」を契機に少子化対策と呼ばれる育児支援策の充実が図られてきた日本の事例について調べているうちに、少子化というテーマに引き込まれていった。その奥深さを示すかのように、専門書や調査報告書における家族政策の定義は決して一様ではなかった。表面的には「家族生活の安定と福祉を目的とした諸政策」として理解すれば事足りるかもしれないが、日本では1990年代以降に至って頻繁に使われるようになったこの概念は曖昧さをまとっているのである。

　その本質に迫るべく、家族政策の提唱者とされるミュルダール夫妻（スウェーデン）の思想について調べることから筆者の研究活動はスタートした。そのミュルダール夫妻によって「スウェーデン民族消滅の危機」の警鐘とともにもたらされた起源としての家族政策は、予防的社会政策として提示されたものである。それは人口の〈量〉と〈質〉の問題を結びつけつつ、〈質〉に重きをおくことを理念とする出生減退防止策（＝人口政策と社会政策の一体化）であり、出生を対象とする政策領域において優生から優境へ（＝治療から予防へ）の理念転換をもたらした。この起源としての家族政策は、〈女性政策＋児童政策＋優生政策〉の複合体として把握できるものである。

　時代思潮としての優生学を背景にもつ社会政策形成の動きは、「拙論」で正面から取り上げたスウェーデンに限らない。ドイツやイギリス、フランスの動向など、出生率の低下を背景に採用された人口政策的な意義をもつ社会政策は「あくまで結婚や出産は個人や夫婦の自由な意思による」とする今日の「家族

政策」とは区別されるものだが、その原型はスウェーデンをはじめとする戦前の西欧先進諸国に成立したのである。それに対して同時期の日本、すなわち戦前日本の人口をめぐるものはどのような状況であったのか。西欧の動きに対置しうる政策展開はみられなかったのか。同時代の西欧先進諸国の動向をめぐる考察を契機とするこの問いこそが、「拙論」を貫く問題意識だったのである。

　歴史人口学によって明らかにされてきたように、日本の出生率の低下が始まったのは戦前期のことである。多産多死から少産少死へという人口転換の過程は明治期末の死亡率の漸減に始まり、1920年頃からの出生率の低下へと続く戦前期にその起点があるとされるが、それはあくまで今日の眼からみた場合である。実際は、食糧や失業との関わりで過剰人口こそが重大な問題として認識されていた。「拙論」はいわば、「出生率の低下がみられ始めていたけれども、今日のような形で、あるいは同時期の西欧先進諸国のように少子化が問題として認識されることはなかったという状況下での家族政策史と呼べるような史的事実の掘り起こし作業報告書」なのである。その、「日本における人口問題と社会政策」というテーマを史的に再構築しようと試みた「拙論」を通してみえてきたことを端的に示せば、次の4点に集約される。

① 「拙論」で取り上げた高田保馬や米田庄太郎、海野幸徳、戸田貞三らの人口思想は少子化を見据えた議論として「(忘れ去られているという意味での)先駆的な少子化論」ないしは「〈社会学〉系社会政策論」と呼ぶべきものであるが、これまで必ずしも正確な形で日本社会政策論史に位置づけられてきていなかった。

② 1920年代には児童および人口問題をめぐる議論が活発に展開され、都市を中心に地域レベルでの社会政策が実現する。また、1933年には日本における児童社会政策の起点ともいうべき児童虐待防止法と少年教護法が成立するが、それらには「先駆的な少子化論」ないしは〈社会学〉系社会政策論の特徴をなす人口の〈質〉をめぐる議論を見出すことができる。

③ これらの学説、政策をめぐる史的事実は、「(戦後には社会福祉と呼ばれる)社会事業」と「社会政策」の関係性といった社会政策の概念規定をめぐる問いや日本人口政策史の再構築といったテーマと関わりを有する。前者につい

ては海野幸徳、後者については永井亨の議論に焦点を当てることで、日本社会政策の特質が浮かび上がる。
④　以上の議論は、同時代の西欧先進諸国における「人口問題と社会政策」＝家族政策の形成をめぐる動向とも関連づけられるものであり、この分野における戦前まで遡っての西欧と日本の比較対照の可能性を示唆している。

　この「拙論」の骨子を踏まえて、評者の方々からいただいた課題と向き合いたい。そこでまず触れておくべきは、ここに4つの点として提示した個別の論点以前の問題としての「方法論」と「概念規定」に関わる指摘が多かったことである。そのことは、「独立性を保った個々の論文を一冊にまとめるに際しては、序章や終章といった書き下ろし部分における全体の統一という観点からの配慮がきわめて重要となる」という自覚をもたらしてくれた。それに関わる指摘と向き合うことで、方法論の再検討を試みることからはじめたい。

3　方法論の再検討

　まず、川越氏からは「社会政策思想史研究に歴史研究の成果をいかにして取り込むかを検討するためには、何よりも方法・視点を異にする先行研究との対話が求められよう。本書の1950年代をめぐる分析を例に取れば、『人工妊娠中絶』の評価をめぐる中川［2000］の論点との相違の明確化（250頁）、さらには『新生活運動』をめぐる田間［2006］、重田［2000］、荻野［2008］などとの方法・視点上の差異をめぐる対話の深化を通じて、社会政策思想史の有する可能性と課題がより鮮明になるのではなかろうか」という指摘をいただいた。
　さらにまた、「政策思想や政策自体の国際的な比較研究の方法をめぐっては、時系列にそった『系譜』論的な分析に留まらず、思想および政策面での同時代的な『関係史』へのアプローチが重要ではなかろうか」「何らかの比較作業が意味をもつためには、比較対象となる事柄（思想であれ、政策であれ、経済社会そのものであれ）の間に一定の同質性と差異性を同時に分析しうる比較作業上の軸となる概念が必要になる（中略—引用者）。本書の分析からは今後の比較研究に向けてどのような軸が浮かび上がってきたのか、さらにまた個人の思想

的営為や当該社会における政策選択が比較対象となる経済社会間の同質性と差異性の形成にどのような影響力をもっていると考えられるかなどについても、いずれかの機会に著者の見解を聞きたいと思う」という問いかけもあった。

同様に、川島氏も述べる。「本書は『人口』・『家族』・『生命』というテーマを扱う際に、フーコーやドンズロに依拠せず、対象に直接切り込んでいる。むろんそのこと自体は本書の価値を下げるものではないが、調査に関する言説を実態と同一視する素朴な分析（126-129頁、148-150頁）も中には見受けられ、分析が常に成功しているとは言い難い」と。

これらの指摘は、「西欧先進諸国との比較を意識した戦前日本における家族政策領域の考察」という「拙論」の課題と方法の見直しを迫ってくる。先にも触れたように、「拙論」として一冊にまとめた研究活動のスタートラインは今日の少子化対策の枠組みとしての家族政策にあった。その起源としてのミュルダール夫妻の家族政策との対応関係を意識しつつ、戦前日本における学説や実践の事実発掘から見出されたのが人口の〈質〉の改善という政策理念である。この人口の〈質〉の改善という理念は、「拙論」がその射程とした〈女性政策＋児童政策＋優生政策〉の複合体としての家族政策との対応関係に留まらない。生活（＝環境改善）政策と呼びうる、「人口問題と社会政策」というきわめて広い領域と関わりをもつのである。それは具体的に児童・教育・出生・保健・衛生・医療といった政策領域を指しているが、人的資源論との関わりを考えれば社会政策全体を根底で貫く理念といってもよいかもしれない。その「人口問題と社会政策」をめぐる史的事実は、日本社会政策論が社会政策論と人口問題研究が交錯するところに形成、発展をみたことを物語る。ドイツ歴史学派に由来する前者、マルサス『人口論』研究等に由来する後者という、2つの系譜は全く別ものではなく、複雑に絡み合いながら展開してきたのである。

結果として、人口の〈質〉の改善という理念によって「拙論」の内容は結びつけられているのだが、当初意図した起源としての家族政策をめぐる考察と、そこから広がりをみた生活（＝環境改善）政策といえるような領域の追究との混在が読者に一部混乱をもたらすことは否めない。実際に「拙論」が扱ったテーマは、大きく分けて社会政策と人口政策の接点、両者を結びつけるものと

しての人口の〈質〉という理念の一体現形としての「家族政策領域に関する考察」と「人口問題と社会政策の関わりをめぐる思想史的な考察」であった。これらの両方を貫く枠組みを立てるとすれば、それは家族政策史の通説的な解釈への挑戦ではなく、「戦前日本における人口問題と社会政策」とするほうが相応しいことになる。

出生率の低下によって認識された人口減少をもたらす〈量〉の問題とさまざまな形で表出する国力の低下と称されるものにつながる〈質〉の問題への対処として、家族政策の登場は人口政策と社会政策の交錯をもたらした。それは一方で人口政策史における1つの画期であり、他方で社会政策史における児童・教育・出生・保健・衛生・医療といった優境（＝環境改善）政策領域の浮上でもある。冨江氏は「人口の〈質〉という言葉が演じた役割の歴史的な意味が、本書全体を通じて解明されている、描き出されている」ことに「拙論」の意義を見出してくださったが、それを「拙論」の背骨として読み取っていただくには読者へのさらなる配慮が求められるだろう。

「拙論」として発表した日本における家族政策前史の事実発掘を「戦前日本における人口問題と社会政策」＝優生・優境の枠組みで把握し直したところで、評者の方々による先行研究と「拙論」の関係づけに関わる指摘、問いかけにも目を向けたい。

それは、川越氏からの上述した指摘（「本書の1950年代をめぐる分析を例に取れば、『人工妊娠中絶』の評価をめぐる中川［2000］の論点との相違の明確化（250頁）、さらには『新生活運動』をめぐる田間［2006］、重田［2000］、荻野［2008］などとの方法・視点上の差異をめぐる対話の深化を通じて、社会政策思想史の有する可能性と課題がより鮮明になるのではなかろうか」）である。1950年代の日本は、新生活運動と優生保護法に押されて出生力転換を遂げる。人口問題研究会が取り組んだ家族計画運動をめぐる考察としての田間氏や荻野氏らの研究は、1950年代の産児調節を軸とする新生活運動＝家族計画の時代を「生殖管理時代のはじまり」や「社宅の主婦の発見」といった形で特徴づける。長期的な視点から生活変動を描き出した中川氏の研究は、19世紀末の「下層社会」から1970年代の「中流社会」への転換を「より多くの人々にとってのよりよい生活をめざすもの」として把握

している。

　それらに対して筆者は社会政策論史の観点から、戦前からの連続性を意識して本運動を捉え直すことに努めた。戦前からの連続性を意識して日本における出生力転換の達成＝家族計画の時代を見つめれば、政策と運動のベストミックスともいうべき独自性を見出すことができるのである。その家族計画の時代に企業体の新生活運動の思想的基盤をなした社会政策学者・永井亨は、大正・昭和初期人口論争の時代に「社会政策的人口政策」を構想した。『改訂　社会政策綱領』（巌松堂書店、1926年）や『日本人口論』（巌松堂書店、1929年）で「今日の人口対策は生産力の増進、分配比率の公正を期するために社会政策に俟つべきものが多い」、「人口数の調節、適切な生活標準を期するためにも社会政策に俟つべきものが多い」とする永井の人口政策＝社会政策構想の枠組みで（実際には戦後日本の社会政策は社会政策＝労働問題研究に収斂するが）社会政策を捉えるならば、家族計画と生活設計の推奨による生活の安定を意図する新生活運動は社会政策の範疇に十分位置づけうるのだ。

　以上の点に関連して、川島氏から「本書のキーパーソンのひとりである永井亨の議論は、優生学路線とは異なるものとして紹介されつつも、同時に育児保全など生活の質としての人口の〈質〉を問題にしたと捉えられており（8章）、少し混乱する。さらに新生活運動における記述は、永井が家族計画による生活安定をむしろ人口の〈量〉にかかわるものと捉え、〈質〉の問題は『社会道徳の樹立』と関連づけているように読める（9章）。永井の思想が戦前から一貫しているのかも含め、人口の〈質〉ということで何を理解すべきか明確にして欲しい」という指摘をいただいた。確かに、「拙論」で取り上げた新生活運動は企業体の自主的な活動である。それへのサポートを政策と把握するには抵抗が生じるかもしれないが、本運動が戦前の永井が主張した社会政策的人口政策のなかの「適切な生活水準の実現」という理念を実現するものであることは明らかである。この点をもって少なくとも永井の社会政策的人口政策構想、その理念は戦前から戦後へと一貫性をもつものであったとみなしてよいのではないだろうか。戦前の永井は、国民優生法の成立を促す論者達とは一線を画していた。それは、永井にとっての人口の〈質〉の改善の解釈が生命の〈質〉ではな

く生活の〈質〉の改善に置かれていたことを意味している。

　ところで、筆者の研究、とりわけ日本社会政策の歩み（時期区分とその経緯）の把握をめぐっては玉井氏の研究に多くを頼ってきた（玉井金五「社会政策研究の系譜と今日的課題」玉井金五・大森真紀編『三訂　社会政策を学ぶ人のために』世界思想社、2007年など）。先に「拙論」の扱ったテーマは大きく分けて「家族政策領域に関する考察」と「人口問題と社会政策の関わりをめぐる思想史的な考察」であったと述べたが、後者は玉井氏の研究を前提にしている。兼清氏から「社会政策の概念を整理してほしかった。さまざまな論者がかなり異なった概念として『社会政策』の語を使用しているが、社会政策概念が異質なままでは人口政策との関係を比較することはできないはずである。著者の社会政策概念はいわゆる総合社会政策に近いように読みとれるが、もう少し明確にしておく必要があろう」というご指摘をいただいたが、この点については玉井氏との共同研究（玉井金五・杉田菜穂「日本における＜経済学＞系社会政策論と＜社会学＞系社会政策論—戦前の軌跡—」『経済学雑誌』第109巻第3号、大阪市立大学経済学会、2008年）で論及している。筆者が念頭におく本来の社会政策は、労働＝生活過程を対象とする〈労働政策＋生活政策〉としての社会政策であり、**図表補3-1**における大河内理論登場以前（第一の時代）と大河内理論の転回（第三の時代）以降の社会政策である。「拙論」で社会政策と（戦前は社会事業と呼ばれた）社会福祉を概念的に区別する動きを問題としたが、それが生じたのは大河内理論が登場する第二の時代のことである。その30年を超える期間を通じて、社会政策＝労働政策とする概念規定が定着をみたのである。

　大河内理論が影響力をもち始める前夜というべき1920年代後半にもたらされたのが人口政策立案に向けた動きであり、1920年代の動向に焦点を当てた筆者の考察を見取り図として示すならば**図表補3-2**のようになる。このように大

図表補3-1　社会政策論の系譜

第一の時代	1900年頃～		社会政策＝労働政策＋生活政策
第二の時代	1930年代～	大河内理論の登場	社会政策＝労働政策（＋生活政策）
第三の時代	1970年代以降	大河内理論の転回	社会政策＝労働政策＋生活政策

出所：[玉井・杉田 2008] から筆者作成。

図表補3-2　戦前日本における人口論・人口政策の展開

学説（心理学、医学、生理学、社会学、生物学、法学、経済学、など）
　　高島平三郎　永井潜　米田庄太郎　河上肇　上田貞次郎　暉峻義等　海野幸徳　福田徳三
　　高野岩三郎　富士川游　高田保馬　永井亨　矢内原忠雄　三田谷啓　戸田貞三　北岡壽逸
　　三宅鑛一　杉直樹　寺田精一　穂積陳重　小河滋次郎　など
　　　↑　　↓
実践（社会事業家、官僚、など）
　　原胤昭　石井十次　山室軍平　倉橋惣三　留岡幸助　など
　　内務官僚、地方政府　など
　　　　　　　　　　　　　　⇓
　　　　　　　　　　大正・昭和初期人口論争（1926年〜）
　　　　　　　↙　　　　　　　　　　　　　　↘
人口問題研究と人口政策立案　　　　　　　　マルサス対マルクスの学説論争
人口食糧問題調査会（1927-1930）
〔答申〕
内外移住方策・労働の需給調節に関する方策
内地以外諸地方に於ける人口対策・人口統制に関する諸方策　　**大河内社会政策論の台頭**
生産力増進に関する答申・分配及消費に関する方策答申　　　　社会政策と社会事業の分化
〔決議〕
人口問題に関する常設調査機関設置に関する件
社会省設置に関する件
　　↓　　　　　　　　　　　↓
人口問題研究会（1933〜）　　児童政策の形成
〔調査〕　　　　　　　　　　児童虐待防止法・少年教護法（1933年）
人口現象に関する基礎調査
人口問題及びその対策に関する調査
〔人口問題研究〕
将来の人口予測、国民所得の分配に関する事項
移民に関する事項、人口統制に関する事項など
　　↓
厚生省人口問題研究所（1939〜）
　　　　　　　　　　　　　　↓　　　　　　　　　↓
戦後へ　　　　　　　　　　　　　　　　　　社会政策本質論争
　　　　　　　　　　　　　　　　　　　　　　　（1949〜）
　優生保護法と家族計画（新生活運動）
　社会保障研究所（1964〜）

注：大正・昭和初期人口論争は、同じ1926年に生起した価値論争、帝国主義論争とともに「経済学における三大論争」と呼ばれる。
出所：筆者作成。

正・昭和初期人口論争を中心に据えて日本社会政策の1920年代的状況を描き出せば、(労働政策に対して) 生活 (＝環境改善：児童・教育・出生・保健・衛生・医療) 政策といえるような領域の系譜が浮かび上がってくることになり、その結果として福祉 (社会) 国家研究や人口 (政策) 論研究の先行研究との対話も可能になってくる。

　福祉 (社会) 国家研究をめぐっていえば、川越氏はドイツを事例に戦前期における社会国家の形成を論じられている (川越修『社会国家の生成―20世紀とナチズム―』岩波書店、2004年など)。その枠組みとして現代を特徴づける福祉国家による社会への介入、つまり少子化や工業化、都市化といった社会変動への対応としての福祉 (社会) 国家化は、日本にも十分見出しうるのではないだろうか。高岡氏がこの視点から日本における社会国家の起点を戦時期に見出されていることは大変興味深いが、筆者はさらにその前段階としての1920年代の動向も無視すべきではないかという観点から福祉 (社会) 国家研究を進めようとしているところである (高岡裕之『総力戦体制と「福祉国家」―戦時期日本の「社会改革」構想―』岩波書店、2011年など)。

　以上の点に関連して付言すれば、この時期の福祉 (社会) 国家化をめぐる議論と社会政策の概念規定をめぐる動向は対応していたと見るべきである。1930年代に大河内社会政策論が台頭し、社会政策と社会事業 (戦後の、社会福祉) が概念的に乖離していくが、それは人口問題＝社会問題をどう解釈するかという立場の違いがそうした事態を生んでしまったともいえるのである。大正・昭和初期人口論争としてのマルサス対マルクスの学説論争にもみられるように、この時期に日本の社会政策論と人口政策論は重なりをみる。出生に関わる政策論議と結びついた人口の〈質〉の改善に関わる優生学が、環境改善の学＝優境学も含むものとしての優生学へと展開するところに生活 (＝環境改善) 政策の系譜を読み取ることができ、そこに大河内が自覚しなかった社会政策論の新たな潮流がもたらされていたのである。

4　生命の〈質〉から生活の〈質〉へ

　もっとも、生活（＝環境改善）政策の系譜の起点をめぐっては本来マルサスをはじめとする論者まで遡っての考察が求められる。この点について、兼清氏から助言があった。「人口論争の簡単な解説をお願いしたかった。明治時代にマルサス人口論の翻訳紹介もなされた。大正5年はマルサス生誕150周年にあたり京都大学は『経済論叢』の特集として『まるさす生誕百五十年記念号』を出版した。これに河上肇や高田保馬が寄稿している。大正9年に最初の国勢調査が実施された。その集計結果によって日本人口は毎年100万人増加しているという事実を知った東京大学の矢内原忠雄が『中央公論』（昭和2年7月号）に一文を寄せて過剰人口論を展開し、高田が反論した。高田は「日本に過剰人口問題などない」と断言したが、マルクス主義的立場からの議論はさまざまあり、独特の社会政策論が出されたのである。このような経緯も紹介して頂けるとよかったかと思う」というものである。

　高田保馬が発表した「産めよ殖えよ」という論考を発端とする人口論争（1926年）は、そこに参加した人物、主張という観点から多くの興味深い論点を含んでいる。それらが重要な研究材料であることを疑わないが、「人口問題と社会政策」というテーマからみれば「人口要因」に注目が集まったことにこそ大きな意味があると考えられる。本論争は1930年代初めにかけて「正しいのはマルサスの人口論かマルクスの人口論か」という過剰人口を前提とした学説論争に展開するが、高田の第三史観と（過剰人口問題を退ける）「真の問題は来るべき出生率の減少—人口増加の止むことをいかにして防止すべきかにある」と

図表補3-3　高田保馬の第三史観

高田の第三史観：社会の量質的組立（＝人口密度と成員の異質性）に規定される社会的関係を重視
社会の量質的組立　→　社会的関係　→　政治的法律的制度 　　　　　　　　　　　　　　　　　　　　　　　　　　経済 　　　　　　　　　　　　　　　　　　　　　　　　　　観念

出所：［高田 1925］から筆者作成。

いう主張は、政策論議における「社会の量質的組立」という観点の呈示をもたらしたのである（図表補3-3参照）。人口論争において「マルサスを否定するマルクスを否定する」という立場をとっていた高田の第三史観は、社会政策は「平等に向かう政策」であり「階級的懸隔の短縮を目ざす政策」であるとする主張にも反映されている。

兼清氏から指摘のあった『まるさす生誕百五十年記念号』の所収原稿を図表補3-4として提示した。マルサスの所説等を紹介するに留まる論考もあるが、

図表補3-4　『まるさす生誕百五十年記念号』所収原稿一覧

高田保馬 "Malthus Anniversary"
瀧本誠一「人口ニ關係アル和漢ノ書籍 - 第三、支那書一斑」
高野彌吉「『日本經濟叢書』ニ於ケル人口記事」
神戸正雄 "Leading Works on Neo-Malthusianism"
本庄榮治郎「人口ニ關係アル和漢ノ書籍 ― 第二、明治以後刊行ノ和書一斑」
河上肇 "The Works and Letters of T. R. Malthus"
本庄榮治郎 "Leading Books and Articles, written by some European Languages, on the Population of Japan and China"
瀧本誠一「人口ニ關係アル和漢ノ書籍 ― 第一、舊時代ノ和書一斑」
新田孫三郎 "A Brief List of The Chief Books referred to or consulted in the Sixth Edition of Thomas Robert Malthus's Essay on The Principle of Population. The Authors' Names arranged Alphabetically"
河上肇「まるさす生誕百五十年記念會記事」
戸田海市「人口論ノ學問上ノ性質」
本庄榮治郎、大山壽「本邦諸雑誌ニ現レタル人口ニ關係アル論説及ビ記事」
河上肇 "The Index to the Edinburgh Review and the Quarterly Review"
本庄榮治郎「まるさす生誕百五十年記念會記事」
高田保馬 "Chief Works reviewing the Malthusian Theory of Population"
小川郷太郎「歐洲戰後ノ人口」
高田保馬「社會階級別ト出生率トノ關係」
本庄榮治郎「德川時代ノ人口」
福田德三「まるさす人口論出版當時ノ反對論者特ニ生存權論者」
内田銀藏「まるさす先生略傳」
瀧本誠一「支那及日本ノ人口論」
石川日出鶴丸「馬ト人ノ人工受胎術ヲ論ジテ「人口論」ニ及ブ」
神戸正雄「新まるさす主義」
米田庄太郎「まるさす以後ノ人口論」
財部靜治「まるさす人口論ノ研究方法ニ就イテ」
河上肇「まるさす人口論要領」

出所：［京都帝國大學法科大學編 1916］から筆者作成。

マルサスの人口原理は「生活資源（＝食糧）が人類の生存に必要不可欠であること」「異性間の情欲は必ず存在する」ことを自明の前提として「人口増加が生活資源を生産する土地の能力よりも不等に大きく、人口は制限されなければ幾何級数的に増加するが生活資源は算術級数的にしか増加しない」という命題を相対化する議論もみられる。その代表的な論客というべき戸田海市や福田徳三、米田庄太郎、財部靜治、河上肇、高田保馬らは、日本における初期の社会政策論者である。

　この記念号との対峙をはじめ、本論の執筆に取り組む過程で生活（＝環境改善）政策の系譜という観点から「人口問題と社会政策」というテーマを見つめ直すことになった。その結果として、環境改善の学（＝優境学）も含むものとしての人口の〈質〉という理念の起源というべき優生学の展開、生存権保障といった生命の〈質〉から生活の〈質〉への拡大をめぐる考察は、マルサスの人口原理の相対化という形で先達によってもたらされた議論まで遡ってなされなければならないことに気づかされた。それは、経済学の起源としての倫理をめぐる問いに行きつくものでもある。

　生存権論をめぐる議論についてさらに掘り下げておくと、日本の場合、法的に「（本人が）身体的、精神的、社会的、文化的に満足できる豊かな生活」というような意味で用いられる生活の〈質〉が保障されるのは日本国憲法（1946年）が制定されてからのことである。しかしながら、例えば福田徳三はより早くからその議論に取り組んでいた（この点をめぐる先行研究に、川島章平「戦間期日本における生存権の意味—福田徳三と牧野英一の議論を手がかりに」『社会政策研究』第7号、2007年、冨江直子『救貧のなかの日本近代—生存の義務—』ミネルヴァ書房、2007年がある）。「拙論」が考察対象とした1920年代から30年代には、多くの論者が社会政策と社会事業の関係づけを論じていく（＝社会政策と社会事業が差異化されていく）が、それにも生存権をめぐる議論が関わっていた。福田は「生存権の社会政策」（1916年）において生存権は社会政策の根本要求であり、その具体的な発現として社会事業を把握している。生存権保障に基づく社会改良の発現形態としての社会政策は、乳幼児の扶養や教育、高齢者や障がい者を対象とする社会保険、労働者の権利保障や失業対策といった形で生存権を保障する

政策、制度、事業によって確立していくという見方である。社会政策と社会事業を区別しない福田の見解の根底にあるのも、人口問題への関心であった。福田の「生存権の社会政策」は左右田喜一郎との論争のなかにもたらされ、このテーマは左右田の弟子である南亮三郎の生存権論へと受け継がれていく。

「著者は〈経済学〉系の社会政策論でない残余部分をあえて〈社会学〉系という形で取り出し積極的に意義づけるという困難な試みを行っているが、さらに明晰な定義をして欲しい。（中略―引用者）1920～30年代は一般的に『社会』そして『社会的』という概念の浮上とともに人々の生存・生活へのまなざし・関心が注がれるようになった時代であり、そうした論者のどこまでが〈社会学〉系に含まれるのか―例えば福田徳三はどうか―、その基準は明らかにして欲しい」との川島氏の指摘は、まさに上の点に触れるものである。日本社会政策史の1920年代的状況（思想的混乱によって社会政策学会が休会に陥ること、社会政策と社会事業の分化といった現象）を照射するために持ち出した〈社会学〉系社会政策論と〈経済学〉系社会政策論という構図のなかに福田をどう位置づけるかという問いに即刻お応えすることは難しいが、この問いかけを契機に「人口問題と社会政策」をめぐる時代的に遡っての考察に取り組んでいきたい。

「拙論」である程度のお応えをしてきたが、改めて概念規定をめぐる批判にも応えておこう。川島氏は、「『家族政策』、『人口政策』（〈量〉・〈質〉）、『社会政策』等、本書のキー概念および概念間の関係を理解するのが容易ではなかった」とされる。先にも触れたように、筆者が本来の社会政策というときの社会政策は社会改良への希求を体現する政策、具体的には労働政策＋生活（＝環境改善）政策から成り立つものである。「拙論」において提起した〈女性政策＋児童政策＋優生政策〉の複合体としての家族政策は、社会政策と人口の規模・構成の適正化を目的とする人口政策の重なる領域に位置する。出生率の低下という人口の〈量〉の問題と人口の〈質〉の問題の接合といったときの、とりわけ人口の〈質〉とは、生命の〈質〉、児童家庭の生活の〈質〉を意味している（図表補3-5参照）。

この点とも関わって、兼清氏は述べる。「ミュルダールが主張した人口政策が社会政策と一体化しているという判断には疑問がわく。例えば、アルヴァ・

図表補3-5　社会政策と人口政策

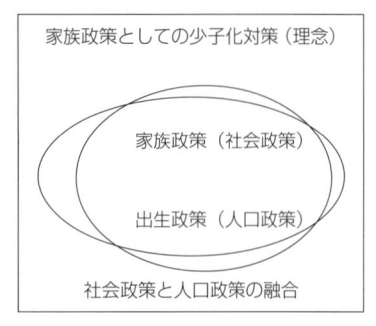

家族政策としての少子化対策（理念）
　家族政策（社会政策）
　出生政策（人口政策）
社会政策と人口政策の融合

出所：筆者作成。

ミュルダールは『子ども数への願望は、もしそれが生活水準、とくに子どもの福祉水準と矛盾するならば、控えるべきである』と書いている。ミュルダールにとって人口政策は福祉水準の向上を求める公共政策の下位にある政策で、いわば手段の役割を果たすものである」と。筆者はミュルダールを夫妻として一体化して扱ったが、夫のグンナー・ミュルダールもまた、〈量〉（子どもの数）より〈質〉（福祉水準の向上）を優先すべきと解釈した。「拙論」でいうところの、人口政策と社会政策の一体化とは、主に原理的な問題として人口の〈質〉という理念を介して両者が一体的に捉えられるようになったこと、そこに〈女性政策＋児童政策＋優生政策〉の複合体としての家族政策の原点を見出せるという社会政策の観点からの主張であった。

　なお、合評会などの機会に「拙論」の現代的意義は何かといった質問に直面する機会が多かった。この問いかけにも正面からお応えするのは難しいというのが正直なところだが、少子化という現代的な問題にあえて史的に取り組むことは、今日の動向を相対化することにつながる。例えば、少子化を字義のまま解釈すれば子どもの数が減ることである。そうすると少子化＝〈量〉の問題と把握されがちだが、今日の子どもを少なく産む選択、教育政策の重視といった政策路線には少子化の〈質〉の問題としての側面を確認できる。「拙論」では家族政策の形成との関わりで人口の〈質〉という理念を見出すことに努めたが、それは今日の家族政策をめぐる動向の考察にも十分あてはめられるだろうし、生命の〈質〉、生活の〈質〉、人生の〈質〉という形に解釈を広げうる人口の〈質〉とは、社会政策を根底で支えるきわめて重要な理念でもあるといってよいだろう。

5　課題と展望

　評者の方々から提起のあった論点をめぐって筆者なりの整理と見解を示してきたが、現在の理解を超える諸課題については宿題とさせていただきたい。あるいは、今後の議論を通じて答えを見出していきたい。

　堀口氏からの「政策形成には世論や政策立案者、国会での審議など、さまざまな影響が加わっているため、ある人物の所説が、どの程度、実際の政策に反映されたのかを実証するのは容易ではない。当時の新聞、政策立案を担当した官僚、議会での審議過程なども含めて、多面的かつ緻密に調査を進めていく必要があろう」というメッセージは、「拙論」に対するものに留まらない研究手法への批判としてありがたく受け止めたい。川島氏が提示してくださった「本書における優境学は『家庭外の社会』の問題としての『生活』を捉え、それに介入／保障するに至ったが、具体的にその射程はどこまで届いていたのか、対象を見放すことはなかったのか」という問いや、冨江氏からの「人間の〈質〉を論じる視点はどこにあるのか、またそれを論じる権利をもつのは一体だれ（何）なのか」といった指摘からも目を逸らさずにいたい。あるいは、本テーマをさらに追究していくに際して統治対象としての人口、そこからもたらされる生殖行為の社会的管理をどのようにみるかという視点、例えばフーコーのもたらした生権力という知見と向き合うことも避けられないだろう。

　最後に、今後の研究活動のための覚書として、筆者としての課題をいくつか刻んでおきたい。1つ目は、「人口問題と社会政策」というテーマに関わる領域についてである。人口の〈質〉の改善・向上を目的とする政策領域は大変な広がりをもつ。それは筆者が当初、家族政策前史として捉えようとした範囲に到底留まるものではない。例えば、医療・保健・衛生といった政策領域のなかで衛生に関していえば、それはもともと自然科学の領域からもたらされたが、その延長に「社会衛生」や「社会医学」といった概念が生み出された。「拙論」で取り上げた家族政策の登場にみる人口の〈質〉をめぐる議論は、「過剰人口」から「減退人口」論への転換に関わる学説や実践のなかにそれを見出し

たに過ぎないが、生活に関わる政策を（遺伝に対して）環境の改善を志向する優境政策としてみることで、社会政策の広がりを認めることができる。本来の社会政策の広がりに対応するといってもよい「人口問題と社会政策」というテーマに関わる史的事実の発掘は、なおも途中段階であることを強調しておきたい。

　そのこととも関わって、2つ目は福祉国家の国際比較における日本の位置づけをめぐってである。日本を一方の軸としてみれば、対西欧だけでなく東アジア間の比較の進展が著しい。その際、福祉国家比較研究の画期をもたらしたエスピン-アンデルセンが日本の位置づけの難しさに言及したことも示唆しているように、そもそも日本型福祉国家と呼ばれるものの把握自体が困難な作業であることに度々気づかされる。その1つの要因は、日本社会政策がきわめて長い伝統をもつことにあるだろう。日本の社会政策学会の設立は1897年のことであり、それを起点とみるにしても110年を超える経験を有していることになる。いうまでもなく現在の、またある時点の学説や政策・制度はそれまでの積み重ねの上に成り立っている。「拙論」で扱った「人口問題と社会政策」というテーマをめぐる日本の経験こそは、対西欧や東アジア間比較の結節環と考えるに相応しい位置にあると思われてならない。であればこそ、不十分であっても浮かび上がってきた人口現象やそれへの対処を通じて日本の独自性を追究することで、引き続き日本社会政策の位相を定める作業に取り組みたい。なぜなら、その先にこそ戦前まで遡っての福祉（社会）国家をめぐる国際比較の枠組みが立てられるように思うからである。

　3つ目は、人口問題を方法論的にみたときどのレベルで捉えるかという難題についてである。この点に関する示唆としては、先に触れた福田徳三や南亮三郎もそうだが、とりわけ高田保馬の存在感の大きさである。戦時人口政策の擁護者という評価につながった政治的な発言を切り離してみたときの高田は、「人口現象と社会問題の関係性」や「人口政策と社会政策の概念規定をめぐる問い」にいち早く正面から向き合った数少ない学者の1人である。本文中にも触れたように、高田は社会の量質的組み立て（＝人口密度と成員の異質性）が社会的関係を規定し、社会的関係がある社会の制度、経済、観念を規定するとい

う見方を提示した。その高田によってもたらされた（観念史観、唯物史観に対置される）第三史観は人口現象の重要性を突きつけてくる。その高田とのつながりを意識すれば、「人口は社会に大きく影響する要因である」という立場から人口研究を社会学の一部門として位置づけたデュルケーム、あるいはすでに言及したマルサスの『人口の原理』（1789年）に関する考察も必須である。

　4つ目というには相応しくないかもしれないが、本書の執筆を通じて出版という形で研究成果を問うことの意義を強く噛みしめている。それぞれの専門が異なる方からの建設的な批判からみえてきたこと、気づかされたことは本当に多い。本論の執筆に際しては、筆者であるにもかかわらず読者でもあるかのような距離感をもって「拙論」を見つめ直すことができた。その過程で「拙論」に突きつけられた課題を痛感することになったが、その自覚こそはさらなる飛躍のためのチャンスであると受け止めたい。

終　章
社会科学のなかの社会政策と人口問題

　序章でも述べたように、近代における人口問題研究の起点はマルサスの『人口論』である。日本では明治時代に至ってその翻訳紹介がなされるなどして専門家の間に普及をみた。1916年はマルサス生誕150周年にあたり、京都大学は『経済論叢』の特集として『まるさす生誕百五十年記念号』を企画した。このようにして専門家によってリードされた人口問題をめぐる学説的な研究と、現実に直面する人口問題の考察が交差するところに政策論が生まれる。

　1920年に最初の国勢調査が実施され、その集計結果から日本人口は毎年100万人増加していることが明らかになった。過剰人口はそれ自体が問題ということではなく、食糧難や生活難、失業といった社会問題として表出する。その意味で、人口問題と社会政策をめぐる日本的系譜を描き出すにおいて大正・昭和初期人口論争のもつ意味は大きい。社会政策の観点からみれば、あらゆる社会問題の根幹としての人口問題の発見、したがってそれが人口政策と社会政策を関係づけることにつながり、社会政策を経済学的なものから解放する力をもつに至ったといえるからである。

　本書を締め括るに際して、社会政策の観点から人口問題研究の学際性について整理しておきたい。そのために持ち出したいのが、中西泰之の課題提起である。それは「マルサス人口論において、経済学、社会学、自然科学の各々は、いかなる意義を担っているのだろうか、マルサス自身はどのようにして人口学の経済学的・社会学的・自然科学的な各側面を統合しているのだろうか」［中西 1997：26-27］というものである。

　社会科学的な立場からの人口問題研究は、今も昔も経済学的な視点からなされるのが主流である。マルサスが経済学者として活躍をみることもあって、人口問題研究の原点としてのマルサス研究もまた主に経済学の領域で進められてきた。そのような理論的な考察に対して、社会政策の観点から注目すべきはマ

ルサスの政策的な主張である。「中産階級が社会の多数を占め、労働力以外に所有しない階級が少数となるような社会構成」、「予防的妨げの普及」、「予防的妨げの普及を阻害しない限りでの貧民の救助」といった提案はまさに、社会政策論における人口問題研究の系譜と呼ぶべきものである。

　このような観点から日本の社会政策論史を見つめれば、人口問題の考察が一切の社会科学的、社会政策的研究の出発点ではないだろうかという思いが生じる。周知のように、日本で最初の社会科学の総合的学会として成立をみた社会政策学会は1896年4月26日に桑田熊蔵・山崎覚次郎・小野塚喜平次・高野岩三郎ら10名によって結成された社会問題研究会から展開して、翌1897年4月24日に成立をみる。講壇社会主義と呼ばれる歴史学派を学んだ桑田や山崎がドイツ社会政策学会をモデルに設立するところが、その始まりである。この事実はともすれば、社会政策の概念を経済学の枠内で、ないしは労働問題への対処策として留めてしまいがちである。しかしながら、ドイツ歴史学派成立の前提にはマルサスもその中心人物の1人であった古典派経済学がある。それに対抗してもたらされた歴史学派は、同様に古典派経済学以後に生み出されたマルクス主義と違って体系らしきものは生み出さなかった。

　この一思潮としての、各国経済の独自性を規定する歴史を重視し、すべての経済事象を歴史から説明しようとした特定の思考方法を共有する社会政策学会は、まさに学際的な組織としてスタートしたのである。経済学や法学、社会学の専門家や行政を担う官僚なども参加した本会は、1920年代半ばには休会に陥る。その1920年代に盛り上がりをみる人口論争は、人口問題研究が経済学説論争に取り込まれていく過程であったといってもよい。人口問題研究を既成の学問領域にあてはめるのは難しいのだが、マルサスとマルクスの学説論争へと収斂したその人口論争によって日本の人口問題は理論研究へと偏りをみせ、そこに経済学との結びつきをより強めたといってよい。

　その人口問題をめぐる議論が活発に交わされた1920年代は、日本で経済学という学問が市民権を得ていく過程と連動している。日本で最初の経済学部が設置をみるのは1919年のことであり、それを機に経済学研究が大きな盛り上がりをみる。それは裏を返せば、当初経済学は独立した学科としては認められてい

なかったということである。1886年に制定された帝国大学令によって帝国大学が設置されたときには、法科・医科・工科・文科・理科からなる5分科大学から構成された。社会科学の学問組織という観点からいえば、学問領域の垣根のはっきりしない社会政策学会を起点にさまざまな学問領域が分化していったのである。

　この社会政策学会が休会に陥ってまもなく生起した大正・昭和初期人口論争は、人口問題をめぐる動向を学説と実践に分けることで戦後の社会政策本質論争へと連なる社会政策論史に矛盾をもたらすことになる。永井や北岡による実践を裏づけた人口政策論としての社会政策論は、先にマルサスの政策的主張として挙げた「中産階級が社会の多数を占め、労働力以外に所有しない階級が少数となるような社会構成」、「予防的妨げの普及」、「予防的妨げの普及を阻害しない限りでの貧民の救助」といった論点への配慮がうかがえる。ここに労働政策と生活政策を含みもつものとしての社会政策、社会政策論と人口問題研究、より具体的に示すならば古典派経済学からドイツ歴史学派の形成に至るまでの経済学の伝統と、マルサスの『人口論』に端を発する人口問題研究の上に形成、発展をみた社会政策の伝統が受け継がれたといってよい（社会政策学会が休会に陥って以降の、あるいは戦後の人口問題研究は、日本人口学会、社会経済史学会、経済学史学会などが主な担い手となる）。

　その社会政策論によって描かれた社会政策を労働政策と生活政策として把握するならば、生活政策の形成を理念的に後押ししたのが優生学である。その優生学もまた、マルサスの『人口論』から生まれた知見である。指数関数的に増加していく人間が資源の量に対して過剰になると、人間は全員生き残ることはできないとする見解がダーウィンや社会進化論のスペンサーによる適者生存の考え方に影響を与えたのである。そこからもたらされた、優生と優境、遺伝と環境の改善をめぐる議論のなかに生活政策が形成、展開をみた。「遺伝か環境か」ではなく「遺伝も環境も」という形で優生学の普及をみた戦前日本では、人口の〈質〉の向上という理念に押されて優境政策というべき生活政策の充実をみたといえよう。

　顧みて、本書で描き出した社会政策論における人口問題研究の系譜としての

生活政策の追究は、日本社会政策論史の原点における学問的な広がりへの希求、具体的には経済学的な議論に収斂させられがちな社会政策論を社会科学の海へと引き戻すための作業であったとも思える。その視点は例えば、福祉国家をめぐる議論などに活かせるのではないだろうか。前著で戦前まで遡っての家族政策をめぐる国際比較を課題とした。それを可能にするべく参照に値するのが、生存システムとみなされる福祉（社会）国家の形成をめぐる議論である。川越修が再定義したドイツ的概念としての社会国家を用いて、高岡裕之は日本の戦時期の社会国家化を論じた。生存システムと呼ばれるそれについて人口・家族政策領域という観点からいうならば、筆者は大正・昭和初期人口論争を起点とする人口政策立案に向けた動きまで視野に入れるべきではないかと考える。前著で提起した優生思想を媒介とする〈女性政策＋児童政策＋優生政策〉としての家族政策をめぐる議論は、1920年代を通じて大きく前進したからである。

　もっとも、戦前に福祉（社会）国家化を見出そうとするのは今日的な視点からである。本書で取り上げた北岡壽逸もその１人だが、日本で福祉国家の建設をめぐる議論が普及をみるのは人口に関する政策課題が過剰人口の解消から社会保障制度の充実へと移行する時期、1960年代のことである。先進国の一員になったという意識から、それにふさわしい福祉国家へという形で福祉国家構想がもたらされた。あるいは当初低調だった福祉国家をめぐる議論が盛り上がりをみるのは、レジーム論が大きな潮流となった1990年代以降に至ってからのことである。

　福祉国家の基本概念としてのナショナル・ミニマムの設定やセーフティーネットの構築をめぐる議論は、出生率をはじめとする人々の意思決定の結果としての人口現象にも左右される。そのような観点から福祉国家論の史的展開を見つめ直すことも今後の研究課題であり、社会政策と人口問題研究の交錯をめぐる考察への興味はつきそうにない。

|附論1：書評|

藤田菜々子著『ミュルダールの経済学―福祉国家から福祉世界へ―』
ＮＴＴ出版、2010年

I

　グンナー・ミュルダール（1898-1987；以下、ミュルダール）は、1974年のノーベル経済学賞受賞者である。彼がかなり名の通った経済学者であるとともにどこか無視された経済学者でもあるとする著者は、その理由をスウェーデン人であって、当然ながらスウェーデン語をしばしば用いること、多種多様な内容の著作をきわめて大量に残し、しかも反復を含んだ長大な作風による研究が目立つこと、資本主義の黄金時代と母国を強く背景にもち、一見して楽観に過ぎる経済成長論・福祉国家論を展開していること、また逆に、低開発経済分析では悲観的な結論に傾いていること、などに求めている。

　その藤田氏によって記された本書を貫く問題意識は、「偉大な経済思想家の一人として認知される一方、研究対象としては敬遠されるという皮肉な結果が生みだされているミュルダールの残した経済学とは何だったのか」という問いである。従来のミュルダール研究をめぐって、著者はその業績をある特定の側面（政治学や社会学、開発経済学など）から捉えようとするものが大半で、近年に至ってミュルダール経済学の全体を扱う研究書が登場してきた（「ミュルダール経済学の全体を扱う研究史上画期的な著作」として特別の敬意が払われているウィリアム・J・バーバーの *Gunnar Myrdal : An Intellectual Biography* (2008年) は、2011年5月に著者による翻訳書が刊行されている）ものの、その体系的な解釈には及ばなかったという。こうした状況を乗り越えるべき本書の目的は「ミュルダールの経済学に一貫性を見出したうえで、その体系や全体像、総体としての意義を明らかにすること」、その上に「ミュルダールの福祉国家論や低開発経済論を再検討・再評価すること」である。先立つ形で序章の内容を明らかにしてしまったが、本書の構成は以下の通りである。

　　　序　章　ミュルダール経済学の全体像
　第Ⅰ部　伝　　記
　　　第1章　グンナー・ミュルダール―人と業績
　第Ⅱ部　ミュルダール経済学の方法と理論
　　　第2章　「価値前提の明示」の方法論
　　　第3章　累積的因果関係の理論
　　　第4章　累積的因果関係論の諸潮流とミュルダール
　第Ⅲ部　福祉国家から福祉世界へ
　　　第5章　1930年代スウェーデンの人口問題
　　　補　論　人口論におけるケインズとミュルダール

　　　　　──イギリスとスウェーデンの「福祉国家の合意」
　第6章　福祉国家の形成
　第7章　低開発経済の動態
　第8章　福祉世界の構築
　終　章　ミュルダールから現代へ

II

　引き続いて、第1章以降の概要を明らかにしよう。長文の第1章からなる第Ⅰ部の伝記は、第Ⅱ部以降で明らかにされるミュルダールの研究業績の理解を深めるためにおかれている。スウェーデン・ストックホルムに保管されていた未公開資料（ミュルダールが保管していた私的な書簡）も用いつつミュルダールの生き様に迫る本章では、「学問分野と大陸を越え続けた経済学者」ミュルダールの生涯が「経済学と出会うまで」「理論経済学者の段階」「政治経済学者の段階」「制度派経済学者の段階」の4つに分けて論じられている。

　「ミュルダールは、1898年12月6日、スウェーデンの中部、誇り高い伝統文化をもつダラーナ地方のグスタフス教区で生まれた」という記述に始まる彼の人生は、その研究人生を特徴づけたであろういくつかの転機を中心に描き出される。ミュルダールの生涯における最初の転機は7歳のストックホルムへの移住であり、金銭的には裕福になりつつあったものの社会的地位や「品格」をいまだ獲得できていなかった両親にとって、息子の教養や学歴は当然に望まれることであったとされる。宿題もろくにしない問題児から優秀な学生を集めるノラ・レアル・ギムナジアムを経てストックホルム大学法学部へ進学し、後に妻となるアルヴァとの出会いといった出来事が「経済学と出会うまで」のミュルダールを特徴づける。

　法学の学位取得後、いったんは法律事務の職に就いたミュルダールの素質を見抜いていた妻のアルヴァに導かれて、彼は経済学研究の途を歩み出す。それにはじまる「理論経済学者の段階」は、カッセルへの入門、『経済学説と政治的要素』（1930年）の刊行、ロックフェラー財団からの選抜によるアメリカでの研究生活（1929-30年）といった出来事によって特徴づけられる。続く「政治経済学者の段階」には、貨幣理論家としての最も重要な著作となる『貨幣的均衡』（英語版、1939年）によって経済学者としての名声を獲得するとともに、「ストックホルム学派」として、また社会民主党の党員としてスウェーデン国内における失業問題、人口問題の解決に取り組む。その功績に対する評価もあって、カーネギー財団からアメリカ黒人問題調査の依頼を受けることになる。

　もっとも紙幅が割かれている「制度派経済学者の段階」は、『アメリカのジレンマ』（1944年）としてその成果が発表されるアメリカの人種差別問題への取り組みにはじまる。「中立政策におけるスウェーデン、黒人問題におけるアメリカ、両者はいずれもモラル上のジレンマを抱えている」という重大なテーマを見出したミュルダールは、以来自身を制度派経済学者と呼ぶようになる。その後スウェーデンに帰国したミュルダール

は、スウェーデン政府の依頼に応じて経済政策の面で重要な役割を担うことになった。商務相として推進したソ連との貿易協定の締結に対する批判によってひどく傷つくことになるが、それもつかの間。1947年には国連欧州経済委員会の初代委員長に就任して、ヨーロッパ諸国の不均等な経済発展にともなうさまざまな問題と向き合うことになった。その間に抱いた低開発経済も含んだ世界経済に関する問題関心により、国連欧州経済委員会の委員長就任から10年で当職を辞職し、南アジアの貧困問題調査に着手する。

『経済理論と低開発地域』(1957年)、『福祉国家を越えて』(1960年) などによって資本主義圏における先進諸国と低開発諸国との経済的・社会的格差拡大過程を理論化し、理想の世界像を「福祉世界」として語ったミュルダールは、経済分析における制度的要因を取り込む必要性を先進経済分析よりも低開発経済分析にあると主張する。『アジアのドラマ』(1968年)、『貧困からの挑戦』(1970年) などによって発表されたその見解は、低開発諸国への政策提言のみならず、先進諸国に対しても貿易や援助のあり方の改善を求めることになった。戦時下におけるナチス・ドイツに対抗する姿勢への賛同を示したことなどから、ミュルダールにとって「第二の祖国」となっていたアメリカに対する好意的・楽観的評価の変更をももたらすことになり、以来ミュルダールはアメリカに対する批判者、説教者となった。

1974年、ミュルダールはノーベル経済学賞を受賞する。受賞後、本人も断らなかったことを後悔したというハイエクとの共同受賞をめぐる諸事情、諸問題は第三者によって今もさまざまな形で論じられており、それ以降1987年に老衰でこの世を去るまでの彼の晩年は、息子との対立、妻の失語症、また自身もパーキンソン病に悩まされるなど平穏なものとはならなかった (ミュルダールとハイエクの関係をめぐっては、藤田菜々子「1931-33年のミュルダールとハイエク—往復書簡から見る『貨幣理論への貢献』の成立過程—」『オイコノミカ』第48巻第1号、2011年、で論じられている)。

ミュルダールの一生の事績を踏まえて、第2章から第4章で構成される第Ⅱ部では、「価値前提の明示」と「累積的因果関係論」によって特徴づけられるミュルダール経済学の方法論的、理論的枠組の検討がなされる。

まず、第2章では「価値前提の明示」の方法論が明らかになる。その議論は『経済学説と政治的要素』(1930年) に始まり、それが大きく転換する形で『アメリカのジレンマ』(1944年) に確立をみる。『経済学説と政治的要素』におけるミュルダールは、経済学が客観的な事実を扱うものであって、政治的思弁とは無縁の「科学」たるべきと考えた。当時のミュルダールは何より、経済学に表面的な言明に留まらない客観性をもたらすことを意識していたのである。しかしながら当時の彼は、他方で経済学が実践的たるべきであるという伝統的な見解の重要性も認めていた。「経済学は科学でなければならないが、実践的役割も担いうるはずである」という問いは、以来、ミュルダールに通底する関心事となる。そして、新たな方法論的立場が示されるのが『アメリカのジレンマ』である。これ以降、経済学は実証主義的な意味では客観的にはなりえず、論理的前提としての価値判断を選択・明示して公の議論の対象にすることが最も客観的にそれを

扱えるのではないか、という考えがミュルダールの学説を方法論的に支えることになる。具体的には『アメリカのジレンマ』では「アメリカ的信条」、『国際経済』(1956年)では「経済統合」、『経済理論と低開発地域』(1957年)では「政治的民主主義と機会平等」、『福祉国家を越えて』(1960年)では「自由・平等・友愛」、『アジアのドラマ』(1968年)では「近代化諸理念」が、価値前提として提示された。ミュルダールの「価値前提の明示」という方法論の構築にはヘーゲルストレームの「価値ニヒリズム」があり、副次的にはウェーバーの「価値自由」の影響もあったとされる。

第3章では、「累積的因果関係の理論」について考察がなされる。「価値前提の明示」を確立した『アメリカのジレンマ』(1944年)において「累積の原理」として初めて提示されたそれは、『経済理論と低開発地域』(1957年)などにおける「循環的および累積的因果関係の原理」へと発展する。ヴィクセルの貨幣理論研究からその着想を得たとするそれは、主流派経済学の均衡論的接近への批判意識から作り上げられた。アメリカの黒人差別問題の動態を説明するために適用された「累積の原理」は、「黒人の低い生活水準」と「白人の黒人に対する差別意識」は相互依存の関係にあり、それがもたらす望ましくない下方への変化過程としての「悪循環」を説明する。望ましい上方への変化過程としての「好循環」をも含む両義的理論としての「累積の原理」は、「循環的および累積的因果関係の原理」へというように以下の3つの点で理論的の展開をみた。1つ目が、「逆流効果」と「波及効果」という概念の提示である。逆流効果とは、ある国が貿易などで成功すると、その影響を受けて他のある国では損失が出るというようなもので、それとは逆に波及効果とは何らかの現象が他の地域に対する拡張惰性のあるような遠心的効果である。2つ目は、制度的・心理的といった「経済外的要因」の重要性がいっそう強調されるようになったことである。3つ目は、前二者によって裏づけられる「政策による悪循環の逆転」とでもいうべき政策論の指針である。この点において「偏向なき現実的理論としての」累積的因果関係論と「適切な政策導出のための」価値前提の明示は密接に関連づけられ、第Ⅲ部のテーマである先進諸国と低開発諸国の格差拡大としての悪循環やそれを好循環へと転換させるための福祉世界の構築といった実践を理論的に支えることになる。

第4章では、ミュルダールの累積的因果関係論の特徴、その経済学史的位置づけについて論じられる。これまで、ミュルダールと同様に主流派経済学の均衡論的思考様式に批判的な立場に立って累積的因果関係論の枠組みを用いた学説があるなかで、ミュルダールのそれはカルドアによるそれの前段階として評価されることが多かった。それについて当理論の展開をヤングからカルドアへという単線的な展開として理解するところにそもそもの問題があるとする著者に従えば、累積的因果関係論の系譜は3つの潮流として理解される。1つ目はヤング(からカルドアに展開)の経済成長を主たる分析対象とするもの、2つ目は、ヴェブレンに由来する制度変化を個人と社会構造の相互連関から説明するもの、3つ目はヴィクセルの不均衡累積過程の理論に端を発する、物価変動を分析対象とするものである。著者によれば、理論的着想あるいは思想的起源は本人も

認めるようにヴィクセルに由来する貨幣理論から得たものの、ミュルダールの累積的因果関係論はあくまで1930年代以降の実践的諸問題への取り組みのなかで独自の分析範囲と方法を確立したものであったとされる。個人における思考様式とマクロレベルにおける制度構築との相互関連を視野に入れるとともに「設計」と「進化」を対立させないミュルダールの理論は、上記3つの潮流すべてに関連するとともに、それらを統合しうる位置を占めるようになったという。

第5章から第8章（＋補章）で構成される第Ⅲ部では、ミュルダールの福祉国家論や低開発経済論についての考察がなされる。

「1930年代スウェーデンの人口問題」と題する第5章では、ミュルダール特有の福祉思想の端緒として1930年代に提示された人口論が取り上げられる。1930年にハーヴァード大学で行った講演の内容を纏めた『人口』に成熟した形で表れているとされるミュルダールの経済学的人口論は、「出生率低下の原因は主として経済面・社会構造面にある」とするもので、人口減少下で見込まれる失業と貧困を回避するために出生率低下趨勢事態を反転させうるような社会改革の必要を唱えた。個人の自由という民主主義の規範を損ねることなく、私的態度にどう影響を与えうるかという視点から論じられなければならない人口政策は「出産と育児に関わる消費の社会化」であり、所得階層に関係なく、すべての子ども・家族に対する無料サービスを提供することで水平的分配を達成するとともに、そのシステムが所得に応じた課税で支えられることで垂直的分配をも達成するという解決策を示した。ミュルダールにとってそれは、理想社会を構築するための手段としての社会政策、需要・供給両面の向上から経済成長を目指す経済政策の結節点であり、この人口政策・社会政策・経済政策の一体化案は後年の彼の福祉国家経済思想の萌芽であったとされる。

これに続く補章「人口論におけるケインズとミュルダール――イギリスとスウェーデンの『福祉国家の合意』」では、『雇用・利子および貨幣の一般理論』（1936年）などでよく知られるケインズ（「人口減退の若干の経済的帰結」〔1937年〕）の議論との比較を通じてミュルダールの人口減少をめぐる見解（「第6章　人口減少の効果」『人口』〔1940年〕）の特徴が明らかにされる。いくつかの西欧先進諸国が共通して直面した当時の出生率低下について、ケインズとミュルダールは「人口減少は総需要不足を引き起こし、失業や貧困を発生させる」という共通した経済学的考察を示したが、両者の価値観や政治的関心の相違から政策提言は別物となった。著者によればケインズは人口減少の経済的帰結としての失業の発生を危惧して対応策を示したが、ミュルダールはそれに加えて人口減少の趨勢そのものの転換をも視野に入れた政策を提言した。この違いにより、スウェーデンでは人口議論を一大契機として労使間や家族規模間の経済的平等、女性の働く権利などが議論されたが、イギリスの福祉国家形成を大きく後押ししたのは第2次世界大戦であり、ケインズ経済学に支えられた『ベヴァリッジ報告』として合意が図られたのは、主として完全雇用とナショナル・ミニマムの確保であったとしている。

第6章「福祉国家の形成」では、第2次世界大戦後におけるミュルダールの「福祉国

家形成論」についての考察がなされている。著者によれば、『福祉国家を越えて』(1960年)に理論的到達点を迎えるそれは、世界の平等問題との関連とミュルダール経済学を貫く「価値前提の明示」と「累積的因果関係論」に沿う形で解釈されなければならない。福祉国家形成過程に対するミュルダールの理解は国家干渉の増大が既成事実として先行し、事後的な「計画化」が図られるという意味での「無計画な展開の計画化」であり、これまでのところこの「計画化」は大部分が国家によって担われてきた。国家干渉の増大は国際的危機の継起という国外的要因と市場の組織化と民主化の進展という国内的要因によって引き起こされ、それにともなう経済面・政治面の表層的変化とともに人々の思考様式ないし価値判断の変化が累積的かつ不可逆的に進行するために、福祉国家の形成もまた累積的かつ不可逆的に進行し、容易に後戻りできないとミュルダールは考えた。人々の思考様式や価値判断といった社会的ないしヴェブレン的な意味での制度的要因を重視し、福祉国家形成過程を累積的かつ不可逆的なものとする根本的要因として位置づけたところに彼の福祉国家形成論の理論的特徴を見出すことができ、それは福祉国家のあるべき将来像としてスウェーデン型福祉国家を指向するものであった。

第7章「低開発経済の動態」では、ミュルダールが低開発諸国における貧困問題をいかに分析したかが明らかにされる。第2次世界大戦後の植民地権力体制の崩壊に際し、ミュルダールは低開発諸国に関する従来の支配的見解としての植民地理論(=低開発諸国における人間はヨーロッパなどの先進諸国に住む人間とは異なる行動様式をもち、怠慢であって発展を好まないとみなすもの)を批判した。他方で、開発経済学の勃興には悲観主義から外交性と過度の楽観主義への急激な切り替わりに現実を見誤らせる偏向があることも問題視する。ミュルダールは低開発諸国における制度的硬直性・不合理性、低生活レベルの影響、気候条件の違いといった要素を考慮した点については植民地理論の価値を認めた。しかし、低開発経済にもたらされる「貧困の悪循環」の原因としての生産や所得といった「経済的要因」だけでなく、低開発諸国における因襲的で不合理・不平等な制度や人々の狭量で保守的な態度や不正や汚職といった政治的腐敗が横行している国家組織としての軟性国家という「経済外的要因」との相互連関を問題とした。それに基づく彼の政策論は、国内諸制度の変革と究極的には個々人の価値判断の変革におかれることになった。

これに続く第8章「福祉世界の構築」で提示されるのが、「福祉世界論」である。1950年代のミュルダールは、先進諸国と低開発諸国を対照的に理解し、世界経済における両者間の格差拡大を論じた。「福祉国家の国民主義的限界」と呼ぶその状況を克服するためには、「富国と貧国の双方の側で、国際的結束が増大すること、およびそれを基礎にして、世界的規模で機会を均等化させようとする国際協力へ向かう趨勢が上昇すること」が求められ、ミュルダールは従来無視されてきた低開発諸国を取り込んだ新たな世界経済体制づくりを目指した。そのための主要な理論的・実践的問題は人々の価値判断や思考様式の変化であり、変革であった。それをなしうるのが知識の提供を通じての平等主義的改革と、貿易上の優遇や低開発諸国の自助を助ける援助といった先進諸国の

責任を両輪とする福祉世界構築の必要性と可能性であった。ミュルダールにおいて、福祉国家とは各国国内で経済的・政治的成功をもたらす好ましい制度的基盤である一方、対外的には国際的分裂の弊害をもたらすものである。彼は福祉国家における過度の中央集権化・官僚主義化傾向を危惧し、自治化・分権化を進めていかなければならないと考えており、「福祉国家を越える」という言葉には「福祉社会・福祉世界の両方向への超越」という意味が込められていた。

終章では、本書で提示されたミュルダール経済学の特徴と現代的意義について著者の見解が示される。著者によれば、ミュルダール経済学の核心は「経済学には改めて客観性と実践性の両立を求めなければならない」という問題意識から創り上げた「価値前提の明示」と「累積的因果関係論」である。「政策的結論を引き出す、あるいは、大衆の価値判断を考慮し、それに影響を与えて世論を形成することに責任を負う」とする立場からミュルダールが追い求めた「制度派経済学」とは、「政治経済学」であるとともに「進化経済学」であった。そのようなミュルダールの諸議論の軸は、「慣習的思考」と「科学的知識」に基づく価値判断に挟まれた人間における心理上の「ジレンマ」におかれてきたのである。

それに続いて、ミュルダールの諸議論の現代的意義が提示されて本書は閉じられる。それは、1．「価値前提の明示」の現代的研究、2．累積的因果関係論の現代的研究、3．人口政策論と少子化問題、4．福祉国家形成論と福祉国家の類型論、5．開発経済学の復興、6．福祉世界とグローバル化、7．現代の制度派経済学、の7点であり、それぞれについて著者なりの展望が描かれている。

Ⅲ

以上が、本書の骨子である。その詳細までに立ち入ることはできなかったけれども、本書を通じてその人となりも含めたミュルダールの全体像が浮かび上がる。徹底した先行研究フォロー、さらには未公開資料の掘り下げという丁寧な作業だけをとっても、大変な労作である。そのことを確認したうえで評者なりに思うところ、感じたことを書き留めてみたい。

第1に、ミュルダール経済学の方法論的、理論的枠組を特徴づけるとされる「価値前提の明示」と「累積的因果関係の理論」の関係性についてである。著者は本書による1つの主張として「ミュルダールの経済学は累積的因果関係論を中心にしてこそ全体像を展望できる。経済学方法論、福祉国家論、低開発経済論は累積的因果関係論を結節点としたかたちで位置づけられ、特徴づけられる」（p.253）と述べているが、その指摘には疑問が残らなくもない。「図表1　累積的因果関係論を中心としたミュルダール経済学」（p.120）として示されているように、著者はミュルダールの功績を方法論的要素（「価値前提の明示」と「累積的因果関係の理論」＝第Ⅱ部の内容）と実践的要素（「福祉国家論」と「低開発経済論」＝第Ⅲ部の内容）として二元的に把握し、「累積的因果関係の理論」を介して両者が有機的に結びついているとしている。「累積的因果関係の

理論」が実践的要素の背景にあることは重要な指摘ではあるが、それを方法論的要素と実践的要素の結節点とみなすことは、「価値前提の明示」と実践的要素（福祉国家論、低開発経済論）の直接的な結びつきを否定することになりかねない。

　本書のなかでも論じられているように、「価値前提の明示」、「累積的因果関係の理論」のいずれをめぐっても、その確立を支えたのは社会問題をめぐる政治家としての活動や社会調査活動におけるさまざまな経験である。特に『経済学説と政治的要素』(1930年)と『アメリカのジレンマ』(1944年)の間で見られた価値判断（評価）をめぐる主張の転回には、スウェーデンやアメリカでの平等問題への取り組みが大きな影響を与えている。この事実を考慮すれば、分析視角としての「累積的因果関係の理論」と政策志向に関わる「価値前提の明示」、現実分析に基づく「福祉国家論」と「低開発経済論」の3段階によって個々の功績を関係づけるなどの解釈も有効ではないだろうか。ミュルダールの全体像をめぐって、それを構成する個別の業績をどのように結びつけるかという点については、議論の余地が残されているように思われる。

　第2に、1930年代の人口問題に対する取り組みをめぐる問いである。著者は、ミュルダールの意図した「出産と育児に関わる消費の社会化」を人口政策と経済政策、社会政策の一体化と特徴づけている。人口政策と社会政策の結びつきについては人口政策の課題としての人口〈増〉と社会政策の目標としての福祉（雇用・生活をめぐる政策課題、具体的には労使間や家族規模間の経済的平等）の一体化として容易に把握できるが、それと経済政策との一体化といったとき、どの次元で捉えればよいのだろうか。というのは、近年同時代のドイツやフランスの事例なども含めて戦前期における人口・家族政策研究が進められているが、それらの成果は人口政策史における食糧、失業問題から福祉的な課題への転換としてスウェーデンの事例と並べて把握されるものである。著者は、ケインズとミュルダールを比較して「ケインズは人口減少の経済的帰結としての失業の発生を危惧して対応策を示したが、ミュルダールはそれに加えて人口減少の趨勢そのものの転換をも視野に入れて政策を提言した」という結論を導き出している。そこに答えがあるようにも思われるが、経済政策としての人口政策をどのように把握するか、社会政策と経済政策と人口政策の一体化の意味するところをより明確に描き出すことが求められよう（この点をめぐっては、藤田菜々子「少子化とワーク・ライフ・バランス―ミュルダールの人口論―」井上琢智ほか『古典から読み解く経済思想史』ミネルヴァ書房、2012年、で議論が深められている）。

　というのも、この議論は社会政策の概念規定をめぐる問いに触れるものである。経済学の史的展開からいえば、社会政策はドイツ歴史学派に由来する。といっても、今日に至っての社会政策は多様化、複雑化した社会問題の対処策として実に学際的な学問領域を形成している。それに関わる社会政策、社会保障、社会福祉といった概念の関係性を史的に把握しようとすれば、スウェーデンの経験を含む1930年代頃の出来事が重要な意味をもってくるのである。社会政策が労働政策と生活政策によって構成されるとすれば、それぞれと理論的に最も深く関わるのは経済学と社会学である。日本に関していえ

ば、ミュルダールがスウェーデンの人口問題に取り組んでいた時期に、社会政策を基礎づける理論について経済学者や社会学者、社会事業家といった専門家による学説がさまざまに展開された。当初は経済学と社会学が交差していた日本の社会政策論は、戦争を経て著しく労働政策（経済学）に偏った大河内社会政策論によって支配されることになる。その影響が1970年代頃まで及んだこともあって、生活政策（社会学）系の社会政策論の系譜はこれまで十分な形で把握されてこなかった。その再構築という評者らの問題関心と1930年代におけるスウェーデンの事例を原理的にどのように特徴づけるかという問題は、根底において結びついているように思われてならない（〈社会学〉系社会政策論をめぐっては、玉井金五・杉田菜穂「日本における〈経済学〉系社会政策論と〈社会学〉系社会政策論—戦前の軌跡—」『経済学雑誌』第109巻第3号、2008年、で論じている）。

　第3には、依然として残るミュルダールの全体像をめぐる曖昧さである。それは、本書の功績としてミュルダールの思考の変化過程や多様な研究間の関係性が解き明かされたことによってもたらされる、究極のところ「経済学とは何か」という問いに行きつくものである。ミュルダール経済学を貫くものとして「価値前提の明示」や「累積的因果関係論」があり、特に前者は著者の言葉でいう「客観性と実践性」「慣習的知識と科学的知識」といった「理論としての経済学」と「実践としての政策」をつなぐものである。このように描き出された「ミュルダールの人生は経済学者という枠内にとどまってはいなかった」といったとき、政治家として活動したミュルダール、社会調査に取り組んだミュルダールの活動を経済学の枠組みで把握することにはある種の違和感を覚えざるをえなくなる。「経済学は啓蒙を通じて大衆の価値判断に影響を与えることができ」、そこに経済学と経済学者の使命を考え続けてきたと表現されるミュルダールの位置づけをめぐっては、他の学問分野からによるものも含めたさらなる考察が求められよう。

　「ミュルダールは今後もいっそう探究されるべき経済学者である」という著者もまた、本書を1つの到達点としてなおもミュルダール経済学と向き合い続けている。というのも著者は、ミュルダールが「自称制度派経済学者」であるというある種の曖昧さが残る表現を活用している。確かに、彼のいう「制度派経済学」の中心には累積的因果関係論が存在した。それは1930年代以降の様々な実践的問題への取り組みに沿って構築されていくが、ミュルダールは経済学に「制度」の分析を取り入れるように強く求めながらも、「制度」概念に明確な定義を与えることはなかった。その「ミュルダールにおける『制度』、それは、迷いを抱えながらも人々がとりあえず妥協的に支持している価値判断（価値評価）である」(p.261)、と著者はいう。この主張は、価値判断の学としての「経済学」とは何か、例えばミュルダールのいう「経済技術学」は、法学、政治学、社会学、心理学などいくつもの社会科学の研究と重複する形で学際的なアプローチが採用される政策学と学問的にどのような関連性をもつのか、といった経済学の枠組みを越えた新たな問いへと読者を誘い出すものである。

　以上、評者の関心に引きつけての論点提起を試みた。これらは本書の問題点というよ

うなものではなく、著者の研究成果によってこそみえてきた今後の課題である。

　最後に、研究態度という意味で評者が本書からいただいた重大な示唆についても述べておこう。当時まだ修士課程の学生だった評者は、「人口問題と社会政策」「家族政策」研究の原点としてのミュルダールと高田保馬（たかた・やすま；1883-1972）の共通点を見出した。「少子化問題と社会政策—ミュルダールと高田保馬—」（『経済学雑誌』第107巻第4号、2007年）としてまとめたそれは、ある時期における人口問題をめぐる学説という限られた視点からの考察であった。その後、その一角に触れたにすぎない高田の知的遺産のことが気になりつつも、高田の功績をさらに追究することなくここまで過ごしてきてしまった。

　本書と向き合う過程で、評者は自分自身にその問題点を提示することになった。著者は、ミュルダール経済学には「社会科学に含まれる学問そのものの意味を問い直す鋭い指摘が多く含まれている」と評している。ともすれば批判の対象とされがちな多種多様な内容こそが、ミュルダールの魅力というのが一言でいう評者の読後感であった。そしてそれが、高田への問題関心へと評者自身を引き戻したのである。その高田による、経済学者、否、社会科学者・ミュルダールへの称賛ととれなくもない言葉を引いて、本稿を結ぶことにしたい。

　「社会科学は大きく二に大別し得られるであらう。一は精神文化を取扱ふ面である。宗教、芸術、道徳、学問などを対象とする法則科学である。これらは一方から、文化社会学、精神の法則科学とよばれる。唯物史観の人たちは此分野にも案外熱心に力を入れてゐるわけであらう。他は社会の実在面又は平俗なる生活内容を取扱ふ面である。社会、政治、法律、国家などの社会科学はこれに属する。これらの平俗内容の各部分は密接に結びついてゐるから、社会学と経済学と政治学などといふものには、まことの境界はない」（高田保馬『学問遍路』東洋経済新報社、1957年、104-105頁）。

附論2：書評

山崎聡著『ピグーの倫理思想と厚生経済学―福祉・正義・優生学―』
昭和堂、2011年

I

　アーサー・セシル・ピグー（1877-1959；以下、ピグー）は、厚生経済学（Welfare Economics；経済全体における分配の効率性と、その結果としての所得分配を分析する経済学の一学問領域）の創始者である。本書は、ピグーの経済思想をめぐる倫理学的側面について考察する意欲的な作品である。

　ピグーの厚生経済学で具現化された経済的厚生以外の厚生＝非経済的厚生の内容や意義について追究することで、これまでさほど顧みられることがなかったとされるピグーの道徳的哲学を再構成するという目的と呼応するように、本書はピグーが学究生活に入った当初の関心は哲学や倫理学にあったという事実の指摘にはじまる。

　『宗教教師としてのロバート・ブラウニング』（1901年）や『倫理学論争における諸問題』（1907年）、『有神論の問題』（1908年）などは、ピグーの代表作とされる『富と厚生』（1912年）や『厚生経済学』（1920年）に先だって発表されており、「そうした主著のみに縛られることなく、もっと多くの著述の中にピグーが残した叙述に頼って、彼の倫理思想が再構成されなければならない」というのが著者のスタンスである。すでに序章の内容に触れてしまったが、以下が本書の構成である。

　序　章　本書の課題と方法
　第一章　理想的功利主義者としてのピグー
　第二章　理想的功利主義の構造
　第三章　「効用」「経済的厚生」「厚生」概念の再検討
　第四章　正義の問題
　第五章　世代間問題
　第六章　ピグーと優生思想Ⅰ
　第七章　ピグーと優生思想Ⅱ
　終　章　ピグーの体系における重層的理解のまとめ（体系的考察）

　第一章で確認されるように、倫理学説上の分類でピグーは理想的功利主義（快楽のみならず、倫理的人格や徳性なども含めた多元的な要素から成る複合体〔厚生〕を内在的善とみなす立場）に属する。第二章では、その功利主義の原理が「抽象的な究極的根拠の原理」と「その根拠をもとに派生する具体的な個々の実践基準の集合」とから構成される重層的な構造をもつ規範原理であるという観点から、ピグーの功利主義が「全体の各人の厚生の増進」（＝「基本原理」）とそれを実現するために具体化されたさまざまな「実践的応用」「具体化の仕方」（＝「二次原理」）という重層的な構造を有している（ピ

グーの厚生経済学は、「厚生の増進」の具体化の一環である）ことが指摘される。

しばしば批判的に論じられてきたように、ピグーはその「厚生経済学」における具体的目的を（「必要充足」〔＝客観的必要〕）に対して「欲求充足」〔＝「主観的満足」〕によってもたらされる）経済的厚生に限定した。それはピグーがそれのみを望ましいと考えたからではなく、もっと広汎な厚生全体（精神生活総体）を間接的に改善しようとする意図（品格の陶冶）があったからであるという。著者は、必要充足の具体化は彼のナショナルミニマム論として現れており、経済的厚生とは必ずしも一致しない必要充足でもたらされるものは非経済的厚生をも含んでいることに注意を促す。

続く第三章では、ピグーの体系における「効用」「経済的厚生」「厚生」概念をめぐる再検討がなされる。ピグーの「厚生経済学」における中核概念である「経済的厚生」は、倫理的人格や徳性なども含めた多元的な要素からなる複合体としての厚生（＝意識的生の諸状態＝情感、満足、幸福、徳性などからなる「厚生」）に対して主に個人的消費に限定された満足のことを示す概念であり、その限定内においては需要価格≡欲求の強度≡満足という関係、またピグーが効用に関して欲求説をとっていたことを考慮すると欲求の強度≡効用≡経済的厚生ということにもなる。

しかしながら、著者によればピグーの体系において効用と厚生はまったく別次元から説かれた概念である。シジウィック倫理学の影響を受けたピグーは、それまでは同一視されがちであった欲求と快楽とを峻別し、欲求に基づいた効用の定義を提示した。他方で、ムアの倫理学に影響されて展開したと考えられる倫理学的議論こそが厚生概念の哲学的源泉であり、その本質は経済学とは無縁であったとされる。それは、従来のピグーの厚生概念の規定は曖昧であり、したがって効用と厚生とを同義としてみなすか、前者の発展形が後者であるといった見方を退ける。

著者が第二章とともに本書の主柱であるとする第四章では、功利主義批判の中核的な論点である正義や権利の功利主義的基礎づけ（正当化）の観点からピグーの正義論の特質が論じられる。著者によれば、ピグーにおける正義の基礎づけの方法をめぐる要諦は実行可能性という制約によって義務の論理と価値の論理を区別することにある。いいかえればそれは、「義務であること（消極的価値）が義務でないこと（積極的価値）に優先されることはあり得ない」という通約不可能性（＝２つの異なる価値や帰結に共通の物差しをあてがうことができない状況）を端緒に、倫理的価値（効用）と当為（義務）を論理的に区別することである。

ピグーの厚生主義からこの論理を説明すると、普遍的に度を超えた積極的貢献を義務とすることは、人々の厚生にかんがみて肯定することはできないが、他者への害悪を及ぼす行為を差し控え、（何らかの意味における最小限度の協調として）最低水準のような必要の充足を保障することを義務と規定することは肯定されうるということになる。だとすれば、積極的価値の非当為性と消極的価値の当為性をめぐる議論は「各人に最低水準を保障する義務は、総厚生の量という倫理的価値の大小に拘わりなく成立しなくてはならない」ということを含意していることになる。

以上の内容が、本書の中心課題「ピグー倫理学の体系を再構成すること」に答えるものである。ここで詳細は取り上げないことにした残りの章では、その筆者によって描き出された「ピグーにおける功利主義の重層的構造」に沿って倫理学的要素を含む論点としての世代間倫理の問題（第五章）、20世紀初めに興隆した優生思想（第六章・第七章）をめぐるピグーの見解が明らかにされている。結論的記述に添えて、終章で著者は以下のように述べて本論を結んでいる。

「これからの方向性としては、確立したピグーの倫理学の枠組みから、もっと広くピグーの経済理論に当たり、彼の経済思想に対して新しい見方が可能になるかどうかを追究していきたい。本書では直接的に倫理学的要素を含んだ世代間問題や優生思想などしか扱えなかったが、ピグーには膨大といえる経済学的論点が存在する。今後はそれらをフォローしていくべきであろう」。

だとすれば、第五章以降の内容は本書で明らかにされた「ピグーにおける功利主義の重層構造」を土台とする著者のピグー研究の経過報告ということになる。

II

厚生経済学の創始者であるピグーの思想を通じて倫理と経済をめぐる問いと向き合う本書が読者に投げかける内容は、実に豊富である。以下、本書を読んで筆者が思いめぐらせたことの一端を記してみたい。

イギリス経済学についていえば、価値判断をめぐる問い、あるいは価格経済学への挑戦のなかに「経済と倫理」の系譜を見出すことができる。本書で論じられたピグーの師であるマーシャル（1842-1924）は、社会を有機体として捉えて貧困問題の解消を人間の進歩に求めた（『経済学原理』）。あるいはピグーと同じくマーシャルの弟子であるケインズ（1883-1946）は、ベヴァリッジ（1879-1963）と1923年に人口論争を展開する。そこで産児制限の賛否で対立した両者の人口論はそれぞれ、ケインズは完全雇用論（Full Employment）、ベヴァリッジは社会保障論（Nature and Nuture）へと昇華される。スウェーデン福祉国家の思想的基盤となったミュルダールはマーシャルを「経済学者の中でもっとも率直な心の代表者」と高く評価したが、マーシャルまで遡ることのできる厚生経済学の流れは、福祉実践や社会政策の思想的原動力となったことを示唆しているといえよう。本書を読んで、「経済と倫理」というテーマにおけるピグーの存在感を確信した。

日本に目を向けると、ピグーの *The Economics of Welfare*（1920年）の翻訳書『厚生経済学』が公刊されたのは、1953年のことである。日本では『厚生経済研究』（1930年）の著者である福田徳三（ふくだ・とくぞう；1874-1930）や『厚生経済学』（1936年）の著者である中山伊知郎（なかやま・いちろう；1898-1980）によって、また1938年の厚生省創設などによっても「厚生」という概念は戦前にその用例がみられたが、厚生をめぐる理論的な考察が展開をみるのは戦後のことである。それに対して精力的な活動をみたのが、ドイツ歴史学派に由来する社会政策と呼ばれる学問領域であった（日本

の経済学系の学会としては、社会政策学会が最も長い歴史を有している）。

とりわけ本書で取り上げられた優生思想の問題についていえば、戦前の日本でも生物学的な研究の結論を社会現象に応用しようとする「社会的ダーウィニズム」の流行がみられた。社会学者や医学者を中心とするその主張は、人口の〈質〉から生活の〈質〉へという途を切り開くことで社会政策に（労働政策と対置される）生活政策の系譜と戦後の優生保護法（1948年）へと連なる優生政策の原点としての国民優生法（1941年）をもたらした。この把握に対しても、本書は「経済と倫理」という観点から問題を提起してくれる。というのも、例えば福田徳三や南亮三郎（みなみ・りょうざぶろう；1896-1985）といった日本における初期の経済学者達もまた人口問題をめぐる議論のなかで優生思想と関わる「生存権か出産権か」といった問いと向き合っていたからである。この事実は、これまでの日本社会政策論史研究では十分な配慮が及んでいなかった経済と倫理をめぐる日本的系譜として浮かび上がるのである。

本書のなかに、シュンペーターが当時のほとんどの経済学者たちが無関心であった優生学をめぐる議論と真摯に向き合い、多くの心労を重ねた唯一の人物としてピグーを挙げたという興味深いエピソードが紹介されていた。社会的弱者への福祉や慈善政策に反対する優生学的主張は、彼らへの分配を改善しようとするピグーの厚生経済学の精神とは真っ向から対立するものであり、それに対してピグーは「次世代の持って生まれる特質はそれを形成する配偶子の性質によって決定されるが、社会改革者が目指す善さとは具体的な男女の善良さであり、持って生まれた特質ではない」と断言して、生物学者や優生学者たちが遺伝的特質の卓越性こそが増進すべき唯一の価値であるとみなしていることを問題視したとされる。

ここに言及した優生思想の問題に限らず、経済学研究における倫理的な視点は１つの大きなテーマである。さらに、本書で明らかにされた「倫理学と経済学の統合」という意味でのピグーの功績は政策論をめぐる議論にも重要な意義がある。社会政策を専門とする評者としては、そのこともぜひ強調しておきたい。

【参考文献】

本郷亮『ピグーの思想と経済学―ケンブリッジの知的展開のなかで―』名古屋大学出版会、2007年

小峯敦『福祉の経済思想家たち〔増補改訂版〕』ナカニシヤ出版、2010年

附論 3：書評

室田保夫著『近代日本の光と影―慈善・博愛・社会事業をよむ―』
関西学院大学出版会、2012年

I

「本書はこれまで書いた論文のなかで社会事業雑誌関係のものと一般的なそれもキリスト教関係の紙誌が多いですが、その紙誌から何を読むことができるか、あるいは慈善や博愛、社会事業といった概念がいかに報道されてきたかについて発表してきた小論を一冊にまとめたもの」(p.449) とされる『近代日本の光と影―慈善・博愛・社会事業をよむ―』は、450頁を超える大著であること、古いもので1978年、新しいもので2011年に発表された論文が収められているということだけをとっても大変重みのある学術書である。一方で、著者は本書を「序説」ないしは「基礎的な研究」であるとしている。本書の副題となっている慈善・博愛・社会事業といった「言葉」をいかによみ解いていくか、あるいは近代社会というなかでこれらの「言葉」がいかなる意味を有しているのかという課題と向き合うための。

本書の主題（タイトル）は、『近代日本の光と影』である。著者によれば、近代日本をめぐる「光」が「アジアを脱して西欧に追いつくことができ、アジアの『盟主』として『大国主義』を標榜し、国際社会での地位を築けた」(p.443) ことであるとすれば、それを補完する「影」の部分の１つが今日でいう社会福祉の対象領域である。そして、この「影」の部分はこれまで十分に歴史のなかに位置づけられてこなかった。「もう一つの近代」と呼ぶべきこの「影」に光を当てることで、近代の総体がみえてくるのではないだろうか。具体的には、囚人、孤児、棄児、娼婦、非行少年、貧者、障害者と呼ばれた人々を支援する団体や事業家の足跡に関する実証性を重んじた調査研究によって、慈善や社会事業といった言葉がいかなる中で人々の間に浸透していくのかをみてとれるのではないだろうか。さらに、その言葉は近代という時代にいかなる意味を形成していくのだろうか、といった問いと向き合うのが本書である。

先走って著者の問題意識に触れてしまったが、本書の構成は以下の通りである。
　　序　　社会福祉の歴史研究についての覚書
　第１章　近代日本の監獄改良
　　　　第１節　「北海道バンド」と『教誨叢書』
　　　　第２節　「北海道バンド」と『獄事叢書』
　第２章　近代日本の孤児と非行、そして慈善
　　　　第１節　石井十次と『岡山孤児院新報』
　　　　第２節　留岡幸助と『人道』
　第３章　近代日本の貧困、廃娼、病気、そして矯風

　　　　　　第1節　山室軍平と『ときのこゑ』
　　　　　　第2節　『東京市養育院月報』をめぐって
　　第4章　博愛社の機関誌から慈善・博愛・社会事業をよむ
　　　　　　第1節　小橋勝之助と『博愛雑誌』
　　　　　　第2節　博愛社の機関誌『博愛月報』をめぐって
　　　　　　第3節　林歌子と『博愛月報』
　　第5章　キリスト教紙誌から慈善・博愛・社会事業をよむ
　　　　　　第1節　『七一雑報』にみる慈善、衛生、救済論
　　　　　　第2節　『六合雑誌』にみる慈善・博愛事業について
　　　　　　第3節　鈴木文治と『六合雑誌』
　　第6章　仏教雑誌から慈善・博愛・社会事業をよむ
　　　　　　『六大新報』にみる真言宗の社会事業
　結びにかえて　　近代日本の光と影

　　　　　　　　　　　Ⅱ

　本書は、近代日本における社会事業をめぐって「監獄改良」や「孤児と非行」、あるいは「キリスト教紙誌」や「仏教雑誌」といったテーマごとに編まれている。それを雑誌刊行年をもとにして時系列で整理すると、以下のようになる。
1：雑報社
　『七一雑報』（雑報社、1875年創刊）　→第5章　第1節
2：東京青年会
　『六合雑誌』（東京青年会、1880年創刊）　→第5章　第2・3節
3：博愛社と岡山孤児院
　　　　　　　3－1：博愛社（兵庫）
　　　　　『博愛雑誌』（博愛社、1890年創刊）　→第4章　第1節
　　　　　※1891年　博愛社と岡山孤児院の合併
　　　　　　　　　　　↓
　　　　　※1893年　博愛社と岡山孤児院の分離
　　　　　　　　　　　↓
　　　3－2：岡山孤児院　　　　　　　　3－3：博愛社（大阪）
　『岡山孤児院月報』（岡山孤児院、1893年創刊）　『博愛月報』（博愛社、1899年創刊）
　『岡山孤児院新報』（岡山孤児院、1896年創刊）　　→第4章　第2・3節
　　　→第2章　第1節
4：同情会
　『同情』のち（第5号から）『教誨叢書』（同情会、1892年）　→第1章　第1節
　『獄事叢書』（同情会、1894年）　→第1章　第2節
5：救世軍

『鬨聲』のち『ときのこゑ』（救世軍、1895年創刊）　→第3章　第1節
6：東京市養育院
　　『東京市養育院月報』（東京市養育院、1901年）　→第3章　第2節
7：祖風宣揚会
　　『六大新報』（祖風宣揚会、1903年）　→第6章
8：家庭学校
　　『人道』（人道社、1905年創刊）　→第2章　第2節

　以下、本書の記述に沿ったそれぞれに関する説明をごく簡潔に記してみよう。
1：**雑報社**　　『七一雑報』（雑報社、1875年創刊）は、1875年に神戸で発刊された日本キリスト教界最初の「週刊紙」である。自由民権運動と対応するこの時代は、社会事業についていえば恤救規則の制定（1874年）、キリスト教界についていえば宣教師によって従来と違ったヒューマニズム思想が日本に植えつけられていく時期であった。1883年に『福音新報』へと引き継がれるまで8年間にわたって刊行された本紙は、キリスト教関係の記事のみならず政治・経済・社会の動きも伝えている。また、決して多くはないが社会事業関係の記事も掲載されているという。
2：**東京青年会**　　『六合雑誌』（東京青年会、1880年創刊）には、当時のプロテスタント慈善事業、キリスト教社会主義の啓蒙・実践が記録されている。書誌の性格だけでなく1911年から15年にかけて編集に従事した鈴木文治に焦点を当てた考察もなされている。著者は本誌の意義を、積極的に西洋（特に米・英国）の慈善・博愛事業を紹介することで日本の慈善事業の発達に啓蒙的な役割を果たしたことに求めている。また、キリスト教社会主義の人々による社会問題解決策としての慈善事業などが批判され、それが社会問題をめぐる議論の社会科学的視点の萌芽となったともいう。
3：**博愛社**　　1890年に小橋勝之助によって創設された博愛社（兵庫）は、キリスト教信仰に基づく教育社団であったが、1891年には石井十次（1887年、孤児教育会〔のちの、岡山孤児院〕を三友寺〔岡山市〕で創設）との交流から岡山孤児院と合併する。
3－1：**博愛社（兵庫）**　　博愛社創設当初の事業構想は、博愛文庫の設置、博愛雑誌の刊行、慈善的夜学校、慈善的普通校の設置、貧民施療所の設置、感化院の設置、孤児院の設置であり、このうち『博愛雑誌』（1890年）と普通学校（1891年）が実現した。『博愛雑誌』に収められた論考には、キリスト教に関するもの、慈善博愛事業に関するもの、博愛社に関するものなどがあった。1891年には、博愛社の財産を岡山孤児院に寄付し、普通学校も岡山孤児院の附属となる。
　しかしながら、わずか1年半の共同の歩みののち、関係悪化により93年には両者が独自に歩んでいくことになる。岡山孤児院（3－2）から独立した博愛社（3－3）は、1893年に若干30歳の若さで亡くなった勝之助の志を継ぐ形で、弟の実之助や林歌子の献身などによって博愛社（大阪）は復活をみる。
3－2：**岡山孤児院**　　博愛社との分離独立を経た1893年に創刊されるのが、『岡山孤

児院月報』である。その発行人兼編輯人となっている小野田鉄弥は、『博愛雑誌』に多くの論文を載せていた。したがって、『博愛雑誌』の延長で把握されるべきであるという。『岡山孤児院月報』(1893～94年)は院内の報告を中心とした機関誌(「非売品」)であり、追って発刊される『岡山孤児院新報』(1896～1909年)は社説、岡山孤児院日記、論説、福音、雑録、広告、院内記者、教育、史伝、小説、などで構成された。

3－3：博愛社（大阪）　一方、岡山孤児院から独立した博愛社（大阪）は1899年に『博愛月報』を創刊する。それは、小橋勝之助の遺言を実現してのものであった。本誌は慈善や社会事業に関するもの、時論、博愛社に関するもの、キリスト教関係、弔文・追悼文で構成され、当時先進的であった大阪の社会事業に関する情報提供もみられる。また、明治・大正・昭和期に廃娼や矯風運動、社会事業において精力的な取り組みを行った林歌子についての考察もなされている。

4：同情会　同情会は、「北海道バンド」と（生江孝之によって）名づけられた教誨師集団との関わりで把握される。それは具体的に、J・C・ベリー、大井上輝明、原胤昭、留岡幸助を筆頭に、明治20年代に北海道集治監に教誨師として赴任した同志社卒業生を中心とする日本社会事業の草分け的存在のことである。同情会は原によって組織され、1892年に囚人向けの『同情』（のちの、『教誨叢書』）が、それから2年ほど遅れて監獄官吏向けの『獄事叢書』が刊行される。本誌は、当時の北海道の監獄と囚徒の状況、「北海道バンド」の動向理解に役立つとされる。

5：救世軍　救世軍はキリスト教のなかでも社会事業と極めて密接な関係をもった教派であり、その日本での主導者となったのが山室軍平である。『鬨聲』（のちの、『ときのこゑ』）は、山室が救世軍に入隊する1895年に創刊され、救世団に改称されるのにともなって『日本救世新聞』（のちの、『朝のひかり』）となるまで続いた日本の救世軍の機関紙である。山室の生存期間の紙面は無署名のも含めて山室の文章が多くを占め、政治的なものは極めて少なく、宗教、道徳、説教的なものが平易に書かれていたとされる。

6：東京市養育院　近代日本における社会福祉施設の濫觴といえる東京市養育院が設立されたのは、1872年のことである。1791年に老中松平定信が天明の大飢饉への対応として町会所を設立して民衆の救済にあたったのがその起源で、1872年の町会所廃止を受けて設立に至ったのが東京市養育院であった。1901年に創刊された『東京市養育院月報』は、慈善事業に関する論説や内外の社会事業の動向と院内の様子の報告が中心である。

7：祖風宣揚会　仏教社会事業（ここでは、真言宗）は、1891年に濃尾地方で生じた大震災の救援活動や孤児院の経営などの社会活動から本格的な社会事業へと展開をみる。「宗祖の宣揚」と「社会的汚穢の一掃」、「宗教の真正目的」を達成するために設立された祖風宣揚会の活動（＝近代真言宗社会事業の出発点）をめぐって、1903年に創刊される『六大新報』、1913年に高野山有志が組織した高野学報社の機関誌として創刊される『高野学報』（のちの、『高野山時報』）の社会事業に関する論文や記事として現れた具体的な事業や社会事業に関する思想が明らかにされる。

8：家庭学校　留岡幸助は、1899年に非行少年の感化施設「家庭学校」を創設する。その機関誌として1905年に創刊されたのが『人道』である。本書（4：同情会）でも取り上げられている教誨師時代に監獄関係雑誌の、また米国遊学の、『基督教新聞』の編集に携わった経験を経てのことである。慈善・社会事業論、報徳論、地方自治・地方改良論、教育論、宗教論、時事論、エッセイなどによって構成されており、留岡は革新的とはいえないけれども斬新的な社会改良に向けて、換言すれば体制内的な改革派としての立場を貫いたとされる。

　以上が本論の内容であり、本書は著者がこれまで発表されてきた個別の論文を一冊にまとめたものである。したがって、それぞれが独立した内容となっているのは否めない。しかしながら、本書の副題である「慈善・博愛・社会事業をよむ」という問題意識によって本書は貫かれている。著者は、「序」において「慈善や社会事業といった言葉は、その時代における文化的産物でもある。その言葉は時間という軸と空間という軸とが交差した中に存在している」（p.12）と述べて、これらが歴史的相対的概念であることに注意を促している。この点に関わる以下のような課題提起が、本書の随所でなされていることも見逃すべきではない。

　「我国の歴史を考えてみるとき、社会福祉史の研究にはまだまだ未開拓の分野が如何に多いかが気付かされる。最近漸く社会史に対して注目されるところがあり、従来取り上げられてこなかった分野においても人々の目が行くようになりつつある。社会福祉の対象としている貧民、孤児、病人、障害者、老人、あるいは保育所、孤児院、救護・教護等の施設、スラム、セツルメント事業、監獄等々、かかる人々や地域、施設、事業が歴史の中で如何なる布置を構成しているのか、あるいは意味を持っているのかを問うていく作業は地味ながら社会福祉学は言うに及ばず歴史学の課題としても重要である。」(p.106)

　「社会主義への行程が慈善事業批判へと向かう点、すなわち慈善事業を批判していく系譜に逆説的に慈善事業のアイデンティティを確立して、後の社会事業成立に向かう要素を提起していくという役割を評価していかねばならない。」(p.329)

Ⅲ

　以上が、本書の骨子である。実に丁寧な書誌的考察である本書によって、先行研究では及んでいなかったところまで立ち入って近代日本における社会事業の実態が浮き彫りになった。独立したようにみえる個々の章で論じられた内容が、読者の頭のなかで人的ネットワークや思想的つながりによって他の章の内容と関連をもつ。そうして当時の慈善・博愛・社会事業の像が立体的に再構築されることは、本書の大きな美点である。社会福祉、キリスト教、人権、社会政策、教育、看護、労働問題、といった、実に幅広い学問領域に及ぶ本書の意義を評者がすべてを理解できているはずもないが、社会政策を専攻する評者なりに思うところ、感じたことを書き留めておきたい。

　まず、著者が今日に至るまで発表されてきた研究業績と本書『近代日本の光と影―慈

善・博愛・社会事業をよむ―』の関連についてである。著者は今日に至るまで多数の研究業績を発表されているが、本文のなかでそれらと本書の関わりについて深く言及されていなかった。ところが、本書はこれまでの研究業績との関係性でこそ読まれるべき研究成果なのである。すなわち、著者の初の単著と思われる『キリスト教社会福祉思想史の研究―「一国の良心」に生きた人々―』の「後記」のなかに、次の一節がある。「著者は大学院時代に同志社大学人文科学研究所の一つのプロジェクトである『留岡幸助の研究』に参加の機会を得、『留岡幸助著作集』全5巻の編纂作業に携わり、修士論文として『近代日本と留岡幸助』を書き上げたこと、それ以来、留岡幸助を軸にして研究をしてきた。またその後、研究所に於いて『『六合雑誌』の研究』、『『七一雑報』の研究』、『教会研究』、『山室軍平の研究』、そして現在も『石井十次の研究』等に参加させて頂いているが、いわばその周辺作業の中からこうしたものが生み出されたものである」（p.534）。この『キリスト教社会福祉思想史の研究―「一国の良心」に生きた人々―』と本書の性格は似ており、『留岡幸助の研究』（不二出版、1998年）を核とする室田保夫社会福祉史研究をより広げるものとして本書も位置づけられるように思う。これらの著作を前提に読み進めると、本書の理解はより深まるはずである。

　同じ視点から、もう1点解説したい。「社会福祉の歴史は貧困史を中心にして近代史の歴史的方法が大きな影響力をもっていたが、それだけで充分であっただろうか。具体的には経済史や政治史がそのベースになっており、社会史、民衆史、生活史といったものへの応用が弱かったのではないか。これまで経済史や政治史を中心にして近代の説明がなされてきた傾向があるが、生活といった些細な日常性にも歴史があり、その集積が歴史を構成する面もある。もちろん慈善的行為や博愛、そして社会事業といったことの限界を指摘することでもなく、また逆にそれを過大に評価しようとしているのではない。その実態をみていくことが重要なのである。さらにその実態を対象化しながら、個別の事象を全体との関係の課題として、肉薄していくことの必要性を指摘しているのである」（p.444）。これは、本書の「結びにかえて」からの引用である。この点については、著者の編著である①『人物でよむ近代日本社会福祉のあゆみ』、②『人物でよむ社会福祉の思想と理論』のなかの関係する記述を参照すべきである。

① 『人物でよむ近代日本社会福祉のあゆみ』から
　「近代における社会福祉は、イギリスに典型に見られるように一般に、慈善事業、社会事業、社会福祉といった大きな3つの歴史的段階がある。一方、近代日本の歴史は慈善事業、感化救済事業、社会事業、厚生事業、そして第二次世界大戦後の社会福祉といったような時期区分で説明されることが多く、その背景には社会福祉について、その時代が生み出した典型的な用語（言説）が前提とされている。ここには日本の特異性が指摘されているけれども、細分化されすぎているきらいもある。」（p.2）
　「社会福祉の歴史をみていくとき、福祉国家論の枠組みを背景にして、往々にして国家の社会福祉政策の歴史に比重が置かれてくる。つまり国家政策の貧困性を背景にして民間

の事業から出発した事業は、次第に人びとの権利意識や国家の責任論となり、国家政策（福祉）の発展にいかに集約されていくかの傾向をもつ。しかし社会福祉は単線的に展開してきたものではなく、さまざまな組み合わせのなかで複合的かつ重層的に、かつ蛇行的に進んでいくものである。」(p.2)

② 『人物でよむ社会福祉の思想と理論から』から

「社会福祉学がその性格から、ときには社会福祉、社会福祉事業、社会福祉論などと呼称され『学』を意識的に排除して呼ばれるのも、『学としての社会福祉』の成立を曖昧なものにしてきた要因でもある。」(p.2)

「社会福祉において学というより、論や思想といったまだ高度に整序されないような領域にとどまることがある。思想と理論・学説と明確に分化されがたいものが生まれるが、これは社会福祉独自の性格に依拠するものであろう。外来から影響を受けていることや科学の未定立という背景もあるけれども、人々の主観的な想いや思想が理論という名の中に埋め込まれている。つまり実感の領域で語られるために、経験が共有されないとそこには深い溝ができ、何ら構造化されていかないという現象も生じてきた。」(p.3)

「社会科学において『人間と社会』、そして『時代と状況』の中で学の体系化が計られ、社会福祉の理論は単に問題解決という現実的な志向だけでなく、現象を対象化し、抽象化されたところに学問が成立していくのだろう。社会福祉学が適合する科学を基礎にして理論の構築が計られ、そして定立されていくものである。」(p.6)

このように語られる著者の問題意識は、「歴史としての社会福祉」、「福祉の複合性と重層性」、「職業としての社会福祉と社会福祉学」にある。著者が本書を「序説」あるいは「基礎研究的なもの」とされているのは、これらの問いを見据えてのことと思われる。そして、このなかでとりわけ評者の目を引いたのは「福祉の複合性と重層性」である。というのも、評者はここしばらく「社会政策」と「社会福祉」（さらには、「社会保障」、「公衆衛生」）の概念規定をめぐる問い、いいかえればそれらの関係性について考察を進めてきた。その初期段階にある評者が、本書から得た示唆は大きかった。例えば、本書には金井延や桑田熊蔵をめぐる記述が見られた。両者は、日本の社会政策学会創設に大きな役割を果たした人物である。その両者のうち、金井は『六合雑誌』に窮民や社会問題をめぐる議論、桑田は『博愛社月報』に労働問題をめぐる議論を展開していたこと。この事実は改めて、社会政策と社会福祉の関係性をめぐる問いに評者を引きつけた。このように、本書が浮かび上がらせてくれた数々の人的ネットワークがもたらしてくれる今後の課題は豊富である。

最後に、読後感のようなものを記しておこう。著者は本書を通じて追い求めるものを「もう一つの近代」と表現している。この「もう一つ」という言葉が、評者の心に強く響いた。以下の一節とともに。

「人々は何のために生きているのか。社会は何を基準にして構成されるのか、あるい

は正義とは何か、といった哲学的かつ倫理的価値は普遍的に存在し、また、それはとりわけ往々に時代の変革期において勃興する。たとえば社会福祉の分野においても、社会福祉の言論の不在的状況と合致して、経済学者のアマルチア・センの考え方が評価されたり、ロールズの正義論やアーレントの公共哲学、あるいはサンデルの政治哲学に関心が集まっていくのも現在が一つの時代変革の節目、換言すれば福祉哲学への渇望の反映かもしれない。」(p.4)

【参考文献】
室田保夫『キリスト教社会福祉思想史の研究―「一国の良心」に生きた人々―』不二出版、1994年
室田保夫『留岡幸助の研究』不二出版、1998年
室田保夫編著『人物でよむ近代日本社会福祉のあゆみ』ミネルヴァ書房、2006年
室田保夫編著『人物でよむ社会福祉の思想と理論』ミネルヴァ書房、2010年
玉井金五・杉田菜穂「日本における〈経済学〉系社会政策論と〈社会学〉系社会政策論―戦前の軌跡―」『経済学雑誌』第109巻第3号、2008年
杉田菜穂『人口・家族・生命と社会政策―日本の経験―』法律文化社、2010年

附論4：書評

片岡優子著『原胤昭の研究―生涯と事業―』
関西学院大学出版会、2011年

I

 「更生保護の父」と称される原胤昭（はら・たねあき；1853-1942）は、社会事業家の草分け的存在である。第1回吉田久一研究奨励賞（社会事業史学会、刊行費助成）を受けて出版された本書『原胤昭の研究―生涯と事業―』は、原が生涯を通して携わった社会事業の全容に迫ろうとする学術作品である（なお、第30回社会事業史文献賞（社会事業史学会）も受賞されている）。
 著者はいう。「できる限り多くの史資料を蒐集し、それらの史資料を発掘しつつ、それらの史資料一つひとつに対して信頼性・妥当性の有無を確認した上で、研究論文の作成に活用していくことが求められる」（p.9）。先行研究、また読者に向かって発せられるこの力のこもった一節は、原が書いた資料（一次資料）、原に関して書かれた資料（二次資料）および原の生きた時代背景を知るための資料を可能な限り蒐集し、それに基づいて再構築するという本書全体を貫く研究手法として現れている。すでに本書の課題等が示された序章の内容に触れてしまったが、その構成は以下の通りである。

　序　章
　第1章　原胤昭の出自と思想形成
　第2章　築地・銀座における活動
　第3章　兵庫仮留監教誨師時代
　第4章　北海道集治監教誨師時代
　第5章　明治期の出獄人保護事業
　第6章　大正期の出獄人保護事業と東京出獄人保護所の財政状況
　第7章　中央慈善協会における活動
　第8章　児童保護活動
　第9章　東京府慈善協会における活動
　第10章　昭和期の原胤昭の動向とその終焉
　結びにかえて

II

 著者は、原の生涯を5つの時期（第1期：1853-70年、第2期：1871-83年、第3期：1884-96年、第4期：1897-1925年、第5期：1926-42年）に区分して把握している。それぞれを簡潔に解説すると、第1期は原の出生から与力、市政裁判所や東京府職員として勤務するに至るまで。それに続く第2期は、キリスト教徒としての社会活動、第3

期は監獄改良事業が核にあった。第4期には、出獄人保護事業や児童虐待防止事業などのさまざまな社会事業が展開される。第5期は、晩年である。

　本書の記述は、第1章が第1期、第2章が第2期、第3章、第4章が第3期、第5章から9章が第4期、第10章が第5期に対応している。第3期や第4期の活動について断片的に取り上げられることが多かったこれまでの先行研究に対して、著者によって「監獄改良事業に天職を見出した」とされる原のなかで、キリスト教受容が教育や慈善事業といったさまざまな活動を貫いていることが描き出される。

　特に、第3章でクローズアップされる原の兵庫仮留監教誨師としての活動は、これまでほとんど論じられてこなかった。あるいは、先行研究おいてはその詳細まで十分に明らかにされてこなかった北海道集治監教誨師としての活動や、各々の社会事業の実績なども論及されている。それらがさらに有機的に結びつけられることで、社会事業家としての原胤昭の全体像が浮かび上がってくるのが本書なのである。

　改めて、第1章以降の概要を明らかにしていこう。第1章では、原（出生時の氏名は佐久間弥三郎）の出自と思想形成が明らかにされる。原は、江戸町奉行所の与力の家庭に生まれた。厳格な父と優しい母によって育てられたこと、与力の職を継承するべく与えられた職業教育とキリスト教を学んだことによって形成された思想が彼の生涯を運命づけたとされる。幼少期から剣術と書道を学び、与力同心の家庭に生まれた男子には習わせることになっていたとされる謡曲の稽古にも通った。1859年からは黒川真頼に国学を、兄から漢籍、算術、剣道、出陣太鼓の打ち方などの与力として必要な技能を教わる。1866年には14歳で江戸南町奉行所与力の職に就いた。他方で、1874年には米国長老教会宣教師のカロザースより洗礼を受ける。

　「築地・銀座における活動」というタイトルの第2章では、キリスト教信者としての精神が前面に現れた時期を対象に論じられる。この時期の原は、信仰に基づく人道的な愛と自由を求める心を支えに日本初のキリスト教出版社である十字屋の創立と日本独立長老教会銀座教会の設立に参画し、女学校や幼稚園を設立して女子教育や幼児教育の振興も図った。さらに、キリスト教信者有志による救済義会を発足させて救済活動にも取り組んでいる。そこから転じて監獄改良を志して出獄人保護事業に献身することを決意するに至るのは、原本人が自由民権運動にからむ筆禍事件によって収監されることで囚人と呼ばれる立場におかれるという1883年の経験によるものであった。

　第3章では、兵庫仮留監に赴任する1884年から次の第4章で論じられる釧路集治監へ出向を命じられる1888年までについて論じられる。「天職への準備期」とされるこの時期には、教誨師（内務省の職員）として受刑者の矯正に関与し、自宅で刑余者の社会復帰を支援して更生に導くという原の理想に基づく人道的な監獄改良事業が遂行された。日本組合基督神戸教会の人々や外国人医師として医療活動や監獄改良に力を尽くしたベリーとの出会いにも恵まれ、教誨方法の創案や監獄改良に関する研究も進めたとされる。欧化主義を背景とするキリスト教容認の状況によって、この時期の原の人道主義的監獄改良事業は順風の中で成果を挙げることができたとされている。

1898年には、釧路集治監への出向を命じられる。「北海道集治監教誨師時代」という題が付された第4章では、その釧路集治監と1892年から赴任する樺戸集治監での教誨師生活について論じられる。この時期の原は、日本における教誨方法の基礎と北海道の集治監における教誨事業を確立したとされる。それは非人道的な囚人労働を廃止させ、行刑の人道化に貢献することで、日本特有の教誨形成にもつながった。このような功績を背に、原は1895年に他4名のキリスト教教誨師と連袂辞職をするに至る。その理由は、自身が理想とする教誨が実施できないことなどを挙げているが、仏教徒の教誨師を併置させるという教誨の方針転換がもたらされたことが大きかったようである。
　第5章の「明治期の出獄人保護事業」では、原が東京出獄人保護所（1927年より財団法人東京保護会）を創設し、運営する時期に焦点が当てられる。1897年に創設をみるそれは、40年ほど続いて1938年に解散に至る。本章では原が樺戸集治監の教誨師を辞して東京に戻ってくる1895年から原の主著である『出獄人保護』（1913年）の出版に至るまでの時期に焦点を当てて、1897年の東京出獄人保護所の創設とその運営状況、および原の援助方法の特徴などが明らかにされる。面接により保護すべき者を見極めて援助の方針を決定し、被保護者の全生涯を通した支援を行ったとされる本事業は、原とともに主任者を務めた原の妻、また子どもたち、事業の後援者などによって支えられていた。
　それに対して第6章「大正期の出獄人保護事業と東京出獄人保護所の財政状況」では、東京出獄人保護所の財政および運営状況、大正期以後の保護実績や『出獄人保護』の意義、原と司法省との関係等について詳細な分析がなされている。明治期と比較して新規被保護者数が10倍以上となる大正期には、他の社会事業家や警察との連携、また（司法省ではなく）内務省の関係者によって原の事業が支えられていたという。この時期の原は、刑余者に対する就職や結婚時の差別撤廃を求める活動にも精力的に取り組んだ。しかしながら、1924年の関東大震災、翌25年の普通選挙法の欠格者条項に受刑歴のある者が加えられたことにより、原の出獄人保護事業は存続の危機を迎える。
　第7章から第9章はそれぞれ、中央慈善協会における活動、児童保護活動、東京府慈善協会における活動といった各事業をテーマに論じられている。第7章で論じられる中央慈善協会と原の関わりは、その前身である貧民研究会の発足する1900年から同協会の常務幹事を辞して『慈善』編集の任を終える1917年に及ぶ。第8章で論じられる原の児童保護活動をめぐっては、教誨師時代から子どもの養育のあり方について問題意識を抱いていたこと、それが岡山孤児院東京委員としての活動や児童虐待防止事業への着手につながったことが明らかになる。第9章の原が設立発起人となった東京府慈善協会では、理事長や評議員として、また同協会の委託を受けて運営された東京府慈善協会細民地区改善事業日用品廉価供給所の救済委員として活躍したことが示される。
　「昭和期の原胤昭の動向とその終焉」という題が付された第10章は、原の生涯を時系列で眺めるという意味では第6章に続く内容である。1927年に東京出獄人保護所は財団法人東京保護会となり、1932年に原が80歳になるまで新規保護の引き受けが続けられた（東京保護会は、1938年に解散）。他方で1925年には、70歳以上のキリスト教信者の親睦

会で、原が世話人を務めた「七十路会」が結成される。それは信仰生活を懐かしむ会合であったとされる。原は過去を饒舌に語ったものの、社会事業家としての自身の活動については多くを語らなかったとされる。1942年に亡くなった原の死が公表されたのはそれから5日後のことであり、それもかつての被保護者たちが葬儀に参列することで、余刑者であることが世間に知れることを避けたかったという原の釈放者第一主義を象徴するものであった。

III

　以上が、本書の骨子である。その詳細までに立ち入ることはできなかったけれども、原胤昭をめぐって本書が読者に提供する内容は実に豊富である。冒頭で提示した本書の構成には示さなかったが、巻末に30頁を超える「原胤昭文献目録」が収められている。それが物語る徹底した先行研究フォローと新たなものも含む資料の検討という丁寧な作業だけをとっても大変な労作であり、それがもたらす学術的意義は社会福祉史、キリスト教史、行刑史、更生保護史などの多くの学問領域に及ぶ。著者はなおも未完成としているが、本書によってもたらされた「原胤昭の全体像」をどのように活かすことができるかという観点から、社会政策を専攻する評者なりに思うところの一端を書き留めておくことにしたい。

　児童虐待防止活動の先駆者としての原への関心から本書を手に取った評者は、「日本における人口問題と社会政策」をテーマに歴史研究に取り組んできた（拙著『人口・家族・生命と社会政策―日本の経験―』）。そのなかで児童虐待防止法と少年教護法（いずれも、1933年）として結実をみる戦前の児童保護に関わる思想や政策形成について論じたが、本書を読んで、そのような政策・制度としての公的な取り組み以前に、原をはじめとする社会事業家と呼ばれる人々の活動がみられたというような漠然とした把握を省みざるをえなくなった。原という1人の社会事業家をめぐって、その生い立ちや思想形成に関わる記述と、他の活動のなかで児童虐待防止を含む児童保護事業が位置づけられてこそ明らかになることがあることに気づかされたのである。

　例えば、著者の時期区分による第4期（1897-1925年。出獄人保護事業や中央慈善協会の幹事としての活動、児童虐待防止事業などに力を尽くしていく時期）に相当する1920年代には、原をはじめとする社会事業家による児童保護事業や都市や農漁村といった地域レベルでの児童保護事業の延長で「子どもの権利保障」をめぐる政策論議が持ち上がる。その前提には、原（また、生江孝之、倉橋惣三、留岡幸助といった社会事業家）達が積み上げてきた活動実績とそれに基づく議論があったのである。原の児童保護活動がクローズアップされる第8章は、それをくっきりと浮かび上がらせてくれる。

　この点について、より具体的に述べてみよう。本書のなかで、原の「被虐待児の保護に就て」『社会事業』第9巻第12号（1926年3月号）という論稿が取り上げられていた。そこで原が「政府当局に於ては、一日も早く此れ人道上、社会政策上、無視する事の出来ぬ事実の頻出に鑑みて、児童虐待防止法を制定せられん事」を要求したこと、そ

の背景には「児童虐待防止に関する法規がないという制約により、虐待行為と思われるような暴力であっても、親の躾あるいは親権の行使だと反論され、被虐待児を救う行為をやむなく中断しなければならなかった」というそれまでの実践における課題があったと指摘されている（pp.289-290）。それが児童虐待防止法と少年教護法に向かう動きと無関係であるはずがない。

　本書を読み進めるなかで、原をはじめとする社会事業家によって積み上げられてきた活動に裏打ちされた人道上の視点と、評者が見つめてきた社会政策上の視点がクロスするところにこそ、当時の児童保護をめぐる日本的本質があるようにすら思えた。

　あるいは、それが融合していく過程として大正・昭和初期人口論争を捉えることができるのではないだろうかとも思った。1926年の「産めよ殖えよ」（高田保馬の少子化論）から30年代初めに及ぶそれは、過剰人口を前提とする「マルサス対マルクス」の学説論争のほかに、人口の〈質〉という論点を大きく浮かび上がらせた。それとの関わりで先に触れた児童虐待防止法と少年教護法の形成を把握できるのだが、本書を通じてこのプロセスに原をはじめとする社会事業家達が、評者が考えていた以上に深く関わっていることが明らかになった。例えば、次のような社会問題の発見は実践家によってしかもたらすことができないものなのである。

「原は監獄の教誨師として監獄改良や囚人たちの矯正に携わった後に、本格的に出獄人保護事業に献身していくのであるが、その過程で犯罪者の中にはかつて孤児であった者が少なくなく、彼らの多くは適切な養育を受けていなかったという事実を知り、孤児の養育や教育の重要性を認識した。」（p.302）

　原の言葉でいう社会的な事業めぐる「人道上と社会政策上」の交錯を描き出すにおいて、社会事業家の功績をどのように位置づけるかという問題はきわめて重要である。本書には、その点に関わる重要な記述が多々見受けられる。例えば、原が出版の自由、信仰の自由、および葬儀・埋葬の自由を求めて内務省や東京府に陳情を重ねていたこと、内務省嘱託（内務省の職員の地位は高等官、判任官、雇、嘱託、傭任があった）として任に当たったこと、社会事業家としての原は内務省を中心とする人物によって支えられていたことなどが明らかにされている（副田義也『内務省の社会史』東京大学出版会、2007年、に詳しい）。あるいは、精神医学者の三宅鑛一、杉田直樹、寺田精一、法学者の穂積陳重、重遠親子、小河滋次郎といった人々から最新の知識を学んでいたことにも言及があった。

　このような実践家と官僚、学者の交流は、戦後に社会政策と社会福祉という形で分離されたことで見えにくくなっている両者の交錯に光を当ててくれる。慈善事業から社会事業を経て社会福祉へといった流れとして把握される社会福祉史と、それとは対置されることが多い社会政策史の交錯を考えるにおいて、本書によって提示された原の生涯が差しだす課題提起は大きいのである。

以上、評者の関心に引きつけて本書の意義とそこから見えてくる課題について書き留めてみた。本書と出会ったことで、評者は改めて社会福祉と社会政策の対話を進めたいと強く思った。そのことに感謝するとともに、「あとがき」のなかから特に心に残った次の一節を引用しておこう。そこに本書の誕生が運命づけられていたように思えるのは、評者だけではないだろう。

　「そもそも私が原胤昭の研究を始めたのはどのようなきっかけなのか？ということをよく尋ねられますが、それは、1999年に大学に入学し、『社会福祉史』の授業で原胤昭のことを学び、原について詳しく知りたいと思ったことが契機となりました。原の業績に比して先行研究が少ないことに驚き、それならば自分でやってみようと調べ始めました。」(p.393)

【参考文献】
副田義也『内務省の社会史』東京大学出版会、2007年
玉井金五・杉田菜穂「日本における〈経済学〉系社会政策論と〈社会学〉系社会政策論　　　―戦前の軌跡―」『経済学雑誌』第109巻第3号、2008年
杉田菜穂『人口・家族・生命と社会政策―日本の経験―』法律文化社、2010年

引用・参考文献

青山道夫・竹田旦・有地亨・江守五夫・松原治郎［1974］『講座家族7　家族問題と社会保障』弘文堂

赤松要［1959］「『生存権の社会政策』論争」『一橋論叢』第42巻第6号

秋元律郎［2004］『近代日本と社会学—戦前・戦後の思考と経験—』学文社

浅井亜希［2011］「人口問題にみる福祉国家の比較政治—スウェーデン・フランス・イギリス—」『社会政策』2-3

浅野俊和［2007］「戦時下保育運動における農繁期託児所研究—『保育問題研究会』を中心に—」『中部学院大学・中部学院大学短期大学部研究紀要』第8号

安積鋭二［1969］「スウェーデンの家族政策—家族および児童のための社会政策—」『レファレンス』第19巻第2号

阿藤誠［2000a］『現代人口学　少子高齢社会の基礎知識』日本評論社

阿藤誠［2000b］「人口問題審議会の最終総会に寄せて」『人口問題研究』第56巻第4号

阿藤誠・兼清弘之［2004］『人口変動と家族』原書房

新井利佳［2008］「雑誌『優生運動』にみる優生学と社会事業家—池田林儀の論文を中心に—」『関西学院大学社会学部紀要』105号

池田信［1982］『日本的協調主義の成立—社会政策思想史研究—』啓文社

池田林儀［1926a］『永遠の貧乏』交友社

池田林儀［1926b］『応用優生学と妊娠調節』春陽堂

池田林儀［1930］『新興ドイツ魂』萬里書房

池田林儀［1999］「総目次」『優生運動　解説・総目次・索引』不二出版

池本美和子［1999］『日本における社会事業の形成—内務行政と連帯思想をめぐって—』法律文化社

市野川容孝［2000］「社会国家と優生学」『ドイツ研究』No.31

市原亮平［1971］『人口論講義』三和書房

稲上毅［1974］「「社会政策」とソーシャル・ポリシー—ひとつの覚え書き—」『季刊社会保障研究』第10巻第2号

今井小の実［2005］『社会福祉思想としての母性保護論争—"差異"をめぐる女性たちの運動史—』ドメス出版

今井光映［1994］『ドイツ家政学・生活経営学』名古屋大学出版会

今井光映［1995a］『アメリカ家政学現代史Ⅰ—人間生態学〜家族・消費者科学—』光生館

今井光映［1995b］『アメリカ家政学現代史Ⅱ—コンシューマリズム論〜ホリズム論—』

光生館
今井光映・起嘉子編著［1990］『アメリカ家政学史―リチャーズとレイク・プラシッド会議』光生館
上田貞次郎［1937］『日本人口政策』千倉書房
上田貞次郎日記刊行会［1963］『上田貞次郎日記　大正8年―昭和15年』
植村義一郎［1987］『現代日本児童問題文献選集14　植村義一郎　託児所経営の理論と実際』日本図書センター
氏原正治郎［1966a］「いわゆる『絶対的窮乏化法則』の社会政策学的解釈について」『日本労働問題研究』東京大学出版会
氏原正治郎［1966b］「社会政策論争余聞」『大河内一男先生還暦記念論文集〈第1集〉社会政策学の基本問題』有斐閣
海野幸徳［1931］『社会政策概論』赤炉閣書房
海野幸徳［1953］『厚生学大綱―新科学としての社会事業学―』関書院
大河内一男［1948］『国民生活の理論』光生館
大河内一男［1970］『社会政策四十年―追憶と意見―』東京大学出版会
大河内一男［1980-1981］『大河内一男集』全8巻、労働旬報社
大塩まゆみ［1996］『家族手当の研究―児童手当から家族政策を展望する―』法律文化社
大橋薫・四方寿雄・光川晴之編［1974］『家族病理学〈有斐閣双書〉』有斐閣
大原社会問題研究所編［1970］『大原社会問題研究所五十年史』法政大学大原社会問題研究所
大和田寛［2010］「1920年代におけるマルクス主義の受容と社会科学文献」『大原社会問題研究所雑誌』No.617
岡村重夫［1957］『社会福祉学総論』柴田書店
岡村重夫・黒川昭登著［1971］『家族福祉論』ミネルヴァ書房
荻野美穂［2008］『「家族計画」への道―近代日本の生殖をめぐる政治―』岩波書店
落合恵美子・小島宏・八木透編［2009］『歴史人口学と比較家族史』早稲田大学出版部
小野寺百合子・藤田千枝［1981］「第10章　児童福祉政策―すべての児童のために―」社団法人スウェーデン社会研究所『スウェーデンの社会政策』成文堂
兼清弘之［1992］「社会政策の総合化」『明治大学短期大学紀要』51
金子勇［2001］『都市の少子社会　世代共生をめざして』東京大学出版会
金子勇編著［2003］『高田保馬リカバリー』ミネルヴァ書房
金子良事［2010］「日本における社会政策の概念について」『社会政策』第2巻第2号
兼田麗子［2012］『大原孫三郎―善意と戦略の経営者―』中公新書
亀口まか［2003］「河田嗣郎の「男女平等」思想とジェンダー」『ジェンダー研究』6-23
亀口まか［2011］「河田嗣郎における女性論の形成過程―女性の教育と労働の問題を中

心に―」『奈良教育大学紀要（人文・社会科学)』60巻1号
川合隆男［2003］『近代日本社会学の展開―学問運動としての社会学の制度化―』恒星社
河合隆平・高橋智［2004］「戦間期日本における保育要求の大衆化と国民的保育運動の成立―保育要求のなかの保育困難児問題を中心に―」『東京学芸大学紀要（第一部門、教育科学)』第55号
川越修［2004］『社会国家の生成―20世紀とナチズム―』岩波書店
川越修・友部謙一編［2008］『生命というリスク―20世紀社会の再生産戦略』法政大学出版局
川島章平［2007］「戦間期日本における生存権の意味―福田徳三と牧野英一の議論を手がかりに―」『社会政策研究』第7号
川島高峰［1994］「解説」『時事通信社占領期世論調査』大空社
河田嗣郎［1910］『婦人問題』隆文館
河田嗣郎［1919］『家族制度研究』弘文堂
河田嗣郎［1924］『家族制度と婦人問題』改造社
感化法改正期成同盟会［1935］『少年教護法制定顛末録』
岸本英太郎［1950］『社会政策論の根本問題』日本評論社
岸本英太郎［1955］「窮乏化＝階級対抗の発展と社会政策」『窮乏化法則と社会政策』有斐閣
岸本英太郎［1965］『社会政策』ミネルヴァ書房
北明美［2002］「日本の児童手当制度の展開と変質（上）その発展を制約したもの」『大原社会問題研究所雑誌』524号
北岡壽逸［1940a］「最近各国人口政策概観」『人口問題研究』第1巻第1号
北岡壽逸［1940b］「スウェーデンの人口問題及人口政策」『人口問題研究』第1巻第8号
北岡壽逸［1942］『社会政策概論』有斐閣
北岡壽逸［1943］『人口政策』日本評論社
北岡壽逸［1948］『人口問題と人口政策』有斐閣
北岡壽逸［1956］『人口過剰と完全雇用』ダイヤモンド社
北岡壽逸［1963］『福祉国家の建設―資本主義の変貌と社会主義の幻滅―』東洋経済新報社
北岡壽逸［1967］「我国近時人口に関する思潮と政策」『国学院経済学』第16巻第1号
北岡壽逸［1971］「大河内一男博士著「社会政策四十年」を読む―特に社会政策講座の廃止について」『國學院経済学』第19巻第3号
北岡壽逸［1976］『我が思い出の記』鎌倉印刷
木村又雄［1965］「社会保障研究所の設立過程について」社会保障研究所編『季刊社会保障研究』第1巻第1号

京都帝國大學法科大學編［1916］『經濟論叢』第2巻第5号
金成垣編［2010］『現代の比較福祉国家論』ミネルヴァ書房
黒川昭登［1984］「総合的家族福祉への課題」『社会福祉研究』35号
経済学史学会・井上琢智・栗田啓子・田村信一・堂目卓生・新村聡・若田部昌澄編［2012］『古典から読み解く経済思想史』ミネルヴァ書房
経済企画庁国民生活政策課編［1977］「「総合社会政策」の概念と視点」『総合社会政策を求めて』（総合社会政策基本問題研究会報告書）
厚生省二十年史編集委員会編［1960］『厚生省二十年史』厚生問題研究会
小島宏［1985］「出生政策と家族政策の関係について」『人口問題研究』第174号
小島宏［1986］「ヨーロッパ諸国における出生促進政策について」『人口問題研究』第178号
小林英義［2006］『児童自立支援施設の教育保障―教護院からの系譜―』ミネルヴァ書房
駒松仁子［2001］『シリーズ福祉に生きる40　三田谷啓』大空社
小峯敦［2010］『福祉の経済思想家たち〔増補改訂版〕』ナカニシヤ出版
小山久二郎編［1944］『現代日本の基礎2　厚生』小山書店
崔鐘吉［2004］「「大正官僚」における危機意識と「中正なる国家」構想」『年報日本史叢』
財団法人協調会編［1927］『最近の社会運動』
財団法人人口問題研究会編［1983］『人口情報　昭和57年度　人口問題研究会50年略史』
佐口和郎・中川清編［2005］『福祉社会の歴史―伝統と変容―』ミネルヴァ書房
佐々木光郎・藤原正範［2000］『戦前感化・教護実践史』春風社
雀部猛利編［1981］『調査と資料　第38号　福祉関係文献目録（2）―家族福祉および家族政策関係―』関西大学経済・政治研究所
重田園江［2000］「少子化社会の系譜―昭和30年代の『新生活運動』をめぐって―」『季刊家計経済研究』2000年夏
下中弥三郎編［1957］『人口大事典』平凡社
社会科学同人会編［1928-1930］『社会科学叢書』第1編～第31編、日本評論社
社会政策学会［2012］社会政策学会ホームページ http://sssp-online.org
社会政策学会史料集成編纂委員会編［1978］『社会政策学会史料（社会政策学会史料集成〔復刻版〕別巻1）』御茶の水書房
社会政策学会編［1971］『社会政策と労働経済学』御茶の水書房
社会政策学会編［2005］『少子化・家族・社会政策（社会政策学会誌第14号）』法律文化社
『社会政策叢書』編集委員会編［1998］『社会政策学会100年―百年の歩みと来世紀にむかって―』啓文社
社会保障研究所編［1965］『季刊社会保障研究』第1巻第1号

社会保障研究所編［1970］『季刊社会保障研究』第 5 巻第 4 号
社会保障研究所編［1985］『福祉政策の基本問題』東京大学出版会
社会保障研究所編［1989］『社会政策の社会学』東京大学出版会
社団法人スウェーデン社会研究所［1981］『スウェーデンの社会政策』成文堂
庄司洋子［1986］「家族と社会福祉」『ジュリスト増刊　総合特集41　転換期の福祉問題』有斐閣
人口食糧問題調査会編［1928］『人口問題に関する世論』
人口食糧問題調査会編［1930］『人口食糧問題調査会人口部答申説明』
人口食糧問題調査会編［1931］『人口食糧問題調査会要覧』
人口問題研究所編［1980］『人口問題研究』第154号
人口問題研究所編［1989］『人口問題研究所創立五十周年記念誌』
菅沼隆［2005］『被占領期社会福祉分析』ミネルヴァ書房
杉田直樹［1932］『優生学と犯罪及精神病』雄山閣
杉田菜穂［2010］『人口・家族・生命と社会政策―日本の経験―』法律文化社
杉山博昭［2003a］「山口県立育成学校の理念について―少年教護法制定まで―」『中国四国社会福祉史研究』（1）
杉山博昭［2003b］「少年教護法の実施過程」『純心人文研究』第 9 号
杉山博昭［2006］『近代社会事業の形成における地域的特質―山口県社会福祉の史的考察―』時潮社
鈴木善次［1979］「日本における優生学運動の一側面―池田林儀の『優生運動』を中心に―」『科学史研究Ⅱ』18
鈴木善次［1983］『日本の優生学―その思想と運動の軌跡―』三共出版
鈴木利貞編［1926-1928］『社会経済体系』第 1 巻〜第20巻、日本評論社
住田和子［2007］「解説」『復刻集成　エレン・スワロウ・リチャーズ著作集 Collected Works of Ellen H. Swallow Richards 別冊解説』Edition Synapse.
戦時下日本社会研究会［1992］『戦時下の日本』行路社
副田義也［1984］「家族政策の展開と危機―児童手当政策を中心に―」『社会福祉研究』35号
副田義也［2007］『内務省の社会史』東京大学出版会
高岡裕之［2008］「歴史科学協議会創立40周年記念講演　日本近現代史研究の現在―「社会」史の次元から考える」『歴史評論』693号
高岡裕之［2011］『総力戦体制と「福祉国家」―戦時期日本の「社会改革」構想―』岩波書店
高田保馬［1922］『社会学概論』岩波書店
高田保馬［1925］『階級及第三史観』改造社
高田保馬［1927］『人口と貧乏』日本評論社
孝橋正一［1953］『社会事業の基本問題』ミネルヴァ書房

滝沢利行［1994］「近代日本における社会衛生学の展開とその特質」『日本医史学雑誌』40（2）
武川正吾［1999］『社会政策のなかの現代―福祉国家と福祉社会―』東京大学出版会
竹崎孜［1984］「スウェーデンにおける家族の変革と社会保障政策」『社会福祉研究』35号
舘稔［1943］『人口問題説話』汎洋社
田中亜紀子［2005］『近代日本の未成年者処遇制度―感化法が目指したもの―』大阪大学出版会
田中秀臣［2007］「福田徳三の生存権論」『上武大学　ビジネス情報学部紀要』第6巻第1号
玉井金五［1992］『防貧の創造―近代社会政策論研究―』啓文社
玉井金五［2012］『共助の稜線―近現代日本社会政策論研究―』法律文化社
玉井金五・大森真紀編［2007］『三訂　社会政策を学ぶ人のために』世界思想社
玉井金五・佐口和郎編著［2011］『講座現代の社会政策1　戦後社会政策論』明石書店
玉井金五・杉田菜穂［2008］「日本における〈経済学〉系社会政策論と〈社会学〉系社会政策論―戦前の軌跡―」『経済学雑誌』第109巻第3号
玉井金五・杉田菜穂［2010］「戦後日本における〈社会学〉系社会政策論の展開―福武直を中心に―」『経済学雑誌』第111巻第2号
玉井金五・久本憲夫編著［2004］『高度成長のなかの社会政策―日本における労働家族システムの誕生―』ミネルヴァ書房
玉井金五・久本憲夫編［2008］『社会政策Ⅱ　少子高齢化と社会政策』法律文化社
田間泰子［2006］『「近代家族」とボディ・ポリティクス』世界思想社
崔鐘吉［2004］「永井亨の国体論―1920年代における『社会派』官僚の国家構想―」社会文化史学会編『社会文化史学』46
土屋敦［2004］「日本社会における『胎児をめぐる生命主義』の源流」『ソシオロゴス』No.28
常見育男［1969］『家政学成立史』光生館
都村敦子［2002］「家族政策・男女平等と社会保障」『大原社会問題研究所雑誌』526・527号
暉峻義等［1927a］『社会衛生学―社会衛生学上に於ける主要問題の論究―』吐鳳堂
暉峻義等［1927b］「社会衛生」長谷川良信編『社会政策体系　第7巻』大東出版
暉峻義等［1930］『産児調節論』春秋社
暉峻義等［1935］『岩波全書43　社会衛生学』岩波書店
暉峻義等［1938a］『戦時体制と労働力涵養』文部省社会教育局
暉峻義等［1938b］『生産と労働』科学主義工業社
暉峻義等［1938c］『人的資源研究』改造社
暉峻義等［1940］『産業と人間』理想社

暉峻義等博士追憶出版刊行会編［1967］『暉峻義等博士と労働科学』暉峻義等博士追憶出版刊行会
東方淑雄［2007］「社会福祉に関する経済学論争史（１）―社会福祉はなぜ福祉経済学の歴史を学ばなければならないか―」『名古屋学院大学論集　社会科学篇』第44巻第2号
徳永幸子［2004］「家族政策のパースペクティブと児童手当の課題」『活水論文集』第47集
所道彦［2012］『福祉国家と家族政策―イギリスの子育て支援策の展開―』法律文化社
戸田貞三［1931］『社会政策』台湾社会事業協会
冨江直子［2007］『救貧のなかの日本近代―生存の義務―』ミネルヴァ書房
富永健一［2001］『社会変動の中の福祉国家』中央公論新社
富永健一［2004］『戦後日本の社会学　一つの同時代史』東京大学出版会
内務省社会局編［1930］『感化事業回顧30年』
永井亨［1923］『社会政策綱領』巌松堂書店
永井亨［1925］『婦人問題研究』岩波書店
永井亨［1926］『改訂　社会政策綱領』巌松堂書店
永井亨［1929］『日本人口論』巌松堂書店
永井亨［1960］「我が国における人口問題に関する調査研究機関の来歴について」厚生省人口問題研究所『人口問題研究所年報』
永井亨［1965］「協調会の思い出」「財団法人協調会」偕和会『財団法人協調会史―財団法人協調会三十年の歩み―』
永井義雄・中沢信彦・柳田芳伸編［2003］『マルサス理論の歴史的形成』昭和堂
永井義雄・柳田芳伸編［2010］『マルサス人口論の国際的展開―19世紀近代国家への波及―』昭和堂
中川清［2000］『日本都市の生活変動』勁草書房
中川清［2011］『現代の生活問題』放送大学教育振興会
中川清・松村祥子編［1993］『講座生活学第４巻　生活経済論』光生館
中西洋［1979］『日本における「社会政策」・「労働問題」研究―資本主義国家と労資関係―』東京大学出版会
中西泰之［1997］『人口学と経済学―トマス・ロバート・マルサス―』日本経済評論社
中野文庫［2012］中野文庫ホームページ http://www.geocities.jp/nakanolib/hourei.htm
中山いづみ［2008］「大原社会問題研究所と労働科学の誕生」『大原社会問題研究所雑誌』591号
西垣美穂子［2009］「農村社会事業論が捉える農村における児童保護・児童社会事業の意義と課題―農村児童問題への対応を中心に―」『佛教大學大学院紀要』第22巻第36号
西村豁通［1985］『現代のなかの社会政策』ミネルヴァ書房

西村洋子［1981］「スウェーデンの家族と家族政策」『Sociologica』第 5 巻第 2 号
日本少年教護協会編［1934］『少年教護法の解説』
日本人口学会編［2002］『人口大事典』培風館
日本保育学会編［1979］『日本の幼児保育』チャイルド本社
沼佐隆次［1938］『解説行政読本全書第14　厚生省読本―厚生行政の知識』政治知識社
野口友紀子［2007］「社会事業史にみる『社会政策代替説』と大河内理論―新たな社会事業史の可能性―」『長野大学紀要』28巻 3・4 号
野口友紀子［2011］『社会事業成立史の研究―防貧概念の変遷と理論の多様性―』ミネルヴァ書房
原田一［1966］『家政学の根本問題―解説家政学原論―』家政教育社
平田勝政［2004］「日本優生運動史年表（戦前編）―障害者の教育・福祉との関連で―」『長崎大学教育学部紀要　教育科学』67
廣嶋清志［1980］「現代日本人口政策史小論―人口資質概念をめぐって（1916-1930年）―」『人口問題研究』第154号
廣嶋清志［1981］「現代日本人口政策史小論（2）―国民優生法に於ける人口の質政策と量政策―」『人口問題研究』第160号
広島修養院［1927］『異常児童調査』
広島修養院［1930］『異常児童性格研究』
深澤敦［2008a］「フランスにおける家族手当制度の形成と展開―第一次世界大戦後のパリ地域補償金庫を中心として―（上）」『立命館産業社会論集』第43巻第 4 号
深澤敦［2008b］「フランスにおける家族手当制度の形成と展開―第一次世界大戦後のパリ地域補償金庫を中心として―（下）」『立命館産業社会論集』第44巻第 2 号
富士川游［1924］『異常児童』太陽堂
藤田菜々子［2010］『ミュルダールの経済学―福祉国家から福祉世界へ―』ＮＴＴ出版
藤野豊［1999］「解説　池田林儀と『優生運動』」『優生運動　解説・総目次・索引』不二出版
二葉保育園［2012］二葉保育園ホームページ http://www.futaba-yuka.or.jp/main_site/history.html
平凡社編［1957］『人口大事典』平凡社
裴富吉［1997］『労働科学の歴史―暉峻義等の学問と思想―』白桃書房
牧野邦昭［2010］『戦時下の経済学者』中央公論新社
増田抱村［1943］「紹介」『人口問題』第 6 巻第 2 号
松下英夫［1968］『新家政学原論』家政教育社
松下英夫［1976］『ホーム・エコノミックス思想の生成と発展』同文書院
松下英夫［1994］「家政学本質論研究の回顧と発展への要望」『日本家政学会誌』45巻11号
松下英夫・今井光映編著［1974］『新家政経営論』法律文化社

松田澄子［2003］『子守学級から農繁託児所へ　村山・置賜地区編』みちのく書房
松田澄子［2008］『子守学級から農繁託児所へ　最上・庄内地区編』みちのく書房
松原洋子［1996］「明治末から大正期における社会問題と『遺伝』」『日本文化研究所紀要』3号
松原洋子［2000］「優生問題・人口政策編・解説」『性と生殖の人権問題資料集成　第15巻』不二出版
三浦豊彦［1991］『暉峻義等―労働科学を創った男―』リブロポート
三浦豊彦［1995］「暉峻義等の社会衛生学への傾斜」『日本医史学雑誌』41（2）
三浦慈圓［1935］『少年教護法の解説と教護教育』東洋書院
南亮三郎［1928］『人口法則と生存権』同文館
南亮三郎［1936］『人口論発展史』三省堂
南亮三郎［1969］『人口政策―人口政策学への道―』千倉書房
南亮三郎・舘稔編［1966］『マルサスと現代―マルサス生誕二〇〇年記念―』勁草書房
皆吉淳平［2005］「『社会的合意』とは何か？―生命倫理における『社会』」『現代社会理論研究』15号
美濃口時次郎［1949］『人口理論の研究』中央公論社
宮本太郎［1999］『福祉国家という戦略―スウェーデンモデルの政治経済学―』法律文化社
向井利栄［1966］「家族の生活周期論と家族政策―ファミリィ・ライフ・サイクルの社会・経済学的考察とその福祉計画への応用―」『京都府立大学術報告（理学・生活科学・福祉学）』第17号 C 系列
望月嵩・布施晶子・山手茂・佐藤カツコ［1973］『家族関係と家族福祉』高文堂
森岡正陽［1941］「自由主義的人口政策の全貌」『人口問題』第3巻第4号
森田明［2005］『少年法の史的展開―〈鬼面仏心〉の法構造―』信山社
八幡（谷口）彩子［2006］「家政学原論研究小史」（社）日本家政学会家政学原論部会・若手研究者による『家政学原論』を読む会『若手研究者が読む「家政学原論」2006』家政教育社
山口正［1928］『都市社会事業の諸問題』教育刷新社
山崎由可里［1998］「杉田直樹の名古屋医科大学教授就任」『名古屋大学史紀要』6号
山崎由可里［2004］「戦前期日本の精神病学領域における教育病理学治療教育学の形成に関する研究」『和歌山大學教育學部紀要』（教育科学）54号
山田雄三［1965］「創刊の辞」社会保障研究所編『季刊社会保障研究』第1巻第1号
山田雄三編［1970］『70年代社会の課題と目標』至誠堂
山田好子［2005］「エレン・リチャーズと家政学」『研究紀要（小田原女子短期大学）』35
山手茂［1973］「第五章　家族政策」望月嵩・布施晶子・山手茂・佐藤カツコ『家族関係と家族福祉』高文堂

山中六彦［1934］『保育事業と農繁託児所』日本評論社
山之内靖［1996］『システム社会の現代的位相』岩波書店
山之内靖ほか編著［1993］『岩波講座 社会科学の方法 第Ⅲ巻 日本社会科学の思想』岩波書店
吉田忠雄［1971］「人口思想と人口政策―とくに福祉政策と人口政策について―」『明治大学社会科学研究所紀要』通号8・9号
吉山青翔［2011］「エレン・H・リチャーズ研究の歴史、および問題点」『四日市大学環境情報論集』14（2）
労働科学研究所編［1971］『労働科学の生い立ち―労働科学研究所創立50周年記念―』労働科学研究所
エスピン-アンデルセン（岡沢憲芙・宮本太郎監訳）［2001］『福祉資本主義の三つの世界』ミネルヴァ書房
ミシェル・フーコー（渡辺守章訳）［1986］『知への意志（性の歴史Ⅰ）』新潮社
Berelson, Bernard (ed.) [1974] *Population Policy in Developed Countries*, U.S.A.
Clark, Robert [1973] *ELLEN SWALLO: The Woman Who Founded Ecology*, Follet Publishing Company.
Gauthier, Anne Hélène [1996] *The State and the Family: A Comparative Analysis of Family Policies in Industrialized Countries*, New York.
Myrdal, Gunnar [1940] *Population:A Problem for Democracy*, Harvard University Press.
Richards, Ellen H. Swallow [1912] *Euthenics, the Science of Controllable Environment: a Plea for Better Living Conditions as a First Step toward Higher Human Efficiency*, Whitcomb & Barrows.

　＊　前著『人口・家族・生命と社会政策―日本の経験―』法律文化社、2010年、の「引用・参考文献」も参照されたい。

あ と が き

　『〈優生〉・〈優境〉と社会政策―人口問題の日本的展開―』と題する本書は、ここ数年間に発表した論考を中心にとりまとめたものである。本書の議論は前著『人口・家族・生命と社会政策―日本の経験―』（2010年）を前提としており、その前著の刊行から早や3年の時が経過した。顧みて思い浮かぶ数々のありがたいご恩のなかから、本書の執筆と密接に関わるものについてここに書き留めておきたい。

　その第1は、玉井金五先生の存在である。先生には今も学生時代と変わらないご指導をいただいており、今日に至るまでの研究活動のすべては玉井先生抜きには語れない。教壇に立つようになってからは教育活動をめぐる相談にも応じてくださり、これまで受けた数えきれないご恩にどれだけ感謝しても感謝しきれない。他方で、ここ何年かの間には玉井先生と日本社会政策論史をめぐる共同研究の成果を発表する機会を得た。その内容は、本書にも多数活かされている。また、玉井先生の教えを受けた同門の先輩、後輩からの折々の励ましや刺激も大きな力になっている。特に前著、また本書の編集作業も手伝ってくださった宮地克典さんには、何かとお世話になってここまで過ごしてきた。

　第2に、2010年4月から有期講師として過ごした同志社大学政策学部での3年間は忘れがたい。その間、研究・教育活動に取り組むにおいてあまりにも恵まれた環境を与えていただいた。研究者として歩み出したばかりの未熟な私を支え、導いてくださった同志社大学政策学部の教職員の皆さま、教育活動を通じて教えられることの多かった学生との出会いにも感謝したい。また、専門分野の重なる中川清先生、川口章先生と同じ職場で働いているという緊張感のありがたさは、解放された今になって痛感している。研究面でのご助言もいただいた両先生には、本当にお世話になった。

　第3に、定期的に参加している研究会から受けたご恩も計り知れない。院生時代から参加している社会労働研究会への参加は、狭くなりがちな研究の視野

を広げ、孤独に陥りがちな研究生活に意義を見出すことのできる貴重な機会である。大塚忠先生、大前眞先生、久本憲夫先生をはじめとする諸先生方、研究仲間にも改めて謝意を表したい。また、大阪市立大学経済学研究科・重点研究「健康格差と都市の社会経済構造」(歴史班) での専門分野を異にする先生方との研究交流からも大いに刺激を受けている。その中心メンバーである脇村孝平先生、瀬戸口明久先生 (現・京都大学) からの学恩にも記して感謝したい。

　いずれにしても、本書はお世話になってきた諸先生方、研究仲間からのお導きの賜物である。これまで受けてきたすべてのご恩をここに語り尽くせるはずもなく、さまざまなありがたい恵みに支えられて今の自分があることを改めて胸に刻んでおきたい。

　末尾になるが、昨今の厳しい出版事情のなか前著に続いて本書の刊行もお引き受けくださり、出版に至るまでの過程でも大変お世話になった法律文化社の代表取締役社長・田靡純子さまに厚くお礼申し上げる。

　　2013年6月

杉田菜穂

■ 初出一覧

　本書は既発表の論文を中心に構成しており、各章の初出論文および関連する論考は以下の通りである。既発表のものは、本書に収録するにあたって必要な修正を施すとともに、初出の論文名を一部変更していることをお断りしておきたい。

序　章　　書き下ろし
　第Ⅰ部
第1章　　『季刊経済研究』第35巻第1・2号、2012年
第2章　　『経済学雑誌』第113巻第1号、2012年
第3章　　書き下ろし
補論1　　『同志社アメリカ研究』48、2012年
　第Ⅱ部
第4章　　「人口論」玉井金五・佐口和郎編著『戦後社会政策論』2011年、明石書店
第5章　　書き下ろし
第6章　　『同志社政策研究』第5号、2011年
補論2　　書き下ろし
　第Ⅲ部
第7章　　書き下ろし、社会政策学会第126回（2013年度春季）大会での報告原稿
第8章　　『季刊経済研究』第35巻第3・4号、2013年
第9章　　『同志社政策科学研究』第13巻第1号、2011年
補論3　　『同志社政策科学研究』第14巻第2号、2013年
終　章　　書き下ろし
附論1　　『経済学雑誌』第113巻第1号、2012年
附論2　　『季刊経済研究』第34巻第1・2号、2011年
附論3　　『キリスト教社会問題研究』61、2012年
附論4　　『キリスト教社会問題研究』61、2012年

関連年表

西暦	法律、組織等（日本）	文　献
1762		ルソー『エミール』
1798		マルサス『人口論』
1820		マルサス『経済学原理』
1869		ミル『女性の解放』
1890		マーシャル『経済学原理』
1897	社会政策学会	
1899	幼稚園保育及設備規定	
1900	感化法	ケイ『児童の世紀』
1910		リチャーズ『優境学』、河田嗣郎『婦人問題』、海野幸徳『日本人種改造論』
1911		澤田順次郎『民種改善 模範夫婦』
1912		ピグー『富と厚生』
1913	生存権の社会政策論争	
1914		氏原佐蔵『民族衛生学』
1918	母性保護論争	
1919	大原社会問題研究所	高田保馬『社会学原理』
1920	国勢調査（第1回）	ピグー『厚生経済学』
1922	少年法	
1921	倉敷労働科学研究所	
1922		高田保馬『社会学概論』
1923		永井亨『社会政策要綱』
1924		富士川游『異常児童』、海野幸徳『輓近の社会事業』、河田嗣郎『家族制度と婦人問題』、穂積重遠『離婚制度の研究』
1925		永井亨『婦人問題研究』、砂川寛栄『日本家族制度史研究』
1926	人口論争 日本優生運動協会 社会科学同人会	池田林儀『永遠の貧乏』、池田林儀『応用優生学と妊娠調節』、永井亨『改訂 社会政策綱領』、福田徳三『社会政策研究』（『経済学全集』第五巻）、戸田貞三『家族の研究』
1927	人口食糧問題調査会	暉峻義等『社会衛生学』 広島修養院（富士川游）『異常児童調査』
1929	救護法	永井亨『日本人口論』
1930		G.ミュルダール『経済学説と政治的要素』、福田徳三『厚生経済研究』、暉峻義等『産児調節論』、広島修養院（富士川游）『異常児童性格研究』
1931		永井亨『人口論』
1932		杉田直樹『優生学と犯罪及精神病』
1933	人口問題研究会 少年教護法 児童虐待防止法	上田貞次郎（編）『日本人口問題研究』第一輯

年		事項・著作
1934		上田貞次郎（編）『日本人口問題研究』第二輯、ミュルダール夫妻『人口問題の危機』、山中六彦『保育事業と農繁期託児所』、植村義一郎『託児所経営の理論と実際』、ブルグドルファー『白色人種は死滅するか』
1935		暉峻義等『社会衛生学』
1937	母子保護法	ケインズ『人口減退論』
1938	厚生省	暉峻義等『戦時体制と労働力涵養』
	社会事業法	暉峻義等『生産と労働』
		暉峻義等『人的資源研究』
1939	人口問題研究所	
1940	国民優生法	暉峻義等『産業と人間』、G.ミュルダール『人口』
1942		ベヴァリッジ『ベヴァリッジ報告』、北岡壽逸『社会政策概論』
1943		北岡壽逸『人口政策』、大河内一男（編）『国民生活の課題』
1944		小山久二郎（編）『厚生』
1946	日本国憲法	
	人口問題懇談会	
	旧生活保護法	
1947	児童福祉法	
	学校教育法	
	産児制限普及会	
1948		中原賢次『家政学原論』、北岡壽逸『人口問題と人口政策』、大河内一男『国民生活の理論』
1949	人口問題審議会（内閣）	
1950	生活保護法	岸本英太郎『社会政策論の根本問題』
	社会政策学会（再建）	
1953	人口問題審議会（厚生省）	
1955		岸本英太郎『窮乏化法則と社会政策』
1956		北岡壽逸『人口過剰と完全雇用』
1961		原田一『家政学の根本問題』
1963		北岡壽逸『福祉国家の建設』
1965	社会保障研究所	岸本英太郎『社会政策』
1966		氏原正治郎『日本労働問題研究』
1969		G.ミュルダール『社会科学と価値判断』
1968		松下英夫『新家政学原論』
1970		大河内一男『社会政策四十年』

＊書名の副題は省略。本書の記述に関わる内容に留めた。筆者作成。

事 項 索 引

あ 行

医　学 …………………… 3, 36, 50, 57, 70, 180
イギリス（英国）………………………… 151, 249
育児休暇 …………………………………… 108
異常児童 …………………………………… 61
イタリア（伊太利）……………………… 151, 157
1.57ショック ……………………… i , 15, 109, 168
遺伝か環境か ……………………… 13, 70, 269
インフルエンザ …………………………… 194
産めよ殖えよ ……………… 33, 88, 150, 258
衛　生 ………………………… 41, 70, 188, 229
衛生学 …………………………… 35, 46, 75
栄養不足（不良）…………………… 34, 158
エコロジー運動 …………………………… 78
応用優生学 ………………………………… 22
大河内理論 …………………… i , 185, 229
大原社会問題研究所 ……………………… 31

か 行

階級協調 …………………………………… 232
階級差 ……………………………………… 181
核家族化 ……………………………… 87, 104
過剰人口 ……………………… 1, 33, 88, 177, 263
家政学 ……………………………… 13, 73
　　──運動 ……………………………… 77
家族計画運動 ……………………… 198, 253
家族診断 …………………………………… 104
家族政策 ………………………… 2, 94, 180
家族手当 ……………………………… 108, 157
家族病理 …………………………………… 104
家族福祉 …………………………………… 104
価値判断 ……………………………… 146, 187
学校教育 …………………………………… 77
学校教育法 ………………………………… 225
家庭環境 ………………………………… 15, 78

家庭教育 ……………………………… 77, 217
家庭生活 ……………………………… 18, 237
河合・土方事件 …………………………… 142
感化救済事業 ……………………………… 217
感化法 ……………………………………… 54
　　──改正運動 ………………………… 56
　　──改正期成同盟会 ………………… 56
鑑　別 ………………………………… 59, 69
逆淘汰 ……………………………… 95, 197
救護課 ……………………………… 148, 187
救　済 ……………………………… 148, 225
救　恤 ……………………………… 148, 229
旧生活保護法 ……………………………… 225
救　貧 …………………………… 149, 188, 229
窮乏化法則 ………………………………… 189
教　育 ………… 14, 48, 59, 75, 174, 207, 229
　　──拡張運動 ………………………… 77
教　護 ……………………………………… 225
教　養 ………………………… 24, 58, 223
経済学史学会 ……………………………… 269
経済政策 ………………………… 135, 148, 186
刑事政策 …………………………………… 54
結　核 …………………………… 23, 34, 76, 233
結　婚 …………………………… 24, 151, 177
健　康 …………………………… 23, 47, 75, 207
減退人口 ……………………………… 93, 263
権　利 ………………………… 24, 149, 171, 225
公共政策 ……………………………… 204, 262
合計特殊出生率 ………………………… i , 88, 168
公衆衛生学 ……………………………… 72, 82
厚　生 ……………………………… 223, 231
　　──行政 ……………………………… 130, 238
　　──事業 ……………………………… 9, 236
厚生省 ………………………… 90, 142, 193, 243
　　──人口問題研究所 ………… 89, 150, 192
公的扶助 ……………………………… 202, 225

高齢化率 …………………………… 7, 87
国勢調査 ………………………… 3, 258, 267
国民皆年金 ………………………………… 100
国民皆保険 ………………………………… 100
国民優生法 ………………… 70, 97, 171, 254
古典派経済学 ……………………………… 268
婚　姻 ……………………………… 21, 107

さ 行

財団法人人口問題研究会 …… 32, 89, 116, 164, 193
最低生計費 ………………………………… 189
最低賃金 …………………………… 160, 189
最適成長論 …………………………………… 1
産業衛生論 …………………………… 37, 46
産業政策 ……………………………… 36, 133
産児制限 …………………………… 23, 167, 194
産児調節 …………………………… 34, 188, 253
ジェンダー ………………………… 28, 106, 169
慈　善 ……………………………………… 148
自然環境 …………………………………… 78
児童虐待防止法 …………… 32, 55, 97, 171, 225
児童福祉法 …………………………… 97, 225
死亡率 ……………………… 38, 110, 194, 250
資本主義 …………………… 92, 185, 221, 242
社会医学 ……………………………… 21, 45, 263
社会衛生 ……………………………… 32, 91, 262
社会衛生学 ………………………………… 36
　――＝生活行動の衛生＝労働の衛生 … 36, 47
社会衛生論 ……………………………… 36, 44
社会開発 ………………………………… 100
社会改良 …………………… 79, 146, 178, 226
社会科学同人会 ……………………………… 117
社会学 ……………… 40, 55, 93, 121, 187, 256
〈社会学〉系社会政策論 ……… 19, 90, 222, 245
社会環境 …………………………………… 78
社会行政 ………………………………… 238
社会経済学 ……………………………… 135
社会経済史学会 ………………………… 269
社会国家 ……………………… 112, 257, 270
社会事業 ……………… 9, 148, 201, 229, 250

社会事業学 …………………………… 29, 239
社会事業法 …………………………… 117, 218
社会事業論 ………………… 188, 222, 230
社会進化 …………………………… 140, 269
社会生活 ……………… 18, 38, 79, 202, 241
社会政策 …………………… 185, 207, 229
　――学会 ……………… 117, 139, 187, 261, 268
　――的人口政策 …………… 91, 177, 198, 264
　――的人口対策 …………………… 91, 191
　――本質論争 …………… 4, 185, 225, 269
〈都市〉―― ……………………………… 245
〈農村〉―― …………………………… 8, 224
社会政治学 ………………………………… 134
社会病理学 ………………………………… 221
社会福祉 ……………………… 9, 105, 201, 225
社会福祉学 …………………………… 188, 221
社会福祉本質論争 ………………………… 225
社会法律学 ………………………………… 134
社会保険 …………………………… 157, 174
社会保障研究所 ……………………… 98, 192
社会連帯 ………………………… 210, 226, 242
自由主義 ………………………………… 242
酒精中毒 ………………………………… 34
受胎調節 …………………………… 166, 195
出産休暇 ………………………………… 108
出産権 …………………………………… 173
　――か生存権か ………………………… 82
出生（促進）政策 ……………………… 107
出生力転換 ………………… 101, 198, 248
少子化 ……………………… 15, 81, 113, 168, 248
少年教護法 ………………… 32, 54, 179, 225, 243
少年法 …………………………………… 54
食の欲求 ………………………………… 41
女性文明 ………………………………… 20
庶　民 ………………………………… 229
人口資質 ………………………… 95, 111, 180
　後天的―― …………………… 194, 242
　先天的―― …………………………… 194
人口収容力 …………………………… 111, 194
人口食糧問題調査会 … 33, 55, 89, 131, 192, 256

人口政策 …………………… 140, 162, 198
人口政策委員会 ………………… 94, 193
人口対策委員会 ………………… 98, 198
人口置換水準 ……………………… 7, 88
人口調整策＋生活政策 ………… 94, 114
人口転換 …………………………… 1, 110
人口統制に関する諸方策 ……… 92, 178
人口動態統計 ……………………………… 3
人工妊娠中絶 …………… 97, 195, 251
人口の〈質〉…… ii, 29, 69, 83, 101, 111, 252
人口の〈量〉……………… ii, 101, 249
人口問題懇談会 ………………… 94, 97
人口問題審議会 ………………… 95, 97
人口問題に関する決議 ……………… 195
人口問題の危機 ………………… 83, 106
『人口論』………… 1, 172, 176, 185, 252, 267
人種改造 ……………………… 79, 171
新人口政策基本方針 ……… 94, 164, 194
新生活運動 ……………………… 101, 118
人的資源 ………………… 46, 112, 236
心理学 ………………… 3, 31, 57, 70, 128
スウェーデン（瑞典）……… 83, 94, 102, 151, 171, 250
生活管理 ………………………………… 77
生活水準 ……………… 4, 104, 181, 189, 194
生活程度 ……………………… 93, 139, 156
生活の〈質〉……………………… 19, 29, 255
生活標準 ……………………… 93, 139, 191
生活保護法 ……………………… 97, 195
性　差 ………………………… 170, 181
生産関係 ……………………… 206, 224
精神病 ……………………… 23, 34, 59
生存権 ………………………… 138, 173
生存権の社会政策論争 …………… 170
性の欲求 ………………………………… 41
生物学 ……………………… 3, 31, 71, 77, 91
生命の〈質〉……………………… 19, 29, 258
勢力論 ………………………… 138, 188
セーフティーネット ………………… 270
先駆的な少子化論 …………………… 250

戦時人口政策 ……………… 48, 88, 150, 188
総合社会政策論 ………………………… 202
相互扶助 ………………………………… 211
Sozialpolitik …………………… 146, 202

た　行

第三史観 ……………………… 189, 258
大正・昭和初期人口論争 …… ii, 19, 33, 70, 88, 131, 171, 193, 256
託児所 …………………………… 207, 225
　季節―― ……………………………… 207
　常設―― ……………………………… 207
　農繁期―― …………………………… 206
堕　胎 ………………………… 152, 197
　ヤミ―― ……………………………… 167
男子文明 ………………………………… 20
男女共同参画社会基本法 …………… 111
男女平等 ……………………… 106, 172
力の欲望 ………………………………… 188
中央社会事業協会 …………………… 208
中央職業紹介所 ………………………… 90
中央労働学園 ………………… 118, 198
中　絶 …………………… 95, 108, 253
腸チフス ………………………………… 76
貞　操 ………………………… 21, 27
適度人口論 ……………………………… 1
ドイツ（独逸）…… 14, 45, 80, 112, 146, 151, 257
ドイツ歴史学派 ………………… i, 185
当　為 ………………… 133, 137, 147
統計学 …………………………………… 46

な　行

内務省 ………… 31, 59, 116, 142, 171, 207, 241
ナショナル・ミニマム ……………… 270
日本社会学院 ………………………… 244
日本社会学会 ………………………… 244
日本人口学会 …………………… 118, 200, 269
日本優生運動協会 ……………………… 14
乳児死亡 …………………… 3, 38, 153
妊娠調節 ………………………………… 19

農商務省 …………………… 118, 142, 190

は 行

黴　毒 …………………………… 23, 34
晩婚化 ……………………………… 87
避　妊 …………… 22, 92, 108, 153, 195
標準家族 …………………………… 83
広島修養院 ………………………… 60
貧　困 …… ⅰ, 34, 82, 93, 139, 148, 185, 233, 241
福祉国家 ………… 14, 83, 101, 112, 203
福祉（社会）国家 …………… 257, 270
福利施設 …………………… 153, 231
婦人運動 ………………………… 20, 210
婦人参政権運動 …………………… 24
婦人問題 ………………………… 20, 169
二葉幼稚園 ……………………… 227
フランス（仏国）…… 20, 93, 151, 159, 249
不良少年 …………………… 54, 211
ベヴァリッジ報告 ………………… 82
防　貧 …………………………… 242
保　健 ……… 28, 92, 96, 103, 223, 229, 252
　──政策 ……………………… 48, 109
保健衛生調査会 ……………… 51, 171
保護教育 ……………………… 60, 65
母子衛生 ………………………… 101
母子家庭 ………………………… 83
母子扶助法制定運動 ………… 173, 178
母子保健 ………………………… 101
母子保護政策 …………………… 101
母子保護法 …………… 97, 171, 173, 243
母性保護論争 …………………… 169
母体保護法 ……………………… 110

ま 行

マルクシズム（マルクス主義）…… 145, 155, 221, 258
マルサスかマルクスか ……… 93, 140, 185
まるさす生誕百五十年記念号（『経済論叢』）
　……………………………… 258
マルサス対マルクス ………… ⅱ, 193, 256
無産者 …………………………… 229
文部省 …………………………… 47, 215

や 行

優境学 …………………………… 3, 13, 72
優生運動 ………………………… 14, 27
優生学 …………………………… 1, 13, 72
優生政策 ……………… 2, 97, 171, 180, 194
優生保護法 …………………… 97, 195, 253
幼稚園保育及設備規定 ………… 216
幼稚園令 ………………………… 217
予　防 …………… 54, 75, 221, 232, 249

ら 行

癩　病 …………………………… 23, 34
良妻賢母 ………………………… 21
隣保事業 ………………………… 210
倫　理 …………………………… 2
レイク・プラシッド会議 ………… 16
労働科学研究所 ………………… 31
労働政策 …………… 32, 81, 108, 185, 255
　──＋生活政策 …………… 51, 244, 255
労働多産階級 …………………… 208
労働問題 ……… 20, 119, 143, 176, 185, 221, 268

319

人名索引

あ 行

安部磯雄……………………………………33
アモン（Amonn, A.）……………………126
新居善太郎…………………………………99
池田林儀………………………………14, 79
井上雅二……………………………………33
ヴィクセル（Wicksell, J.G.K.）…………151
ウィルヒョウ（Virchow, R.）……………45
上田貞次郎…………………………33, 116, 122
植村義一郎………………………………207
氏原正治郎………………………………186
海野幸徳………………………19, 70, 79, 222, 231
大内兵衛………………………………1, 99, 200
大澤謙二……………………………………31
大森義太郎………………………………129
岡崎文規…………………………………196
岡村重夫…………………………………202
小河滋次郎…………………………………54
奥　むめお…………………………………33, 126
小野塚喜平次……………………………268

か 行

賀川豊彦…………………………………129
風早八十二………………………………186
金井　延…………………………………119
河合栄治郎……………………………126, 142
河上　肇……………………………ii, 33, 256
河田嗣郎………………………………33, 169
神戸正雄……………………33, 124, 200, 259
岸本英太郎……………………………186, 199
北岡壽逸………………………………70, 142, 186
クチンスキー（Kuczynski, R.R.）………151
久留島秀三郎………………………………99
黒川喜太郎…………………………………17
桑田熊蔵………………………………119, 268

ケイ（Key, E.K.S.）………………………21, 171
小泉信三…………………………………33, 117
孝橋正一…………………………………202
ゴールトン（Galton, Sir F.）………………1
後藤新平……………………………………33
小松堅太郎……………………………122, 127
古屋芳雄…………………………………196

さ 行

向坂逸郎…………………………………128
三田谷啓……………………………57, 70, 256
塩野谷九十九………………………………99
下村　宏………………………………116, 129
新明正道………………………………122, 127
末弘厳太郎………………………………117
杉田直樹……………………………………57, 256
鈴木文治…………………………………119
スペンサー（Spencer, H.）………………93, 269
スミス（Smith, A.）………………………93
住谷悦治…………………………………200
左右田喜一郎……………………………173, 261

た 行

ダーウィン（Darwin, C.R.）……………93, 269
高島平三郎………………………57, 70, 256
高田保馬………………ii, 33, 70, 121, 137, 187, 256
高野岩三郎………………1, 33, 70, 117, 268
高橋亀吉………………………………33, 124, 256
高橋誠一郎……………………………117, 120
財部静治………………………………33, 119, 260
舘　　稔…………………………………99, 196
建部豚吾……………………………………19
寺田精一…………………………………256
暉峻義等……………………………31, 70, 256
東畑精一……………………………………99
戸田海市………………………………121, 260

戸田貞三 ……… 34, 70, 126, 172, 195, 222, 256

な行

永井　亨 ………… 34, 39, 90, 165, 189, 256
永井　潜 ……………… 31, 34, 70, 117, 178
長沼弘毅 …………………………………… 99
中原賢次 …………………………………… 16
中村常次郎 ………………………………… 84
那須　皓 ………………………… 34, 118, 120
丹羽七郎 …………………………………… 68
沼佐隆次 ………………………………… 238
ノイマン（Neumann, S.） ……………… 45

は行

服部英太郎 ………………………… 185, 199
馬場啓之助 ………………………………… 99
林　癸未夫 ……………………………… 124
土方成美 ………………… 33, 117, 120, 142
平塚らいてう ………………………… 34, 172
フーコー（Foucault, M.） ………………… 2
福武　直 …………………………… 99, 200
福田徳三 ………… 70, 119, 129, 137, 173, 260
富士川　游 …………………………… 55, 256
ブルグドルファー（BurgdÖrfer, F.） ……… 151
穂積重遠 …………………………… 117, 130
本位田祥男 ………………………… 123, 124

ま行

松下英夫 …………………………………… 80
松平友子 …………………………………… 16
南　亮三郎 ……………………… 34, 116, 173
美濃口時次郎 ……………………… 196, 261
三宅鉱一 …………………………… 57, 256

ミュルダール夫妻（夫：グンナー、妻：アルバ）
（Myrdal, K.G., Myrdal, A.R.） …… 83, 103, 162, 252
ミル（Mill, J.S.） ………………………… 169
森　耕二郎 ……………………………… 186
森戸辰男 …………………………… 119, 173, 200
守屋榮夫 …………………………………… 34

や行

矢内原忠雄 ………………… 34, 70, 128, 257
柳沢保恵 ………………………………… 118
山川菊栄 ……………………………… 124, 173
山口　正 ………………………………… 222
山崎覚次郎 ………………… 119, 129, 268
山田雄三 …………………………………… 98
山田わか …………………………… 34, 173
山中篤太郎 ……………………… 196, 200
山中六彦 ………………………………… 207
山室軍平 ………………………………… 256
山本キク …………………………………… 17
山本宣治 …………………………………… 34
与謝野晶子 ……………………… 128, 173
吉野作造 ……………………………… 117, 129
米田庄太郎 …………………… 34, 70, 244

ら行

リカード（Ricardo, D.） ………… 93, 122, 140
リチャーズ（Richards, E.H.S.） ……… 13, 72
ルソー（Rousseau, J.J.） ……………… 169
ル・プレー（Le Play, P.G.F.） …………… 158

わ行

綿貫哲雄 …………………… 117, 120, 128

■著者紹介

杉田 菜穂（すぎた なほ）

1980年生まれ
2009年、大阪市立大学大学院経済学研究科後期博士課程修了、博士（経済学）
現在、同志社大学政策学部嘱託講師
〈主要著書・論文〉
『人口・家族・生命と社会政策―日本の経験―』法律文化社、2010年
「人口論」玉井金五・佐口和郎編著『戦後社会政策論』明石書店、2011年　ほか

Horitsu Bunka Sha

〈優生〉・〈優境〉と社会政策
――人口問題の日本的展開

2013年10月10日　初版第1刷発行

著　者　　杉　田　菜　穂
発行者　　田　靡　純　子
発行所　　㈱株式会社 法律文化社

　　〒603-8053
　　京都市北区上賀茂岩ヶ垣内町71
　　電話 075(791)7131　FAX 075(721)8400
　　http://www.hou-bun.com/

＊乱丁など不良本がありましたら、ご連絡ください。
　お取り替えいたします。

印刷：亜細亜印刷㈱／製本：㈱藤沢製本
装幀：白沢　正
ISBN 978-4-589-03540-0
ⓒ 2013 Naho Sugita Printed in Japan

JCOPY　<(社)出版者著作権管理機構　委託出版物>
本書の無断複写は著作権法上での例外を除き禁じられています。複写される
場合は、そのつど事前に、(社)出版者著作権管理機構（電話 03-3513-6969、
FAX 03-3513-6979、e-mail: info@jcopy.or.jp）の許諾を得てください。

杉田菜穂著
人口・家族・生命と社会政策
―日本の経験―
A5判・294頁・5880円

戦前日本の少子化論を丁寧に掘り起こし、家族政策の観点から、政策展開や社会政策論の系譜を再照射し、その史的意義を捉えなおす。現代的な議論に新たな視座を切り開く（問題提起となる）一冊。

玉井金五著
共助の稜線
―近現代日本社会政策論研究―
A5判・292頁・4200円

日本的特質である〈共助〉原理をキー概念に、20世紀を通じた福祉系社会政策の軌跡を追う。地方行政、企業、地域、家族レベルでのダイナミックな展開から生活支援システムを析出し、21世紀のいま、その再構築を標榜する。

所 道彦著
福祉国家と家族政策
―イギリスの子育て支援策の展開―
A5判・192頁・3360円

子育て支援を軸に、80年以降の英国の家族政策をその概念から説きおこし、背景と歴史をたどる。ブレア政権後の労働党の政策を具体的な資料をもとに分析・考察する。国際比較の視点から日本の問題点と課題にも論究。

山路克文著
戦後日本の医療・福祉制度の変容
―病院から追い出される患者たち―
A5判・246頁・5775円

1990年代初頭にはじまった医療制度改革が医療財源対策を主眼に進められた結果、医療・福祉現場にて患者が「排除」されてきたことを実証的に分析する。患者の立場から医療・福祉制度の本来のあり方への転換を提起する。

乗杉澄夫・岡橋充明著
ホワイトカラーの仕事とキャリア
―スーパーマーケット店長の管理―
A5判・150頁・2940円

管理を軸に、仕事と求められる能力、能力形成のプロセスを明らかにする。店長、人事・総務・営業部門の本社スタッフへの聞き取り、アンケート、人事関係資料から、仕事を管理される／することの両面を描きだす。

伊藤大一著
非正規雇用と労働運動
―若年労働者の主体と抵抗―
A5判・210頁・4095円

不安定な条件に不平不満をもつ若者がなぜ、労働組合に加盟し、運動という「抵抗」をしたのか。徳島県の請負労働者組合の7年にわたる丁寧な調査をもとに、その実態に迫り、分析・考察。「新しい社会像」を作りだす主体を探る。

―法律文化社―

表示価格は定価（5％税込）です